国家社会科学基金重点项目（18AXW005）良好结项成果

智能媒体使用与
儿童身心发展研究

李晓静◎著

Smart Media Use and
Children's Physical and Mental Development

上海交通大学出版社
SHANGHAI JIAO TONG UNIVERSITY PRESS

内容提要

　　该著为作者主持的国家社科基金重点项目的良好结项成果。作者将十多年来在该领域的理论与实践积累进行提炼,结合传播学、教育学、心理学、社会学、信息科学等跨学科理论视域,全方位系统评述了国内外学界在媒介与儿童领域的经典及前沿理论成果,综合采用社会科学和心理科学的多元研究方法,立足本土开展系列实证研究,全面考察我国儿童的智能媒体使用、数字技能和数字鸿沟现况,以及智能媒体的技术特性、使用时间、使用内容、使用模式等,对儿童青少年的数字素养、身体健康、认知心理、教育学习等身心发展方面所带来的全面影响,并据此推广应用研究成果。

　　本书可为我国不同地区的儿童青少年、家长、教师、媒体、企业、教育机构及政府部门等,提供科学建议和实践举措,适合上述对象以及新闻传播学、社会学、教育学、心理学等相关领域的人士阅读。

图书在版编目(CIP)数据

　　智能媒体使用与儿童身心发展研究 / 李晓静著. --
上海:上海交通大学出版社,2024.4
　　ISBN 978-7-313-30212-0

　　Ⅰ.①智…　Ⅱ.①李…　Ⅲ.①人工智能-影响-儿童
-身心健康-研究　Ⅳ.①G479

　　中国国家版本馆 CIP 数据核字(2024)第 037362 号

智能媒体使用与儿童身心发展研究
ZHINENG MEITI SHIYONG YU ERTONG SHENXIN FAZHAN YANJIU

著　　者:	李晓静			
出版发行:	上海交通大学出版社		地　　址:	上海市番禺路 951 号
邮政编码:	200030		电　　话:	021-64071208
印　　刷:	常熟市文化印刷有限公司		经　　销:	全国新华书店
开　　本:	710mm×1000mm　1/16		印　　张:	21.75
字　　数:	376 千字			
版　　次:	2024 年 4 月第 1 版		印　　次:	2024 年 4 月第 1 次印刷
书　　号:	ISBN 978-7-313-30212-0			
定　　价:	88.00 元			

前　言

　　伴随互联网与人工智能技术的快速发展，儿童所遭遇的媒介生态已发生了巨变。各类新兴媒体已超越大众传媒，在儿童的认知发展和社会生活中占据越来越重要的位置。各种人工智能技术，如智能手机、智能机器人、智能穿戴设备、平板电脑、触控桌面、交互白板、VR/AR 媒体等，越来越多地出现在儿童的日常生活及 K12 教育体系中，日渐改变甚至重构着儿童认知世界的方式、过程和体验。在此背景下，已有的媒介与儿童研究无论在研究对象、理论视野还是在方法层面，都不足以回应飞速发展的智能媒体时代。比如，此前成果多从大众传播时代的经典心理学/传播学/教育学等理论框架切入，考察媒介内容对儿童产生的影响，而新兴的媒介技术本身究竟给儿童带来了什么，研究相对不足。

　　智能媒体的人机交互性、多模态信息形式、算法推荐的个性化内容、沉浸式场景化等技术特质，为传播学者提供了新的研究对象和问题：这种新技术究竟会给儿童的身心发展带去怎样的影响？在过往主流报道和普遍认知中，谈及智能媒体对儿童的影响时，常常关注的是成瘾、分心等负面作用，却少有确凿、翔实、系统的本土实证研究去深入探讨我国儿童的智能媒体使用对其数字技能、身体健康、认知心理、教育学习等各方面的全面影响。

　　从现实层面看，中国的人工智能技术发展迅猛，国务院于 2017 年 7 月印发的《新一代人工智能发展规划》正式提出了我国人工智能发展的顶层战略设想，包括百度、阿里巴巴、腾讯等顶尖互联网公司在内的中国人工智能企业数量已占据全球总数的 26%，仅次于美国。这对我国儿童来说有两个后果值得重视。

　　第一，随着我国"三孩"政策的全面实施以及人工智能技术的繁荣兴盛，智能媒体的儿童用户规模越来越庞大且日益走向低龄化,这对儿童的身心发展带来了严峻挑战和深远影响。早在 2017 年 12 月,在乌镇举办的第四届世界互联网大会上,联合国儿童基金会就已呼吁,学界应针对儿童在智媒时代所遭遇的认知风险问题展开系统研究。

第二,当前我国儿童的数字技能和数字素养并不高,且发达地区和落后地区(如城乡地区)的儿童之间存在数字鸿沟。智能媒体技术的快速发展和广泛普及,可能会进一步加剧城乡儿童之间的数字鸿沟,也对全面提升我国儿童及家校的数字素养带来了新的要求。

这两大后果,给学界提出了几个发人深省的现实问题。

首先,从微观个体层面看,众多儿童家长究竟应如何引导孩子和自己科学地使用智能媒体,使之有助于儿童的身心发展? 如何提升我国儿童的数字素养,促进其对新兴媒体的合理使用?

其次,从中观组织层面看,智能技术的研发机构应如何根据儿童的生理心理特征和发展规律,合理地设计智能媒体的形式和内容? 媒介机构和教育管理及决策部门,该如何因应这一新媒体形态?

最后,从宏观社会层面看,尽管在技术进步主义的元叙事中,学界优先为新技术鼓掌并坚信这是人类发展的方向,但由技术跑得太快所导致的城乡数字鸿沟问题该如何解决? 有担当的社科研究者,是否也应把目光投向乡村地区儿童,并通过深入研究寻找在智能媒体使用中提升儿童的数字素养、缩小城乡儿童数字鸿沟的实证依据?

对这些问题的回答,十分有赖于科学、系统的基础研究工作,这也赋予了本书较高的学理价值、现实意义和实践应用潜力。因此,本书将沿着传播学中媒介与儿童的研究路径,借助传播学、教育学、心理学、社会学等多学科理论视角及混合研究方法,全面梳理国内外学界在该领域的相关理论成果,总结主要取向及核心观点,并立足中国本土开展智能媒体使用与儿童身心发展的系列实证研究。

此书一则具有前瞻性、开创性、本土性的学术价值,有助于在西强中弱的学术格局中,推进我国媒介与儿童的传播学研究议题,助力构建中国传播学的自主知识体系;二则具有现实性、导向性、综合性的应用价值,有助于在个体、组织和社会等多个层面,指导我国儿童青少年、家长、教师、媒体、企业、教育机构及政府部门等,全方位提升数字素养,引导儿童科学合理地使用智能媒体,促进其身心发展,帮助缩小数字鸿沟。

目　录

理论回顾篇

实证研究篇

第一章 绪 论

自 20 世纪 20 年代的佩恩基金研究开始,媒介与儿童的关系一直是传播学科的重要研究议题。过往研究集中探讨儿童对电视、数字媒体的使用及网络成瘾[1];媒介暴力、恐惧和色情元素对儿童与未成年人的情绪及认知影响[2];电视、电影等大众传媒内容对儿童的社会化发展、知识技能、态度情感等方面的影响[3-4];数字媒体与儿童学业表现、认知发展等心智及教育方面的关联[5];媒介使用对儿童肥胖和身心健康的影响[6];儿童媒介政策及儿童媒介产业研究[7]等方面。

伴随互联网与人工智能技术的快速发展,儿童所遭遇的媒介生态已发生了巨变。各类新兴媒体已超越大众传媒,在儿童的认知发展和社会生活中占据越来越重要的位置。各种人工智能技术,如智能手机、智能机器人、智能穿戴设备、平板电脑、触控桌面、交互白板、VR/AR 媒体等,越来越多地出现在儿童的日常生活及 K12 教育体系中,日渐改变甚至重构着儿童认知世界的方式、过程和体验[8-9]。在此背景下,已有的媒介与儿童研究无论在研究对象、理论视野还是在方法层面,都不足以回应飞速发展的智能媒体时代。比如,此前成果多从大众传播时代的经典心理学/传播学/教育学等理论框架切入,考察媒介内容对儿童产生的影响,而新兴的媒介技术本身究竟给儿童带来了什么,则研究相对不足。

一、主要目标

本书主要结合传播学、教育学、心理学、社会学、信息科学等学科在媒介与儿童领域的理论文献,全方位系统梳理和评述国内外学界已有的理论成果,并综合采用社会科学和心理科学的混合研究方法,立足本土开展系列实证研究,全面考察我国儿童的智能媒体使用、数字技能和数字鸿沟现况,及其智能媒体的技术特性、使用时间、使用内容、使用模式等,对儿童的数字技能、身体健康、认知心理、教育学习等方面所带来的影响,并据此推广应用研究成果,为我国不同地区的儿童/青少年、家长、教师、学校、媒体、企业、相关教育及政府部门等,提供建设性意见、具体举措和切实的帮扶贡献。具体目标有三:

(一)学术理论层面

(1)全面、系统地梳理国内外学界在媒介与儿童领域的已有理论成果,总结其主要取向与核心观点（包括儿童的媒介接触与使用模式、儿童媒介使用与身体健康、媒介符号表征与儿童认知过程、新媒体与儿童情绪及心理、新媒体与儿童认知发展及教育学习、新媒体与儿童身份及社会化发展等），并评述贡献及局限。

（2）在开展本土实证研究的基础上，推动我国媒介与儿童的传播学议题的研究进程，提出本土原创性的理论学说（如我国城乡儿童数字鸿沟理论框架、我国儿童数字技能测评体系、我国儿童智能媒体使用及效应的因果机制等），助力构建中国传播学的自主知识体系。

（二）实证研究层面

立足中国本土，借助量化、质化等多元研究方法，开展智能媒体使用与儿童青少年身心发展的系列实证研究，包括我国儿童的智能媒体使用总体情况、数字技能和数字鸿沟测评现况、智能媒体对我国儿童青少年的身体健康/教育学习/认知情绪/心理健康等方面的影响等，开创我国传播学中新媒体与儿童领域的系列实证研究先河，收集分析翔实的质化/量化/实验研究数据和相关资料，为后续该领域的研究提供客观的一手参考资料及坚实的逻辑起点。

（三）推广应用层面

基于目标1和2，提出、推广并普及具有现实性、指导性、综合性的实践应用成果，从个体、组织和社会等多个层面，指导我国儿童青少年、家长、教师、媒体、企业、教育机构及政府部门等，全方位提升数字素养，引导儿童科学合理地使用智能媒体，助其身心发展，帮助缩小我国城乡儿童间的数字鸿沟。

二、研究问题

（一）核心概念

（1）智能媒体。结合已有文献，智能媒体的核心技术特质包括：①人机交互（包括多点触摸、增强/虚拟现实、智能语音、图像识别、眼动、体感等）；②多媒体信息形态（同时提供包括文字—符号、图像视频—视觉、声音—听觉、体感—触觉、空间表征等多种符号系统和信息形态）；③跨时空沉浸式（依托移动智能端实现线上线下互通、在场感、沉浸感）；④个性化（通过数据挖掘、智能算法、"知识地图＋推荐引擎"的方式提供个性化内容）；⑤游戏化（游戏娱乐、社交导向）。考虑到上述特性及当下中国儿童的智媒使用现况，本书将智能媒体界定为儿童使用率相对较高的智能手机、平板电脑以及 VR/AR 沉浸式媒体，在实证研究篇进行探讨。

（2）媒介使用。结合相关理论文献，本书针对儿童媒介使用这一概念，从媒介使用时间（时长/频率）、使用内容、使用模式、使用终端、使用动机/需求、使用技能、使用情境等维度进行操作化界定和测量。此外本书还将儿童的性别、年龄、父母教育程度、家庭收入、所在地区等方面作为控制变量,纳入儿童媒介使用的研究模型。

(3)儿童身心发展。本书将从儿童的数字技能、身体健康、认知/情绪、心理健康、教育学习等方面,针对此概念进行探讨并开展实证研究。

(二)主要问题

本书试图重点回答如下几个学术及现实问题:

(1)在媒介与儿童的学术领域,国际学界有哪些主要的研究取向?其核心发现与理论观点有哪些?

(2)如何评述国际学界既有相关成果的贡献和局限?对我国的新媒体与儿童研究议题有何理论及现实启示?

(3)我国儿童的总体智能媒体使用情况,以及数字技能测评现状如何?

(4)我国城乡儿童间的数字鸿沟情况(智媒使用差距、影响因素和社会效应)如何?

(5)我国儿童青少年的智能媒体使用,对其身体健康/教育学习/认知情绪/心理健康等各方面的影响是怎样的?

(6)基于问题(1)～(5)的研究及发现,针对个体、组织和社会等多个层面,给出引导儿童科学合理地使用智能媒体、提升其数字素养、助其身心发展,并帮助缩小城乡数字鸿沟的有效对策建议,并就如何推广、普及本书的理论及实践应用成果展开探讨。

以下将针对上述问题,阐述本书的主要内容和结构概况。

三、本书结构

表1-1概括了本书的主要章节内容和框架结构。

表1-1 本书主要内容与结构一览

篇目	章目	研究内容	主要观点/研究发现
理论回顾篇	第二章 儿童的新媒体接触与使用模式	第一节 儿童的媒介使用:时间、模式和内容	儿童媒介使用包括媒介接入、使用时间、使用模式与内容偏好等维度。媒介替代模式转变成以多任务为特征的模式。儿童媒介使用与其年龄、性别、家庭背景等人口学变量密切相关
		第二节 新兴媒体与儿童青少年	针对各种新兴媒体应用(如互联网、社交媒体、网络游戏),从使用时间、媒介形式、媒介内容和传播情境四方面考察新媒体使用对儿童的影响,包括身心健康、认知学习和社会发展等。建议应将新媒体技术整合到儿童生活及学习中,提供技术指导和帮助,促进以儿童为中心的学习,同时高度重视并管理新兴媒体的风险

（续表）

篇目	章目	研究内容	主要观点/研究发现
理论回顾篇	第三章 儿童的媒介使用与身体健康	第一节 媒介与身体形象及饮食失调	媒介是导致儿童青少年身体形象障碍和饮食失调的因素之一。媒介通过三种机制：认知过程（涵化、社会比较、"以瘦为美"理念的内化）、行为过程（社会学习/建模）、情感过程（激活自我差异），实现对儿童身体形象和饮食失调的影响，但须考虑性别、年龄、社会支持等调节变量。社会因素、成熟因素和技术因素值得进一步研究。建议加强儿童的媒介素养教育，包括媒介在内的社会多方应该能够采取的有效干预措施
		第二节 媒介使用与儿童肥胖	儿童在媒介技术饱和的环境中长大。儿童电子媒体使用和肥胖之间的关系有三种假设机制：①代谢率降低；②身体活动被取代；③热量摄入增加（边看边吃，或者响应电子媒介中的食品广告和食品营销）。食品广告通过"趣味"和"重复"对并不能很好理解它们的儿童造成影响（选择和增加父母购买）。新媒体与儿童肥胖之间的研究结果尚存不一，原因在于测量方法不可靠、缺乏对关键调节变量的检验、缺乏纵贯数据且对新兴媒体的研究数据不足
	第四章 新媒体与儿童心理及认知发展	第一节 媒介符号系统与认知过程	表征模式理论指出，不同媒介形式的符号系统影响认知技能，并发展出不同的认知技能。媒介的三种表征类型：动作、图像、符号。印刷媒体使用文字符号系统的稳定性，对语言表达能力有影响；广播电视以视觉图像和动作表征，对儿童的注意、记忆和运动能力有积极影响，但较少激发儿童的内部想象表征；电子游戏以动作的、图像的、空间的形式表征，发展儿童的分散注意力、图像的及空间的表征技能。媒介表征系统逐渐内化，并成为儿童智力工具，发展某种特定文化的宝贵技能
		第二节 媒介与儿童的情绪及心理	习惯性观看恐怖媒介内容对儿童感知、恐惧和焦虑带来影响，但恐怖媒介刺激及应对策略存在年龄、性别上的差异。涵化理论、社会学习理论、启动理论、信息加工理论等都表明，接触媒介中的暴力内容会影响儿童的攻击行为。暴力媒介效应包括攻击者效应、受害者恐惧效应、良知麻木效应等

（续表）

篇目	章目	研究内容	主要观点/研究发现
理论回顾篇	第四章　新媒体与儿童心理及认知发展	第三节　教育媒介科技与儿童认知发展	媒介对儿童知识和学习成绩的影响主要通过内容、使用量、儿童年龄、家长教育程度等因素来调节。教育媒体对学业有正面影响，而娱乐内容则导致负面影响。教育媒体中的容量模式假设，叙事内容和教育内容将竞争儿童工作记忆中的资源，教育节目需要在各种不同情境中重复呈现出关键信息，以最大化帮助儿童实现学习的迁移
	第五章　新媒体与儿童社会化发展	第一节　媒介与儿童身份发展	媒介在儿童个人及社会身份认同的过程中，发挥着多面作用。涵化理论、信息加工理论、性别图式理论和社会学习理论，有助于解释媒介接触如何促进儿童的社会化发展。媒介还影响着儿童的性别社会化。新媒体允许儿童体验身份构建的流动性和多元性，使其探索各种可能的身份。媒介干预和媒介素养教育，是减少潜在负面影响的两大措施
		第二节　线上社交与准社会关系	媒介在儿童探索个人身份和发展社会身份的过程中发挥重要作用，与他人的互动和情感纽带促进了这一过程。陪伴、社交互动是儿童发展准社会关系和线上社交关系的主要动力。他们与媒介人物建立了深厚的陪伴关系，利用互联网与朋友保持社交互动，发展新的友谊。儿童利用媒介人物和在线互动来探索他们正在发展的身份、亲密关系等，特别是在青春期，并构建包括他们的社会身份在内的自我概念
实证研究篇	第六章　我国儿童的智能媒体使用和数字技能	第一节　我国儿童的总体智能媒体使用情况	我国儿童的智能媒体接触率和拥有率较高，总体使用量和依赖程度相对较低；智能媒体的拥有和使用情况，在我国不同年龄、区域和性别的儿童中存在明显差异；我国儿童的智媒技术效能感较高，但存在性别、城乡和年级的显著差异
		第二节　我国学龄儿童的数字技能测量框架建构与证实	为我国儿童原创构建并证实了本土数字技能测评量表，包括：操作技能（基本操作、信息管理、信息导航）、移动技能（软件操作、设备应用）、社交技能（社交分享、社交互动）、创造技能（内容创建、内容整合）和安全技能（隐私保护、风险防护）
	第七章　我国城乡儿童间的数字鸿沟	我国城乡儿童间的接入沟、使用沟、知识沟现况	我国城乡儿童间的接入沟在缩小。使用沟才是城乡儿童间关键的数字鸿沟，包括对媒介技术的自主使用及多元使用上的差距等。使用动机和兴趣是导致城乡儿童数字鸿沟的关键内因。数字技能和可获得的社会支持是造成城乡儿童使用沟的核心变量。信息技术使用的差距会造成城乡儿童在知识获取、社会参与和个人发展上的鸿沟

（续表）

篇目	章目	研究内容	主要观点/研究发现
实证研究篇	第八章 智能手机使用与我国青少年的睡眠及记忆	智能媒体与我国儿童的身体健康	我国青少年的总体手机依赖程度较轻,但也对睡眠和记忆产生显著的负面影响,是影响青少年健康发展的风险因素。青少年的手机使用和手机依赖存在性别和年级差异,男生比女生、高年级比低年级更易依赖手机,女生比男生睡前使用手机更多。手机使用时长、频率与手机效能感是导致手机依赖的影响因素。睡前手机使用正向调节着手机依赖对睡眠质量的风险
	第九章 我国儿童的智能媒体使用及其对课外阅读的影响	智能媒体与我国儿童的教育学习	智能媒体的拥有和使用在初中生/小学生、市区生/郊区生之间存在显著差异,男女生也略有不同。中小学生的课外阅读情况良好,智能媒体使用对课外阅读有一定负面影响,但较为有限。手机和平板电脑有显著差异,手机对阅读的负向作用明显,而平板电脑对阅读和学习有一定促进作用。智能媒体的使用内容很关键,应引导学龄儿童使用学习型内容,并控制娱乐化使用。提升落后地区儿童的数字技能是未来的努力方向
	第十章 VR媒体对青少年情绪、认知及行为意愿的传播效果	智能媒体与我国儿童的认知、情绪	相较于传统媒体,VR媒体对我国儿童的情绪、认知与传播行为意愿都产生显著的正向影响,移情起到了部分中介作用。儿童的感知可信度与喜爱度对传播意愿发挥了积极作用,记忆程度则与传播意愿无显著关联
	第十一章 智能媒体对儿童饮食失调及心理健康的影响	智能媒体与我国儿童的心理健康	手机使用量与儿童的手机依赖显著相关,娱乐型使用会导致手机依赖,学习型使用则不然。手机依赖对儿童的失眠、抑郁、饮食等方面均有显著影响。失眠在手机依赖与抑郁之间起到部分中介作用。手机效能感在手机依赖与失眠效应之间起到负向调节作用。应从管控手机使用量、限制娱乐型使用、提升手机效能感等方面引导儿童的合理手机使用,以裨益其身心健康发展
	第十二章 智媒阅读与父母介入对儿童语言交流的影响	智能媒体与我国儿童的语言交流	儿童在智能媒体上的阅读兴趣及信息加工能够显著正向影响其语言交流能力。家长的积极启发介入在儿童智媒阅读行为与阅读能力及语言交流之间起正向调节作用,积极辅助介入作用不显著,消极介入则起负面作用

本章参考文献

[1] Calvert S L, Wilson B J. The handbook of children, media and development (2nd. ed.)[M].

Exeter：Wiley-Blackwell，2011.

[2] Gentile D A，Bailey K，Bavelier D，et al. Internet gaming disorder in children and adolescents[J]. Pediatrics，2017(Suppl 2)：S81 – S85.

[3] Singer D G，Singer J L. Handbook of children and the media（2nd. ed.）[M]. Thousand Oaks：Sage Publications，2012.

[4] 卜卫. 媒介与儿童教育[M]. 北京：新世纪出版社，2002.

[5] Barr R，Linebarger D N.Media exposure during infancy and early childhood：the effects of content and context on learning and development[M]. Cham：Springer，2017.

[6] Bickham D S，Blood E A，Walls C E. Characteristics of screen media use associated with higher BMI in young adolescents[J]. Pediatrics，2013，131(5)：935 – 941.

[7] von Feilitzen C，Bucht C. Children and media violence，yearbook 2001：outlooks on children and media：child rights，media trends，media research，media literacy，child participation，declarations[M]. Göteborg：Nordicom，2001.

[8] Greenfield P M. Technology and informal education：what is taught，what is learned[J]. *Science*，2009，323(5910)：69 – 71.

[9] 库兹韦尔. 人工智能的未来：揭示人类思维的奥秘[M].盛杨燕，译. 杭州：浙江人民出版社，2016.

理论回顾篇

第二章　儿童的新媒体接触与使用模式

新兴的数字媒体会使儿童的未来变得更好还是更糟？技术进步往往既有积极影响，又会带来消极影响。更容易获得信息意味着世界对于儿童更加触手可及，相隔万里的图书馆的书籍和文件可以即时获得；不同地区或国家的课堂可以进行远程实时教学；教育和媒介工作者可以方便、快捷地与家长、学生或同事分享知识；负责子女教育的家长能够很容易地找到相关材料，而且往往是免费的；专门为教育工作者和相关群体创建的网站以新的方式促进了信息的传递；腾讯会议或微信视频让儿童能够在屏幕上随时进行交流，只要有能连接网络的设备便可传输画面……

和传统媒体一样，新媒体也只是一些工具。它们能够在多大程度上改善或妨碍儿童生活的认知、行为、社交以及身心健康等方面，将是最终决定儿童究竟如何使用这些新技术的一个重要因素。对新媒体传播效果的研究会受到技术本身所处阶段的限制，而进行长期跟踪的研究（尤其是针对儿童的长期媒介效果研究）往往较难实现，与之相关的研究问题可能正在制定之中。

新媒体技术的发展速度既令人鼓舞又令人震惊，它促使媒介及教育工作者、研究人员和社会各界必须跟上其迅速变化的步伐。新技术引起了人们对儿童的认知、情感、身心健康和社会化发展等方面的关注，同时也打开了一个充满新想法和新可能的世界，探索这一新的世界是传播研究者、教育工作者、孩子家长和社会各界的职责所在。因此，本章将从儿童的新媒体接触与使用研究切入，详细梳理儿童的媒介使用模式，以及各类常见的新媒体应用与儿童及青少年之间的总体关联。

第一节　儿童的媒介使用：时间、模式和内容

当下的儿童和青少年生活在一个充斥着电视机、计算机、互联网、手机、视频游戏机、平板电脑、印刷媒体和其他各类智能设备的复杂且饱和的媒介环境中。媒介成为儿童日常生活中的一个普遍存在，在他们的教育、交流、娱乐和休闲等方面发挥着不可或缺的作用，影响着儿童的各类行为。而且，儿童早期频繁地使用媒介，为他们在成长阶段与传播技术建立终身关系做好了准备。本节将探讨儿童在不同

阶段的各种媒介使用,同时讨论男孩、女孩媒介使用的不同方式。

本节将围绕媒介使用的三个主要方面展开文献回顾:媒介接入、使用时间和内容偏好。第一部分考察了儿童的媒介使用时间情况,儿童和青少年在屏幕前花了多少时间? 面对这么多的媒介选择,他们如何管理自己的时间? 研究表明,时间规划是很重要的,而且时间本身比以前所认为的更加灵活了。为了研究这一代的媒介使用者,研究模型从一个简单的媒介替代模式转变成以多任务为特征的模式。第二部分则探讨了儿童媒介模式的测量方法,包括使用时长日志、参访者的报告或自我报告、经验抽样方法和家庭视频观察。第三和第四部分探讨了内容类型或内容偏好,儿童的媒介选择,从不同的动画片到不同的网络游戏,都可能对他们自身产生深远的积极或消极影响。

本节所梳理的理论和研究文献强调了儿童所接触的新媒体环境的复杂性。很明显,儿童有非常多的机会接触媒介,把大量时间用于媒介活动,并选择满足他们需要的内容。孩子们在很小的时候就被社会化了,比如,他们会看自己喜欢的《芝麻街》(Sesame Street)节目,或者用鼠标操作电脑、用手机点击视频。成长给他们带来了更复杂的数字技能和对各种媒介内容的兴趣。多任务处理现在已成为常态。媒介可以是塑造儿童发展的积极力量,也可以是消极力量,因为每一项新媒体活动都提供了学习的机会。尽管新技术的不断引进使了解儿童的媒介使用习惯成为一个动态化目标,但儿童对媒介内容的需求仍然是了解其使用情况的一个不变因素。

一、儿童的媒介使用时间

从读书到和朋友一起玩耍,孩子们度过时间的方式可以产生多种发展结果,包括提供学习机会。同样,花在媒介活动上的时间可以影响儿童的认知、社交、情感和健康相关的发展,其中也有积极的影响。然而,电视长期以来一直受到批评,因为它把孩子从其他有价值的事情,如阅读和与家人交流,转移到其他方面。时间替代(time displacement)指的是参加一项活动所花费的时间将取代参加另一项活动所花费的时间[1]。然而,研究结果并不支持电视取代其他有价值活动的简单假设。人们对儿童使用互联网和其他互动媒体活动也表示了类似的关切,因为研究者认为,人们用于社交和非社交活动的时间和精力是有限的[2]。

与这种静态的时间替代模式相反,儿童和青少年不再只使用一种媒介而排斥其他媒介,而是经常同时进行多任务处理,在此过程中他们会同时进行多项活动。例如,与青少年的闲聊表明,他们听音乐、上网、通过社交媒体联系他们的朋友,所有这些都是在做作业的时候同时进行的。因此,重新定义对儿童和青少年如何利用时间的传统观念很重要。唐纳德·罗伯茨(Donald Roberts)等区分了"媒介接触"(media exposure)和"媒介使用"(media use)[3]这两个概念。前者被定义为人们花费在各种媒介上的时间总和,由此拟合出个体的媒介接触总量;后者被定义为投入到媒介上的"个人时间"的数量。因此,总的媒介接触时间可能会多于媒介使用时间,因为儿童和青少年同时进行两件、三件甚至四件活动是非常普遍的。多任务处理,与替代理论相反,似乎为儿童和青少年分配媒介时间的方式提供了一个更现实的概念。

(一)媒介使用时间与年龄的关联

尽管有无数的媒介选择,观看电视仍然比任何其他媒介活动消耗更多的儿童时间。例如,8~18 岁儿童的每天观看电视的时间平均为 3 小时,当电视、视频和电影加在一起时,这一数字将增加到每天 4 小时 15 分钟[3]。研究人员在横向和纵向研究中一致发现,儿童看电视的时间从婴儿期到 6 岁稳步增加,进入学校后略有下降,然后在儿童期后期趋于增加,在 11 岁或 12 岁左右达到峰值[1]。青少年看电视时间的减少可能是由于花在课外活动或学校活动上的时间增加了,花在发展家庭以外的社会关系上的时间增加了,也许还有花在其他类型的媒介活动上的时间增加了。

1. 婴幼儿时期

婴幼儿在各种媒介上花费了大量时间。在一天中,2 岁以下的儿童在屏幕前平均花费 2 小时 5 分钟[4]。在 6 个月~4 岁这个年龄段之间,孩子们花在看电视上的时间稳步增加,然后从 5~6 岁之间又有所下降。孩子们观看视频的时间也有类似的规律,3 岁以内的观看时间会随着年龄的增长而增加,3 岁以后则呈下降趋势[5]。

收入动态固定样本组研究(The Panel Study of Income Dynamics,PSID),是一项纵向调查,从 1968 年开始每年对美国有代表性的家庭样本进行一次调查,它提供了另一个关于从出生到 12 岁的儿童的媒介使用习惯的信息来源。作为评估的一部分,在研究中主要监护人被要求为每个孩子完成一个周末和一个工作日的 24 小时日志。2902 名儿童的日志提供了额外的证据,表明从出生到 2 岁,这些非常年幼的孩子们在周末的时候,平均有 67 分钟在屏幕跟前[6]。

在一天里,绝大多数年幼的孩子都会花一些时间与媒介打交道。例如,88%的婴儿(1 岁以下)会听音乐,77%的会读书或者听书,56%的会看电视,24%的会看视频[7]。相比之下,很少的婴儿会使用电脑(2%)或者玩视频游戏(1%),许多年龄较小的孩子花在社交活动上的时间和花在媒介上的时间一样多。例如,在一天中,55%的婴儿和80%的幼儿会在外面玩,这与平均每天看电视的幼儿的比例大致相当。

　　讨论婴幼儿花时间接触媒介是否健康的时候,对父母个人媒介使用习惯和观念的考察,有助于了解为什么很小的孩子会花时间在屏幕上。家长通过树立媒介使用习惯的榜样,通过与他们的孩子共同观看,通过展示他们对电视节目的价值观和态度,以及通过规范或鼓励观看特定类型的内容来影响孩子的观看。许多父母自己长时间看电视,吃饭的时候开着电视,一整天都开着电视当背景。研究结果显示,父母不仅鼓励他们的孩子出于教育目的使用媒介,而且鼓励孩子使用媒介来让孩子忙碌起来,这就为父母提供了不受打扰的时间,用来做家务或完成其他任务[7]。家长们还需要私人时间或远离孩子的时间,这种需要很容易通过打开电视得到满足。面对父母的媒介选择,年幼的孩子显然没有那么大的自控力。虽然他们可能无法理解或阐明自己看电视的动机,但他们仍然对观看自己喜爱的电视节目感到满意或愉快。

　　2. 学龄前和学龄儿童时期

　　调查数据表明,6岁以下的儿童每天使用屏幕媒体的时间约为2小时[7]。由于媒介的种类和内容随着时间的推移而变化,因此研究群体差异也很有用。

　　早期窗口项目(The Early Window Project)研究了250多个家庭以及两组年龄分别为2~5岁和4~7岁儿童的丰富的时间使用数据[8]。日志连续收集了3年。虽然随后将讨论内容偏好,但是通过比较儿童在工作日和周末观看的节目类型,可以很好地说明群体差异。尤其是,相比于周末,孩子们在工作日的时候会花更多的时间观看儿童信息节目、动画片和一般的电视节目。4岁的儿童每周大约会观看两个小时的儿童信息节目,到5~7岁,这一数字降至每周1小时左右;5岁的儿童每周观看动画片的时间大约为7.5小时,到5~7岁,这一数字降至每周5小时左右;在2~3岁时,儿童每周观看一般电视节目的时间大约为16小时,到了6~7岁,这一数字降至每周10小时左右[8]。一般电视节目的观看量下降是由于二次观看(secondary viewing)的减少,而不是初级观看(primary viewing)的下降。二次观看是指伴随着另一项活动的观看。儿童的二次观看通常指父母在观看一般电视节目的时候,他们在附近玩耍。

　　PSID也揭示了这一年龄群体在工作日和周末观看情况的差异。工作日观看电视的时间在 3～5 岁这一年龄群体内达到峰值(111 分钟),而 6～8 岁会观看 92 分钟,9～12 岁则观看 98 分钟。相应地,周末观看电视的时间在 6～8 岁这一年龄群体内达到峰值(160 分钟),而 3～5 岁会观看 131 分钟,9～12 岁则观看 157 分钟[6]。上学减少了 6～12 岁儿童在工作日看电视的时间。相比之下,孩子们在周末有更多的自由支配时间,其就寝时间也可以经常改变,从而有更多的时间与媒介打交道。

在儿童时代中期,电脑和电子游戏仍然是一种很受欢迎的休闲活动,然而随着孩子年龄的增长,游戏的使用也在减少。研究者调查了 9～12 岁的儿童,发现玩网络游戏的总时间随着年龄的增长而逐渐减少,当然这种情况随着媒介技术的不断发展可能会发生变化。

3. 青少年时期

在青少年时期,孩子们主张他们的独立性,在非媒介和媒介相关的活动中,父母给了他们更多的自由选择。因此,他们更有可能在卧室中拥有媒介,并且在成人监督较少的情况下参与媒介活动。此外,他们正在以越来越多样化的方式使用媒介。罗伯茨等发现,年龄在 8～18 岁的青少年每天花大约 6.5 小时使用媒介,如果还考虑到多任务处理行为,那么他们每天的媒介接触时间则由 6.5 小时转变为 8.5 小时。青少年大约花 4 小时看电视,1.75 个小时听音乐,1 个小时用电脑(如上网和学习),49 分钟玩视频游戏,43 分钟阅读(书、杂志和报纸)以及 25 分钟看电影(在电影院),相比之下,青少年每天与父母相处 2.25 小时,体育活动 1.5 个小时,参与兴趣爱好或其他活动 1 小时,做作业 50 分钟[3]。

当研究从视频游戏转到即时通信等多种互动媒体时,很明显,花在这些活动上的时间从青春期前期到青春期后期也发生了变化。这一时期玩视频游戏的时间趋于稳步减少。罗伯茨等重申了这一模式,8～10 岁的孩子每天花 1 小时左右,11～14 岁的孩子每天花 52 分钟,15～18 岁的孩子每天花 33 分钟玩视频游戏。相比之前,这一期间孩子们花在电脑上的时间随着年龄的增长而增加(相对应的,分别是 37 分钟、1 小时、1 小时 22 分钟)。与早期的数据一致[9]。相比于其他活动,游戏占据了 8～18 岁孩子们更多的时间。然而,通过即时通信工具(IM)与同龄人交流,会随着年龄的增长而显著增加,8～10 岁的每天花 3 分钟使用 IM,11～14 岁的孩子每天花 18 分钟,15～18 岁的孩子每天花 27 分钟[3]。

11～18 岁的青少年每天花 2.25 小时和朋友在一起,53 分钟打电话[3]。手机现在是一个广泛使用的通信设备,32% 的 12～14 岁青少年拥有手机,57% 的 15～

17 岁青少年拥有手机[10]。然而,青少年并不是这项移动技术的唯一消费者。对于学龄儿童和青少年媒介消费者来说,电子媒体显然是一个比印刷品更有吸引力的选择。研究始终表明,年轻人不会花大量的时间以阅读的方式来娱乐,而且随着他们日趋成熟,他们往往花越来越少的时间在阅读上。8～18 岁的孩子平均每天只花 23 分钟阅读书籍,14 分钟阅读杂志,6 分钟阅读报纸[3]。

(二)媒介使用时间与性别和种族等的关联

在年龄小的时候,男孩和女孩使用媒介的时间似乎没有显著差异。男孩和女孩花在看电视、阅读、听音乐和使用电脑上的时间差不多。

虽然男孩和女孩在儿童时代中期和青少年时期使用电脑的时间也差不多,但他们从事的具体活动有所不同。一般来说,男孩花更多的时间玩交互式游戏,女孩花更多的时间浏览网页、发送邮件和使用社交媒体[3]。从历史上来看,无论是在家里还是街机环境中,男孩对玩电脑游戏和电子游戏的偏好和时间投入一直高于女孩。同样,对在线游戏的研究表明,最为常见的玩家为男性。这些发现表明,性别差异对于青少年媒介用户的特定兴趣和偏好具有显著的影响。

种族与屏幕媒体(如电视、手机和电影)的使用时间差异有关。一般来说,非裔美国人比欧洲裔美国人花更多的时间看电视。非裔美国儿童每天花费大约 6 个小时使用屏幕媒体,而高加索儿童为 3.75 小时,西班牙裔儿童为 4.5 小时[3]。即使考虑到父母的教育水平和收入水平,这种模式也依然存在。

二、儿童媒介使用模式的测量

测量儿童参与媒介相关活动的时间,是了解每种媒介对儿童发展潜在影响的最基本步骤之一。此部分简要概述通常用于测量屏幕时间、内容偏好或媒介使用体验的方法,并讨论儿童的媒介使用模式如何因年龄、性别和种族等人口学特征而不同。

(一)使用时长日志

使用时长日志(time-use diaries)要求个人连续 24 小时描述他们或他们孩子的活动。相比于经常在调查中被使用的自我报告的时间估计,日志更加准确,尤其是在被描述的时间段之后不久收集到的日志。该测量有以下优势:①较高准确性,因为对于参与者来说,系统地报告日常活动比回忆一般的时间估计更容易;②捕捉儿童的所有活动,允许监测从个人护理到社会和娱乐行为的各种活动;③与使用频率相关的调查问题相比,不容易受到社会期望的扭曲[1]。使用时长日志已成功地用于媒介研究,包括对儿童媒介使用情况的纵向调查和国家媒介体使用调查。然而,收集这类日志确实需要大量的毅力和努力。

(二)受访者的报告或自我评估

受访者对媒介使用的报告或自我评估(respondents' reports or self-estimates)是研究媒介使用行为时最常用的指标,可在问卷或访谈中进行评估。例如,一个要求估计每周看电视总时长的问题所提供的信息,不如询问关于某一特定时间段内观看电视时长的问题准确(如,你昨天看电视的时间是多少?)。使用这种方法的一个优点是,可以快速而廉价地收集到大量受访者的数据。然而,对媒介使用情况的时间估计往往不如日志准确,尽管这两项指标是相互关联的。

值得注意的是,当评估儿童的媒介使用习惯(通过问卷调查、访谈和日志)时,通常是由父母提供关于他们孩子的信息。很少有研究是直接与孩子对话的。因此,父母在陈述孩子的媒介经历时应该多加小心,因为他们并不总是知道孩子们在看什么或者玩什么。维多利亚·赖德奥特(Victoria Rideout)等在对婴儿、幼儿和学龄前儿童家长进行的调查中承认了这一可能性[7]。受访的家长中,只有50%的父母说他们整天或大部分时间都与孩子在一起,因此他们对其孩子媒介使用情况的了解可能有限。同样,研究人员已经证明,父母往往不知道他们孩子的游戏习惯,也无法准确地描述他们孩子正在玩的游戏的内容。有两种方法可以用来提高报告信息的准确性,分别是要求父母和孩子一起填写日志或问卷,或者是询问幼儿看护者或其他照顾者有关儿童活动的问题。

(三)经验抽样方法

经验抽样方法(experience sampling method),又叫传呼机法或寻呼机法(beeper or pager method),可以提供关媒介使用情境的丰富数据(指一个人单独和他的朋友或者家人在其卧室或家庭客厅中),并可以在这些情形出现的时候加以记录。罗伯特·库贝(Robert Kubey)等让483名年龄在9～15岁的儿童和青少年携带电子寻呼机,并且在接到信号时填写关于他们活动情况和个人经历的自我报告[11]。这些参与者记录了活动的名称、地点、和谁在一起、对情感状态的描述,以及参与活动的时间。使用这种方法的缺点在于忽略了全天日志记录的可能性和对参与者日常活动的干扰。

(四)家庭视频观察

家庭视频观察(home video observation)使用视频设备来记录电视上的内容,谁在房间里,当电视机打开时发生了什么。丹尼尔·安德森(Daniel Anderson)等使用这种方法来监测儿童和家庭对电视节目的关注[12]。研究人员将摄像机和其他设备放置在家庭家中,其中一台用来记录电视上的节目,另一台用来记录房间里发生的事情。家庭视频观察表明,接触程度和注意力之间没有相关性,这突出了一个事实,即儿童经常在看电视的时候参与其他活动。

这种方法的明显缺点是,家庭视频观测技术的侵入性和巨大的经济成本,优点则包括可以获取到实际的观看模式(可以与电视机上不断变化的动作相关联)、评估与观看电视同时进行的活动,以及拥有处理后续研究问题的档案。例如,当凯利·施密特(Kelly Schmitt)等重新分析 20 世纪 80 年代早期的家庭录像时,他们能够量化儿童看电视时发生的行为类型(如社交、玩耍、剧烈活动)[13]。

三、儿童对媒介的使用与满足

显而易见的是,儿童和青少年在一天中会花大量的时间从事与媒介有关的活动。为什么他们会十分地投入地观看他们最喜欢的电视节目,玩最新的视频游戏或是下载他们最喜欢的音乐?答案很简单,那就是娱乐。可以运用使用与满足理论(uses and gratifications theory)来进一步理解儿童对媒介的选择性接触。使用和满足理论关注用户的动机和需求、他们的媒介偏好、他们使用媒介的方式以及他们的使用模式。

使用与满足研究定义了三类动机:①转移/逃避(diversion/escape,即实现激励、放松、情感释放);②个体身份认同/社会效用(personal identity/social utility,即加强与他人的联系,克服孤独,形成个体认同);③信息检索/信息认知(information seeking/cognition,即获取有用的信息,如事实或社会文化知识)[14]。儿童利用媒介满足他们的需要和需求,特别是社会和情感需求。施密特等对 1980 年和 1981 年的家庭录像进行了分析,发现 2 岁的孩子在看电视的时候也花了大量的时间进行社交、玩耍和运动。相比之下,年龄较大的孩子花在电视屏幕上的时间更多,从事其他活动的时间更少。研究者认为,对于非常年幼的电视观众来说,电视的使用和满足可能是为社交活动和游戏提供了一个背景[13]。

媒介使用行为也可以被描述为工具性的(instrumental,例如,寻找一个特定的电视节目)或仪式性的(ritualistic,例如,浏览频道直到找到感兴趣的东西)。工具性使用是出于信息原因寻求某些媒介内容,并由此引起有目的性、有意识的或选择性的行为[14]。工具性和仪式性使用之间的区别,与个人花在媒介上的时间以及他们喜欢查看或使用的内容类型有关。例如,大量的媒介使用通常反映出一种仪式性的行为。不同的媒介也可能倾向于仪式性或工具性。例如,米莉亚·梅茨格(Miriam Metzger)等发现"传统媒体",尤其是电视,更多地倾向于仪式性使用,相比之下,打电话或者看报则更多地倾向于工具性使用[15]。

使用和满足理论为研究个人如何使用互联网等新兴的通信技术提供了一个有用的框架。从本质上说,电脑及其相应的软件,需要个体积极的投入和支持。使用网络尤其需要主动搜索感兴趣的信息,并能满足不同用户的不同需求。然而,梅茨格等注意到,对互联网和网络通话方面的使用在本质上更加仪式化了[15]。当考虑到青少年的交际行为,尤其是他们对手机的使用时,这些发现就很耐人寻味了。一些手机行为显然是工具性的,但手机上的持续交谈表明,它们的使用也包含了一种仪式性的成分。随后将探讨儿童如何通过媒介来满足他们的需求,内容是影响其媒介选择的主要因素。

四、儿童对媒介内容的偏好

要了解媒介在儿童生活中的作用,就需要收集浏览各类型内容所花费时间的数据,而不仅仅是统计浏览总时长。媒介效果在一定程度上取决于儿童观看的节目、他们所听的音乐类型或他们玩的电子游戏内容。例如,有大量证据表明,观看教育电视节目可以用来传授知识和亲社会课程,而观看一般的娱乐节目则与较低的入学准备水平和学习成绩有关[16]。与之类似,网络游戏提供了各种各样的体验,从提供具有挑战性的技能构建环境(如《模拟人生》(The Sims)系列)到以暴力主题(如《侠盗猎车手》(Grand Theft Auto))为特色的游戏。儿童从其中所学到的经验取决于所玩的游戏,这些游戏内涵丰富,既鼓励探索精神,又能促进参与者的持续投入,但是也可以传授解决冲突的暴力方法,并使孩子们接触其他负面的社会信息。

电视节目和视频游戏可以很容易地按内容类型编码,并且一直是研究儿童媒介使用习惯的研究人员关注的焦点。这两种媒介也将成为随后讨论儿童内容偏好的焦点。虽然研究人员对电视节目的分类可能略有不同,但在研究中也有一些共同点。例如,约翰·赖特(John Wright)等创建了一个编码系统,包括儿童教育类、儿童非教育类、动作类、喜剧类、现实类、情感剧、奇幻类和体育类等[6]。同样,罗伯茨等创建了一个编码系统,包括儿童教育类、喜剧类、电影、现实类、娱乐类、戏剧、体育类、纪录片、音乐录像和新闻[3]。网络游戏的编码系统被设计用来反映游戏的认知和生理需求(即所需的心理和感觉活动类型)以及内容特征。赖特等创建了一个系统,可以分为教育/信息类、体育类、感觉运动类(动作/街机、战斗/射击、驾驶/赛车、其他车辆模拟)和战略类(冒险/角色扮演、战争、战略模拟、谜题/游戏)。研究人员还对儿童进行了访谈,了解他们对特定类型内容的偏好,包括幻想暴力和现实的人类暴力。在题材类别上,不同年龄的儿童、男孩和女孩之间,或在不同种族群体的儿童之间,在统计学上存在显著的偏好差异[6]。

(一)媒介内容偏好与年龄的关系

儿童的媒介选择和偏好随着他们逐渐长大而有所变化。媒介使用习惯似乎是由使用可能性、认知能力和社会环境的变化塑造成的。父母和照顾者通过观看一些节目和限制观看其他节目,来影响他们孩子的习惯。此外,媒体行业会影响着儿童和青少年必看内容的易得性。

教育内容旨在传授那些在学校教授的学术技能(如词汇、数学、科学和地理),或教授亲社会行为(比如利他主义、自我控制和积极的社会互动)。无论是电视屏幕上的《芝麻街》节目还是电脑上的《瑞德小兔》(Reader Rabbit)软件,这些媒介内容在最年幼用户中是最受欢迎的。儿童既娱乐消遣了,也受到了教育,家长鼓励儿童多花时间在这些内容上。教育电视节目在 4 岁或 5 岁左右的群体中收视率最高。赖特等发现,0～2 岁的孩子每周看 199 分钟的教育节目,3～5 岁的孩子每周看 240 分钟,6～8 岁的孩子每周看 114 分钟,9～12 岁的孩子每周看 96 分钟[6]。罗伯茨等指出,在青少年后期阶段,观看时间也出现了类似的下降,8～10 岁的人中有 47%、11～14 岁的人中有 21%、15～18 岁的人中有 8% 的人看过教育节目。儿童对教育类电脑游戏的喜好程度也随着年龄的变化而降低,无论是男孩还是女孩,小的孩子要比大的孩子更喜欢教育类电脑游戏[3]。通过分析 730 名来自 PSID 的 0～12 岁儿童的电脑游戏情况,赖特等发现,年龄最小的孩子(0～5 岁)每周花更多的时间玩教育内容的游戏(分别为 84 分钟和 22 分钟)[6]。显然,父母在儿童早年对他们的选择有更大的影响力和控制力,这种影响反映在教育媒体使用的发展变化上。

看动画片也是童年的主要内容,有趣的是,不同年龄段孩子看动画片的时间遵循着与教育节目类似的模式:从 5 岁开始观看电视的时间逐步增加[1]。家庭成员的存在也可能影响孩子们的观看选择。有兄弟姐妹的孩子会和兄弟姐妹一起看更多的动画片,但是没有成年人在场,而那些有兄弟姐妹的孩子会在 4 岁以后继续看教育节目。

从童年中期开始,喜剧节目就一直吸引年轻观众。这种模式适用于任何年龄、性别、种族或社会经济地位。例如,在前一天被调查电视观看情况的儿童中,39%的 8～10 岁儿童看过喜剧,36% 的 11～14 岁的儿童看过喜剧,34% 的 15～18 岁的儿童看过喜剧[3]。在 PSID 样本中,9～12 岁的孩子每周看 200 分钟的喜剧节目,这明显多于比他们年幼的孩子们(6~8 岁的孩子为 131 分钟,3~5 岁为 67 分钟,0~2 岁为 26 分钟)[6]。

青少年显然正在养成与他们早年不同的媒介习惯和偏好,也许是因为他们正在寻找自我或身份认同。尼娜·亨特曼(Nina Huntemann)等认为,媒介通过提供媒介模范(media models)、鼓励媒介消费和促进媒介选择,在青少年的身份认同塑造过程中发挥着多方面的作用。媒介模范包括人们喜爱的电视节目中的角色,这些角色提供有关风格、外表和外在特征的信息,这些信息可以整合到一个人的身份中[17]。因此,使用和满足理论表明,一个人观看某一特定电视节目的动机及其相关特征,可能与个人认同或自我评价有关。媒介消费指的是告诉青少年观众什么(或谁)在青年文化中是酷的、有吸引力的或被重视的广告形象。媒介选择包括可以体现青少年身份的个人表达的行为。例如,选择一种特定类型的音乐,或者和朋友一起观看《橘子郡男孩》(*The O.C.*)或《美眉校探》(*Veronica Mars*),都可以表明是隶属于哪一群体。与此相对应的是,9~12 岁的女孩被婚恋剧所吸引,女孩看这些剧的时间是男孩的两倍。这些例子说明了使用和满足理论在讨论媒介选择和偏好时的适用性,无论青少年聚集在一起是为了实现社会效用(如加强与他人的联系)而观看特定的社会公益电视节目,还是观看特定的角色作为他们塑造个体身份认同的指南。

(二)媒介内容偏好与性别的关系

男孩和女孩之间的差异具有理论意义,因为年幼的孩子被认为通过观察周围的世界,包括接触媒介信息,来发展性别类型的态度、偏好和行为。性别分型的发展很早就发生了,因为 3 岁的孩子就可以进行性别分类,并意识到许多社会期望。使用和满足理论认为,男孩和女孩选择媒介内容的目的是自我评价,将自己与性别相同的人进行比较。青春期女孩对情感剧越来越感兴趣,经常看电视通常与对男性和女性活动、性格和职业的刻板印象有关。因此,持续接触性别刻板印象的媒介描述,可能会对男女生对自己的性别认知产生强大的影响。

对性别差异的研究表明,男孩和女孩更喜欢不同类型的媒介内容,而这些差异尤其体现在电脑和电子游戏方面。在教育媒体方面,女孩往往更多地观看教育电视节目,而且对这种类型的兴趣比男孩持久[16][6]。在一项对 900 名四至八年级儿童的调查中,研究者还发现,女孩比男孩更有可能把教育电脑游戏列为最受欢迎的游戏。此外,女孩表示偏爱益智类游戏或空间关系类电脑游戏(如《俄罗斯方块》)和奇幻冒险。

女孩的偏好与男孩的偏好形成鲜明的对比。研究证据显示,男孩比女孩更喜欢体育相关的内容。他们每周花更多的时间看电视上的体育节目和玩互动体育游戏[6]。他们还表示更喜欢和享受互动体育游戏。同样,罗伯茨等和其他人表示,男孩比女孩更喜欢动作或动作冒险类游戏。当男孩和女孩被特别问及玩含有暴力的互动游戏时,男孩更喜欢玩现实类的暴力游戏,而女孩则更喜欢卡通奇幻类的暴力游戏[9]。

使用和满足理论为解释这些性别差异提供了一个有用的框架。在电视上观看体育赛事或在 Xbox 上玩《疯狂 2007》(*Madden 2007*),都需要体验竞争这一主题。许多观察人士认为,电脑游戏和电子游戏中主要的男性主题(比如战斗、战争、激烈竞争)可能是这些游戏对男孩和女孩吸引力不同的原因。这种主题通常被认为是不受女性欢迎的。互动游戏文化也是男孩社会化体验的重要组成部分。这是男孩们的一种集体休闲活动,他们倾向于将电脑或游戏融入社交网中,由此产生一种社会效用,并可能对在家里和学校的网络使用产生影响。有研究者表示,36%的电子游戏青少年玩家说他们和同龄人或兄弟姐妹一起玩游戏。

第二节　新兴媒体与儿童青少年

包括电脑、互联网、手机和其他智能设备等在内的新兴媒体,已经成为儿童和青少年生活中常见的数字设备。儿童及青少年能够使用各种媒介设备来实现各种功能,比如搜索信息、社交通信、玩游戏、生活支付及其他休闲娱乐等。以电子游戏为例,它可以在各种平台上进行,包括游戏机、笔记本电脑、PS2、手机以及 iPad 等移动设备。类似地,诸如电子邮件和即时消息之类的在线应用也可以在台式电脑、笔记本电脑或智能手机上访问。由于硬件和媒介内容之间的界限变得越来越模糊,关注各种新兴媒体应用比关注支持它们的特定硬件更有意义[18]。本书目标是研究儿童使用这些新兴媒体对他们身心发展的影响。因此,本节将重点讨论包括互联网、社交媒体、网络游戏等在内的新兴媒体应用,而不是研究访问这些内容的特定媒介设备和终端。

各种信息和传播科技改变了儿童和青少年度过空闲时光的方式。当一种新媒体技术的介入替代了以前的一些活动时,就出现了替代效应(displacement effect)。比如,儿童将原先用于课外阅读、户外运动的时间,转为每天花 2~3 个小时使用手机上的社交媒体、动画视频、网络游戏等新媒体应用,就发生了媒介替代。

随着一些新的媒介技术被开发出来,原有的媒体必须跟这些新兴媒体来瓜分时间。越来越多的媒介相互竞争有限的时间资源,因此,每一种媒介所获得的时间就越来越少了。在21世纪的发展进程中,媒介即信息。由于替代效应的存在,儿童在某种媒介使用或活动上花费的时间越少,他们在该领域的各种技能的发展水平也会越差。比如,儿童对视频、游戏等图像视觉类的媒体使用越多,其对文字符号类媒体的接触就会越来越被削弱。长此以往,儿童的阅读能力、思维认知和语言交流等能力就会受损,如此最终损害的可能是整个教育事业和人类文明。

因此,考察儿童如何使用各种不同的新兴媒体应用,揭示不同新媒体对儿童数字技能、认知能力及身心发展等方面的不同影响,是传播学者和教育工作者的研究使命所在。

一、互联网与儿童青少年:时间、形式、内容与情境

列夫·维果斯基(Lev Vygotsky)的社会文化理论指出,文化所提供的语境,尤其是工具在这一发展过程中起着中介作用,包括算术、语言和数学在内的文化工具在发展更高的心理过程中十分重要[19]。借鉴有关学者的思想,不难发现,不同的文化工具激发和发展了不同的认知技能。计算机、互联网、互动游戏等新媒体应用,是信息技术社会中最新的文化工具,它们可能会影响儿童思维和学习的发展[20]。在这一理论框架内,以互联网为核心的数字媒体至少可以通过三条潜在途径影响其发展[21]。

第一条途径是基于这样一种想法,即与互联网和数字媒体打交道的时间不仅包括花在特定活动上的时间,而且可能是远离其他可能更有价值的活动的时间,这一说法源于"时间替代假说"(time displacement hypothesis)的观点[22]。对于孩子们来说,玩电脑游戏和上网的时间可以从读书、参加体育活动以及与朋友和家人面对面的交流中抽出来。第二条和第三条途径源于互动媒体本身,如前所述,为了理解思维和学习,必须区分平台或硬件(即电视、计算机或电子游戏系统)、形式特征(即描述一种媒介的视听制作功能)以及其中的内容(即游戏或在线网站的主题或焦点)[23]。

数字媒体影响力的第二条途径是通过它的形式特征(formal features),即它所使用的符号和表征系统。例如,法律规定的(基于动作的呈现)、标志性的(基于图像的呈现)或符号(基于符号的呈现),用户必须解码才能掌握信息。因此,反复使用媒介可以内化这些技能,并影响这些特定表述技能的发展[24]。

第三条影响途径涉及媒介内容(media content),它由形式特征所传达的信息组成。对于游戏,内容可能涉及特定的话题(如数学、历史、科学或幻想)或主题(如侵略)。在网络环境中,内容也可以包括积极的、基于社会道德准则的或学术的主题。正如人们期望媒介的特定形式特征能够促进其发展一样,数字媒体中的信息内容也可能影响发展。

除了前三条途径外,第四条影响途径还涉及在线的交流环境(communication environment),如社交网站、游戏和虚拟世界。可能与发展相关的在线环境的特点包括匿名的潜力;无实体的用户;互动的情况;其他的面对面交流形式,包括眼神交流和手势;以及与陌生人接触的潜力[25]。在游戏和虚拟世界等环境中,匿名的可能性以及缺乏身份信息(比如年龄、性别等)可能对身份认同和社会互动产生影响。后续在讨论网络游戏对儿童发展的影响时,将涉及这些途径中的每一条。

互联网发生了迅速而剧烈的变化,不仅是在如何使用互联网方面,而且在其提供的各种应用和活动方面也发生了巨大变化。拨号接入已经让位于宽带和无线网络,互联网现在可以通过接入宽带的计算机、连接无线网络的笔记本电脑以及各种手持终端设备,如智能手机、平板电脑或其他智能设备等接入。此外,还有各种功能非常多样的在线应用程序,比如电子邮件、网络社群、社交网站、微信、微博、网络游戏、短视频等,这些互联网应用都被视为数字景观的一部分。

随着互联网本身性质的变化,各种新兴媒体应用也在迅速蔓延。在大多数同龄人上网的情况下,通过互联网的通信在儿童中的流行是不足为奇的。大量研究证实,多数儿童和青少年在线上与线下世界的人进行互动和交流[18],这与以往形成鲜明对比,当时青少年更有可能与陌生人互动。与此同时,青少年开始依赖互联网获取信息(比如学习、生活、社交、健康等)以及娱乐(比如音乐、视频、节目等)。那么,各类纷繁芜杂的互联网应用,究竟对儿童和青少年带来怎样的影响?本节将围绕前述的影响框架来进行探讨。

(一)在线时间对儿童发展的影响

与替代假说一致,一个重要的问题是,在网络上花费的时间是否取代了对青少年社会发展很重要的活动,比如与同龄人之间面对面的互动[22]。在这种推理中,互联网的使用取代了青少年与同龄人和家庭之间的真正互动,因此,更多地使用互联网可能与较弱的社会关系和较低的幸福感有关(比如更大的抑郁)。早期研究表明,更多使用互联网与青少年福祉下降以及社会关系减弱有关。古斯塔夫·梅什(Gustavo Mesch)等还发现,青少年对家庭关系质量的看法与他们使用互联网的频率呈负相关。其他研究还没有发现青少年的在线时间使用与心理健康之间存在可靠的联系[26]。同样,没有发现在线时间与社会网络的各个方面之间的关系,比如在当地以及遥远的社会圈子的规模和面对面交流的数量。

此外,研究表明,网络时间使用的影响可能受到多种因素的影响。考虑不同类型的在线活动,儿童和青少年花更多的时间在聊天室、在线浏览和游戏上,与更年长的成年男性相比,他们的社交焦虑水平更高,但女性方面则不相关[27]。这项研究并不知道参与者是否因聊天室的使用而变得更加沮丧,是否他们一开始就被吸引到聊天室,他们本来就情绪低落,又没有从线下关系中得到的支持,又或者两者兼而有之。纵向研究表明,互联网的使用对用户性格有不同的影响。凯瑟琳·贝西埃(Katherine Bessiere)等发现,利用互联网来结识新人,并将其用于娱乐,会减少抑郁情绪,但只会对拥有更好社会资源的人产生影响。对于社会资源贫乏的人来说,使用互联网与人们见面实际上与减少抑郁情绪有关[28]。查尔斯·斯坦菲尔德(Charles Steinfield)等在 2008 年的研究表明,自尊心较低的参与者从脸谱网(Facebook)的使用中获得了更多的收益[29]。这两项研究都没有专门针对儿童,但它们与本节讨论有关,因为在贝西埃等人的研究中有 15% 的参与者年龄小于 19岁,而斯坦菲尔德等的样本由大学生组成。其他可以促成在线时间和幸福感之间关系的变量有青少年对网络关系的看法以及他们在线互动的质量[30]。

(二)网络的形式特征对儿童认知与学习的影响

互联网结合了以前所有媒介形式的特征,包含文本、音频、视频及各类交互式音频和视频。关于互联网的形式特征是否会对儿童认知技能产生影响的文献比较有限。在以前的研究中,由于互联网的信息和通信用途围绕着文本的生成和理解,互联网的使用可能会对语言、空间和其他表征功能产生影响。

一个重要的问题是,基于文本的在线交流具有口头和书面表达的特点,因此,在线文本常常由缩写和词汇的简短形式以及不完整的、语法上简单甚至不正确的句子组成[31]。有研究者发现,儿童和青少年更多地使用这类缩写,更多地同时进行即时通信,也喜欢更糟糕的书写(比如一封关于有缺陷的产品的信件)。有趣的是,缩写信息和非正式写作之间存在着积极的关系[32]。在 10~12 岁的儿童中,单词阅读、词汇和语音意识测量与短信合成任务中使用的文本词占总单词的比例呈正相关。缩写网语的使用还预测了词汇阅读能力、短期记忆、语音意识和手机拥有时间。这些结果虽然是初步的,但表明需要进行更多的研究,以了解非正式在线写作与更为正式的阅读和写作之间的关系。

空间表现技巧,特别是在三维空间的二维表示方面,也可能受到在线活动时间的影响。与传统的以线性方式排列网页的书籍不同,互联网使用了一组更复杂的链接,将内容链接在页面中,将网页链接到网站内部和站点之间。比如,包括青少年癌症患者的个人主页,其中包含指向其他各种网站的超链接。就像电子游戏要求玩家创建游戏世界的心理地图一样,构建和浏览网站可能需要用户创建网站组织的心智地图(mental maps),并帮助他们发展空间可视化技能(spatial visualization skills)。作为用户三维运动支持的在线身份的化身,也是一些环境的正式表征语言的一部分。例如,在一些虚拟世界中,一个几乎没有配件的化身表示一个"新手",居住在这些世界中的孩子必须学习这种"语言",才能在其中成功地导航。需要进行研究来评估化身作为符号系统,并了解这些三维符号的使用与幼儿的在线和离线自我呈现以及对他人的感知之间的关系。

需要考虑的在线符号系统的最后一个方面是多任务处理。第一类的多任务处理涉及使用一个窗口内的多个窗口或多个选项卡,每个选项卡代表不同的活动。这类多任务处理是同时使用多个应用程序(比如因特网和文字处理应用程序)或同一应用程序的多个界面/窗口(比如多个即时消息窗口)的现象。第二类多任务处理是媒介多任务处理(media-multitasking),"这是同时使用不同媒介的做法,如电话、计算机和电视"[23]。第三类多任务处理涉及现实生活中的互动(比如在家庭晚餐时发短信)。在线多任务处理(online multitasking,比如通过即时消息发送的几个并发对话,或在进行即时消息交流的同时检查社交网络配置文件)已成为青少年使用数字媒体的特点[33-34]。然而,已有研究并没有很好地理解参与在线多任务处理的认知成本或好处,特别是在儿童学习或做家庭作业时。

卡琳·弗尔德(Karin Foerde)等研究了媒介多任务处理的认知和神经效应,其中一项任务以听觉形式呈现,另一项任务在计算机屏幕上以视觉形式呈现[35]。虽然这本身并不在互联网中,但没有理由相信,如果有人进行互联网上的视觉任务,结果会有所不同。虽然双重任务条件(即多任务处理)不会影响天气预报任务(视觉任务)的性能,但参与者必须学习与天气结果相关的提示(能够使用提示来预测天气),这确实减少了对任务的元知识的获取。在双重任务条件下,参与者可以利用这些线索来预测天气,但他们无法说出是如何做到的。神经处理也受到多任务处理的影响,任务的神经处理从支持灵活获取知识和元知识的内侧颞叶转移到支持习惯学习的纹状体。在一项关于第一种多任务处理(同时使用多个计算机应用程序)的认知成本的研究中,多任务的大学生花了两倍的时间写了一篇评论[36]。在批评的质量方面,重度和轻度多任务者之间没有差别。

一项对第三类多任务处理的研究,即在媒介和人的互动之间的多任务处理,揭示了课堂讲课期间的文本中断在基于讲座的测试中是显著的,尽管是适度地减少[37]。海伦·海姆布鲁克(Helene Hembrooke)等也做了类似的研究,鼓励学生在课堂上使用笔记本电脑,以便在互联网上和图书馆的研究中更详细地探讨讲座主题。所有的学生都有笔记本电脑,但有一半是随机挑选的,上课时要关闭笔记本电脑。在课堂结束时,一项令人惊讶的小测验显示,使用开放式笔记本电脑的学生学到的课程材料要少得多[38]。这些研究表明,在几种不同的方式,多任务导致更高水平的认知技能的下降,弗尔德等人的研究表明了这种下降的神经基础[35]。

(三)网络内容对儿童青少年的影响

互联网是一个内容储存库,提供了获取大量免费信息的机会。百度、谷歌、维基百科等百科全书网站以及在线公告栏等搜索引擎都是儿童和青少年可以利用的工具。互联网提供了获取有用信息的途径,比如学校信息以及与健康相关的信息,它也让孩子们接触仇恨的、暴力的和其他不受欢迎的内容。这里有太多不同的内容可供列举,本节讨论他们获取与健康相关的材料和接触网络仇恨对其发展的影响。

调查研究表明,青少年利用互联网获取健康信息,自从跟踪这些趋势以来,这种使用一直在增加。拉利塔·铃木(Lalita Suzuki)等对青少年健康在线公告栏进行了内容分析,发现最常见的与健康有关的关切和问题涉及以下主题:性健康、怀孕/生育控制、身体形象和生殖器官的梳理[39]。凯撒基金会的报告同样发现,怀孕、艾滋病和其他性传播疾病(性病)等性健康问题是第二大热门话题,仅次于癌症和糖尿病[40]。这些结果表明,儿童和青少年可以在网上找到更多关于特定青少年问题的资源,尤其是敏感的问题,他们可能不愿意与家长、教师或医生讨论这些问题。虽然他们从互联网上获得的信息可能会导致他们与同龄人或成年人交谈,但这并不总是长期的行为变化,只有极少数人报告说,由于他们在网上看到的信息,他们会去看医生[40]。在线卫生资源还有其他好处,如全天候提供信息。例如,问题和公告栏及其他网站的答复,在最初张贴后的很长时间内仍然存在。

此外,他们还扩大了社会支持网络。因为可以上网,孩子们从更广泛的网络中获得信息、建议和支持,而不是仅仅通过离线联系[39]。这些优势对于青少年来说尤其有价值,他们可能害羞得不敢自己发问,或者由于其所在地区(比如农村地区、贫困地区)、社会孤立或疾病(如患癌症的青少年)可能无法获得足够的离线支持。研究记录了居住在加纳阿克拉的农村青少年、癌症青少年等在线获取健康信息的情况,以及具有自残行为和饮食失调的青少年。

尽管有这些好处,但在线健康内容也带来了一些挑战。例如,青少年不擅长搜索和检索高质量的健康信息,或评估来源的可信度(例如,一个政府网站与一个商业实体主持的网站)。令人关切的是,互联网提供了获取危险和潜在有害内容的便利途径,例如,描绘和销售青少年往往滥用的处方药(如兴奋剂)或支持饮食失调的处方药物。在对大学生进行实验的过程中,那些接触过不同类型网站的大学生(一个支持厌食症的网站,一个展示中等身材模特的女性时尚网站,或者一个家庭时尚网站),那些看过厌食症网站的人的自尊、外貌、自我效能感和吸引力都有所下降,负面影响和超重的感觉也增加了[41]。此外,由于在医院和其他机构中,自残行为似乎遵循类似流行病的模式。雅尼·惠特洛克(Janis Whitlock)等在研究中警告说,诸如割脉这样的问题行为,可能会通过互联网变得具有社会传染性[42]。

以网络暴力和带有暴力内容的交互式网络游戏为例,青少年可以访问的网站包括那些具有暴力和侵略性主题的倡导暴力和侵略的网站,以及有时为实施暴力行动提供详细指导的网站:比如提供制造炸弹的信息、包含暴力血腥内容的网站,比如酷刑和残害的图片、在线音乐(特别是说唱和嘻哈音乐),以及仇恨网站。鉴于互联网的动态性和广泛性,很难知道这些暴力和令人不安的主题在内容中所占的百分比。尽管估计各不相同,但许多青少年报告说他们接触到了网络暴力,其中大部分是无意的。根据对现有实证研究的回顾,有研究者得出结论,以暴力为导向的网站可能不会对大多数青少年有害,但可能对一部分人构成威胁,特别是那些与其直接环境疏远的青少年,他们是感觉寻求者,通常具有问题行为的倾向[18]。

网上仇恨网站通常包含针对个人和群体的暴力和侵略性信息。研究人员已经开始记录其内容的性质以及他们针对和招募青少年所使用的战略。一项实验研究调查了仇恨信息的说服力,比如那些在白人至上主义者网页上发现的信息。研究结果显示,即使是短暂接触负面信息,比如在网上仇恨网站上发现的负面信息,也会导致青少年互联网用户态度的持续变化。此外,已经易受这种信息影响的青少年最有可能受到这种变化的影响。

最后,网络内容在学习方面亦可以发挥作用。由于虚拟世界具有身临其境的性质,虚拟世界被吹捧为让年轻人具备参与学习活动的潜力。有人认为,与传统的课堂教学模式相比,它们更吸引不感兴趣的学习者,并且可以帮助他们发展批判性思维和解决问题的技能,这些技能可以应用到现实世界的环境中[43]。一项参与性模拟研究将虚拟经验与学校的科学课程结合起来。虚拟世界的目标对象是8~16

岁的儿童,并提供了从事科学和社会活动的机会。参与者是两个六年级的班级,他们经历了一种被称作 Whypox 的虚拟流行病。同时,作为科学课程的一部分,他们学习了自然传染病。从测试前后的答案可以清楚地看出,虽然学生在了解自然疾病方面取得了重大进展,但他们的解释仍然强调生物前机制(比如通过接触进行疾病的机械转移)和真正的生物学机制(比如细菌或白细胞的生物学)。与互动游戏的情况一样,这一发现令人失望,有必要进行更多的研究,以确定在线学习环境的真正潜力,并了解这种学习是否转移到更传统的学习环境中。

伊藤美津子(Mizuko Ito)等开创了一种解决在线学习问题的新方法[44]。以在日本动画上制作字幕的日本动漫迷为例,他们指出兴趣驱动的在线社区(网络公共社区,networked publics),其中学习活动是首要的。这些社区促进和发展先进的技术技能,网络中的同龄人在每一种类型中都有一个逐步学习的过程。就动画而言,粉丝从消费到生产都在进步。这个过程最终导致了所谓早熟的职业精神。正如研究者所指出的那样,像学校这样的正规机构需要认识到,这些非正式在线学习社区正在发展的认知和技术技能,并在课堂教学和测试中与他们进行交流。

(四)网络传播情境与儿童发展

如前所述,在线交流工具在儿童和青少年中很受欢迎,它们之间的交流环境具有重要的发展意义。多数媒介的传播环境都是不具体化的,关于身体、面部和其他面对面的暗示,例如,手势和眼神接触的信息是不容易获得的。尽管互联网上真正的匿名只是一种幻想,但用户确实可以控制自己的匿名程度。迄今为止的研究表明,至少在青少年中,在线互动以性别、亲密和身份等核心离线发展问题为中心。为了了解网络环境的无实体性和潜在匿名性如何影响儿童发展,此处讨论与亲密和身份发展相关的例子。

在线交流环境有特殊可承受性。第一,许多互联网论坛能够与陌生人进行交流,这种互动可能更肤浅,质量更差。第二,大多数中介内容(比如电子邮件、短信和即时消息)不包含面部暗示、声音、手势或身体语言的其他元素。在线交流可能与面对面交流的质量不同,在线互动可能导致表面和薄弱的联系。因此,一个重要的问题是,在线互动和关系是否提供了与他们的线下对应者相同的亲密关系和支持。

对这一课题的研究呈现出一幅复杂的图景。完全在线的人际关系在青少年中并不常见。当纯粹的在线关系确实发生时,它们在质量上不同于线下关系。例如,梅什等发现,在以色列青少年中,网上友谊的持续时间较短,如果考虑到讨论的主题(例如,较少的个人话题)和共同活动的频率,则不那么亲密[26]。此外,青少年的网络关系很少从网络环境转移到线下环境。

青少年的在线互动(通过社交媒体)似乎大多涉及同龄人的线下世界,包括学校、校外环境(如培训班和俱乐部)以及社区。有趣的是,他们与线下朋友的在线交流可能会对这些线下友谊产生积极的影响。在帕蒂·瓦尔肯堡(Patti Valkenburg)等对青少年的调查中,80％的人报告说,他们利用互联网维持现有的友谊网络。那些在互联网上交流更频繁的人感觉更接近现有的朋友,但前提是他们在网上与朋友而不是陌生人互动[45]。同时,在线交流可能会带来一些成本。例如,一项研究发现,与电话和面对面的交谈相比,即时通信更不愉快,被访者还报告说,与他们的即时通信伙伴相比,他们在心理上不太接近于电话或面对面的交流。

无论在线交流带来的亲密关系和支持的质量如何,诸如即时消息和社交网站等工具都使儿童能够在任何时间、任何地点、以任何方式,在公共或私人场合接触线下朋友和同伴群体。有趣的是,这种增加的在线同伴接触似乎并不是以面对面的互动为代价的[18]。此外,数字工具有助于扩大的同侪网络。例如,在一项关于高中生社交网络使用情况的研究中,社交网络"朋友"的数量介于 0 至 793 之间,平均值为 176,标准差为 166,中位数为 130[46]。显然,友谊的概念正在发生转变,对于青少年来说,"朋友"这个词现在似乎既包括亲密的他人,也包括熟人,否则他们可能不会面对面地交流。卡弗里·苏布拉马尼亚姆(Kaveri Subrahmanyam)等指出,这种"更广泛的朋友圈"对青少年很有价值,有助于他们更多地了解自己和社会世界。今后的研究还应审查在线同伴互动的发展影响,这些互动有时是以非常公开的方式发生的,比如在社交网站上[18]。

另一个可能受到网络环境独特的支持的领域是身份和自我发展。鉴于许多在线论坛的无实体和潜在匿名性质,学者们最初推测,在线用户可以离开自己的身体,在网上创造新的和不同的自我或角色[47]。雪莉·特克(Shelly Turkle)写了一篇著名的关于一个青少年在三种不同的社区(多用户地下城)中扮演四个不同自我的故事:一个诱人的女人,一个"男子汉"型,一只性别不明的兔子,一只毛茸茸的动物。用他的话说,现实生活只是另一个窗口,它通常不是我最好的窗口。对青少年来说,形成一种连贯的自我意识是一项重要的任务,一些青少年可以利用技术来谈判和展示他们发展中的自我。

与早期的推测相反,有证据表明,"身份实验"在青年中并不十分普遍。例如,在七年级(12 岁和 13 岁)和十年级(15 岁和 16 岁)的美国青少年中,研究者发现,假设一个不同的身份是罕见的。当青少年假装是年长的人，或者他们想取笑朋友，而不是作为另一种或首选身份的一部分时，就会发生这种情况。

尽管青少年在网上并不主动地表现出不同的身份，但他们在身份表达和自我展示方面采取了多种策略。例如，他们使用数字工具（比如昵称、化身、个人资料、照片和视频）和数字上下文（比如博客和社交网站）在同龄人面前测试自己的各个方面，并在这里创建关于自己的叙述。他们在网上自我展示中使用昵称、化身和博客。研究发现，用户使用的昵称反映了他们自己的一些方面，例如，他们的性别、性别化的身份（如限制因素）以及兴趣。在匿名和不具体化的聊天空间中，这样的昵称可以作为一个人的身体和意图的代理。因此，聊天用户可以采用性感化的昵称来刻画性角色或对性活动的兴趣。

身份表达和发展与化身相关。化身是昵称的三维版本，是用户在线环境中（如大型多人在线角色扮演游戏和复杂虚拟世界）中使用的可调整的、允许运动的图形表示形式。根据特定的网络空间，化身可以采取各种各样的形式，从人类喜欢的生物到幻想的生物。一项对虚拟世界 *Whyville* 的定性研究发现，青少年用户采用了各种各样的化身：有些人在线下生活中与他们相似，另一些人则不同，还有一些人赞成或反对一种流行趋势。另一项研究发现，多用户虚拟空间游戏（MUD）中的儿童化身大多反映了他们的性别和兴趣等线下属性。与推测相反的是，性别折中（用户认为他们线下的性别相反）很少发生。当这种情况发生时，孩子们通常会与熟悉的同伴进行互动。同样，对青少年网络博客或博客的内容分析表明，博客条目具有叙事性和反思性，它们一般描述作者的同龄人和日常活动（比如学校、课外活动），并且往往带有强烈的情感基调。这样的生活故事帮助个人建立一个连贯的自我意识。苏布拉马尼亚姆推测这些网络叙事可能会帮助青少年形成他们的自我意识，尽管很明显，青少年正在利用数字工具进行自我呈现和构建自我叙述，但并不完全理解这些在线谈判是如何促成他们身份发展的。

虽然身份探索适合青少年的发展，但社交网站现在已经非常受孩子们的欢迎。拥有 2200 万账户的企鹅俱乐部现在归迪士尼所有。英国学者对使用企鹅俱乐部的 5~11 岁儿童进行的研究发现，他们在企鹅俱乐部和第二款在线儿童游戏《芭比女孩》上的游戏反映了这一年龄组的线下活动。然而，适龄的游戏在这个年龄组的社交网站中非常突出。照顾虚拟宠物是企鹅俱乐部和其他儿童社交网站上的另一项流行活动。同样，这种活动不同于成年人社交网络中正在发生的事情，但在发展上也是同样合适的。它揭示了一个问题：旧的儿童发展问题被投射到新媒体上[18]。

二、社交媒体与儿童青少年：使用、需求、影响与建议

如今，社交媒体在青少年的生活中占据主导地位。在青少年热衷于社交媒体消费的背景下，家长、教育工作者和公众一直在试图理解和讨论青少年中的社交媒体狂热现象。通过将这一现象纳入全球视野，此处试图了解世界各地青少年在社交媒体消费、社交媒体背后的动机以及他们面临的潜在影响方面的异同。全球对青少年社交媒体活动的看法可能有助于家长、教育工作者和决策者对青少年参与社交媒体的行为做出合理的判断和有建设性的回应。更重要的是，它将帮助我们这个社会考虑如何将网络媒体纳入当前的课程，并转变学习经验，以便年轻一代能够更好地为一个不断变化的世界做好准备。

（一）全球青少年对社交媒体的使用

在社交媒体的早期阶段，研究者注意到不同地区青少年的社交媒体使用各不相同。例如，美国青少年在电子邮件、聊天室和电子游戏等基于计算机的社交应用上似乎更加活跃，而来自日本和斯堪的纳维亚半岛的青少年则更热衷于使用手机和其他移动服务。这一部分综合了西方（如美国和英国）青少年社交媒体消费与中国、日本、韩国等东方青少年社交媒体消费的比较。之所以选择这些国家，是因为它们各自在社交媒体的传播和消费方面各不相同，而且这些国家总体上或多或少反映了当前全球社交媒体的脉搏和未来趋势。

1. 社交网络

在线社交网络是青少年社交媒体消费背后的另一种主导力量。有研究表明，美国青少年平均每天花22分钟在社交网络上，占他们使用电脑时间的25%。40%的年轻人定期访问社交网站（SNS），他们每天花一个小时（54分钟）在SNS上。超过一半（55%）的在线青少年在SNS上拥有个人资料。阿曼达·伦哈特（Amanda Lenhart）等的研究还显示，大多数青少年在某种程度上限制了对他们个人资料的访问：66%的青少年将自己的个人资料设置为公众不可见的，近一半（46%）的青少年透露，他们至少提供了一些虚假信息，而大多数青少年很少在公共档案上发布信息，这些信息帮助陌生人找到他们，比如他们的全名、家庭电话号码或手机号码。研究还指出，父母通常（49%）知道他们的孩子有一个在线SNS档案[48]。

在国际上，青少年同样热衷于在线社交网络，但在儿童如何和在何处进行在线社交网络方面存在着地区差异。

关于脸谱网和聚友（MySpace）在西方世界的受欢迎程度有着广泛的报道，但

是对于其他地区的 SNS 的发展知之甚少。例如,很多中国青少年有 QQ 账户,QQ 是中国最大的社交网络平台。在 QQ 平台上,孩子们可以同时在文本、音频和视频中聊天、玩 QQ 游戏、在 QQ 校园里寻找朋友、在 QQ 空间管理个人资料。在韩国,几乎每个年轻人都在 Cyworld 上有一个虚拟的家,在韩国甚至有一个新词来形容那些在 Cyworld 上花费太多时间的人:Cyholic。来自日本的 Mixi 占据了日本社交网络市场的 80%。Orkut,另一个流行的 SNS,是印度和巴西人中最受欢迎的。

虽然大多数青少年参加社交网络,但仍有相当数量的青少年是非参与者。达纳·博伊德(Danah Boyd)在其研究中确定了两类非参与者:被剥夺权利的青少年和拒服兵役者[49]。根据博伊德的定义,被剥夺权利的青少年是那些没有互联网接入、父母成功禁止他们参与的青少年,以及那些主要通过学校和其他禁止社交网站的公共场所上网的青少年。拒服兵役者包括希望抗议默多克新闻集团(聚友的所有者)的有政治思想的青少年、尊重或同意父母道德或安全关切的顺从青少年、认为社交网站是为"酷孩子"服务的边缘化青少年,以及其他觉得自己对这些网站来说太酷的青少年。

2. 社交游戏

青少年中另一个流行的社交媒体活动是社交游戏。社交游戏是由两个或更多玩家之间的动作驱动的电子游戏。社交游戏可以在独立的游戏机、移动设备或社交网站上进行,比如脸谱网。目前在美国最受欢迎的社交游戏是脸谱网游戏,如 *Farmville* 和 *PetVille*,iPhone 游戏,如 *Lux Touch* 和 *Galcon*,以及大规模多人在线游戏(MMO,如《魔兽世界》(*War of Warcraft*)和《第二人生》(*Second Life*))。

MMO 在青少年中尤其受欢迎。每五个青少年中就有一个声称玩过 MMO,近三分之一的男孩报告说他们有过玩 MMO 的经历。这是社交游戏从纸笔幻想游戏(比如《龙与地下城》)到计算机上基于文本的多用户地下城以及后来的虚拟数字世界在线发展的最新一步。在多目标组织中,玩家通过交易和参与社区参与活动来建立虚拟经济和社会世界。MMO 还为年轻人提供了一个虚拟现实,以便他们积极学习科学推理、社会科学、文学、外语和网络文学。

(二)青少年对社交媒体的需求

青少年喜欢社交游戏并生活在社交媒体上。家长和教育工作者的一个问题是:为什么社交媒体对他们如此有吸引力,如此重要?事实上,社交媒体满足了青少年的许多心理、社会和情感需求,这使得其不仅非常受欢迎,而且也是青少年生活的重要组成部分。

1. 逃避

社交媒体为青少年提供了逃避的地方。如今的社交媒体为逃离现实生活提供了无限的可能性——父母的监管、无聊、抑郁等等。逃避主义似乎是青少年网民满意的主要来源。社会媒体的逃避主义有积极和消极的后果。一方面，它作为青少年应对困扰家庭环境、无聊、孤立、歧视和抑郁的应对策略。珍妮·黄（Jennie Hwang）等发现，在台湾的青少年中，他们的抑郁程度越高，他们就越多报告他们参与在线交流、娱乐和信息搜索[50]。

在病理层面上发生的逃避现实可能导致有害的社会关系、肥胖和由于缺乏活动和进一步的抑郁而造成的其他负面健康后果。更重要的是，逃避现实世界的挑战可能会进一步加剧暂停现象：推迟独立发展和认知成熟以应对挑战。

2. 娱乐

社交媒体为娱乐提供了场所。对于青少年来说，社交媒体是建立他们社会生活的"第三空间"。除了家庭和工作场所之外，还有第三个地方可以让人们社交，比如咖啡馆或书店，这对成年人的福祉至关重要。同样，对于青少年来说，家庭和学校以外的第三个地方，比如游乐场，对他们的社会发展也很重要。然而，孩子们越来越难找到第三个地方出去玩，因为成年人对空间的把握更彻底。此外，对青少年在购物中心、人行道和城市公园的集会和行为的规定变得更加严格。现在的儿童不仅在空间上受到限制，而且被剥夺了与朋友交往的时间，因为他们更多地参加专业监督的活动。

在这种情况下，儿童去往虚拟的第三空间，比如虚拟社区或网络游戏。社交媒体具备一些作为第三空间的素质。在社交媒体中，儿童可以声称拥有空间，而不必与成年人谈判。同时，社交媒体为儿童提供了一个暂时摆脱现实生活中的社会地位和背景的场所，这往往是他们结交朋友的障碍。此外，诸如微博等社交媒体可以很简单地进行访问、搜索，并且具有可玩性，这提供了一种持久的归属感。综合起来，社交媒体使青少年有可能建立一种难以在离线空间建立的社会生活。

3. 连接

社交媒体帮助青少年与同龄人、朋友、父母和陌生人建立联系。如前所述，大多数青少年玩社交游戏是为了巩固他们的线下友谊，并在网上结识新朋友。在一项关于儿童对社交媒体的感知的研究中，希瑟·亨德利（Heather Hundley）等发现，孩子们在聚友的"好友名单"上可以有200多个朋友，他们花时间在社交媒体上主要是为了社交和娱乐，比如与朋友聊天、更新个人资料、查看其他简介、查看信息、会见朋友和与老朋友联系[51]。

此外,社交媒体已成为儿童与父母交流的重要工具。一条"你好"的信息有助于让人们看到无声的关怀,并巩固父母和孩子之间的联系。从更实际的意义上讲,短信和社交媒体信息可以让父母和孩子们了解对方的下落,改变计划,以及在拨打手机或当面交谈时说出难以说的话。此外,由于旅行、搬迁或家庭变化,父母在不同时区时可以更容易地联系到孩子。

4. 探索

社交媒体也是儿童探索可能自我的"身份实验室"(identity laboratory),以及居住在他们无法接触的角色中。在"屏幕上的生活"中,"MUD 为匿名的社会互动提供了场所,在这种互动中,一个人可以自己选择扮演一个角色,这个角色既可能非常接近现实生活中的自己,也可能与现实生活非常不同。MMO 的情况也是如此,年轻玩家通过使用独特的化身名称、轮廓和行为,并在虚拟世界中承担相应的社会责任和后果来构建自己的身份或角色。同样,青少年采用社交网络工具进行自我表达。与此同时,手机逐渐成为青少年身心的延伸,因为手机中存储着所有的个人信息、数字、照片和先前的信息。

(三)社交媒体对青少年的影响

随着儿童和青少年社交媒体使用的不断增加,跨学科的研究人员开始关注社交媒体对其发展的影响。到目前为止,相当多的文献已经讨论了儿童社交媒体使用的内容和经验以及这些体验的预期影响。纵向研究社交媒体使用的实际心理和社会影响的经验研究仍处于初级阶段[52]。总的来说,对于社交网络、社交游戏等社交媒体如何影响儿童的发展有三个主要领域:①他们的社会情感发展;②社会媒体环境带来的风险和假定的后果危害;③教育、学习和认知发展。在这三个方面,研究人员发现了社交媒体对儿童的影响有积极的和消极的情景。

1. 对社会情感发展的影响

社会情感的发展在儿童和青少年阶段至关重要,因为在这段时间里,孩子们将形成他们的自我概念,实现他们的社会身份,发展基本的社会技能,并开始学习参与公共生活。研究发现,参与各种社交媒体与儿童自我概念和自尊的形成有关,并在儿童的呈现、妥协和身份形成中发挥着重要作用[53]。从定性研究中收集到的证据表明,社交媒体的性质和功能既可以促进也可以阻碍儿童的社会情感发展。

从积极层面来看,社交媒体至少可以从三个方面有效促进身份形成和社会化的过程。首先,社交媒体为幼儿提供了更多的机会和空间来体验不同的身份。由于利害关系被认为很低,网上空间可以被视为探索身份、解决个人问题甚至解决与他人冲突的安全场所。研究发现,通过各种活动,从创建和更新其个人资料、博客,以及在不同社交媒体环境中分享和创建文字、音频和视频制品,儿童都有机会表达和展示自己。考虑到身体的隐蔽性和社会交往中缺乏非语言的暗示,孩子们需要书写自己的存在,并展示他们的生活,以便让别人知道他们。这些关于他们日常生活的叙事和分享故事的活动被认为是他们身份形成和社会化的有力渠道。

其次,参与社交媒体鼓励儿童进行更多的自我反思和自我评价。研究发现,在社交媒体提供的各种社会环境中,儿童正在学习根据他们想象中的受众群体来表现自己,并在各种社会环境中穿行。在这一过程中,人们发现他们不断地进行反思和评价,以便更好地表达他们是谁,这反过来又可以帮助他们完善自己的社交技能,并加强他们对公共生活的参与。

最后,社交媒体还为儿童提供了获得他们形成自我概念和社会发展所需反馈的机会[54]。有人认为,反馈可以帮助儿童了解他们从不同社区获得的想要呈现的不同自我和他们想要表达的意见,所有这些都有助于他们做出可能的改变以改善他们的存在[55]。例如,有学者建议博客特征(如读者反馈机会或与其他博主的连接)促进儿童身份、社会关系、社会交往和在线社区的形成和维护。然而,积极和消极的反馈在影响儿童的自我感觉方面可能不同。例如,瓦尔肯堡等发现,对这些特征的积极反馈增强了青少年的社会自尊和健康,而负面反馈降低了他们的自尊和健康[30]。

然而,也有证据表明,提供可能促进儿童身份形成的社交媒体,如果被滥用或过度使用,也可能对他们造成伤害。首先,虽然尝试多重身份可能会促进儿童的社会情感发展,但探索不连贯、欺骗性或有害的身份可能对自己和他人产生负面影响[54]。那些在互联网上报告了最虚伪行为的孩子(比如假装成一个完全不同的人)的社交技能较差,自尊水平较低,社交焦虑程度较高,攻击性也较强。此外,一些社交媒体设置,如虚拟空间和大规模多人在线角色扮演游戏(MMORPG),由于其独特的特点,使儿童有可能探索有害的身份,这可能给他们的线下生活带来负面影响。

其次,由于社交媒体的互动本身不同于传统的面对面互动,在交流方面的经验较少,孩子们可能会发现,由于缺乏非语言手势和面部表情等社交暗示,他们在网上收到的信息更难解读。对网络空间中的社会暗示的错误解释也会给儿童带来有害后果。

最后,但同样重要的是,尽管儿童从他人那里得到的反馈可能有助于他们的身份形成,但过分依赖反馈也会导致身份不稳定,解决问题和决策能力不足[54]。博伊德发现,就像"酷"是聚友展示自己的首要目标,孩子们都倾向于根据外部因素来管理自己的存在,比如同龄人对什么是酷的看法和他们的反馈,尽管其中一些行为违背了他们自己或他们的老师和父母的期望[55]。

2. 对心理健康的影响

在社交媒体对儿童心理健康的影响方面,也许家长、教师和学校最关心的是安全问题。事实上,许多案例已警告父母和教育工作者,如果儿童不经过仔细审查就暴露在这些社交媒体环境中是多么危险。在新闻中,流行的社交网站的安全常常成为人们关注的焦点。在线社交网络安全的调查显示,与这一问题有关的两个主要关切领域是联系和内容。调查发现,到目前为止,公众对使用社交网站的儿童最严重的担忧是儿童遇到危险接触,包括性侵者、网络跟踪者和网络欺凌者。数据表明,有相当数量的儿童和青少年报告说,有陌生人发送与性有关的请求和信息与他们联系[52]。网络跟踪和网络欺凌案件也很常见。不适当的内容包括儿童在使用诸如色情和广告等社交媒体时接触的内容,或由自己创造和分享的内容,这些内容可能被他人滥用,如其私人信息,所有这些都可能造成负面的心理和行为影响。

然而,迄今为止收集到的关于儿童如何理解和处理这些内容的证据似乎表明,现实并不像人们想象的那样。例如,人们发现,儿童确实对如何处理他们收到的不想要的信息和请求以及如何管理他们的存在、隐私和个人资料等问题具有认识和技能,以避免不良后果。还发现,在所有人口统计学中,危险和风险并不相等。

事实上,迄今为止的证据表明,儿童被网络犯罪者欺骗的风险很小,诱骗天真儿童成为虐待受害者的网络犯罪者的公众形象在很大程度上是不准确的[56]。此外,社交媒体的频繁使用并不表明儿童天真或明显容易受到危险行为的伤害[57]。例如,米歇尔·伊巴拉(Michele Ybarra)等调查了互联网骚扰对儿童和年轻人的影响,他们报告说,由于受到骚扰,儿童和年轻人的痛苦和抑郁程度不同[58]。伊巴拉等根据不同的社交网站调查了儿童和年轻人可能面临的风险,发现不同的网站具有不同的风险类型。同一研究小组深入分析了那些特别容易受到网络性犯罪侵害的儿童的特征,以及某些可能增加此类犯罪发生可能性的社交网站的特点。

3. 对认知发展和学习的影响

除了关注不同的社交媒体环境如何影响儿童的社会和心理发展外,人们越来越关注不同的社交媒体技术如何影响儿童的认知能力。例如,它们是否对儿童如何学习、了解我们所生活的世界以及通过社交媒体促进学习产生影响。研究人员提出,虚拟世界中的信息处理确实需要一些与我们在物理世界中所需要的认知技能不同的技能,无论是机械的还是务实的[59]。这对儿童来说特别重要,因为童年是大脑和学习能力发展的关键时期,他们在社交媒体上的经历可能对他们的认知发展产生长期影响[60]。

现有的证据已经表明,社交媒体在促进和加强学习方面有很大的可靠性。世界各地已经开展了一些开拓性项目,将学校环境中的社交网络应用集成起来,以促进创造性和协作性学习和研究、批判性思维和解决问题的能力。例如,英国教育传播与技术署(BECTA)项目调查了英国学校如何采用 Web 2.0 技术,对教学中使用的社交媒体的各种应用进行了研究,包括博客、播客、维基百科、论坛、社会书签等等。尽管研究结果各不相同,但研究小组提出,如果有效地使用 Web 2.0 技术,可以对激励儿童参与产生积极的影响。Web 2.0 技术有四项潜在教育效益,即激发新的查询模式、参与协作学习活动、参与新的识字活动和在线出版内容[56]。

同样,研究人员也一直在探索社交游戏在学习和教学中的潜力。早期的发现表明,电子游戏提高了视觉空间技能,这在数学、科学和技术中很重要。此外,在不同年龄组中提供社交游戏,特别是 MMORPG,可以在许多方面支持学习,包括识字发展、获得学科领域知识、发展生活和社交技能,以及增强创造力。智力上具有挑战性的游戏尤其为儿童提供了发展广泛技能的机会,特别是一些元认知能力[56][61]。例如,《探索亚特兰蒂斯》是一个学习项目,利用一个多用户虚拟环境使9～12岁的儿童沉浸在教育任务中,该项目是根据商业游戏环境设计的,其中包括关于学习和动机的课程教育研究。它体现了社交游戏在支持和促进儿童在各个学科的学习、跨文化学习和发展更高水平的认知能力方面的能力。

各种基于移动平台的社交媒体工具,以其容易和方便访问的特性,已成为越来越受欢迎的强大工具以提高收入。新出现的研究证据表明,移动信息和其他传播科技可以提高儿童的识字和沟通技能,并促进场景式、参与性和协作性学习。

一些研究人员也担心,过早进入社交媒体可能会逐渐抑制儿童的创造力和想象力。由于个性化信息消费、定制偏好和对某些社区的承诺,他们探索更广泛的视角和知识的机会可能受到限制或缩小。然而,目前还没有实证研究来探讨这种影响是否存在。

总的来说,各种社交媒体,特别是社交网站,被认为是儿童发展和社会化的重要场所。伴随主题的多样性,儿童可以体验到不同的社会环境,在那里他们与不同的人联系和互动,无论是已知的还是未知的。更重要的是,研究人员普遍认识到,线上和线下社会生活之间的界限不一定存在。相反,它们是相互建构和相互融合的生活的两个部分。

(四)意义与建议

今天的儿童深深地沉浸在各种社交媒体中,他们同时为了不同的目的和满足不同的生活需要而使用不同的社交媒体工具。

一方面,对传播研究者而言,更多的实证研究需要为社交媒体参与对儿童的社会、情感、心理和认知发展的实际影响提供可靠的证据。在每一个关于社交媒体消费可能影响的领域,为了检验对社交媒体的假设,了解社交媒体的负担和限制如何影响儿童的发展,都需要深入探索。考虑到现已掌握的证据,现在需要深入了解问题,例如,儿童如何与不同的社交媒体进行各种目的的互动,积极和消极的互动对儿童的发展有哪些影响,以及如何评估学生在使用社交媒体方面的知识和技能,等等。

另一方面,对教育者而言,社交媒体通过真实的活动为儿童提供了充分的发展技能和获得他们在 21 世纪所需知识的机会,从而带来了教育效益。然而,人们普遍认识到,今天的学校在技术熟悉和真正热爱的活动方面跟不上儿童生活和学习的变化[61]。相反,许多学校一直在做的是阻止和严格限制学生获得新技术,包括各种社交媒体工具,这反过来又加深了差距。然而,学校和教育工作者需要认识到,虽然这种行动可能会使学校目前的安全问题变得看不见,但从长远来看,这可能会加深数字一代与学校教育之间的差距,甚至可能导致今后的积累问题[56]。

因此,今天的学校和教育工作者所面临的挑战是:①在有效的指导和条件下,利用社交媒体的教育效益开展正规学习和教学;②帮助学生通过校内的新媒体接触,加强和进一步发展学生通过新技术获得的知识、技能和素养;③为学生创造和保持一个安全和支持性的学习环境。教师们也面临着这样的挑战:鉴于社交媒体的丰富性,他们不再是学生获取信息的唯一来源,他们的学生可能比他们更熟练地使用新的媒介技术,而且学生发现有趣和吸引人的学习方式往往与在课堂上学习的完全不同。与此同时,教师也需要意识到,学生在使用社交媒体时面临的机会和风险,以及平衡其好与坏方面的策略。

1. 转变学习环境

学校和教育工作者需要重新考虑他们的角色,想办法释放学校里社交媒体的学习潜力。学校领导不仅要有将各种社交媒体技术整合到课程中的愿景,而且要创造一种支持和培育全校冒险创新的学习文化。学校领导和教师需要认识、理解和重视孩子们今天所拥有的广泛的技能和兴趣，然后为他们提供空间和机会，在正规的教育环境中完善和加强这些技能。虽然今天的儿童确实进入了一个技术丰富的世界，能够在生活中获得许多可能性，但这并不一定意味着他们天生就能够以复杂、负责任和富有成效的方式使用这些技术。因此，学校有责任为学生有效利用社交媒体进行学习和获得发展提供资源、帮助和指导。

此外，还需要鼓励和授权教师采用新技术，并利用社交媒体设置进行教学。这意味着至少有两个层次的变化。第一，为了理解和有效利用各种社交媒体技术，教师自己必须精通信息、数字和媒介知识及相关技能[61]。第二，教师的角色要从以信息为中心的权威角色转变，以提供指导和帮助，促进以学习者为中心的学习。

2. 管理社交媒体的风险

学校需要区分当前社会的恐惧和儿童面临的实际风险。正如索尼娅·利文斯通（Sonia Livingstone）所指出的，"风险、事件和实际损害之间的联系确实是脆弱的：并非所有风险都会导致令人担忧的事件，并非所有令人担忧的事件都会造成实际或持久的损害"[52]。学校所能做的是教育儿童认识这些风险，帮助他们学会处理这些风险，并实践如何在使用社交媒体方面承担责任。

此外，学校可以主动使用社交媒体技术向青少年传达积极的信息。研究表明，家长和学校在倡导团体、基金会和社区组织的参与下，现在正使用各类社交媒体平台来促进青少年的福祉。在伊丽莎白·多纳胡（Elisabeth Donahue）等的报告中，有一些关于使用社交媒体向年轻一代传达一些关键问题的积极信息的示范性努力，如儿童肥胖、计划外怀孕、烟草、艾滋病毒、全球意识和公民参与。关键是要通过利用其对媒体和技术的热情，将其纳入严格的、更具参与性的学习经验，让数字一代参与进来[62]。

为实现这一目标，学校需要创造性地用媒体向青少年提供积极的信息，以抵消他们经常接触到的负面和潜在的破坏性信息。更重要的是，学校有责任为青少年同学做好准备，使他们在不断扩大的社交媒体环境中，既能成为挑剔的消费者，又能成为勇敢的创造者。

三、网络游戏与儿童：时长、形式、内容、环境与性别

网络游戏可以在各种平台上进行，包括视频游戏系统、电脑以及手机、平板电脑等手持设备。在过去20年中，网络游戏越来越受欢迎，尤其是智能手机和其他移动设备兴盛后。与其他数字媒体形式一样，网络游戏的使用随着年龄（例如，

11～14岁的儿童花费了最多时间）、种族/族裔（例如，拉丁美洲和非洲裔美国青少年花费的时间比欧洲裔美国青少年多）和性别（男孩花费的时间比女孩多）的变化而变化。

（一）使用时长与替代效应

由于很难准确估计青少年的媒介使用量，不能简单地说网络游戏会否取代其他活动，如看电视、阅读、体育活动等。近年来，人们认为久坐活动（如网络游戏）可能与青少年肥胖症有着密切的关系，这一点引起了人们的关注。这在幼儿中尤其令人关切，他们第一个接触的科技就是电脑和电子游戏。一项对922名瑞士小学生的研究发现，每花一小时玩电子游戏，肥胖的风险就会增加两倍[63]。然而，另一项基于全美2831名12岁以下儿童的研究，并未发现看电视和肥胖之间的线性关系，但发现肥胖和玩电子游戏的时间之间存在U形关系：体重越大的孩子玩游戏的时间越长，而体重较轻的孩子玩游戏时间则正好[64]。因此，电脑游戏和肥胖之间很难说有直接线性关系。

可能被网络游戏替代的活动之一是睡眠。有证据表明，如果房间里有一台游戏电脑，孩子们会在工作日晚些时候睡觉。花更多时间玩游戏的青少年会在周末熬夜，并且在周末睡懒觉。玩游戏是一个非结构化的活动，没有固定的开始和结束时间，设置时间限制可帮助避免睡眠损失。尤其当青少年长大，当他们进入青春期时，睡眠减少可能会造成各种其他问题，如抑郁、学校和学业问题，甚至驾驶事故。

不管花在网络游戏上的时间是否取代了其他活动，媒介使用可能与学习成绩和心理调整有关。1999年凯撒基金会的报告发现，电子游戏与满意和适应感之间存在显著的负相关：儿童和青少年的平均调整得分越低，他们花在电子游戏上的时间越多[65]。2010年凯撒基金会的报告发现，媒体使用与年龄、媒体使用与个人满意度之间存在负相关[34]。由于不知道电子游戏在这种关系中的特殊作用，更广义地说，由于相关数据的属性，对于不适应的青少年来说，很难得知玩游戏或日常媒体在多大程度上是一种建设性的办法，而不是在多大程度上是造成适应失调的一个原因。

过多地花时间在网络游戏上是值得关注的。对于一小部分青少年来说，这种极端情况甚至可以认为是成瘾。在一项针对网络游戏玩家的大型调查中，约12%的受访者符合成瘾诊断标准。在互联网上有成瘾行为的青少年在其生活的其他方面也存在问题，包括学业（成绩下降，逃学）、家庭关系（冲突和不得不对父母隐瞒过度使用互联网）、身体健康（睡眠不足）、心理健康出现问题（抑郁）、经济问题（互联网费用)、药物滥用和网络欺凌等[18]。过度游戏也会带来类似后果。

(二)网络游戏的形式与认知技能的发展

媒介的形式特征可以影响思维和学习。电子游戏是空间性的、图像的和动态的,其功能利用了注意力、空间和图像表征能力。由于所有类型的应用程序都是共同的,游戏开发的一套技能构成了基本的计算机能力。实验数据表明,网络游戏在发展特定注意力、空间和图像表征能力等方面有一定作用。

比起填字游戏,网络游戏(如疯狂弹球)的练习显著提高了 10 岁儿童的空间感知能力,例如,预测目标和推断空间路径。与之类似,在网络游戏《俄罗斯方块》中的训练(即需要快速旋转和摆放 7 种不同形状的方块的游戏)显著改善了青少年在大脑中模拟旋转的速度以及空间想象能力。甚至在三年级学生中,玩《俄罗斯方块》也提高了在大脑中模拟旋转的能力,对女孩的影响尤其显著。迄今为止的研究表明,玩视频游戏增强了视觉空间技能,并且对于最初具有较弱视觉空间技能的儿童来说,好处可能更大。重要的是,这种使用的迁移效应最有可能在相同或类似的媒介中和与游戏相同的技能组的任务中产生。

网络游戏体现的另一种技巧是图像或模拟的表征。换句话说,游戏比文字更有特权。在罗马和洛杉矶进行的一项跨文化研究中,与那些在棋盘上玩同样游戏的人相比,那些在电脑上玩 Concentration 游戏的参与者在交流中变得更图像化以及更少符号化。他们用一款叫作 Rocky's Boot 的软件进行计算机动画模拟。研究结果表明,接触电子游戏与图形表征的理解和产生有着密切的关系。

另一项研究探讨了网络游戏在发展策略中的作用,该策略用于对屏幕上的多个位置进行追踪。在一个图标可能出现在两个位置(但概率不相等)的实验中,研究者发现,视频游戏玩家比新手拥有更快的响应速度,不管图标出现的概率是高还是低。此外,他们还发现,玩 5 小时的视频游戏能够提高追踪多个位置的能力,但是仅针对那些目标出现概率较低的位置。

玩视频游戏还提高了注意力,尤其是在需要不同的注意力的情形下。相关研究表明,与非玩家(在研究前 6 个月中很少使用视频游戏的参与者)相比,视频游戏玩家(在研究前 6 个月内一直玩视频游戏)具有更好的注意力能力。这些相关性在代表性的发展研究中得到证实,在该研究中,随着玩家年龄从 7 岁增长至 17 岁[66],视频游戏的积极作用在增加。在一项比较动作游戏《荣誉勋章》(Medal of Honor)和解谜游戏《俄罗斯方块》的训练研究中,与《俄罗斯方块》相比,动作游戏对所有的注意力测试的结果都有了很大的提高。《荣誉勋章》是一款战斗游戏,其中多名玩家同时参与各种战斗,而《俄罗斯方块》是一种动态拼图游戏,其中一次仅发生一个事件。这些研究表明,在监视游戏屏幕上的两个或更多个位置时,玩交互式游戏的玩家可能表现更好,并且随着时间的推移,可以改进用于监控低概率目标的策略。研究认为,在实验室进行的视频游戏训练可以对发展注意力产生直接的短期影响,并且高阶游戏玩家比新手能够更好地开发注意力。

基于屏幕的多任务处理的认知基础是分散注意力,它涉及计算机屏幕上的多个窗口或应用程序。大多数动作游戏需要分散注意力,是视频游戏专业知识对虚拟世界任务中基于屏幕的多任务处理产生积极影响的原因。保罗·科尔尼(Paul Kearney)发现,在模拟的多任务工作环境(称为 SynWork)中玩两个小时的射击游戏《反恐精英》,提高了多任务能力。在该游戏中,玩家需要同时执行四种任务,这些任务在军事站岗工作中很有用[67]。

关于网络游戏对认知过程影响的研究大多评估了短期迁移效应,尽管一些证据显示了游戏的专业知识与认知或职业技能之间的关系,但对电子游戏的累积影响知之甚少。帕特里夏·格林菲尔德(Patricia Greenfield)认为电子游戏的普及和图像表征技能的相应发展,可能在计算机技术正在发展和扩散过程中发生的非言语或 IQ 分数的急剧增加中具有因果关系[59]。

视频游戏长期影响的最佳研究是探讨游戏专业知识对腹腔镜手术技术的影响[68]。由视频游戏开发的视觉技能对手术训练具有影响。外科医生认识到腹腔镜手术改变了外科医生所需的技能和他们的培训需求。在腹腔镜手术中,制作小切口,并将带有小照相机的观察管插入到目镜上。外科医生通过连接到观察管的视频监视器来观察内部器官,并且还可以使用观察管引导外科手术过程。腹腔镜与动作视频游戏具有相似之处,腹腔镜的导航定位和操作是通过一块具有最小触觉反馈的二维屏幕实现的。在腹腔镜手术训练中,视频游戏技能的成功运用产生了积极的结果:动作视频游戏技能(如实验室中所示)和过去的视频游戏体验(通过自我报告评估)预示了腹腔镜所使用的技术;相比之下,在手术室中运用腹腔镜的经历以及常年的培训都没有显著提高腹腔镜技术。在腹腔镜手术中,最好的游戏玩家(排名第三)比最糟糕的实验者(排名倒数第三)少犯了 47% 的错误并且速度快了 39%。这些结果表明,在腹腔镜手术的训练中,视频游戏的价值是作为非正式教育背景。该发现适用于其他工作(如驾驶飞机),其技术特点与动作视频游戏所需的技术特点重叠[69]。

对于较老的游戏和游戏系统,已经有了很多认知影响的相关研究。尽管当前的电脑游戏在交互式技术等方面取得了进步,但电脑游戏的基本性质保持不变。需要分散的注意力、空间意象以及图像表征仍然是当前游戏的特征。在过往研究的基础上,电脑游戏对媒介的结构特征产生影响,尽管视觉效应的强度可以随着图形的复杂程度的增加而改变。例如,新一代游戏(比如 EA Sports 旗下的游戏)中的足球和篮球游戏具有非常逼真的图像,看起来几乎是三维的。这些游戏如何影响表征技能的发展?事实上,视频游戏在分散注意力方面的效果与十年前的研究结果相比,更具有持续效果。一个可能原因是现在的年轻人比十年前的年轻人更早开始玩游戏或者玩得更多。另一个可能的原因是,更复杂的视觉算法具有更大的影响力。

任天堂的 Wii 平台上的体育游戏和音乐电子游戏使用了一套全新的技能,如《舞蹈革命》系列。在《舞蹈革命》中,玩家用双脚按下与计算机相连的四个箭头面板(左、右、上、下),玩家必须根据屏幕上快速变化的箭头踩下面板,这些箭头与同时播放的歌曲的节拍同步。游戏的成功需要多种行为模式协同,玩家必须根据看到的信息踩下箭头,然后用脚按下正确的箭头。这些新游戏以及互联网上的多社区游戏需要更多的研究来进行探讨,并研究它们如何影响青少年的认知技能。

(三)网络游戏的内容与儿童发展

网络游戏包含各种各样的主题,如科幻、社会道德和侵略,以及历史或数学等领域。此处关注教育游戏,也被称为教学游戏、娱乐游戏或严肃游戏。它们提供教学训练和实践(比如拼写、乘法),也能提供学科内容(比如社会研究、地理)。这些严肃游戏背后的前提是,当信息呈现在类似游戏的环境中时,学生们会更积极地参与,并可能学到更多的东西。事实上,电子游戏对学习结果的影响也是有好有坏的。

一项对 20 年来教育出版物的调查显示,玩教育游戏几乎没有什么核心学习益处。对有关这一主题的 20 项研究进行的另一次调查发现,学生可以从电脑游戏中学习,而且大多数人喜欢在课堂上使用游戏。然而,儿童可以从电脑游戏中学习,但对更有价值的东西的支持是薄弱的。例如,并不知道教育软件如何与其他教学方法相比。更重要的是,研究不知道特定的游戏特性或一系列最能促进学习的功能。

此外,在美国教育部门委托进行的一项设计良好的纵向研究中,研究者将使用阅读和数学软件的全国一年级、四年级和六年级班级与没有使用阅读和数学软件的班级进行了比较。在使用软件产品的班级里的学生和没有使用软件产品的教室里的学生之间没有统计学上的显著差异。目前仍然需要更多的研究来理解网络游戏的激励作用,特别是对于孩子们可能认为无聊的那些基于操练的活动。对于使用电子媒介的青少年来说,软件/电脑游戏对教育的好处很可能在于它们的动机以及社交优势。

前面提到的所有研究,其目的都是研究网络游戏是否会对学习产生影响。然而,允许学生创造游戏可以帮助他们对知识内容产生新的理解。在一个案例研究中,学生们被要求用他们自己的世界、角色和故事情节来创建他们自己的游戏,然后向他们学校的一群年轻学生进行解释。学生们喜欢为学习而制作游戏,这些游戏能够提高他们的编程技能。在分析了学生设计的游戏之后,作者猜测设计游戏的内容帮助小孩想出更复杂的游戏内容。

(四)网络游戏传播环境的角色

传播环境主要指在互联网上玩多人游戏的媒介环境。一项关于在线多人游戏《模拟人生在线世界》(Sims Online)的研究,揭示了游戏结构对社会互动的影响[70]。每个玩家都有一个代表游戏中自我的化身。这种化身可以与其他化身互动,从而实现在线社交。然而,有几个因素阻碍了这场游戏中的社会互动。第一,化身是通过机器控制的(通过有关运动方向的指令),而不是直接控制(移动光标)。这使得互动变得缓慢和虚假,这也是社会互动的障碍之一。第二,游戏的内在动机是基于利益最大化的,与人互动并不能带来经济利益,在这种情况下,社会互动不可能完成。

这些特征也削弱了化身和玩家之间的识别能力。如果你可以离开你的化身,那么显然玩家可以在心理上区分这些化身。如果这个分身是机器控制的,那么缺乏真实性无疑会削弱我们的识别能力。研究还发现玩家用化身来表达不同的身份,从幻想到现实,再到理想,再到疯狂的想法。正如我们所看到的,真实和理想的自我也是建立在社交网站上的。然而,幻想和异乎寻常的事情可能是产生于游戏世界中更富有想象力的环境,并且可能已经被 Sims Online 在线结构特征所增强,这一特征造成玩家和化身分离。在不太像游戏的模拟"第二人生"的开发中,玩家与化身识别的发生率似乎要高得多。在它的鼎盛时期,Sims Online 拥有数以千计的用户,远远低于最初的预期和估计。2006 年,另一款拥有 650 万玩家的大型多人游戏《魔兽世界》则是另一番景象。《魔兽世界》是美国最畅销的网络游戏之一,其游戏模式加强了与线下朋友和陌生人之间的各种合作,并吸引其他游戏的效仿,不仅来自其他玩家,还来自网站和论坛等资源。

（五）网络游戏中的性别问题

如前所述,网络游戏中的性别问题仍然存在,男孩花在玩游戏上的时间显著多于女孩[34]。最初,人们认为,由于缺乏女主角和游戏的暴力性质,女孩被电子游戏拒之门外。软件业早期与女性主角合作开发非暴力游戏的努力在很大程度上是失败的。虽然有一个女孩游戏《芭比时装设计师》非常成功,其他的女性游戏并不成功。芭比娃娃的角色本身当然很重要:许多芭比娃娃游戏已经成为女孩中最畅销的游戏。有人认为,《芭比时装设计师》的成功并不仅仅是因为芭比娃娃的存在以及其缺乏攻击性的特点,而是因为它所包含的特征符合女孩们的特征以及她们在阅读和文学方面的总体品位[71]。通过帮助女孩为芭比娃娃制作服装,计算机成为女孩模拟游戏的创造性工具。

与男孩的拟真游戏相比,在女孩的游戏中,计算机更倾向于建立基于现实生活的模型。与大多数虚拟画面为主的游戏不同,电子媒介成为设计产品的工具,然后可以用来玩芭比娃娃。研究表明,女孩喜欢非攻击性的软件,在这些软件中她们能够接触时新的游戏主题以及接近现实的人物。根据伊藤美津子等的民族志研究,虽然越来越多的女孩开始玩游戏,但男孩仍然玩更多的游戏,更多的男孩玩娱乐游戏,这涉及更复杂的、怪异的游戏。伊藤美津子等认为,玩游戏只是为了消磨时间,性别平衡问题则更加复杂一些。在更复杂的游戏中,性别平衡更为重要,因为这类非正式活动可能提供某些技术、专门知识和学习网络的机会[44]。

本章参考文献

[1] Huston A C, Wright J C, Marquis J, et al. How young children spend their time: television and other activities[J]. Developmental psychology, 1999, 35(4):912 - 925.

[2] Orleans M, Laney M C. Children's computer use in the home: isolation or sociation? [J] Social science computer review, 2000, 18(1):56 - 72.

[3] Rideout V J, Roberts D F, Foehr U G. Generation M: media in the lives of 8 - 18-year-olds [R]. Menlo Park: Kaiser Family Foundation, 2005.

[4] Rideout V J, Vandewater E A, Wartella E A. Zero to six: electronic media in the lives of infants, toddlers and preschoolers[R]. Menlo Park: Kaiser Family Foundation, 2003.

[5] Anand S, Krosnick J A. Demographic predictors of media use among infants, toddlers, and preschoolers[J]. American behavioral scientist, 2005, 48(5): 539 - 561.

[6] Wright J C, Huston A C, Vandewater E A. American children's use of electronic media in 1997: a national survey[J]. Journal of applied developmental psychology, 2001, 22(1):

31 - 47.

[7] Rideout V J, Hamel E. The media family: electronic media in the lives of infants, toddlers, preschoolers and their parents[R]. Menlo Park: Kaiser Family Foundation,2006.

[8] Wright J C, Huston A C, Murphy K C. The relations of early television viewing to school readiness and vocabulary of children from low-income families: the early window project[J]. Child development, 2001, 72(5):1347 - 1366.

[9] Roberts D F, Foehr U G, Rideout V J, et al. Kids and media @ the new millenium[R]. Menlo Park: Kaiser Family Foundation,1999.

[10] Lenhart A, Madden M, Hitlin P. Teens and technology[R]. Washington, DC: Pew Internet & American Life Project,2005.

[11] Kubey R, Larson R. The use and experience of the new video media among children and young adolescents[J]. Communication research, 1990,17(1):107 - 130.

[12] Anderson D R, Field D E. Online and offline assessment of the television audience[M]// Bryant J, Zillman D. Responding to the screen: reception and reaction processes. Hillsdale, NJ: Lawrence Erlbaum,1991:199 - 216.

[13] Schmitt K L, Woolf K D, Anderson D R. Viewing the viewers: viewing behaviors by children and adults during television programs and commercials [J]. Journal of communication,2003 53(2): 265 - 281.

[14] Rubin A M. The uses-and-gratifications perspective on media effects[M]//Bryant J, Zillmann D. Media effects: advances in theory and research (2nd ed). Mahwah: Lawrence Erlbaum,2002:525 - 548.

[15] Metzger M J, Flanagin A. Audience orientation toward new media[J]. Communication research reports, 2002,19(4):338 - 351.

[16] Anderson D R, Huston A C, Schmitt K L. Early childhood television viewing and adolescent behavior: the recontact study[J]. Monographs of the society for research in child development, 2001,66(1):vii - 147.

[17] Huntemann N, Morgan M. Mass media and identity development[M]//Singer D, Singer J. Handbook of children and the media. Thousand Oaks: Sage,2001:309 - 322.

[18] Subrahmanyam K, Smahel D. Digital youth: the role of media in development[M]. New York: Springer,2010.

[19] Vygotsky L S. Mind in society: the development of higher psychological processes[M]. Cambridge: Harvard University Press,1978.

[20] Maynard A E, Subrahmanyam K, Greenfield P M. Technology and the development of intelligence: from the loom to the computer[M]//Sternberg R J, Preiss D D. Intelligence

and technology: the impact of tools on the nature and development of human abilities. Mahwah: Lawrence Erlbaum,2005:29 - 53.

[21] Subrahmanyam K. Developmental implications of children's virtual worlds[J]. Washington and Lee law review, 2009,66(3):1065 - 1084.

[22] Nie N H, Hillygus D S. Where does Internet time come from?:a reconnaissance[J]. IT & society,2002,1(2):1 - 20.

[23] Subrahmanyam K, Greenfield P M. Media symbol systems and cognitive processes[M]// Calvert S L, Wilson B J. The handbook of children, media, and development. Chichester: Wiley-Blackwell,2008:166 - 187.

[24] Salomon G. Interaction of media, cognition, and learning[M]. San Francisco: Jossey-Bass,1979.

[25] Subrahmanyam K, Greenfield P M. Communicating online: adolescent relationships and the media[J]. The future of children, 2008,18(1):119 - 146.

[26] Mesch G, Talmud I. The quality of online and offline relationships: the role of multiplexity and duration of social relationships[J]. The information society,2006,22(3): 137 - 148.

[27] Mazalin D, Moore S. Internet use, identity development and social anxiety among young adults[J]. Behavior change,2004,21(2): 90 - 102.

[28] Bessière K, Kiesler S, Kraut R L, et al. Effects of Internet use and social resources on changes in depression[J]. Information community and society,2008,11(1):47 - 70.

[29] Steinfield C, Ellison N B, Lampe C. Social capital, self-esteem, and use of online social network sites: a longitudinal analysis[J]. Journal of applied developmental psychology, 2008,29(6): 434 - 445.

[30] Valkenburg P M, Peter J, Schouten A. Friend networking sites and their relationship to adolescents' well-being and social self-esteem[J]. Cyberpsychology & behavior: the impact of the Internet, multimedia and virtual reality on behavior and society,2006,9(5):584 - 590.

[31] Greenfield P M, Subrahmanyam K. Online discourse in a teen chatroom: new codes and new modes of coherence in a visual medium [J]. Journal of applied developmental psychology, 2003,24(6): 713 - 738.

[32] Rosen L D, Chang J, Erwin L, et al. The relationship between "textisms" and formal and informal writing among young adults[J].Communication research, 2010,37(3):420 - 440.

[33] Carrier L M, Cheever N A, Rosen L D, et al. Multitasking across generations: multitasking choices and difficulty ratings in three generations of Americans[J]. Computers in human behavior,2009,25(2):483 - 489.

[34] Rideout V J, Foehr U G, Roberts D F. Generation M^2: Media in the lives of 8 - 18 year-

olds[R]. Menlo Park：Kaiser Family Foundation，2010.

[35] Foerde K，Knowlton B J，Poldrack R A. Modulation of competing memory systems by distraction[J]. Proceedings of the National Academy of Sciences of USA，2006,103(31)：11778－11783.

[36] Calvert S L，Wells J. Age and gender effects of multitasking on academic performance[C]//Hawaii International Conference on Education，January 5 － 8，2008，Honolulu，Hawaii,USA.

[37] Lim A E，Rosen L D. The impact of text message interruptions on memory during classroom lectures［C］//The 90th annual convention of the Western Psychological Association，April 22－25,2010.Cancun，Mexico.

[38] Hembrooke H，Gay G. The laptop and the lecture：the effects of multitasking in learning environments[J]. Journal of computing in higher education,2003,15(1)：46－64.

[39] Suzuki L K，Calzo J P. The search for peer advice in cyberspace：an examination of online teen bulletin boards about health and sexuality［J］. Journal of applied developmental psychology,2004,25(6)：685－698.

[40] Rideout V. Generation Rx. com. what are young people really doing online？［J］. Marketing health services,2002,22(1)：26－30.

[41] Bardone-Cone A M，Cass K M. Investigating the impact of pro-anorexia websites：a pilot study[J]. Eumpean eating disorders review,2006,14(4)：256－262.

[42] Whitlock J L，Powers J L，Eckenrode J. The virtual cutting edge：the Internet and adolescent-self-injury[J]. Developmental psychology，2006,42，407.

[43] Wu W. Avatars go to school，letting students get a feel for the work world[N/OL]. The New York Times，2010－05－06［2022－03－20］. http://www. nytimes. com/2010/05/07nyregion/07avatar.html.

[44] Ito M，Bittani M. Gaming［M］//Ito M，Baumer S，Bittani M. Hanging out，messing around，geeking out：living and learning with new media. Cambridge：MIT Press,2009：195－242.

[45] Valkenburg P M，Peter J. Preadolescents' and adolescents' online communication and their closeness to friend[J]. Developmental psychology，2007,43(2)：267－277.

[46] Reich S M，Subrahmanyam K，Espinoza G E. Adolescents' use of social networking sites—should we be concerned？［C］//Society for Research on Child Development，April 2－4，2009，Denver,Colorado,USA.

[47] Kendall L. Cyberspace［M］//Jones S. Encyclopedia new media. Thousand Oaks：Sage，2003：112－114.

［48］ Lenhart A，Madden M，Macgill A，et al. Teens and social media［R］.Washington，DC： Pew Charitable Trusts，2007.

［49］ Boyd D. Why youth（heart）social network sites：the role of networked publics in teenage social life［M］//Buckingham D. MacArthur Foundation series on digital learning—youth， identity，and digital media.Cambridge：MIT Press，2009：119－142

［50］ Hwang J M，Cheong P H，Feeley T H. Being young and feeling blue in Taiwan：examining adolescent depressive mood and online and offline activities［J］. New media & society， 2009,11（7）：1101－1121.

［51］ Hundley H L，Shyles L. US teenagers' perceptions and awareness of digital technology：a focus group approach［J］. New media & society, 2010,12（3）：417－433.

［52］ Livingstone S. Children's use of the Internet：reflections on the emerging research agenda ［J］. New media & society, 2003,5（2）：147－166.

［53］ Jackson L A，Zhao Y，Wltt E A，et al. Self-concept，self-esteem，gender，race，and information technology use［J］. Cyber psychology & behavior, 2008,12（4）：437－440.

［54］ James C，Davis K，Flores A，et al. Young people，ethics，and the new digital media：a synthesis from the Good Play Project［EB/OL］.［2022－03－23］.http://pzweb.harvard. edu/ebookstore/pdfs/goodwork54.pdf.

［55］ Boyd D. Why youth（heart）social network sites：the role of networked publics in teenage social life［M］//Buckingham D. Youth，identity，and digital media.Cambridge：MIT Press， 2008 ；119－142.

［56］ Crook C，Harrison C. Web 2.0 technologies for learning at key stages 3 and 4：summary report［EB/OL］.［2022－03－23］.http://research.becta.org.uk/upload-dir/downloads/page_ documents/research/web2_ks34_summary.pdf.

［57］ Livingstone S. Taking risky opportunities in youthful content creation：teenagers' use of social networking sites for intimacy，privacy and self-expression［J］. New media & society， 2008,10（3）：93－411.

［58］ Ybarra M L，Mitchell K J，Wolak J，et al. Examining characteristics and associated distress related to Internet harassment：findings from the second youth Internet safety survey［J］. Pediatrics，2006,118（4）：1169－1177.

［59］ Greenfield P M. Developmental considerations for determining appropriate Internet use guidelines for children and adolescents［J］. Applied developmental psychology,2004,25（6）： 751－762.

［60］ Byron T. Safer children in a digital world：the report of the Byron review［EB/OL］.［2022－ 02－12］. https://dera.ioe.ac.uk/id/eprint/7332/7/Final% 20Report% 20Bookmarked _

Redacted. pdf.

[61] Green H，Hannon C. Their space：education for a digital generation[EB/OL].[2022 - 03 - 24].http：//www.demos.co.uk/publications/theirspace.

[62] Donahue E H，Haskins R，Nightingale M. Using the media to promote adolescent well-being[J/OL]. The future of children：policy brief,2008，18(1)：1 - 7[2022 - 03 - 23]. https：//www.brookings.edu/wp-content/uploads/2016/06/spring_children_haskins.pdf.

[63] Stettler N，Singer T，Sutter P. Electronic games and environmental factors associated with childhood obesity in Switzerland[J]. Obesity research，2004,12(6)：896 - 903.

[64] Vandewater E A，Shim M,Caplovitz A G. Linking obesity and activity level with children's television and video game use[J]. Journal of adolescence，2004,27(1)：71 - 85.

[65] Roberts D F，Foehr U G，Rideout V J，et al. Kids and media@ the new millennium：a comprehensive national analysis of children's media use[R]. Menlo Park：Kaiser Family Foundation,1999.

[66] Dye M W，Bavelier D. Differential development of visual attention skills in school-age children[J]. Vision research,2010,50(4)：452 - 459.

[67] Kearney P. Cognitive callisthenics：do fps computer games enhance the player's cognitive abilities[C]//Digital games research conference，June 16 - 20, 2005，Vancouver，British Columbia,Canada.

[68] Rosser J C Jr.，Lynch P J，Cuddihy L，et al. The impact of video games on training surgeons in the 21st century[J]. Archives of surgery，2007,142(2)：181 - 186.

[69] Greenfield P M. Technology and informal education：what is taught, what is learned[J]. Science，2009,323(5910)：69 - 71.

[70] Steen F E，Greenfield P M，Davies M S. What went wrong with The Sims Online? cultural learning and barriers to identification in a massively multiplayer online role-playing game [M]// Vorderer P，Bryant J. Playing computer games—motives，responses， and consequences. Mahwah：Erlbaum,2006：307 - 323.

[71] Tizard B，Philips L，PJewig I. Play in pre-school centres：play measures and their relation to age，sex，and IQ[J]. Journal of child psychology and psychiatry，2006,17(4)：251 - 264.

第三章 儿童的媒介使用与身体健康

各种新兴媒体在全球范围内迅猛发展。儿童和青少年的媒介使用日益多元和深入,这引起了研究者们对儿童的身心健康的关注,同时也开启了一个充满各种可能性的新研究议题。探索这一研究领域,是传播研究者、教育工作者、家长、儿童青少年自身以及社会各界的职责所在。因此,本章将从媒介使用与儿童身体健康视角研究切入,详细梳理儿童和青少年的媒介接触与其身体形象、饮食失调、肥胖、睡眠等身体健康方面的关联。

第一节 媒介与身体形象及饮食失调

一、身体形象障碍、饮食失调及风险因素

媒介是导致身体形象障碍和饮食失调的因素之一,特别是克里斯汀·哈里森(Kristen Harrison)等所说的"描绘和促进纤细为美"的媒体,即"以瘦为美的媒体"(thin-ideal media)等。无论是纤细的女性身体还是肌肉发达的"型男"身材都代表了这种理念,因为它们都相对没有体脂。已有研究总结了关于媒介接触在饮食失调的发展和持续中的作用,但绝不会暗示媒介接触是造成饮食障碍唯一或最重要的原因。饮食失调并非是媒介接触所导致的,或在其他情况下不会发生,而是接触"以瘦为美的媒体"可能会通过激发相关的认知和情绪,而导致身体形象障碍和饮食失调。媒介的主要作用是帮助创造一个社会环境,一则使得节食和过度消瘦正常化,二则鼓励青少年反复评估自己的身体,发现他们的不足,并参与极端节食、过度锻炼和其他损害健康的行为,以努力减轻对不足的看法。

身体形象障碍和饮食失调是两种不同的现象。厌食症和暴食症等饮食失调,是随着时间推移而出现的行为模式。偶尔希望身体变瘦、害怕变胖、不吃饭或锻炼到筋疲力尽是正常的。当这些认知、情绪和行为日常性重复和强迫性重复时,便被定义为失调。因此,实验操作本身不能说导致甚至影响饮食失调,只能说它们影响认知(比如对身体不满意[2])、情绪(比如沮丧[3])或行为(比如避免进食[4]),从而增加了饮食失调的风险,并最终成为饮食障碍模式的一部分。此外,身体形象,尤其

是青少年对身体形象不满意,可能会立即受到环境刺激的显著和可测量的影响,例如,挑剔的家长或时尚杂志中的模特形象。因此,大多数关于理想身材媒介效果的研究都是关于身体形象的研究,而不是饮食失调。虽然身体形象问题本身并不被认为威胁健康或生命,但它们非常值得研究,因为它们构成了使问题发展得更严重的风险因素,包括但不限于厌食症和暴食症[5]。

(一)身体形象障碍

身体形象通常被定义为个体对其身体,尤其是外表的集体评价性感知。身体形象障碍被定义为明显不准确的感知(如体重不足的厌食症患者认为自己很胖),或对身体的一个或多个可观察特征(如身高或体重)的不满。身体形象障碍比饮食失调更普遍。研究发现,身体形象障碍主要是对身材不满意,特别是认为身体脂肪过多。30多年前,有研究指出,女性对自己体重的不满是如此普遍,以至于可以称为规范。如今的情况仍然持续:40%~60%的青春期女孩和成年女性对自己外貌的某些方面不满意[5]。男孩和成年男性对自己的外貌越来越不满意[6]。对于男性而言,对身材不满意的延伸转化为变得瘦和肌肉发达的驱动力。

身体形象障碍可能不会像饮食障碍那样影响预期寿命,但它会侵蚀生活质量,妨碍身体发挥最佳功能,破坏人际关系,增加类固醇使用的风险,并促使虚荣心驱动青少年在改善身体的商品和服务上的支出。鉴于相当多的年轻人对身体形象处理不良并产生不利后果,因此,理解其成因是很重要的。

(二)饮食失调

神经性厌食症是指常规性地拒绝饮食,从而保持最低正常体重,定义为在给定年龄和身高的情况下,体重下降15%,或体重小于预期体重的85%。体重通常由饮食不足和过度锻炼来控制。瘦身的技巧包括反复发作的暴饮暴食,在这种情况下,食物的消耗量明显大于普通人在类似情况下的进食量,然后通过呕吐或滥用利尿剂和泻药等方法进行补偿的行为。临床级别的暴食症包括六个月内每周两次以上的暴饮暴食。

饮食失调是一个令人担忧的现象,因为它可能是致命的。厌食症是所有精神疾病中死亡率最高的。一项历时21年的研究报告了15.6%的死亡率。饮食失调的并发症包括抑郁症、焦虑症、自杀未遂、慢性疼痛、传染病、失眠以及心血管和神经系统问题[7]。无论起始体重如何,儿童期长期节制饮食也会增加成年早期肥胖的风险[8]。饮食失调在儿童和青少年中尤为严重,因为绝大多数病例在20岁之前开始。事实上,在7岁的儿童中就已经发现了临床水平的饮食失调[9]。青春期前的饮食失调伴随着成年人面临的所有有害影响,加上月经初潮延迟和骨骼发育前骨密度下降的额外并发症[9]。

（三）风险因素

饮食失调和身体形象困扰的几大类风险因素已经确定,包括生理、心理、家庭和社会文化等因素[10]。对同卵双胞胎和异卵双胞胎的研究表明,同卵双胞胎患厌食症和贪食症的可能性更大,表明遗传易感性适中[11]。这种生物学倾向可能与其他风险因素相互作用,使得很难区分每个因素的独立影响。辛西亚·布利克（Cynthia Bulic）提供了研究案例,一个有饮食失调遗传倾向的父亲可能会把这种倾向传给他的女儿。他还创造了一个完美主义的家庭环境,在这个环境中,强调外表的重要性,因此节食是规范的。也许他把宣扬理想身材的媒介内容带入了家庭。他的女儿继承了他的基因型,然后在促进该基因型表达的环境中长大。因此,认为饮食失调完全是由生物学或环境因素（如媒介使用）引起是没有意义的,因为这些因素很可能是相互作用的。

因此,对以瘦为美内容的媒介接触,可能被视为发展和维持形象困扰和饮食失调的环境风险因素,可能对具有进食障碍遗传倾向的年轻人最有效,因为这些人可能对鼓励过度节食或暴食的环境线索特别敏感。不管他们的基因型如何,年轻人都被以瘦为美的媒体图像和信息包围着,等待着被诱导表达出他们可能拥有的任何生物学上的弱点。后续内容将描述这种理念在媒介中有多普遍。

二、媒介中的以瘦为美理念及"以瘦为美的媒体"接触效果

真正全面的媒介内容分析不仅应研究某些现象的存在（例如,明显偏瘦电视角色的比例）,还应该报告该现象出现的背景特征（例如,身材瘦的角色是否比身材胖的角色被描绘得更积极）。

最著名的美女偶像的体型分析研究是关于《花花公子》杂志插页中的女性偶像,她们也被称为"玩伴"（Playmate）,体重和身材尺寸都印在杂志的插页上,因此可以轻松地记录和分析。对 20 世纪 50 年代—70 年代 Playmate 的分析表明,他们的身材随着时间的推移显著缩小,研究揭示了这样的下降持续到 20 世纪 80 年代[12]。对成人读者杂志的内容分析显示出越来越瘦的稳定趋势[13]。

和女性身体一样,杂志上的男性身体也随着时间而改变。布伦达·斯皮策（Brenda Spitzer）等分析了 1986—1997 年间《花花女郎》（*Playgirl*）杂志插页上模特的身体质量指数（BMI）,发现他们的 BMI 显著增加（可能是由于肌肉过度）。一些中间插页上的模特 BMI 高于 32,这意味着一个身高 6 英尺的男人,肌肉超过

235磅[14]。对《商业周刊》（*Business Week*）、《滚石》（*Rolling Stone*）和《体育画报》（*Sports Illustrated*）等男性受众杂志广告的其他内容分析表明，中等身材或V字锥形肌肉身材被描述为男性理想身材。

由于儿童经常阅读面向成人受众的杂志，他们通常会接触前文分析过的显示出美化瘦身材的成人类型（如健身、时尚和娱乐杂志）[15]。针对儿童受众的电子媒体也呈现出对瘦的正面描绘和对胖的负面描绘。休·克莱因（Hugh Klein）等对动画片的分析表明，瘦角色比胖角色更有可能表现出积极的特征，如高智力、身体吸引力、亲社会行为和积极的情感[16]。西尔维娅·赫尔博佐（Sylvia Herbozo）等对25部流行的儿童视频和20本受欢迎的儿童书籍进行的内容分析显示，60%的视频将瘦描述为积极的女性特征，32%的视频将肌肉发达描述为积极的男性特征。在64%的视频和20%的书籍中，肥胖与邪恶、不吸引人和残忍等负面特征有关[17]。

总之，无论是普通受众还是儿童受众的电子媒体和印刷媒体都传达了有利于瘦美身材的信息。就互联网而言，支持厌食症的内容在促进饮食节制方面可能是极端的。以下将讨论接触这些信息，如何以及在多大程度上影响着儿童和青少年。

（一）媒介接触与身体形象

测试接触理想身材媒体图像对身体意象各种指标的影响，是最常见的实验研究类型。丽莎·格雷什（Lisa Groesz）等对25个这样的实验进行了荟萃分析，得出了43个 d 值（即效果大小），代表了随后测量的身体满意度的控制和实验条件之间的标准化差异[18]。这些 d 值中有35个是负值，表明与对照组相比，在暴露于瘦美理念的图像后，身体满意度有适度但显著的下降，总 d 值为0.31。值得注意的是，19岁以下（$d=0.36$）的参与者的平均效果更明显，这表明青少年对以瘦为美（瘦美）理念图像的敏感度在一定程度上更高。然而，随后发表的研究表明，这可能只适用于女孩。杜安·哈格里夫斯（Duane Hargreaves）等让13～15岁及20岁的青少年观看描绘理想化身材的图像或非外观类产品和服务的电视广告，发现观看理想化图像的女孩（而不是男孩）比观看对照广告的女孩报告了更大的身体不满[19]。相比之下，对年龄较大的男孩和男子（17～27岁）的研究报告称，在暴露于以肌肉发达的理想身材男性为特征的电视广告后，抑郁症和肌肉不满足感增加[20]。

迄今为止，只有一项已发表的研究采用实验设计，来测试接触支持厌食症（即赞成厌食症）网站的影响。在一个小规模的试点研究中，安娜·巴多纳-科恩（Anna Bardone-Cone）等随机分配了24名女大学生浏览三个网站中的一个：一个典型的支持厌食症的网站，有"激发瘦身欲望"的图片库；一个女性时尚网站，展示中等身材女性的迷人形象；以及一个没有人类形象的家居装饰网站。只有那些浏览过支持厌食症网站的女性经历了负面影响增加和感知体重上升的状况，同时自尊、对自己改善外表能力的信心以及对异性的感知吸引力的下降[21]。不幸的是，样本量如此之小，以至于研究者不能自信地概括他们的结论。显然需要对支持厌食症的网站的影响进行更大、更全面的研究。

横断面研究通常揭示了接触瘦理想的电视和杂志（如健身和时尚类型）与追求瘦、身体不满和身体羞耻等变量之间的中低程度的正相关[22]。这些比较多种媒体的研究经常指出，杂志接触率的相关性比电视接触率的相关性更高，特别是如果电视观看是以观看的总小时数而不是特定的瘦美内容接触来衡量的话。勒妮·博塔（Renée Botta）报告说，实际的电视接触率并不是青春期女孩身体不满意和认可"以瘦为美"的重要预测因子，但是观看时的身体图像处理（如"我认为我的身体与电视角色的身体相比如何"等项目所示）预测了认可"以瘦为美"的 33％的差异和身体不满意和追求瘦的 14％的差异[23]。报告性别差异的研究显示，女性比男性相关性更大，欧洲裔美国人比非洲裔美国人相关性更大。虽然大多数关于媒体接触和身体形象的调查都集中在整体身材上，但至少有一项研究表明，电视接触率与非常瘦的腰臀比与平均尺寸的胸部搭配的理想化有关。在女大学生中，看电视也与对外科医美的认可有关，如隆胸和吸脂，这种策略可以帮助减肥者获得苗条而丰满的外表。

将媒介接触与身体形象联系起来的纵贯研究很少，为数不多的研究表明，早期接触不太理想的电视会预示着后续身体形象问题的增加。对于 5～8 岁的女孩来说，观看注重外表的电视节目预测一年后外表满意度会下降。对于 7～12 岁的女孩来说，整体电视接触率预测一年后会选择更瘦的理想成年体型。对于男生来说，模式有些不同。一项研究表明，随着时间的推移，8～11 岁男孩身体不满意的唯一预测因子是他们的实际体重。然而，当男孩感觉到来自媒体的增加肌肉和控制体重的压力后，更有可能采取改变身材的策略[24]。

（二）媒介接触与饮食失调

1. 实验研究

在大多数情况下，实验研究本身并未纳入饮食失调的衡量标准，因为即时变化无法衡量。然而，正如埃里克·斯蒂斯（Eric Stice）等在一项实验中所说，长期的变化是可以测量的[25]。这些研究人员让一组青春期的女孩订阅 *Seventeen* 杂志，而另一组女孩则不订阅，随即跟踪了 15 个月。订阅并没有对身体形象或饮食失调带来影响,但在接受订阅的女孩中,最初同伴/父母支持水平相对较低的人群,其食欲过盛症状增加。

其他实验研究测试了媒介接触对暂时情感状态和饮食行为的影响,这些行为被认为是进食障碍的先兆。哈里森向青少年展示了不同的描述,他们认为自己的样子和他们认为别人期望的样子之间存在差异。那些在电视上看到纤细身材被奖励的人感到更加沮丧,而那些看到肥胖身材被惩罚的人感到更加焦虑。因为暴饮暴食和避免进食分别被认为是应对沮丧和焦虑的机制。哈里森认为,持续接触这种情绪可能产生暴食症和厌食症的饮食模式[3]。同样,哈里森等发现,有相同类型差异并接触同性理想身材照片(苗条女性或肌肉发达的男性)的大学生,在同性同伴面前改变了他们的饮食方式——女人在其他女人面前吃得少,男人在其他男人面前吃得多[4]。研究者认为,如果每天长时间重复,饮食中这些暂时和微妙的变化可能会成为饮食病理模式的一部分。

2. 横截面调查研究

斯蒂斯等使用女性大学生的样本测试了一个路径模型,该模型调查了媒介接触(综合衡量了各种杂志和电视类型接触)和饮食失调症状之间的可能中介因素。在该模型中,媒介接触直接和通过一系列变量间接预测饮食失调,包括性别角色认可、理想身体刻板印象内化和对身材不满意。

哈里森等对女大学生进行进一步横断面调查研究,分别测量了电视和杂志的接触率。哈里森等发现,总体而言,杂志接触预测饮食失调增加,但电视观看没有[1]。同样,博塔发现,整体的电视接触并不能预测暴食症行为;然而,将一个人的身体与电视角色相比较的倾向,确实会增加进食障碍[23]。其他研究也强调了这种自我比较的重要性。除了媒介接触之外,苗条媒体形象的人际吸引(定义为喜欢、想要成为和感到相似的结合体)也会导致女大学生的进食障碍。

3. 纵贯调查研究

纵贯面板调查将媒介接触与饮食失调联系起来,证实并扩展了横断面报告的发现。一项对257名7～12岁的欧洲裔美国女孩和非裔美国女孩进行的固定样本组研究表明,独立于最初感知的体型和饮食失调,在研究开始时看电视较多的女孩,一年后在饮食失调的衡量标准上得分较高,没有种族或年龄差异[26]。其他前瞻性研究指出了类似的趋势。有研究聚焦于电视引入波利尼西亚斐济岛的影响。斐济公民历来信奉强健的女性身体形象。直到20世纪90年代中期,该岛只有一例神经性厌食症的报告。电视于1995年推出,其播出内容主要由西方商业节目组成。研究者将女中学生在引入电视一个月后的饮食失调程度与三年后类似样本女生的分数进行比较。对比显示,在电视引入三年后,饮食失调得分高的女孩比例,明显高于一个月后的比例(19%对 8%)。作为控制体重的一种手段,呕吐发生率从 0 增加到 7%。这些增长与家庭电视拥有率的增长平行,家庭电视拥有率从电视推出后一个月的 26%增长到三年后的 46%。深度访谈显示,77%的参与者感到看电视节目有减肥的压力,促使观众模仿西方电视名人。

总之,评估媒介接触对身体形象和饮食失调影响的研究相当一致,因此接触率的增加与身体不满足感的增加、变瘦动力的增强以及越来越多的进食障碍行为有关。这些影响和相互关系是小至中等的,仅仅接触似乎并不像接触媒体中与身体相关的内容那样是一个强有力的预测因素。

三、理论机制

媒介接触是否会损害身体形象并增加饮食失调的风险,这个问题已经在研究中得到解决,而这是如何发生的仍在调查中。潜在的假设是,观众或读者以一种方式参与与身体相关的内容,这种方式涉及对角色和模特身体的观察,以及之后对观众或读者自己身体的观察,导致他或她的身体形象或饮食/锻炼习惯或两者的改变。这种批判性评价的影响可能是认知的、行为的或情绪的,或者是它们的某种组合。因此,此处将理论方法的讨论分为认知、行为和情感三类。然而,将它们视为认知、认知行为和认知—情绪可能是最准确的,因为识别行为和情绪过程的理论方法也包括认知(比如自我相对于他人的评价性判断)。

(一)认知过程

1. 涵化理论

认知过程是主要围绕意识思维的过程,比如关于世界和世界观的态度和信念的创造或预演。第一个过程是涵化,它认为接触电视会影响观众对世界的规范信念。涵化理论为大众媒体中瘦美理念如何被视为无处不在、正常和可实现的,而肥胖被视为反常和丑陋的现象,提供了解释。有研究发现,男孩在电视上的接触率预示着他们越来越倾向于相信一个他们从未见过的胖女孩会懒惰、贪婪、愚蠢且没有朋友。

2. 社会比较理论

社会比较理论认为,人们被驱使通过与他人进行比较来评价自己,特别是与被认为与自己相当相似的人比较。把自己投射在不利的一面进行比较,会促使行为改变,以达到比较目标所体现的标准。一些学者将社会比较理论应用于关于媒体和身体形象的讨论[23]。他们的研究揭示了一个一致的模式,即媒介接触可以预测身体形象障碍、饮食失调症状和对"以瘦为美"理念的认可,特别是在那些报告普遍倾向于与媒体形象进行社会比较的人当中。该发现使学者得出结论,与观看者在观看时进行比较的倾向相比,仅接触身体形象相关的媒介内容是非常微弱的预测因素。

3. "以瘦为美"理念的内化

长期以来,瘦美理念的内在化被认为是饮食失调发展的主要危险因素。"以瘦为美"理念的内化是指个人有意识地接受苗条的社会吸引力标准,作为他或她自己的个人标准,并付出行动来迎合该标准。研究表明,媒介接触、饮食失调和瘦的驱动力之间存在正相关关系[2],媒介接触促进瘦美理念的内化,并且这种内化会随着时间的推移导致饮食失调。

尽管事实上即使是年幼的孩子也接受"以瘦为美"的理念,但研究对这样一种观点提出了质疑,即至少在青春期前的孩子中,由于瘦美理念的内化,在媒介接触下出现了进食障碍。哈里森对6~8岁儿童的横断面调查显示,看电视会导致饮食失调,但不能预测其与瘦美理念内化的联系。艾玛·桑兹(Emma Sands)等还发现,在9~12岁女孩的样本中,媒介接触不能预测瘦美理念的内在化,来自朋友和家人的压力是一个更重要的因素[27]。此外,一项对青春期前女孩的纵贯研究报告称,没有证据表明媒介接触预测了瘦美理念内化,这种内化被概念化为对当前更瘦的(青春期前)身体的渴望,尽管电视接触确实预测了对未来更瘦的(青春期后)身体的渴望[26]。因此,瘦美理念内化作为中介的重要性,可能取决于研究对象的发展阶段。研究还发现,每周看电视几个小时预示着饮食失调的风险增加,而没有预示着将苗条身材理想化。在儿童发展的过程中,瘦美理念内化何时开始在媒体接触—饮食失调关系中起关键作用的问题,有待进一步研究。

(二)行为过程:社会学习/建模

社会学习理论中概述的建模过程可以解释人们根据媒体信息改变饮食和锻炼行为的原因[28]。社会学习模型包括两部分:流行和激励,这更准确地解释了媒介接触如何促进节食行为。发生率是描述一个事件的频率,发生率越高,行为建模机会就越大。激励又反作用于增加实施模型的动机。正如内容分析中所示,瘦美理念在媒体中非常普遍,观众被给予许多激励以达到他们在电视和杂志上看到的瘦美身材。

一项实验研究测试了绘本的造型效果。绘本题材为受欢迎的美泰公司的芭比娃娃,结果显示,与观看大号娃娃绘本或不看娃娃绘本的女孩相比,5～7 岁的女孩在看芭比绘本时,身体自尊下降且对瘦身材的渴望上升。然而,同样的效果并没有出现在 7～8 岁的女孩身上。研究者推断,年龄较大的女孩不再把芭比娃娃作为渴望的榜样。当然,其他发育过程也可能对年龄大的女孩没有影响,如更好地理解了现实(人体模特)和幻想(玩偶)之间的区别。为了解决这个问题,需要对儿童关于理想身材描绘的反应进行更多的研究,比如那些电子游戏中的玩偶。

(三)情感过程:激活自我差异

社会学习理论有助于理解受众如何通过节食行为回应宣扬理想身材的媒介,但这种方法在解释饮食失调的发生时会有问题。临床水平的饮食失调不仅是为了减肥以获得社会认可而节食。饮食失调有明显的情感或情绪成分,可以将其比作成瘾。涵化理论、社会学习理论和社会比较视角没有充分解决这一问题,所有这些视角都采用了相对理性的方法来分析行为采纳与行为改变。厌食症和暴食症都被定义为处理焦虑和沮丧等有害情绪的方法。避免进食似乎可以平息焦虑或不安的情绪,而暴饮暴食似乎可以缓解沮丧或抑郁的情绪。因此,激发焦虑或沮丧情绪的环境,可能是导致饮食失调的一种应对情绪的方法。

一些研究者认为,宣扬理想身材的媒体会激活自我差异,从而增加情绪困扰,因此通过避免进食(厌食症行为)或过度放纵(暴食症行为)来缓解。青春期男女的实验和调查数据表明,自我差异及伴随的情绪至少在一定程度上调节了媒介接触和进食障碍症状之间的关系[3]。此外,自我差异似乎放大了宣扬理想身材的媒介对男女大学生实际饮食行为的影响。因此,除了教青少年如何通过节食来追求苗条的身材之外,瘦美理念媒体中包含的信息可能会激活脆弱的儿童和青少年们的自我差异,从而暂时增加有害的情绪,然后通过避免进食或过度放纵来控制这些情绪。因此,自我差异的存在可能被概念化为一种脆弱性,使一些年轻人比其他人对"以瘦为美"的媒体做出更强烈的反应。

四、"以瘦为美的媒体"之调节变量

除了自我差异之外,哪些个人或媒体特性使一个年轻人比另一个年轻人更容易受到"以瘦为美"媒体的影响? 已有研究揭示了六个显著的调节变量:类型、性别、年龄、种族、身体意象障碍和社会支持。

(一)类型

许多研究人员已经确定并测量了接触宣扬瘦美理念媒体的情况,这些研究都基于一个合理的假设,即美化瘦和肌肉发达的媒体将对身体形象和饮食失调产生

最显著的影响。然而,即使是衡量整体媒介接触率的指标,如每周观看电视的小时数,毫无疑问也能捕捉到大量瘦美的内容,都是有迷人演员出镜、与健康饮食和外表有关的广告和娱乐节目。将接触身材苗条的模特和中等体重或身材肥胖的模特的效果进行对比的实验表明,接触身材苗条的模特通常会损害身体形象,而接触中等体重或身材肥胖的模特不会起到任何作用,甚至会改善身体形象[18]。此外,最喜欢的电视角色是中等体重的孩子,比最喜欢的角色明显瘦或明显胖的孩子有更积极的身体形象。由此可见,对自己身体的评估是受到接触有关他人身体形态的信息内容影响的。

(二)性别

因为饮食失调对女性的影响远多于男性,所以绝大多数媒体导致的进食障碍研究都是在女性样本中进行的。因此,关于媒介对身体满意度影响的荟萃分析仅包括女性样本的研究。然而,许多研究对女性和男性进行了比较,这些研究通常表明女性更容易受到伤害。尽管对 6～8 岁儿童的研究表明,看电视和饮食失调之间的相关性没有性别差异,但对青少年的研究揭示了一种不同的模式。例如,有研究发现,在青春期的女孩中,电视总接触率可预测暴食症状,而在青春期的男孩中,则不可预测厌食症症状。这表明,对男孩的研究倾向于将肌肉发达的驱动力作为结果[20]。因此,虽然女孩似乎更容易受到接触瘦美媒体的影响,但关注宣扬肌肉发达的男性理想身材的媒体,可能会激活男性特有的不安全感。

(三)年龄

多数研究采用大学生样本,因为可以方便地进行研究,而且他们往往比年长者表现出更多的身体形象问题和饮食失调。然而,媒介接触对青少年的身体形象也有负面影响。哈格里夫斯等对 13～15 岁的青少年进行的一项研究表明,高中生和大学生一样容易在接触"以瘦为美"的媒体时,受到对身体不满和追求苗条的影响。格雷什等的荟萃分析报告称,大学生及以上人群的平均实验效应为 $d=0.34$,而高中生及以下人群的平均实验效应为 $d=0.36$。对年幼儿童的媒体—身体联系的研究较少,但研究表明,媒介接触导致 5 岁女孩和男孩的饮食失调和对瘦的理想化[26]。需要对青春期前的样本进行更多的研究,以更好地理解媒介接触在幼儿发展自我和身体感知中的作用。

(四)种族

比较种族群体的研究表明,白人、盎格鲁人或欧洲裔美国人比非洲裔美国人和拉丁裔美国人受到的影响更大。在一项调查中,非裔美国女孩拒绝认同白人女性的理想媒体形象。结果是,与白人女孩相比,黑人女孩接触理想身材媒体信息和身体形象障碍之间的相关性较小。黑人和拉丁裔女孩肯定会受到媒体信息的影响,但这种影响似乎在很大程度上取决于她们对描述的认同能力。因为媒介描绘的瘦美理念仍然主要来自白人女性,来自其他性别和种族群体的个人受到影响的机会较少。然而,研究表明,尤其在青春期之前,白人和黑人女孩之间的影响趋于相似。在对黑人和白人小学女生的纵贯研究中,哈里森等发现,在看电视、进食障碍和瘦美身材之间的关系上,没有种族差异[26]。种族差异实际上正在缩小,也许是因为主流媒体对肤色的描述越来越少。

（五）身体形象障碍

在接触“以瘦为美”的媒体之前,对自己身体不满意的人往往更容易受到瘦美理念的负面影响[3]。相反,对自己目前的体质感到满意的人似乎受到的影响较小。格雷什等对媒体对身体满意度的影响进行荟萃分析,报告了对存在明显身体问题的个体的平均影响大小为 $d = -0.50$,但对没有明显身体问题的个体只有 $d = -0.10$[18]。因此,对于儿童媒体用户来说,似乎有可能出现某种恶性循环,早期接触会预示着身体形象障碍的发展,这反过来又会增加对宣扬瘦美理念媒体图像的敏感性。鉴于有身体和饮食问题的年轻人可能会积极寻求瘦美理念的媒体,这尤其成问题。

（六）社会支持

一个前景广阔的研究方向是减少接触瘦美媒体负面影响的调节因素,该方向来自父母和同龄人的社会支持。斯蒂斯等发现,那些订阅了一份以描绘苗条身材理想而闻名的青少年时尚杂志的少女,只有当她们从父母和同龄人那里获得了相对较高水平的社会支持时,才不会受到订阅的影响[25]。这些发现强调了将媒介理解为由家庭、朋友和社区等多重影响组成的更广泛环境的一部分的重要性。这种影响可能会加强或削弱媒介接触的效果。未来需要更多地关注这些因素及其与媒介互动的方式。

五、理论问题和难点

已有研究很了解媒介中的瘦美理念是如何产生影响的,这种影响的性质和程度以及使某些人比其他人更容易受到这种影响的特征。然而,尤其在发展背景下,这些过程和特征中有许多仍然知之甚少。对青春期前儿童的研究表明,与年龄较大的儿童和成人相比,他们之间的关系和过程有所不同。着眼于解决这些发展之谜,需要转向三个悬而未决的理论问题,即值得进一步研究的社会因素、成熟因素和技术因素。

(一)社会因素

在社会背景下考虑媒介效应是很重要的。几乎所有关于媒介对身体形象和饮食失调影响的研究都倾向于直接影响的假设。然而,研究中的青少年报告说,他们没有直接受到媒介理念的影响,但感到有压力去满足他们,因为感觉他们的朋友"相信"这些理念。这一发现描述了一个间接影响的模型,即关于媒介对他人影响的假设会对做出假设的人产生影响。现有研究支持该观点,即这种假定的媒介影响可能在对身体不满意和饮食失调的关系中起到与媒介接触本身同样重要的作用[29]。

(二)成熟因素

对大众媒介和理想身体的研究几乎总是认为,年轻人对当前苗条身材的渴望是对身材不满意和追求苗条的最重要的指标。然而,青春期前的孩子实际上有两种理想身材:他们现在(孩子)的身材和他们未来(成人)的身材。一个处于青春期边缘的孩子可能会满足于她目前的身材,但会出于对她渴望的苗条成年人身材的期待而节食。对小学女生的研究表明,看电视可以预测随后对瘦美成人身材的理想化,但与对瘦的儿童身材的理想化无关[26]。由于对同一年龄组的群体而言,看电视预示着饮食失调,因此媒介诱导的节食即使不会影响儿童目前理想化的体型,也可能会对其成年后希望拥有的体型产生影响。这项研究说明了使用纵向研究方法对探究媒介接触在性成熟前后对儿童影响的重要性。

(三)技术因素

一些研究表明,年龄增长可以保护儿童免受玩偶传递的身体理念的影响,也许是因为年龄较大的儿童可以区分幻想和现实。但是,即使儿童意识到他们正在观看的刺激不是真实的,如果图像看起来是真实的,这些知识是否也会失效呢?随着动画媒体变得越来越精致,这个问题愈发重要。关于儿童接触此类媒介对身体相关影响的研究还较少,显然需要对这一主题进行研究,尤其是当图形渲染技术变得更加先进,并且创建具有完美比例身材的偶像变得越发变得可能时。

六、应用:减轻负面影响

鼓励孩子忽视不切实际的、瘦美理念媒体的刺激,将保护他们免受负面影响的想法很有吸引力,但不幸这有点天真。在一个以人体为中心的图像如此普遍存在(无论是幻想的还是现实的)的社会中,仅凭区分幻想与现实的能力无法提供足够的保护,需要多种保护策略。

（一）媒介能做什么

阻止媒介描绘理想化的身体和面孔，不太可能成功，因为有吸引力的模特会提升有利的消费者评价，进而促进产品销售。此外，消费者的不安全感是利润的来源，对自己身体满意的人很少购买改变身体形象的产品和服务。因此，尽管可以建议制片人、编辑和广告商减少产品中瘦的、有吸引力的模特和演员的数量，但一个更可行的方法是让受众接触以健康身体为美的媒介，从而抵消"以瘦为美"媒体的影响。几项研究表明，这种方法可能是有效的。

体育是一种与更健康的身体形象相关的节目类型。有研究者进行了一项实验，测试接触女性体育电视对自我定义倾向的影响。对于白人女孩来说，与不接触体育节目相比，接触有庞大肌肉群身体的运动员会减少自我物化。至少对白人女孩来说，看到比平时体积更大的身材，是有好处的。

研究还表明，互联网可能有助于消除其他媒体的负面影响。特别是，它可用于提供心理干预，旨在预防、治疗和帮助防止与身体不满意和饮食失调相关的复发[30]。在一项针对女大学生样本的纵贯研究中，通过互联网提供的心理教育干预措施旨在减少身体不满和饮食失调症状，在四个月里显著减少了这些态度和行为。

（二）教育者能做什么

媒介素养计划旨在通过教育观众批判性地分析信息，来帮助个人理解媒介传播的信息。研究证实了媒介素养计划的价值，该计划鼓励人们对理想化图像的媒介描绘持健康的怀疑态度。例如，参加了媒介素养项目的高二年级的女中学生，与没有参加该项目的同龄人相比，她们对瘦美标准的内化程度较低[31]。此外，注重社会标准的媒介素养项目和注重项目参与者内在属性的项目，同样成功地增加了女大学生对瘦美媒体形象的相似性、真实性和可取性的怀疑。因此，媒介素养计划可能是有效的引导方法。

（三）受众能做什么

受众自己能做些什么来尽量减少媒介接触的负面影响？已有研究表明，他们可以从选择观看"健康身体"的媒介开始，比如非瘦身运动或玩正常体重的丰满娃娃，比如大尺寸名人的模型 Emme。另一种选择是，接触那些关注焦点并非身材或容貌的媒体。研究表明，认同那些在视觉上或文字上不受体重限制的角色，可能有保护作用。最后的选择是完全减少媒介接触。哈里森报告了几项研究中出现的一种模式，即看电视越多的青少年对自己和体型的定义越单一。因此，电视可能会鼓励狭隘的自我观，而大量看电视的时间要求限制了青少年参与现实世界的机会，否则这些体验会扩大他们的自我定义并增加其复杂性。

本节目标是回顾媒介中的瘦美理念和相关研究,并提出和评估接触这些媒体与身体形象和饮食失调之间关系的证据。不难发现:

第一,大众媒介对瘦美理念的展示无处不在,甚至是针对儿童的媒介。对瘦的理想化是通过把苗条描述为一个好的属性,把肥胖描述为一个坏的属性来传达的。

第二,随着时间的推移,接触"以瘦为美"理念的媒介会产生身体满意度的下降和其他身体形象障碍。

第三,直接的媒介接触预示着男性和女性的饮食失调症状会有适度、显著的增加,但对女孩来说,这种效果在青春期及后期表现得尤为明显。现在还不清楚的是,间接的媒介接触可以解释多少额外的身体形象障碍和饮食失调。

需要认识到,饮食失调和肥胖并不是对立的条件。事实上,由于童年时期过度节食会增加日后肥胖的风险,那些声称关注肥胖流行的人,应同样关注早期过度坚持瘦美理念的孩子。除非愿意承认肥胖与所有类型的饮食病理的关联,无论它们导致的是体重不足还是超重,否则将无法解决肥胖问题。

有报道称,年仅 7 岁的儿童为了保持身材而进行极端节食和锻炼,这表明是时候采取行动了。一个没有媒介吹捧瘦美理念的社会是不存在的,但媒介可以塑造一个注重平衡的体格、为活力和力量而饮食的社会。父母鼓励避免过度接触注重外表的媒介信息,家庭和同伴承诺支持和重视年轻人,采用媒介扫盲计划来鼓励对瘦美媒体持怀疑态度,媒介从业者继续努力传播更平衡的画面,共同创造一个环境,让所有儿童和青少年都能自由地摄入平衡的饮食,并保持正常和健康的体重,这是包括媒介在内的社会多方应该能够采取的有效干预措施。

第二节　媒介使用与儿童肥胖

一、儿童肥胖及其媒介使用图景

如今,儿童和青少年的肥胖率已达到了惊人的水平。超重儿童是指 BMI 超过其年龄和性别标准的群体。《中国居民营养与慢性病状况报告(2020 年)》显示,我国 6～17 岁的儿童青少年超重和肥胖率接近 19%,6 岁以下的儿童达到 10%,其中 6～17 岁儿童超重和肥胖率高于 2015 年的 16% 和 2002 年的 6.6%。这表明,我国儿童的超重和肥胖率已高达近 20%,在过去的 20 年里翻了近 3 倍。

　　超重和肥胖青少年数量的快速增长,给儿童健康带来了前所未有的负担。肥胖与许多慢性病密切相关,比如心血管疾病和糖尿病。超重和肥胖儿童患共病的风险增加,包括 2 型糖尿病、高血压、血脂异常和高胰岛素血症、脂肪肝和骨科疾病。近三分之二的超重儿童至少存在一种心血管危险因素(如高血压、高脂血症等)。此外,尽管总体患病率仍然较低,但患有某种程度血糖异常(2 型糖尿病的先兆)的青少年人数正在上升,并且基本符合全球青少年的体重增加趋势[32]。

　　此外,儿童期的肥胖会在成年期继续延续。超重的青少年成年后患肥胖症的风险是正常体重同龄人的 17 倍。以美国为例,据估计,肥胖相关的病症约占美国国家卫生支出的 6%。因此,在过去的 30 年里,儿童肥胖率的惊人增长极大影响着公共卫生支出和公共卫生项目。

　　儿童肥胖率的飙升,助推了这一领域的传播学研究。部分研究集中在电子媒体使用(尤其是电视使用)和儿童肥胖之间的关系。从儿童的媒介使用格局来看,几乎所有年龄段的青少年都把相当一部分时间花在使用电子媒体上(例如,每天花 3～5 个小时看电视或使用手机),这比除了睡眠之外的任何一项自由活动都要多[33]。正是因为这个原因,在许多人的认知中,看电视与久坐行为密切相关。美国凯撒基金会在 1999 年和 2004 年调查了 8～18 岁青少年使用媒介的情况,并在 2002 年和 2005 年调查了 6 个月～6 岁的幼儿[34-35]。

　　这些调查证实了普遍的观点,即儿童是在媒介技术饱和的环境中长大的。以美国为例,99% 的美国家庭拥有电视机,97% 的家庭拥有录像机/影碟机,83% 的家庭拥有游戏机,86% 的家庭拥有电脑。大多数家庭(约 75%)有多台电视机,这些电视机越来越多地放置在孩子们的卧室里,约 70% 的 8～18 岁儿童和 36% 的幼儿(6 个月～6 岁)的卧室里有电视。

　　使用电脑和电子游戏的儿童数量也在增加,研究显示大约 40% 的 8～18 岁青少年每天都使用电脑或玩电子游戏[33]。人们通常认为,电脑和电子游戏在美国青少年中几乎无处不在,消耗了他们大量的媒介时间[36]。从"第二次儿童发展补编"(The Second Wave of the Child Development Supplement, CDS-Ⅱ)到"收入动态固定样本组研究"——一个 6～18 岁美国儿童的代表性样本——中提取使用时间日志数据(可在 http://psidonline.isr.umich.edu/CDS/公开获取)。"儿童发展补编"是现有唯一的记录儿童和青少年 24 小时日志以收集儿童和青少年活动(包括媒介使用)信息的公共数据集。经证明,基于时间使用的日志研究是一种记录儿童和成人在各种活动中花费时间的非常有效和可靠的方法。按其统计数据,儿童花在电子媒体上的大部分时间以看视频为主(大约 3 个小时),青少年现在花费最多时间的媒介活动是看视频和打网络游戏。

电子媒体使用和肥胖之间的关系有三种主要的假设机制[37],包括:①观看电视期间代谢率尤为降低;②身体活动的被取代(displacement of physical activity,如久坐行为);③增加的热量摄入(或者通过边看边吃,或者响应电子媒介中的食品广告和食品营销)。以下将以此为出发点,考察该领域已有的相关研究和经验证据,评估现有研究的贡献和局限,并为未来研究提出建议和方向。

二、电子媒体与肥胖的关联机制

从根本上说,超重和肥胖是由于能量不平衡引起的,即个人消耗的能量没有他或她摄入的多。造成这种不平衡的原因复杂多样,而电子媒体的使用被认为是主要原因。此部分先讨论三点关于电子媒体和肥胖的假设机制:①代谢率降低;②因使用电子媒体而取代身体活动;③热量摄入增加[38]。

(一)代谢率降低

这一假设反映了一个有趣的观点,即观看电视会将静止代谢率(resting metabolic rates,RMR)降低到低于其他久坐活动中的 RMR 水平。若这个假设成立,将意味着看电视期间的能量消耗低于其他久坐活动(如睡觉或阅读),因此应被阻止——即使是代替其他久坐活动。从某种意义上说,在最基本的层面上,这个假设提出了这样一个概念,即看电视本身会增加肥胖。这一想法最初是由丽莎·克莱斯(Lisa Klesges)提出的,她和同事发现证据,8~12 岁儿童在看电视时的代谢率低于休息或睡觉时的代谢率。这些发现得到了新闻界的极大关注,但它们总体上被证明是不可复制的,不是一个可行的假设[37]。

(二)活动水平下降

电子媒体的使用被认为与儿童体重增加有关,因为观看或玩耍的时间取代了身体活动。这基本上是"沙发土豆"假说("couch potato" hypothesis),也就是使用电子媒体的时间会干扰消耗更多能量的活动,并与久坐活动(包括媒介使用本身)的时间呈正相关。这是目前为止最流行的将电视使用和儿童肥胖联系起来的假设。尽管这一假设最初被认为同样适用于交互式媒体(如网络游戏等),但新的证据表明情况可能并非如此。首先,越来越多的证据表明,玩电子游戏时(甚至是坐着时)消耗的能量比看电视或进行其他久坐活动时消耗的能量要高[39]。此外,新开发的网络游戏要求参与者积极参与游戏,这显然会促进活动,而不是阻碍活动。然而,一般来说,与屏幕相关的活动被认为取代了更活跃的活动(比如户外玩耍),

并导致了儿童和青少年久坐的生活方式。

如果花在活动上的时间是零和的,那么花在看电视上的时间影响到身体活动的总时间的假设就有了一些直观的意义。电视可能取代其他活动的观点被称为"取代效应"(displacement effect)[40]。然而,值得注意的是,对取代或时间"权衡"的实证研究要对儿童在 24 小时内从事的所有活动进行全面核算。否则,就不可能准确评估儿童参与活动之间的关系程度[41]。这种认识远不是最近才有的。托马斯·罗宾逊(Thomas Robinson)评论说:"现有文献的一个主要缺陷在于,未能采用适当的日常生活抽样框架来评估电视的全部影响。"然而,令人惊讶的是,现有研究很少能适当地利用时间采样方法(time-sampling method)。例如,大多数研究利用关于媒介活动和其他活动的全球性问题,要求受访者指出他们平均一天看电视和阅读的时长。然而,仅仅通过调查平均看电视的时长和阅读时长之间的关系不可能评估取代效应。再者,检测需要完整地说明一整天的时间是如何使用的。几十年来,大众和学术界对电视取代健康活动一直十分担忧,然而却没有研究使用 24 小时时间日志记录进行实证研究,这是令人惊讶的。

电视取代体育活动的早期证据来自记录在电视引入至以农村为主的小型社区后,体育活动参与度下降的研究。特别是,与没有电视的社区相比,在可以收看一个或多个电视频道中生活的农村儿童和村民参与体育活动的水平较低。

随后的流行病学研究结果一致发现,儿童看电视或打电子游戏与身体活动之间的关系很小或不存在。鲁纳尔·维尔贾姆森(Runar Vilhjalmsson)等的研究表明,媒介使用和体育活动之间的联系被动且微弱[42]。在利用时间日志来评估电视观看和各种活动之间的关系的研究中,发现电视观看和体育活动之间没有关系[41]。在测量计算机使用的研究中,塞缪尔·何(Samuel Ho)等发现青少年计算机使用和锻炼之间的相关性为 0.03[43]。

在荟萃分析中,西蒙·马歇尔(Simon Marshall)等调查了 52 个被访者,并报告了电视观看和身体活动之间关系的平均影响大小,相关性都极小。这会导致研究者得出结论,媒体使用和身体活动之间的关系并不特别有意义。事实上,因媒体而导致的久坐可能不合理地与儿童超重和肥胖的流行病学趋势有关[44]。

这些发现对电子媒体的使用通过减少身体活动导致青少年肥胖的普遍观点具有重要意义。目前的问题是,青少年对电子媒体的使用是否在这种关系中发挥了重要作用。一般来说,假设似乎是,如果孩子们不看电视、玩电子游戏或使用电脑,他们会在外面的足球场上跑来跑去。然而,现有的证据不支持这一假设。事实上,电子媒体的使用似乎取代了其他类型的久坐活动。在相关的研究中,结论发现看电视与花在室内游戏(桌游、假装游戏、纸牌游戏等)上的时间减少显著相关[41]。其他学者也发现,看电视与室内休闲活动呈负相关。总的来说,目前大量的经验证据表明,减少剧烈的身体活动不是电子媒体导致儿童肥胖的主要机制之一。

如果新陈代谢率的降低和身体活动的减少都不是电子媒体影响儿童肥胖的机制,那还剩下什么。如果电视确实与肥胖患病率的增加有关,那么在观看过程中还可能发生了其他与肥胖相关的事情(除了观看电视固有的久坐)。这带来了另一个主要的假设机制——看电视与儿童的饮食行为有关。

(三)热量摄入增加

将电子媒体的使用与热量摄入的增加联系起来,要么是因为观看时吃东西,要么是因为基于电子媒体的食品广告倾向于强调高热量、高脂肪、营养含量低的食品。

1. 边看边吃

虽然普遍认为儿童和成人都是在使用媒体时"无意识地"吃东西,但旨在直接评估这一概念的实证研究很少,少数研究仅聚焦于电视。凯瑟琳·库恩(Katharine Coon)等研究了家庭中4～6年级儿童(91人)的食物消费样本,还报告了一天三顿正餐期间电视是否打开[45]。总的来说,研究发现每天在电视机前吃饭两次或两次以上的家庭儿童每天总能量的6%以上来自肉类,5%以上来自比萨饼、咸味小吃和苏打水,近5%来自水果、蔬菜和果汁。有趣的是,研究还发现,在两餐或两餐以上的时间里,来自开着电视的家庭的孩子摄入额外脂肪的频率较低。这一发现可能是因为这些孩子一开始就吃更油腻的食物——人们很少在比萨饼中添加黄油。

在一项类似的研究中,利用不同种族的3年级和5年级儿童作为样本($N=60$),唐娜·马西森(Donna Matheson)等发现,儿童看电视时摄入食物比其他任何活动时都更频繁[46]。平均而言,75%的儿童在工作日看电视时进食,60%的儿童在周末看电视时进食。这两项研究都基于社区的小样本,因此普遍性有限。根据前文提及的2002年"儿童发展补编"中的时间日日志数据,可发现35%的儿童(共2569名)在工作日至少一次在电视机前进食,37%的孩子在周末至少一次在电视机进食。这些数字大大低于马西森等报告的数字。这种不一致可能是由于样本差异、群体差异或两者的结合。虽然有趣,但这些研究的结果无法明确回答电视是否会增加热量摄入。

"无脑"饮食("mindless" eating)的概念意味着,人们在电视机进食时会吃得更多,或者看电视时提供了吃饭以外额外摄入食物的机会。然而,迄今为止,这些微妙之处还没有经过任何实证检验。就其他媒体而言,鉴于孩子们玩电子游戏时手忙脚乱,认为儿童玩游戏时吃得更多的想法似乎可能性不大,这些问题仍有待研究。显然,需要利用各种设计和方法(如实验、流行病学、纵向比较等)进行更多的实证工作。

2. 电视食品广告

儿童群体已被广告商视为一个越来越重要的市场。特别是在过去的二三十年里,儿童和青少年成为密集和激烈的食品广告受众。对于广告行业而言,收益是巨大的。据估计,14 岁及以下的儿童每年直接购买 140 亿美元的广告商品,并影响另外 1900 亿美元的家庭购买。

广告商每年针对青少年的信息花费大约 10 亿美元,电视是受众接触广告的首选方式。许多针对儿童的节目频道,如尼克国际儿童频道(Nickelodeon)、迪士尼频道和美国卡通频道,都容易瞄准包括儿童在内的特定市场。有证据表明,食品是电视上最常见的广告产品之一,约占所有商业广告的 50%[47]。普通儿童每年观看超过 40000 个电视广告,且商业广告占儿童总观看时间的 16%[48]。据估计,儿童平均每看 5 分钟电视就接触一个食品广告,每周可能会看到多达 3 个小时的食品广告。

针对儿童,尤其是幼儿的大量食品营销的主要目的是发展和建立品牌形象、偏好和忠诚度。辛西娅·希特(Cynthia Hite)等证明,学龄前儿童选择食物的偏好强烈地依赖"品牌"。研究人员发现,幼儿对带有全国广告品牌名称/标签的产品样品的评价明显优于带有商店名称/标签的产品。事实上,这种品牌依赖在非常小的儿童中最为突出。2～3 岁的儿童选择品牌名称/标签的比例为 10∶1,而 4～5 岁的儿童选择品牌名称/标签的比例为 2∶1[49]。

这些发现并没有被营销人员忽视,他们一直在加紧努力发展与儿童消费者的品牌关系,特别是幼儿。八成的食品都是品牌食品,营销人员知道幼儿可以通过业内众所周知的"不利因素"或"儿童消费力"影响父母的购买。营销人员还发现,儿童对产品的第一次需求发生在 2 岁左右,这种需求的 75% 发生在杂货店或超市,最需要的产品是早餐麦片,其次是零食、饮料和玩具[50]。

多数面向儿童的电视食品广告分为五类。这些被称为五大食品广告,包括:①预先加糖的谷类早餐;②软饮料;③糖果;④咸味零食;⑤快餐和/或高度加工食品[51]。毫不奇怪,这些食品也占据近一半的美国食品市场份额。糖果构成了"周六早晨金字塔"的大部分,蔬菜和水果完全没有——这与当时美国农业部的食物指南金字塔是完全相反的。对 2003 年儿童观众节目中食品广告的分析显示,方便食品、快餐和糖果占广告食品的 83%[52]。毫无疑问,食品广告是针对儿童的一种主要广告形式,针对儿童的绝大多数食品广告是营养含量差的食品。

3. 其他媒体形式的食品广告

食品营销人员也试图利用电子游戏和互联网在青少年中的流行性。植入式广告是一种营销策略,即将产品放置在典型广告之外的环境中。通常情况下,人们会在故事情节的背景下看到受欢迎的演员、节目和角色使用该产品。虽然在儿童节目中植入广告是非法的,但在黄金时段的节目以及针对儿童和青少年的电影中却很常见[53]。

基于网络游戏的广告植入很容易被整合,并且可以随着产品的流行而改变。这就产生了所谓的"广告游戏"或"广告娱乐"。广告游戏是基于互联网的游戏,带有商业信息,无论是微妙的还是公开的。广告游戏可以在产品或品牌网站上找到。大多数受欢迎的儿童频道(如 Nick.com,Cartoonnetwork.com)或玩具产品(如 Lego.com,Hasbro.com)的网站都包含主打角色和产品的游戏,以建立和扩大品牌忠诚度[54]。对抗游戏越来越多地出现在专门面向儿童和青少年的食品网站上。麦当劳、家乐氏、通用磨坊和 Hostess 网站都有儿童游戏,主打他们的产品。虽然食品和餐馆网站上的游戏目前在这些公司的互联网和电视广告中所占的比例很小,但未来将快速增加。

(四)儿童对广告的理解

这些广告出现的问题在于,幼儿很难理解商业广告和商业内容。4 岁以下的儿童很难区分节目和商业广告。7 岁以下的儿童不理解广告的说服意图——他们更有可能将广告简单地视为由出于他们最大利益的人提供的"信息"。即使是 7～11 岁的孩子,也很难怀疑其商业声明[55]。事实上,提供产品重要信息的语言通常以儿童无法理解的方式呈现,这使得事情变得复杂。例如,有证据表明,7 岁以下的儿童不理解"均衡早餐的一部分"的含义,这是含糖谷类食品广告中常用的(几乎无处不在)。正如有研究者所指出的,"这种常见的免责声明非但没有让儿童观众了解营养早餐的重要性,反而给许多孩子留下了一种错误的印象,即一顿饭只吃谷类就足够了"。

（五）儿童广告的特征

市场研究人员和广告商花了大量的时间和精力来探究如何最好地吸引儿童观众[55]。儿童广告的样式特征包括音乐、快速剪辑、音效和动画——所有这些都是因为它们吸引了儿童的注意力[56]。教育研究的结果表明，重复是一种有效的教育策略（特别是对幼儿）。电视广告商在儿童节目中比在成人节目中重复广告的次数更多[57]。营销人员还了解到，当以"趣味"为框架时，产品最具吸引力。在对儿童的广告中，最常见的说服策略是将产品与乐趣、幸福联系起来。受欢迎的品牌卡通人物经常应用于针对儿童的广告，因为他们有助于儿童的回忆和增强儿童的产品偏好。

（六）食品广告对儿童的影响

毫无疑问，儿童和青少年的饮食并不健康，不符合国家饮食目标。儿童和青少年在外吃的食物增加，喝的软饮料增加，吃零食的频率也升高了。总之，儿童现在从脂肪（32％）和添加的糖（20％）中获得超过50％的热量。这种转变与向儿童大量销售这种食品是否相关呢？

有相当多的研究考察了广告对儿童食物偏好、父母对食物产品的要求以及父母购买这些产品的影响[58]。库恩等得出以下结论：①来自实验研究的证据一致表明，接触广告食品增加了儿童对这些产品的选择和偏好；②接触电视食品广告增加了儿童向父母购买广告商品的要求；③对特定品牌或类别的食品的购买请求反映了产品广告频率[59]。因此，有太多的证据表明，至少从营销人员的角度来看，食品广告是有效的，而且效果很好。

然而，因为在这里关注的是电视可能导致儿童肥胖的机制，所以关键问题是电视食品广告是否真的增加了儿童对广告食品的消费。这个问题的答案有点难得到，只有少数研究是关于食品广告对实际食物摄入量的影响，这部分是由于在实验环境之外控制儿童接触广告或食物的固有困难[59]。

杰拉德·戈恩（Gerald Gorn）等进行了一项现已成为经典的研究，研究了接触电视快餐广告对儿童实际食物消耗的影响[60]。参加夏令营的5～8岁儿童连续两周每天观看一部30分钟的动画片，其中包含大约5分钟的嵌入式食品广告。广告种类多样，创造了4个实验条件：①糖果和Kool-Aid广告；②水果和果汁广告；③健康食品公益广告；④没有广告（控制变量）。电视接触后的每一天，孩子们都可以选择水果、果汁、糖果或可乐作为他们的零食。与水果广告组的儿童相比，糖果/Kool-Aid组的儿童更多地选择糖果作为他们的零食，并且比任何其他条件下的儿童更少地选择水果和果汁。

艾玛·希钦斯(Emma Hitchings)等发现,根据三天饮食日志的估算表明,9～11岁儿童对食品广告的回忆与广告食品消耗有关。研究人员报告称,儿童对特定食品广告的了解与食品消费之间的相关性在0.50～0.60之间。研究发现,与正常体重的儿童相比,超重和肥胖儿童在实验性接触食品广告后,会识别更多的广告,并吃更多的广告食品。与对照组相比,这项研究中的所有儿童,无论体重如何,在接触电视广告后,都吃了更多的广告食品[61]。

因此,不同于媒介使用与身体活动或儿童体重状况相关的证据,媒介的高脂肪和含糖食品营销被证实是电子媒体与儿童肥胖相关的一种可能机制。然而,该文献中仍存在重要空白。除电视广告之外,很少有研究探讨广告的影响,许多研究都是在20世纪70年代末和80年代初进行的,当时的营销方式和儿童媒体使用与如今不同。因此,迫切需要新的研究来检验电视食品广告以及产品植入和广告宣传的影响。

目前没有针对食品广告与儿童的食物偏好、食物选择、食物摄入或购买要求之间关系的荟萃分析,也没有类似的前瞻性纵向研究。最后,特别需要重点研究广告与热量摄入之间的关系,以及与少数族裔儿童接触食品广告和营销有关的问题。

尽管有这些限制,证据总体上表明食品广告是将看电视和儿童肥胖联系起来的主要机制。毫无疑问,美国儿童的饮食不符合国家饮食目标。问题在于这是否在很大程度上是由食品营销导致的。世界卫生组织/粮食及农业组织(WHO/FAO)近期的一份报告得出结论认为,有足够的(尽管是间接的)证据表明,向儿童宣传快餐店以及高热量、营养不良的食品和饮料会导致肥胖,并表明广告是青年肥胖的一个"可能的"原因。美国医学研究所报告《面向儿童和青少年的食品营销:威胁还是机遇》得出了类似的结论:虽然将食品广告与儿童肥胖联系起来的证据不足以支持禁止所有此类广告的呼吁,但有足够的证据支持推荐类似于控制儿童接触香烟和酒精广告的方法。尽管WHO和国际移民组织(IOM)都做出了结论,但重要的是要注意,将营销与肥胖联系起来的数据仍然仅是相关而已。IOM指出,尽管数据与向儿童营销至少部分导致体重问题的解释一致,但目前不可能排除所有替代解释。该组织认为,即使是很小的因果关系也会转化为非常大的健康问题。

(七)促进健康食品选择:公共服务公告的潜力

总的来说,已有文献表明,儿童容易受到广告的影响,他们的食物偏好、食物选择和食物摄入量是由他们对食物广告的接触所决定的。从某种意义上来说,这并不奇怪，因为这相当于孩子们学到了他们被教的东西。如果是这样，那么应该能够通过健康食品和饮食行为的广告，以更可取的方式塑造儿童的饮食行为。

各种研究表明，与看到含糖产品广告的儿童相比，看到健康产品广告或支持营养的公共服务公告的儿童选择更多的水果和果汁，在观看后吃更少的含糖食物，并且在营养知识测试中得分更高[62]。芝麻街工作室一直在探索知名芝麻街人物的吸引力是否会增加儿童对水果和蔬菜的偏好的问题。研究者发现，在食物上贴上最喜欢的布偶角色标签，会增加儿童对这些食物的偏好，且在更健康的食物（如花椰菜）上贴上角色标签会增加儿童对该食物的偏好，而不是不太健康的选择（如巧克力棒）。虽然孩子们选择的是食物的图片，而非食物本身，但这些发现表明，简单地在健康食品上贴上描摹受欢迎的和知名人物的标签，可增加健康食品的吸引力。有证据表明，强化儿童对甜食和/或高脂肪食物的偏好比强化健康食物的偏好更容易，这些发现是有潜力的。

（八）媒介使用与儿童体重状态的关联

不管具体机制如何，上述假设的确认都需要媒介使用与青少年体重增加或肥胖之间呈正相关。然而，这种联系似乎有些难以捉摸。

罗宾逊等发现，虽然在一个大样本（1912人）的九年级学生中，看电视与饮食摄入增加有关，但与体质指数的关系很弱，这种关系只在白人男孩中成立[63]。罗宾逊等发现，在一个大样本（971人）的六年级和七年级女生中，看电视的基线时间与体质指数的基线或纵向变化都没有关系。有研究者发现，一旦社会经济地位（SES）和种族的影响得到控制，在2389名10～17岁的儿童样本中，电视或电子游戏的使用与体质指数之间没有关系。类似地，梅丽莎·韦克（Melissa Wake）等在一个5～13岁的儿童样本中发现，体质指数和玩电子游之间没有关系，当社会经济地位得到控制时，体质指数和看电视之间也没有关系[64]。

然而，其他研究人员发现使用电子媒体和体质指数之间有微小但重要的联系。在3～6岁的儿童中发现了体质指数和看电视之间的正相关性。科尔斯滕·戴维森（Kirsten Davison）等发现看电视和体质指数之间有显著的联系，但仅适用于7～10岁的女孩[65]。伊丽莎白·范德沃克（Elizabeth Vandewater）等发现，玩电子游戏与体重增加有关——但仅适用于9～12岁玩适量游戏的女孩[66]。

实验干预研究虽然前景看好，但尚未得出一致的结果。伦纳德·爱泼斯坦（Leonard Epstein）等基于一项旨在增加体力活动和减少久坐行为的家庭干预，已经显示了儿童和青少年在缓解肥胖方面的长期成功[67]。然而，他们也注意到治疗反应的性别差异,男孩对治疗有反应,但女孩没有表现出治疗效果[68]。有研究者设计了一项基于学校的干预措施"Planet Health",旨在通过改变关键的体育活动和饮食风险因素,包括通过减少看电视来降低中学生的肥胖率。研究发现,在干预组中,肥胖患病率的降低与女孩看电视的减少有关,而与男孩无关。罗宾逊发现,与对照组相比,接受减少一年电视使用的课堂的小学儿童,显示出体质指数和在电视机前吃饭的相对显著下降,但在高脂肪食物摄入或中度至剧烈体力活动方面没有差异[38]。尽管这些干预研究很有前景,但仍不清楚为什么一些干预措施似乎对某些儿童群体有效,而对其他群体无效。

(九)研究启示

总之,迄今为止获得的数据并不支持这样一个简单的观点,即关闭电视或拔掉电子游戏控制台的插头就相当于一颗"灵丹妙药",可以降低儿童肥胖的患病率。总的来说,这一"混杂"的发现似乎表明,儿童的媒介使用和体重状况之间存在某种关系——问题是无法准确说出这种关系是什么,或者对谁来说这种关系最强。

总体而言,电子媒体的使用和儿童肥胖之间的关系,虽然可能没有想象的那么强,但在足够多的研究中是显而易见和值得关注的。困难在于揭开这段关系背后的原因。到目前为止,没有证据表明电视使用与代谢率有关,很少或没有证据表明电子媒体使用与儿童的活动水平有关,也没有很好的证据表明食品广告与儿童的食物偏好和营养知识有关。现有的研究也存在相当局限性,以下将开展讨论。

三、研究述评

目前对儿童肥胖和媒体使用之间的联系有什么模糊的发现呢?不一致的研究结果,至少是由四个因素造成的:①普遍运用的儿童媒体使用的测量方法不可靠;②缺乏对关键调节影响因素的检验;③缺乏对理解一段时间内的增长和变化至关重要的纵贯数据;④较少研究当前媒介环境和新兴媒体的使用。这些将在以下依次讨论。

(一)媒介使用的测量方法不可靠

在几乎所有考察媒介使用和肥胖关联的研究中,这一缺点普遍存在(包括随机对照试验)。现有研究几乎依赖于在全球范围内父母或孩子自己对使用媒介情况的估计,要求他们估计特定一天、平均一天或平均一周使用媒介的时长。

不幸的是,有证据表明在评估媒体使用中,这是最不有效的方法之一。有研究者在评估各种测量媒体使用有效性的唯一现有实验中,将全球估算与时间日志估算两种研究方法测量的时间与儿童观看电视的实际时间(不仅仅是电视打开的时间)的录像记录进行了比较。研究发现,父母的时间日志记录估算与观察到的测量结果高度相关($r=0.85$),并且这两种方法在估算的观看总量上仅略有不同(日志估算出的每周观看时间比录像观察时间多一个小时)。然而,全球估计值与观察到的估计值之间只有适度的相关性,全球估计值将观看时长高估为 8 小时(平均为 6 小时)。这表明,媒介使用的全球估计数据是有问题的,也是相当大的误差来源。事实上,测量的问题是难以将电视观看与肥胖联系起来的最重要原因。

(二)未检验媒介使用和儿童肥胖之间关联的调节因素

电子媒体使用和儿童肥胖之间的联系似乎可能只适用于某些群体(例如,月经初潮后的女孩,或有肥胖风险的儿童),从而稀释了更多异质样本中的线性关系。仅在特定年龄和性别的儿童中发现电子媒体和体质指数之间关系的研究,似乎表明调节因素可能在起作用[66]。研究发现,在有肥胖家族风险的 10~13 岁女孩中,每多看一小时电视,超重和肥胖的风险就会急剧增加。对于没有家族性肥胖风险的女孩来说,看电视和体重指数几乎没有关系。这些发现表明,调节因素可能是深入理解电子媒体使用和儿童肥胖之间关系的重要因素。然而,媒介使用和儿童肥胖之间关系的调节因素很少被研究。

(三)缺乏纵贯数据

多数研究主要依赖横截面数据,而不是纵贯数据,因此难以确定发展模式,也难以区分规范性变化和非规范性变化。虽然媒介使用与儿童肥胖相关是合理的,因为它鼓励不活动、增加食物消耗或两者兼有,但同样合理的是,肥胖可能导致更多的久坐活动,包括增加媒介使用。例如,因为超重的孩子在社交上更加孤立,他们可能会看更多的电视。虽然大多数现有的发现依赖于横断面数据,这样的假设只能用前瞻性的纵向数据来检验。

(四)很少调查视频游戏和当前的媒介环境

可用的电子互动媒体的范围正在迅速扩大和变化。网络游戏平台已经爆炸,针对非常小的孩子的手持电子游戏激增。现在,面向儿童的软件程序从交互式阅读和讲故事到可以在多种层面上玩复杂和扩展的冒险和策略游戏,针对儿童的网站也在激增。研究人员必须测量这些新媒体形式对儿童肥胖的影响。

(五)结语

电子媒体的使用可能与儿童肥胖流行有关。如果这是真的,那么公共卫生学者就有必要理解它被涉及的方式,以及它不被涉及的方式。本节回顾了电子媒体和儿童肥胖之间可能的主要联系机制的证据。尽管大众与学术界都对电视和互联网的使用与儿童肥胖的增加有关这一观点深信不疑,但支持证据非常模糊不清。这种结果有许多可能的解释。调节因素可能在起作用,这意味着这些关系对一些孩子来说是牢固的,对其他孩子来说是不存在的。对媒介使用、热量摄入、活动水平或这三者的不精确测量可能会阻碍研究和探索其间的关系。也许这种关系会持续更长的时间,这需要纵贯数据。或者电子媒体的使用仅仅是其他因素的标志——比如肥胖青少年的社会孤立,或者总体上的不良养育等。

不管是哪种情况,都应该重视媒介在儿童肥胖发展中所扮演的真实角色。作为对公共健康的一个非常现实的威胁,确定导致肥胖发展的主要因素是至关重要的,以便社会各界适当地预防和干预。科技将会继续存在于儿童和青少年的生活中,并发挥越来越大的作用。因此,彻底了解其对儿童健康和福祉影响的性质,是研究者、教育者以及政府和社会各界的重要工作。

本章参考文献

[1] Harrison K, Cantor J. The relationship between media consumption and eating disorders[J]. Journal of communication, 1997, 47(1):40 - 66.

[2] Hargreaves D, Tiggemann M. Longer-term implications of responsiveness to "thin ideal" television: support for a cumulative hypothesis of body image disturbance? [J]. European eating disorders review, 2003, 11(6):465 - 477.

[3] Harrison K. Ourselves, our bodies: thin-ideal media, self-discrepancies, and eating disorder symptomatology in adolescents[J]. Journal of social and clinical psychology, 2001, 20(3): 289 - 323.

[4] Harrison K, Taylor L D, Marske A L. Women's and men's eating behavior in response to exposure to thin-ideal media images and text[J]. Communication research, 2006, 33(6): 507 - 529.

[5] Thompson J K. Eating disorders and obesity: Definitions, prevalence, and associated features[M]//Thompson J K. Handbook of eating disorders and obesity. Hoboken: Wiley, 2004: xiii - xix.

[6] Cafri G, Strauss J, Thompson J K. Male body image: satisfaction and its relationship to well-being using the somatomorphic matrix[J]. International journal of men's health, 2002, 1(2): 215 - 231.

[7] Johnson J G, Cohen P, Kasen S, et al. Eating disorders during adolescence and the risk for physical and mental disorders during early adulthood[J]. Archives of general psychiatry, 2002, 59(6):545 - 552.

[8] Neumark-Sztainer D, Wall M, Guo J, et al. Obesity, disordered eating, and eating disorders in a longitudinal study of adolescents: how do dieters fare 5 years later? [J]. Journal of the American dietetic association, 2006, 106(4):568.

[9] Nicholls D. Eating problems in childhood and adolescence[M]//Thompson J K. Handbook of eating disorders and obesity. Hoboken: Wiley, 2004:635 - 655.

[10] White J H. Women and eating disorders, part I: significance and sociocultural risk factors [J]. Health care for women international, 1992, 13(4):351 - 362.

[11] Bulic C M. Genetic and biological risk factors[M]//Thompson J K. Handbook of eating disorders and obesity. Hoboken: Wiley, 2004:3 - 16.

[12] Wiseman C V, Gray J J, Mosimann J E, et al. Cultural expectations of thinness in women: an update[J]. International journal of eating disorders, 1992, 11(1):85 - 89.

[13] Byrd-Bredbenner C. A comparison of the anthropometric measurements of idealized female body images in media directed to men, women, and mixed gender audiences[J]. Topics in clinical nutrition, 2003, 18(2):117 - 129.

[14] Spitzer B L, Henderson K A, Zivian M T. Gender differences in population versus media body sizes: a comparison over four decades[J]. Sex roles, 1999, 40(7 - 8):545 - 565.

[15] Garfield C F, Chung P J, Rathouz P J. Alcohol advertising in magazines and adolescent readership[J]. Journal of the American Medical Association, 2003, 289(18):2424 - 2429.

[16] Klein H, Shiffman K S. Thin is "in" and stout is "out:" what animated cartoons tell viewers about body weight[J]. Eating and weight disorders, 2005, 10(2):107 - 116.

[17] Herbozo S, Tantleff-Dunn S, Gokee-Larose J, et al. Beauty and thinness messages in children's media: a content analysis[J]. Journal of eating disorders, 2004, 12(1):21 - 34.

[18] Groesz L M, Levine M P, Murnen S K. The effect of experimental presentation of thin media images on body satisfaction:a meta-analytic review[J]. International journal of eating disorders, 2002, 31(1):1 - 16.

[19] Hargreaves D, Tiggemann M. Idealized media images and adolescent body image: "comparing" boys and girls[J]. Body image, 2004, 1(4):351 - 361.

[20] Agliata D, Tantleff-Dunn S. The impact of media exposure on males' body image[J]. Journal of social and clinical psychology, 2004, 23(1):7 - 22.

[21] Bardone-Cone A M, Cass K M. Investigating the impact of pro-anorexia websites: a pilot study[J]. Eumpean eating disorders review, 2006, 14(4):256 - 262.

[22] Levine M P, Harrison K. Media's role in the perpetuation and prevention of negative body image and disordered eating [M]//Thompson J K. Handbook of eating disorders and obesity. New York: Wiley, 2003:695 - 717.

［23］Botta R A. Television images and adolescent girls' body image disturbance［J］. Journal of communication，1999，49(2):22－41.

［24］Ricciardelli L A，McCabe M P，Lillis J，et al. A longitudinal investigation of the development of weight and muscle concerns among preadolescent boys［J］. Journal of youth and adolescence，2006，35(2):177－187.

［25］Stice E，Spangler D，Agras W S. Exposure to media-portrayed thin-ideal images adversely affects vulnerable girls: a longitudinal experiment［J］. Journal of social and clinical Psychology，2001，20(3): 270－288.

［26］Harrison K，Hefner V. Media exposure，current and future body ideals，and disordered eating among preadolescent girls: a longitudinal panel study［J］. Journal of youth and adolescence，2006，35(2):146－156.

［27］Sands E R，Wardle J. Internalization of ideal body shapes in 9－12-year-old girls［J］. International Journal of eating disorders，2003，33(2):193－204.

［28］Bandura A. Social cognitive theory of mass communication［M］//Bryant J，Zillmann D. Media effects: advances in theory and research. Mahwah: Lawrence Erlbaum，2002: 121－154.

［29］Park S Y. The influence of presumed media influence on women's desire to be thin［J］. Communication research，2005，32(5): 594－614.

［30］Luce K H，Winzelberg A J，Zabinski M F，et al. Internetdelivered psychological interventions for body image dissatisfaction and disordered eating［J］. Psychotherapy: theory，research，practice，training，2003，40(1－2):148－154.

［31］Irving L M，DuPen J，Berel S. A media literacy program for high school females［J］. Eating disorders: journal of treatment and prevention，1998，6(2):119－131.

［32］Bloomgarden Z T. Type 2 diabetes in the young: the evolving epidemic［J］. Diabetes care，27(4):998－1010.

［33］Roberts D F，Foehr U G，Rideout V J. Generation M: media in the lives of 8－18-year-olds. Menlo Park: Kaiser Family Foundation，2005.

［34］Rideout V J，Hamel E. The media family: electronic media in the lives of infants，toddlers，preschoolers and their parents［R］. Menlo Park: Kaiser Family Foundation，2006.

［35］Rideout V J，Vandewater E A，Wartella E A. Zero to six: media use in the lives of infants，toddlers，and preschoolers［R］. Menlo Park: Kaiser Family Foundation，2003.

［36］Anderson P M，Butcher K F. Childhood obesity: trends and potential causes［J］. The future of children，2006，16(1):19－45.

［37］Robinson T N. Television viewing and childhood obesity［J］. Childhood and adolescent obesity，2001，48(4):1017－1025.

[38] Robinson T N. Reducing children's television viewing to prevent obesity: a randomized controlled trial[J]. Journal of the American medical association，1999，282（16）: 1561－1567.

[39] Wang X，Perry A C. Metabolic and physiologic responses to video game play in 7- to 10-year-old boys[J]. Archives of pediatric and adolescent medicine，2006，160(4):411－415.

[40] Mutz D C，Roberts D F，van Vuuren D P. Reconsidering the displacement hypothesis: television's influence on children's time use[J]. Communication research，1993，20(1): 51－75.

[41] Vandewater E A，Bickham D S，Lee J H. Time well spent? relating media use to children's free-time activities[J]. Pediatrics，2006，117(2): e181－e191.

[42] Vilhjalmsson R，Thorlindsson T. Factors related to physical activity: a study of adolescents [J]. Social science medical，1998，47(5): 665－75.

[43] Ho S M Y，Lee T M C. Computer usage and its relationship with adolescent lifestyle in Hong Kong[J]. Journal of adolescent health，2001，29(4):258－266.

[44] Marshall S J，Biddle S J H，Gorley T，et al. Relationships between media use, body fatness and physical activity in children and youth: a meta-analysis[J]. International journal of obesity，2004，28(10):1238－1246.

[45] Coon K A，Goldberg J，Rogers B L，et al. Relationships between use of television during meals and children's food consumption patterns[J]. Pediatrics，2001，107(1):e7.

[46] Matheson D M，Dillen J D，Wang Y，et al. Children's food consumption during television viewing[J]. American society for clinical nutrition，2004，79(6):1088－1094.

[47] Byrd-Bredbenner C. Saturday morning children's television advertising: a longitudinal content analysis[J]. Family and consumer science research，2002，30(3):382－403.

[48] Kunkel D. Children and television advertising[M]//Singer D G，Singer J L. The handbook of children and the media. Thousand Oaks: Sage，2001:375－394.

[49] Hite C F，Hite R E. Reliance on brand by young children[J]. Journal of the market research society，1994，37(2):185－93.

[50] Story M，French S. Food advertising and marketing directed at children and adolescents in the US[J/OL]. International journal of behavioral nutrition and physical activity，2004，1: 1－17 http://www. ijbnapa. org/content/1/1/3.

[51] Kotz K，Story M. Food advertisements during children's Saturday morning television programming: are they consistent with dietary recommendations? [J]. Journal of the American dietetic association，1994，94(11): 1296－1301.

［52］ Harrison K, Marske A L. Nutritional content of foods advertised during the television programs children watch most[J]. American journal of public health, 2005, 95, 1568 - 74.

［53］ Linn S E. Food marketing to children in the context of a marketing maelstrom[J]. Journal of public health policy, 2004, 25(3 - 4):367 - 378.

［54］ Kretchmer S B. Advertainment: the evolution of product placement as a mass media marketing strategy[J]. Journal of promotion management, 2004, 10(1 - 2):37 - 54.

［55］ John D R. Consumer socialization of children: a retrospective look at twenty-five years of research[J]. Journal of consumer research, 1999, 26(3):183 - 213.

［56］ Huston A C, Wright J A. Television forms and children[M]//Comstock G. Public communication and behavior. New York: Academic Press, 1989:103 - 159.

［57］ Kuribayashi A, Roberts M C, Johnson R J. Actual nutritional information of products advertised to children and adults on Saturday[J]. Children's health care, 2001, 30(4): 309 -322.

［58］ Borzekowski D L G, Robinson T N. The 30 second effect: an experiment revealing the impact of television commercials on food preferences of preschoolers[J]. Journal of the American dietetic association, 2001, 101(1): 42 - 46.

［59］ Coon K A, Tucker K. Television and children's consumption patterns: a review of the literature[J]. Minerva pediatrica, 2002, 54(4):423 - 436.

［60］ Gorn G J, Goldberg M E. Behavioral evidence for the effects of televised food messages to children[J]. Journal of consumer research, 1982, 9(2):200 - 205.

［61］ Hitchings E, Moynihan P J. The relationship between television food advertisements recalled and actual foods consumed by children[J]. Journal of human nutrition and dietetics, 2008, 11(6): 511 - 517.

［62］ Sylvester G P, Achterberg C, Williams J. Children's television and nutrition: friends or foes? [J]. Nutrition today, 1995, 30(1):6 - 15.

［63］ Robinson T N, Killen J D. Ethnic and gender differences in the relationships between television viewing and obesity, physical activity, and dietary fat intake[J]. Journal of health education, 1995, 26(sup2):S91 - S98.

［64］ Wake M, Hesketh K, Waters E. Television, computer use, and body mass index in Australian primary school children[J]. Journal of pediatrics and child health, 2003, 39(2): 130 - 134.

［65］ Davison K K, Marshall S J, Birch L L. Cross-sectional and longitudinal associations between TV viewing and girls' body mass index, overweight status, and percentage of body fat[J]. Journal of pediatrics, 2006, 149(1):32 - 37.

［66］Vandewater E A，Shim M，Caplovitz A G. Linking obesity and activity level with children's television and video game use［J］. Journal of adolescence，2004，27(1):71–85.

［67］Epstein L H，Paluch R A，Kilanowski C K，et al. The effects of reinforcement or stimulus control to reduce sedentary behavior in the treatment of pediatric obesity［J］. Health psychology，2004，23(4):371–380.

［68］Epstein L H，Paluch R A，Raynor H A. Sex differences in obese children and siblings in family-based obesity treatment［J］. Obesity research，2012,9(12):746–753.

第四章　新媒体与儿童心理及认知发展

工具在人类的进化过程中发挥着至关重要的作用。史前时代的石器、工业革命时期的机床以及新兴的数字媒介工具，都推动了它们所出现时代的人类行为的进步。在维果斯基看来，工具，尤其是思维工具，在儿童发展心理学理论中发挥了重要作用。文化提供的心理工具(如语言、数学)会导致更高水平的心理和认知功能的出现。特定的媒介工具，能够激发和发展儿童特定的认知技能。因此，本章将聚焦新兴媒体及符号系统与儿童心理和认知发展的研究取向，系统回顾媒介的符号表征系统与认知过程的关联，媒介对儿童情绪和心理的影响，以及教育媒介与儿童认知发展的关联等议题。

第一节　媒介符号系统与认知过程

媒介是文化所提供的首要和最重要的工具，对人类思维和学习产生深远影响。当把媒介视为工具时，很重要的一点，是要将平台/硬件(如电视机、电脑、手机等)、形式特征(描述一个媒体的视听制作特征)以及其中的媒介内容(电视节目、新闻信息或软件程序的主题)区分开来[1]。硬件方面类似于物理工具，并不是本书重点。形式特征是一种与内容无关、类似于语言的心理工具和符号系统。正如语言中的话语是听众必须解码的符号一样，媒介的形式特征也由符号系统组成，用户必须解码符号系统才能理解信息。内容是由形式特征所传达出的材料或信息，例如，一个特定的故事以及故事中人物的话语和动作。本节首先介绍理论框架，再探讨各种媒介的形式特征及其对认知过程的影响。

一、理论框架

根据杰洛姆·布鲁纳(Jerome Bruner)和大卫·奥尔森(David Olson)的观点，"每一种体验的形式，包括与媒介相连接的各种符号系统，都会产生一种独特的应对或思考世界的技能模式，可把这些系统中的技能称之为智力"[2]。沿着这一思路，考察旧媒体的符号系统(如印刷、广播、电视)以及新媒体的形式(如电子游戏和互联网接口)，本节将讨论不同媒介形式的符号系统是如何影响认知技能的。

一个理论前提是,使用特定的工具集可以发展认知技能,这些认知技能是智力的群体内隐定义的一部分[3]。不同的文化或生态利基(ecological niches)提供了不同的工具,这些不同的工具不仅可以利用,还可以发展特定的认知技能。最重要的是,工具是随着时间的推移而发展和变化的。因此,人类应该期待认知过程和技能的变化,因为媒介形式已经从印刷媒体发展到广播、电视,再到互联网和各种新媒体。这就是发展理念的核心,即不同的媒介形式发展出不同的认知技能。

此处从两个不同的层次来考察认知,即注意和表征。一百多年前,威廉·詹姆斯(William James)将注意定义为大脑将注意力集中在感觉输入的某些方面,而不是其他方面,这一概念被称为选择性注意。表征涉及对象和事件的内在心理编码。关于世界的信息可以用许多不同的方式进行编码,如听觉、语言、视觉/图标和运动/活动表征。例如,一个简单的物体,比如一个球,可以通过语言来描述它是什么、人们可以用它做什么,通过视觉/图标表征来描述它是什么样子的,通过运动/活动表征来描绘人们可以用它来做什么,或者通过听觉表征来描述它弹跳时的声音是怎样的。

(一)媒介的表征类型

布鲁纳区分了以如下发展顺序出现的三种不同类型的表征:动作(通过行动来表征);图像(通过类似于其所指对象的图像来表征);符号(通过与所指对象没有相似之处的符号来表征,这些符号通常是随意的,由社会协议或惯例所确定)[4]。因为布鲁纳指的是儿童表征世界的方式,因此很难将这一发展顺序应用于媒介上。然而,不同的表征模式可以用来象征同样的内容,不同类型的表征可能处于不同的发展水平,这一点对于理解表征在媒介体验和认知发展中的作用是很重要的。

媒介表征所提供的关于真实世界的感知和认知线索越多,它所需要的心理转变就越少,儿童就能越早地获得和使用这些线索。这实际上是让·皮亚杰(Jean Piaget)强调"心理转化是认知发展的一个标志"(mental transformation as a hallmark of cognitive development)这一观点的延伸。根据这一基本思想,先前的研究表明,在不同的发展阶段,以不同的媒介形式传递的信息是否能被理解,取决于它们所使用的特定表征系统和用户的表征发展水平。综上所述,这意味着,媒介所呈现的符号形式可能存在着内在化的发展趋势。电视保留了现实世界的静态和动态信号以及声音,可能适合年龄最小的孩子。图画书主要以静态的、纯粹的、无声音的、不太形式的图像表征形式呈现,可能更适合年龄稍大一点的学龄前儿童和学龄儿童。只有印刷文字的书籍,以一种与现实世界没有任何物理联系的、随意的符号表征形式呈现,可能最适合年龄较大的儿童与青少年。这些发展概念不仅可以应用于按时间顺序排列的年龄,还可以预测使用特定媒介所需要的努力程度。特别是,在使用和处理媒介表征时,现实世界的线索越多,所需要的心理转化越少,要付出的努力就越少,使用起来也越容易。

（二）个体差异

除了发展趋势,如果有证据表明在处理方式方面存在个体差异,那么个体对于不同媒介形式的偏好也会有所不同。与此相关联的是艾伦·理查森（Alan Richardson）所提出的视觉化和语言化的（visualizer/verbalizer）区别,他指出了在处理文字与处理图片/照片方面的个体偏好[5]。因此,喜欢处理某些符号形式（如口头上的或视觉上的）的个人或群体会倾向于使用包含这些表征形式的媒体。

（三）表征能力

罗德尼·科金（Rodney Cocking）和伊万·西格尔（Irving Sigel）对表征能力的定义是,认识到可以用不同的表征方式来象征同一个参照物[6]。简单地说,理解简笔画和照片都是三维个体的二维表征的时候,就需要表征能力。然而,"在媒介的转换过程中,意义是守恒的"[7]这一观点只有部分是正确的。虽然参照物可能保持不变,但内容从一种媒介转换到另一种媒介时,意义会发生变化[8]。通过电台播放的戏剧可能会吸引人们关注角色的语言和这些语言所传达的情绪。相反,通过电视播放的同一部戏剧,可能会吸引人们关注同一角色的外表和行为,从而导致不同的含义和解读。

西格尔还引入了一个概念,即将心理距离（psychological distancing）作为表征能力的一个维度。他使用这个词来指代"一类有助于激活自我认知与当下现状分离的认知需求"。他继续表示,"无论使用的情境如何,距离的含义都是相似的,即在人与事件之间插入身体或心理空间"[7]。自我与当下事件之间的心理距离这一概念,与人类在交互虚拟环境中的发展有着密切的关系,并在用户与其虚拟表征（如昵称和化身）之间的距离中得到了说明。

（四）媒介形式的内在化

另一种理论观点是加夫里尔·萨洛蒙（Gavriel Salomon）的观点,即在媒介中发现的符号形式可以成为用户的内在心理表征[9]。相关的理论观点是艾伯特·班杜拉（Albert Bandura）的社会学习理论[10]。根据班杜拉的观点,通过大众传播的观察性学习受到认知表征过程的支配。当观察者象征性地将建模的信息转换为内存代码时,以及当回忆涉及编码信息的重构时,建模信息就会保留。

帕特里夏·格林菲尔德提出认知社会化（cognitive socialization）一词，指文化工具影响信息处理技能发展的内化过程，根据这个观点，媒介是认知社会化的重要工具。重要的是要记住，不同媒介使用的符号系统各不相同，因此每种媒介在其所提供的信息方面都有自己的优缺点。这些差异造成了意义的细微变化。也就是说，当内容从一种媒介转移到另一种媒介上，只有部分意义被保留[8]。这些不同的理论对媒介符号系统及其对认知技能的影响有何预测？所罗门的研究让我们产生期待，即特定媒介表征信息的方式，将为各种各样的表征过程和技能提供机会[9]。

二、媒介、注意力与表征能力的关系

此处将分析媒体所运用的特定表征过程，并提供证据证明，媒介能够帮助开发这些类型的表征能力。

（一）印刷媒体

虽然印刷媒介比电子媒介古老，但它与现实世界的刺激（如人、物体和事件）缺乏相似性，这使得它在发展过程中，较晚地运用于表征方面。孩子们通常在6岁左右学会阅读，这是在他们能够处理电视或者一个简单的电子游戏的表征之后的数年，但是印刷物本身也在以不同的形式出现。根据罗伯特·科斯马（Robert Kozma）的观点，书籍采用文字和图画的符号系统，文本符号在英语中是稳定的，文本在水平方向是从左到右，在垂直方向是从上至下排列的。书籍中所使用符号的稳定性是区别于其他使用正字符号技术的一个重要特征。例如，电视屏幕上或互联网上的移动收报机字条使得本文和图片/图像既可以是静态的，也可以是动态的。科斯马指出书籍的稳定性与其他媒体（如讲座或录音带）形成了鲜明的对比，它们提供相同的语言信息，但以一种短暂的、动态的形式使用不同的符号系统[11]。

书籍在人类生活中已存在了至少一千多年，所以它们被视为理所当然的存在。因此，人们不会像研究电视和电脑对语言表达能力的影响那样，去研究符号系统对语言表达能力的影响。因此，需要借鉴其他相关领域的研究来推测它们对表征能力的影响。从关于幼儿教育的研究中了解到，所谓的新兴读写技能包括对幼儿的符号系统及其惯例的知识（如文本是从上至下的，书籍是从前往后的）。研究表明，这些新兴的读写技能对于阅读的发展至关重要，需要以书籍为媒介进行实践[12]。

研究还表明，阅读技能和词汇知识是相关的，并且儿童的词汇量可以通过他/她的阅读量来预测[13]。因此，从具有表征性的印刷媒介到语言媒介都有反馈。在教育程度不变的情况下，词汇量在1974—1990年间有所下降[14]。同样，阅读报纸和其他印刷材料的比例也出现了相应的下降，学术成就测试（SAT）中的语言成绩也出现了下降[3]。唐纳德·海斯(Donald Hayes)等认为,1963—1979 年间 SAT 语言平均成绩下降了 50 多个百分点,这可能与 1919—1991 年间学校教科书的简化有关,也可能与电视上使用的简化词汇有关,电视是在这段时间内发展并流行起来的一种媒介[15]。现在就断言新的 SAT 成绩,尤其是写作部分的成绩可能与这些阅读现象有关,还为时过早。尽管人们一致认为,传统纸质读物的阅读量已经下降,但互联网为阅读和写作开辟了新的途径,互联网使用与写作技能之间的关系是未来研究的沃土和重要领域,随后将讨论互联网与写作和表征的关系。

虽然书籍主要使用文本,但也包含图片和图表。研究表明,通过使用图片和文本,特别是当图片与中心主题、新的观点或文本中所提出的结构关系相关时,可以加深对其的记忆,对较少阅读的人来说,尤为明显。与此相关的是,图片似乎可以帮助学习者构建问题中概念的心理模型,这可能因为与语言符号系统相比,图像符号系统与对象和事件更加类似。换句话说,图片是表征的视觉图像形式。媒介所使用的特定符号系统可以帮助受众构造这种类型的表征。因此,仅使用书籍有助于语言表征的构建,而包含文本和图片的书籍将有助于口语和图像表征的构建。

(二)广播和电视

广播是一种听觉媒体,而电视主要是视听媒体。根据发展理论,可以预测,视觉线索的缺乏,会让幼儿更难借助广播来处理动作信息,这就是研究所表明的。广播比电视更难处理,因此作为一种成人戏剧的载体,不那么受欢迎。电视取代广播甚至在很大程度上取代新闻,成为一种虚拟娱乐的历史,为这一观点提供了证据。此外,在安德鲁·梅尔佐夫(Andrew Meltzoff)的研究中,14 个月大的婴儿对电视动作的处理过程也证明了,电视提供大量的关于现实世界的线索,使婴儿在发展早期处理电视动作成为可能[16]。

赖特等对电视的形式特征进行了分类,包括动作、节奏、视觉技术(如镜头缩放和剪切)、视觉特效以及听觉特征(如音乐、对话和音效)[17]。他们将快速动作和快速节奏、高层次的听觉特征(如音效和响亮的音乐)、高层次的视觉特征(如快速切换和视觉特征)归类为知觉上显著的特征。他们认为,这些特征更有可能吸引幼儿的注意力和兴趣。相比之下,提供一种语言方式来表征内容的特征,如对话和叙述,则是不显著的。

除了听觉和视觉特征,电视还使用其他符号系统,如文本、图片和图表,既包括静止的,也包括动态的[11]。虽然广播和电视都是短暂的,在屏幕上以一种动态的、不断变化的方式来来回回,但是它们可以被记录在音频和录像带以及 CDs 和

DVDs上。当与这些硬件一起使用时,广播和电视的符号系统可以被播放、停止、重放和快速转发,从而处于用户的控制之下。

1. 认知的启示

格林菲尔德和他的同事研究了在一个故事的音频叙事中加入移动的视觉图像对儿童(1—2年级和3—4年级的)的想象表征(被定义为儿童对原始叙事之外的元素的表征构建)和记忆表征(被定义为儿童对原始叙事之内的元素的表征构建)的影响[18]。在这两项研究中,刺激都由使用相同音轨的儿童故事的视频版本和音频版本组成。孩子们分别接触一个故事的音频版本和另一个故事的视频版本。通过在故事结束前稍做停顿,并要求参与者继续口头上说完故事,来评估想象表征。结果表明,听音频版本的孩子会创造出更能代表小说事件、人物和文本的结尾,而看视频版本的孩子则会创造出更能复刻前文故事内容的结尾。这个发现可以支持以下假设:由于电视在一个显著的外部表征下提供了更丰富的信息,因此它较少地激发了儿童的内部想象表征。

为了测试记忆表征,孩子们看到和听到故事结束,然后给他们一个无提示的回忆任务(将故事复述给另外一个从未听过或看过这个故事的成年人)、一个有提示的回忆任务和推断题。在这种情况下,无论是在直接回忆时还是将其作为推论来源时,电视都给孩子们带来了更好的表现,更好地回忆出了信息、更多地关注了动作表征、更多地利用了视听细节。与之相反,广播使孩子们将更多的关注仅仅集中于由视觉渠道所呈现的内容上,如对话。当被要求用图片(图片排序)重述故事时,电视比广播表现得更好,由此突出了电视刺激视觉表现过程这一事实。同样的,与仅仅接触听觉演示相比,学龄儿童在接触视听演示之后,在图片排序任务中表现得更好。研究还发现,与听觉呈现的信息相比,视觉呈现的信息能够更好地唤起学龄前儿童的记忆。总的来说,研究指出,视觉/动作表征与听觉/语言表征相比,在各种认知过程中具有优势,至少从学龄前阶段到儿童时代中期是这样的。然而,当呈现方式与检索方式相匹配时,迁移效应最强。

通过对电视形式特征的回顾,可发现无论节目内容是什么,电视节目在知觉上的显著特征(如快速的动作和步伐)都很有吸引力,并且能非常有效地吸引人们的注意力。事实上,当研究将暴力内容与知觉上显著的形式特征区分开来时,引导和维持注意力的是形式,而不是内容。即便如此,形式和内容的相互作用对孩子的学习也会有影响。例如,桑德拉·卡尔弗特(Sandra Calvert)等发现,知觉上显著的特征,如人物的发音会引起孩子的注意,并促进了对紧接在该特征之后出现的中心语言内容的学习。适度的动作水平等特征通过给儿童提供可以用来表现内容的视觉和语言的双重模式，促进了其对语言内容的理解。这些影响发生在学龄前儿童身上，但也会发生在 9 岁和 10 岁的儿童身上。

已经研究过的电视视觉手段（television grammar）的其他方面包括放大和缩小、碎片空间、逻辑间隙和特写镜头。给孩子们展示同一电视节目的四个版本（内容相同，但不同的版本使用的形式特征不同），观看强调特写镜头那一版本的儿童，对部分与整体关系的知识掌握得更好。与之相反，观看有逻辑间隙版本的孩子更能理解逻辑结构和情节的连续性。根据所罗门的观点，任何单一的媒介，比如电视，都会使用各种各样的符号代码，而这些代码的特定组合，对认知技能和过程有着非常不同的影响，而认知技能和过程反过来又会影响信息处理和学习的方式[19]。

2. 运动的启示

电视可能影响表征能力的另一个方面是运动能力或活跃的表征技能，尤其对于还不会说话的婴儿。梅尔佐夫指出，电视呈现了现实的二维表征，并考验幼儿是否有能力将这种二维表征融入他们自己的运动行为以及三维空间的真实物体中。他研究了 14 个月和 24 个月大的婴儿在接触电视后的 24 小时之后，立即模仿电视人物的能力。在他的研究中，婴儿要么看到实验者拆卸玩具和重新组装玩具（模仿条件），看到实验者在不显示目标动作的情况下操纵玩具（成人操作控制），要么看到实验者，但没有看到玩具或目标动作（基线条件）。即使是 14 个月大的婴儿也能在 24 小时内记住电视人物的动作，并在接触三维物体时做出这些动作。这项研究表明，在电视上以移动的标志性图像呈现的运动动作，可以被非常小的还不会说话的婴儿所内化[16]。换句话说，婴儿具有将一个标志性图像等同于动作的表征能力，它们可以从一种标志性的表征媒介转化为现实世界的行动。

上述研究也涉及不同符号系统可接近性的发展模式问题。梅尔佐夫的研究表明，14 个月大的儿童就能表现出电视上活跃的或运动的表征[16]。动作表征（enactive representations）是布鲁纳提出的表征类发展进程中出现的第一种表征[4]。研究发现，由基于视觉/动作的信息组织起来的表征，通常会形成更好的认知过程。这一发现与"电视可能在幼儿中更有效"这一假设是一致的，因为它包含了在早期发展过程中可用的表征。

（三）视频游戏和电脑游戏

最著名、最早的电子游戏在表现三维空间的二维表征方面甚至比视频游戏还要复杂,但人们为儿童开发了非常简单的游戏。使用鼠标需要用户创建一个动作表征,所以根据布鲁纳的表征论,年龄非常小的孩子就应该能够掌握这项技术的基本知识,这是很有发展意义的。2003 年的凯撒报告 *Zero to Six* 发现,64％的 4～6 岁的儿童知道如何使用电脑鼠标点击。在此过程中,他们使用鼠标将自己的活动表征与他们在屏幕上发现的图像和图像表征结合在一起[20]。

游戏中的屏幕表现通常非常复杂,需要的远不止鼠标的简单点击技巧。大多数动作视频/电脑游戏,都是空间性、图像性的、动态性的,并且在不同的位置同时发生多件事情,与早期的媒介形式相比,需要各种注意力的、空间的、图像性的表征技巧。

考虑到这种复杂性,人们可能会希望动作游戏能够利用和发展一种不同于早期媒介形式(如印刷品)的认知过程。现在有大量的研究表明,玩电子游戏确实会对游戏中使用的特定认知技能产生影响,比如注意和表征能力(图像性的和空间性的)。以下将回顾这一研究,以展示符号系统在媒介中是如何被内化的,从而影响用户的认知和学习。

1. 电脑游戏和注意力

玩大多数电子游戏所需的一个基本技能是分散的视觉注意力(divided visual attention),即对屏幕上不同位置同时发生的多个事件进行跟踪的能力。格林菲尔德等探讨了电子游戏专业知识和经验对作为专家和新手的大学生的视觉注意力分配策略的影响[21]。研究人员通过测量参与者对计算机屏幕上两个不同地点发生的两个不同概率事件的反应时间,来评估分散注意的能力。对于处于不平等概率条件下的参与者来说,目标出现在一个位置的次数要多于出现在另一个位置的次数。对于处于平等概率条件下的参与者来说,目标在两个位置出现的概率相等。

在不等概率条件下,无论是在图标的高概率位置还是低概率位置,专家级玩家的反应时间都比新手快,而在等概率条件下,两组玩家的反应时间没有差异。注意力研究表明,与等概率目标相比,人们通常更多地关注高概率目标,在此基础上,格林菲尔德等认为,当目标的概率不相等时,专家玩家表现得更好,因为他们能够更好地战略性地部署注意力资源。这种使用注意力策略来监视多个屏幕位置的做法,可以被认为是同时监视多个计算机窗口所需的多任务处理的前导,这在互联网上变得越来越常见。

在第二个实验中,格林菲尔德等发现了玩动作游戏和改进监控多个位置事件的策略之间存在因果关系。大学生被随机分配到两组,一组玩动作游戏 *Robotron*

（实验组），另一组不玩任何游戏（控制组）。Robotron 由多个同时行动的实体组成，实验组在前测和后测之间进行 5 个小时的 Robotron 游戏练习。在预测试中，只有在概率较高的目标上，两组玩家才会有不同的表现，其中经验较多的玩家仍然反应较快，而在低概率目标上，两组玩家的表现则没有差异。然而在玩了 5 个小时的 Robotron 游戏之后，实验组成员对屏幕上出现在低概率位置的目标的反应时间明显变快；相比之下，控制组的成员的表现则没有提高。在控制条件下的参与者，在等概率目标上，其表现选择性地有所提高，这可能是由于测试中的练习。等概率目标对战略技能的要求较低，因此在第一个研究中，专家玩家和新手玩家在此类目标上的表现没有差异。

C.肖恩·格林（C. Shawn Green）等随后的研究，通过一项相关研究和一项训练研究，证实了玩电子游戏确实能提高注意力技能。重要的是，研究发现这种效果会转移到其他不同的注意力任务上。在相关研究中，在研究前六个月一直玩电子游戏的参与者比在研究前六个月很少玩电子游戏的参与者，有更好的注意力能力。在比较动作类游戏《荣誉勋章》和益智类游戏《俄罗斯方块》的训练研究中，格林等发现，在所有注意力测试中，与《俄罗斯方块》相比，动作类游戏都能带来更多的提升。《俄罗斯方块》是一款动态益智游戏，一次只发生一个事件，与其不同的是，《荣誉勋章》是一款多个实体同时进行各种动作的作战游戏[22]。

这些研究表明，在监控游戏屏幕上的两个或多个位置方面，电子游戏专家比新手做得更好，同时练习也改善了参与者监控低概率目标的策略。这表明，电子游戏训练可以对分散注意力策略的发展产生即时的短期影响，而资深的游戏玩家也比新手拥有更好的注意力技能。最后，迁移效应也会发生产生。

2. 电脑游戏和空间表征能力

空间表征能力由几个子技能组成，包括判断速度和距离的能力、心理旋转物体的能力、空间视觉化的能力以及处理假想的二维或三维空间图像的能力。研究人员认为，这些技能在各种计算机应用中都得到了应用，从文本处理和编程到动作电子游戏[23]。研究表明，通过对游戏的反复练习可以提高特定的空间技能。

在一项针对 10～11 岁儿童的训练研究中，苏布拉马尼亚姆等比较了两款电脑游戏《疯狂弹珠》（Marble Madness）和 Conjecture 对空间技能的影响，比如预测目标和推断空间路径[24]。疯狂弹珠需要使用操纵杆引导弹珠沿着三维网格运动，玩家必须保持弹珠在轨道上，防止弹珠掉落或者被入侵者攻击。Conjecture 是一款没有动作的文字游戏。正如预测的那样，玩疯狂弹珠游戏提高了儿童的空间技能，包括预测目标和想象路径的能力。有趣的是,通过 2.25 个小时的训练就能达到这样的效果,并且仅限于那些空间技能较弱的参与者,尤其是女孩。即便如此,那些本来就有较强的空间技能的参与者,尤其是男孩,也会表现得更好,即在训练结束时,他们在电子游戏中表现得更好了。由此看来,理解电子游戏中动态空间表征的技能不仅是玩电子游戏所必需的,而且还通过反复练习得到发展。

心理折纸任务需要一种不同的空间技能,在这种任务中,人们必须通过一个二维画面想象三维运动。这一技能在 20 世纪 80 年代的街机游戏《帝国反击战》中得到了应用。研究者发现,这款游戏的优秀玩家在经典的心理折纸任务中,也表现得更好。在后续的研究中,在实验条件下玩这个游戏并没有获得任何的效果。然而,结构方程模型显示,玩《帝国反击战》所累积到的技能,在空间表征能力的发展中发挥着因果的作用,这可以通过心理折纸任务得到测量[8]。

有研究者通过电子游戏《俄罗斯方块》考察了练习对年龄较大的青少年空间表征能力的影响,《俄罗斯方块》游戏需要快速旋转和放置不同形状的矩形下落方块。第一个实验采用纸和笔测验,第二个实验采用计算机测验,对学生的心理旋转和视觉能力进行评估。在实验一中,通过纸和笔的测验,只在男性身上发生了迁移效应。在实验二中,游戏练习使男性和女性的心理旋转和视觉想象的时间都变得更快了。紧接着,理查德·德里斯(Richard De Lisi)等证明了,玩《俄罗斯方块》游戏甚至可以提高三年级学生的心理旋转技能,这种效果在女孩中尤其明显[25]。总之,研究表明,玩电子游戏可以提高视觉空间能力。对于那些最开始视觉空间能力较弱的人来说,效果往往最为明显。迁移效应也很可能发生在相同或类似的媒介中,以及发生在使用与游戏所需的相同技能的任务中。

3. 电脑游戏和图像表征能力

大多数电子游戏使用图标或模拟物来表征,也就是说,它们要求用户"读懂"和理解视觉的图标图像,如图片和图表。尽管现在的游戏也使用了语言和听觉表征(激活涉及视觉和听觉处理的神经区域),但更重要的信息通常是通过图像传达的。研究表明,接触电子游戏中的图像表示确实能够迁移到图像表征技能上。

在一项跨文化的研究中,研究者发现,玩电脑游戏会将其表征风格从语言转变为图标。大学生要么在电脑上,要么在棋盘上玩 Concentration 这个游戏。玩家必须要么打开虚拟的门,要么打开真实的门来识别成对数字的位置。在电脑那一版本中,会使用图标,即一扇虚拟的门和一只手一样形状的光标,来执行任务。在棋盘那一版本中,没有图标,但需要对一个物体进行直接的操作:参与者用他们的手打开一扇真实的门以显示一个数字。

图标表征能力通过包括来自 *Rocky's Boots* 的几个动态视频展示的前测和后测得到了评估,*Rocky's Boots* 是一种旨在教授计算机电路逻辑的计算机模拟游戏。参与者没有被告知有关展示的内容或操作的信息,并被询问有关展示的问题(例如,某个特定的游戏元素代表什么?)。那些在电脑上玩游戏的人在他们的答案中提供了更多的图标画面,而那些在棋盘上玩游戏的人提供了更多的口头描述。玩使用图标的电脑游戏会影响参与者在他们的表征中对于图标的使用。

实验操作不仅会导致更多的图像表征,之前的电子游戏接触似乎也与参与者对图标表征的理解有关。与没有经验的电子游戏玩家、意大利人(在当时的意大利,计算机技术还没有那么普及)和女性相比,经验丰富的玩家、美国人和男性对 *Rocky's Boots* 中计算机电路的动态模拟表现出更好的理解。研究结果表明,接触电子游戏与图像表征的理解与创作都有关。

4. 新游戏技术的表征启示

技术发展得如此之快,以至于研究无法跟上它的步伐。考虑一下新游戏带来的表征问题,比如体育类游戏,包括 EA Sports 的足球和篮球比赛等游戏。这些图像非常逼真,几乎是三维的。这些游戏将如何影响表征能力的发展?另一种类型是音乐类电子游戏,如劲舞革命系列。一个带有四个箭头的舞台(左右上下)与计算机相连接,并且玩家用他/她的脚按压面板,以响应出现在他/她面前的屏幕上的箭头。通过屏幕上箭头提供的视觉信息与同时播放的歌曲的节拍同步。游戏的成功需要多种模式的集成——玩家看到箭头就必须按下,然后用他/她的脚去匹配箭头,还需要更多的研究来了解这些新游戏如何影响青少年的认知能力。

(四)网络媒体:潜在的认知效应

就其使用的符号系统而言,互联网不同于之前的任何其他媒介,它实际上似乎融合了其前身的所有符号特征。例如,就像书一样,互联网包含文本;就像广播一样,互联网包含音频;就像电视一样,互联网包括视听表征;就像电脑游戏和电子游戏一样,互联网包含交互式音频和视频。

令人惊讶的是,关于网络符号系统对认知技能发展影响的系统研究很少,但互联网的使用最有可能对文字符号和空间表征能力产生影响。

互联网的信息应用在很大程度上需要对文本的理解,而通信应用则需要对文本的理解和创造。然而,如格林菲尔德等所指出的,在线文本具有口头和书面表达的特征,比如,聊天对话由不完整的、语言简单的、经常有错误的句子组成[26]。新颖的缩略语,如无处不在的"a/s/l"(要求他人提供自己的年龄、性别和地点)在网络交流中也很盛行[27]。人们想知道在线阅读和写作对语言表达能力的累积影响。一方面,在线阅读提供了前所未有的阅读和写作的机会;另一方面,网上的书面话语形式是否会迁移到更正式的写作环境中,比如考试和论文。给论文打分的经验表明,学生很难理解"口头语言形式在书面语境中不合适"这一观点,这些观察表明,迁移效应会涉及在正式的书面环境中使用非正式的写作方式。

迁移的还可能是空间表征能力,尤其是在三维空间的二维表征方面。考虑互联网上所使用的符号系统内化的两种不同方式。首先,与书籍不同的是,书籍的页面是线性排列的,互联网则允许跨多个网站和网站内的页面进行更为复杂的链接。例如,铃木等表示,青少年癌症患者的个人网站主页包含到各种其他网站的超链接。浏览网站需要用户创建关于该网站组织的心理地图。因此,可以预测,具有更多上网体验的用户可能具有更高的视觉空间能力[28]。

另一个例子是电子地图以及全球定位系统(GPS)的使用。现在的电子地图提供了关于街道和地标的详细信息。它们对用户友好,可以缩放到所需的细节层次,并允许用户使用鼠标在地图的任何方向上导航。GPS需要更少的认知处理,对于现在的GPS来说,人们所需要做的就是在上面输入目的地地址,然后根据系统语音提示的方向走。这些工具对用户的空间表征能力可能产生什么影响呢?

也许计算机和互联网符号系统最显著的特征是有多个窗口,每个窗口代表不同的活动。这种表征系统导致多任务处理,即同时使用多个计算机应用程序(互联网和文字处理软件)或同一应用程序的多个窗口(多个即时信息窗口)的现象。这与媒介多任务处理不同,媒介多任务处理是指同时使用不同的媒体,如电话、电脑和电视。

关于处理多个表征和任务的认知和神经效应的知识刚刚开始积累,所有这些都是同时存在的。卡琳·福尔德(Karin Foerde)等发现多任务情境(如多任务处理)减少了关于气象预报等任务(了解哪些线索与处境结果有关)的元知识的获取[29]。相对于单一任务的情况,多任务处理将任务的处理神经从支持灵活获取知识和元知识的内侧颞叶,转移到支持习惯学习的纹状体。虽然处理神经不同,但在单任务或双任务条件下,基础的任务表现(能够利用线索预测处境)没有差异。

桑德拉·卡尔弗特(Sandra Calvert)等研究了多任务处理的认知成本。虽然多任务处理较多的大学生写一篇评论文章的时间是其他人的两倍,但就评论的质量而言,多任务处理较多的大学生和多任务处理较少的大学生并没有什么区别[30]。虽然每项研究的任务不同,但这两项研究都表明,多任务处理会导致更高层次或执行处理能力的下降,福尔德等的研究表明了这种能力下降的神经基础[29]。

另一种类型的互联网论坛是大型多人角色扮演游戏,它将单机游戏的视觉质量与游戏本身以及许多其他玩家的虚拟性相结合。无论是作为物理存在还是作为行为主体,自我和他人在屏幕上的表征方式,会产生怎样的影响?民族志研究表明,在其中一款游戏《模拟人生》中,缺乏第一人称视角而倾向于全视角的上帝视角,是导致全视角自我与化身分离的一个因素[31]。换句话说,玩家不能从他们的化身的视觉角度看到场景,相反,他们从上帝看到整个场景,包括他们自己的化身。很明显,要认同从局外视角看到的实体是很困难的,游戏中角色认同的另一个障碍是角色控制的方式,它具有非常特殊的表征特征。直接的角色控制在单机动作游戏中非常常见,指的是用操纵杆的动作代表角色或光标的移动。然而,在《模拟人生》中,手部动作和化身动作之间的表征联系要远得多。特别是,该游戏的化身是通过向他们提供往各种方向移动的指令来自动控制的,也就是说,它们必须通过编程才能移动。换句话说,玩家和化身之间存在着心理距离。从认知角度看,这种距离无疑具有挑战性,但从社交角度看,却是一场灾难。对于《模拟人生》的研究表明,使用机器人控制造成的时间和操作滞后破坏了社会互动。

一方面,可以将直接的化身或光标控制看作为一种表征情境,在这种情境下,手部动作、光标和化身的移动之间存在一种图像关系。另一方面,把机器人控制看作是一种表征情境,在这种情境下,玩家的动作和光标或化身的移动之间存在一种符号关系。在布鲁纳的方案中,文字符号表征比图像视觉表征促进了更高层次的认知发展。然而,在多玩家游戏中,机器人控制似乎造成了很多的距离,以至于虚拟的社会互动远离了真实的社会互动,互动变得不再有趣和激励人心。玩家必须为他们的机器人编程行动的指令,他们不能简单地使用操纵杆或光标进行操作或反应。游戏中的社会互动(即来自不同地点的玩家之间的互动)表现为不同玩家控制的化身之间的互动,这种通过编程指令而不是直接行动来控制化身的模式,消除了化身之间互动的所有自发性。通过这种方式,机器人控制消除了游戏所能提供的社交互动中的所有自发性,玩家也就退出了游戏。

(五)硬件的进步

硬件的进步为一系列新的研究问题奠定了基础。现在,电视屏幕的多样性和复杂性令人难以至信,如高清晰度电视、宽屏幕电视、投影电视,拥有先进的数字和环绕声系统。在新一代增强型电视中,视觉信息的主导地位还会维持下去吗?

另一项技术进步是硬件的合并,电视节目可以通过视频和 DVD 观看,这使得观看体验变得非常不同。同样地,也可以通过 CD 和 iPods 看书。iPods 实际上是一种微型计算机,可以播放音频和视听信息。现在,音乐可以在手机上播放,电影可以在索尼 PSP 等掌上游戏机上播放。早期媒介之间的区别变得非常模糊,并为研究提出了有趣的问题。例如,考虑书籍及其语言表达技巧的运用。如果在磁带、CD 或 iPod 上听书,传统的读书方式对词汇量的影响还会持续吗? 这些只是新数字媒体符号系统所带来的认知问题的一个例子。

三、研究启示与结语

在探讨了一系列关于媒介符号系统及其与认知过程的关系的研究之后,考虑这一工作的更广泛影响是很重要的。格林菲尔德认为弗林效应(Flynn Effect)是由印刷媒体向视觉媒体的转变所导致的,即与语言文字 IQ 相比,视觉和空间 IQ 更高。前面所讨论的研究与她的观点非常吻合。考虑一些关键的发现:①在过去的几十年里,阅读量的减少伴随着词汇量的减少以及 SAT 英语成绩的下降;②电视接触作为一种视听体验,有助于学习视觉/动作信息而不是语言/音频信息;③使用视觉符号有助于发展图像和空间表征能力。所有这些观点都证明了布鲁纳和奥尔森、所罗门和格林菲尔德的理论观点:媒介表征系统逐渐内化,并成为智力工具,发展某种特定文化的宝贵技能,无论它们在形式上是视觉的还是语言的。

(一)发展问题

基于布鲁纳的表征模式理论,延伸到媒介层面的发展框架,似乎预测了年龄的近似下限,即到什么年龄,一个儿童可以理解一个特定媒介并将其运用于学习。从发展的角度来看,希望非常年幼的孩子能够很容易地理解媒介,从而受到电视的影响,并通过电视来学习,电视涉及动作激励、图像表征和许多现实世界的线索。梅尔佐夫等关于"14 个月大的孩子就能够模仿电视动作"的发现证实了这一观点。凯撒基金会的报告指出,这种通过电视表征来模仿学习的方式往往会迁移到现实世界。70%的父母看到过他们 6 个月到 3 岁的孩子模仿电视上的积极行为,27%的父母看到过他们的孩子模仿电视上的消极行为。这个比例在 4~6 岁的儿童中急剧上升。

近年来,匹敌电视图形学的逼真性和三维性的计算机图形学的发展也预示着儿童使用电子游戏和电脑的年龄在下降。事实上,凯撒基金会报告表示,儿童使用电脑和电子游戏的年龄正在迅速下降[20]。父母们表示,他们 6 个月~3 岁的孩子中有 14％的(孩子)玩过电子游戏,4～6 岁的孩子中有 50％的(孩子)玩过(电子游戏)。在电脑方面,调查结果则更引人注目:31％的 6 个月～3 岁的儿童和70％的 4～6 岁的儿童使用过电脑。

由于阅读具有任意性的象征性质,不能预测儿童学会阅读的年龄下降,而事实上也确实没有下降。阅读的最小年龄显然受到认知发展的制约。然而,父母们确实充分利用了大多数儿童读物的图像性特征,这些书配有丰富的插图,有时甚至配有动作和声音(如立体书和有声书)。76％的父母表示他们会在一天内给他们 6 个月～3 岁的孩子读书,83％的父母表示会给他们 4～6 岁的孩子读书。即使如此,现在配有图片/动作/声音的书相对于视觉媒体和多媒体以及印刷媒体来说,社会化程度是相同的。而互联网作为一种媒介混合体,在年龄和发展方面的考虑则更为复杂。一场面向更多儿童的历史性运动已经开始。2003 年,对于 6 岁的儿童来说,其中没有人在他们年龄小于 2 岁的时候访问过儿童网站,然而,对于 2 岁的孩子来说,他们其中的10％已经访问过儿童网站。

因此,认知挑战是使用互联网来进行社会交流所带来的,而不是访问网站所带来的。媒介表征所提供的关于现实世界的感知和认知线索越多,它所需要的心理转变就越少,就越早能够被孩子所理解。无论是电子邮件、聊天还是像聚友这样的社交网络程序,通过互联网连接起来的社交网络几乎没有提供任何现实世界的感知线索,即互联网上的其他成员都是存在的。然而,对于"互联网将你与网络中的其他人联系起来"这一点的理解,是将互联网用来维持或建立社会关系的基础。根据皮亚杰的认知发展阶段理论,可以将电子邮件置于真实的情境(concrete operations)中,因为用户正在处理真实对象的表征,即已知他人的表征。然而,在像聊天这样的互联网应用程序中,社交网络是由现实生活中并不互相认识的人组成的,发展理论预测,对社会网络的理解将出现在皮亚杰所提出的形式运算阶段的后期,这一阶段需要在没有现实世界参照物的情况下,对纯粹的符号表征进行心理操作。

对这一假设的系统检验仍有待日后的研究。然而,有关网络使用和理解的现有事实是令人鼓舞的。严正对5～12 岁的儿童以及一组成年人进行了评估,发现在 10 岁之前,几乎没有人理解互联网是一个网络[32]。事实上,即使是 11 岁和 12 岁的孩子,他们其中大多数也不太理解互联网是一个网络,而大多数成年人却能够这样理解互联网。虽然严正没有对青少年进行调查,但是关于认知理解的事实与关于互联网使用的事实是一致的:在青春期阶段,青少年关于形式运算的抽象思维可以得到很好的发展,而在青春期之前,互联网的传播用途还没有达到其流行程度的顶峰。当然,还可预测,儿童使用电子邮箱的年龄会比使用一个将用户与陌生人连接的应用程序的年龄更早。

（二）结论

媒介中表征系统的历史发展与信息处理技能的发展趋势相吻合。印刷媒介的刺激是线性的,而对于电视和电子游戏来说,屏幕上同时出现多个事件并行处理的更广泛的社会化趋势已经开始了。随着图形的高度发展和游戏的日益流行,视觉媒体对认知的影响也越来越大。然后,当屏幕上的多个位置被转换为每个位置上的多个任务时,同步处理发生了新的飞跃,这就是计算机和互联网多任务处理出现的曙光,而现在才刚刚开始了解这种新的行动和认知模式的一些利与弊。

因为孩子们成长在一个以互联网为缩影的虚拟世界中,他们花在面对面互动、体育活动和实体互动上的时间越来越少。换句话来说,距离是屏幕使用时间增加所带来的后果之一,而屏幕使用时间的增加则是发展中的个体在他们发展的历史过程中正在经历的。用西格尔的术语来说,媒介就是用来激发自我和当下的分离,无论是在认知上,还是在社交上。

社会提供经验来发展最重要的技能。媒介技能已经成为人类生存环境中的重要技能,而技术渗透到越来越低龄的孩子中就反映出了这一理念。随着网络表征在生活中的比重越来越大,也就是说,随着生活变得越来越虚拟化,那么,发展的利与弊又会是什么呢? 这需要更多科学、规范和富有前瞻性的实证研究来予以回应。

第二节　媒介与儿童的情绪及心理

媒介技术的发展也使儿童更容易出现情绪障碍。几乎每个儿童都有捕捉网络视频或图像的媒介终端,这意味着越来越多令人不安的媒介内容和图像信息等,会出现在儿童眼前。孩子们对智能手机和视频游戏机等便携式电子设备的热情,意味着他们几乎可以随时访问各种令人焦虑、恐惧或感到暴力的内容。尽管在传播学领域,媒介暴力对儿童攻击行为的影响一直是学者关注和研究讨论的焦点,但这些媒介内容对儿童恐惧感知、焦虑情绪和心理态度等方面的深刻影响,尚缺乏充分、系统的研究。本节将从媒介与儿童的恐惧焦虑情绪及媒介暴力效果两大视角切入,考察电子媒体对儿童的情绪和心理方面的影响。

一、媒介与儿童的恐惧、焦虑及危险认知

研究媒介对儿童感知和担忧的影响的一种方法是"涵化"范式。在这种范式中,儿童观看电视的数量与他或她对世界有多危险的感知有关。一个基本假设是,电视领域最重要的特征遍及所有形式的节目。因此,对孩子世界观的预测是基于孩子看多少电视而做出的——与他或她对特定节目的选择无关。例如,乔治·格伯纳(George Gerbner)等的研究表明,重度电视观众比轻度观众更容易卷入暴力事件;也更倾向于相信别人是不可信的[33]。

（一）习惯性观看对感知、恐惧和焦虑的影响

媒介描述产生的恐惧影响是从特定节目和电影的直接情感影响来研究的,儿童对媒介报道的恐惧反应研究可以追溯到电视出现之前。早在 20 世纪 30 年代,赫伯特·布鲁默(Herbert Blumer)报告说,他询问的孩子里有 93％说他们曾被一部电影吓坏了。在学前和小学儿童的两个单独样本中,约 75％的受访者表示,他们被在电视或电影中看到的东西吓到了[34]。乔安娜·坎托(Joanne Cantor)等指出,在威斯康星州麦迪逊市随机抽样的小学儿童家长中,有 43％的人说,他们的孩子因接触电视而经历了持久的恐惧[35]。在美国第一次类似的随机全国调查中,道格拉斯·詹蒂勒(Douglas Gentile)等指出,62％有 2～17 岁孩子的父母说,他们的孩子害怕在电视节目或电影中看到的东西可能会发生在他们身上[36]。一项对荷兰 7～12 岁儿童的随机全国调查中,31％的受访者报告说在过去一年中曾被电视吓到[37]。

一项实验研究探讨了目睹可怕的媒介事件对幼儿园到五年级儿童随后行为选择的影响。在该实验中,致命的房子或溺水的戏剧化描述增加了孩子们对自己生活类似事件的担忧。更重要的是,这些虚构的描述影响了孩子们对正常的日常活动的偏好,这些活动与他们刚刚目睹的悲剧有关。看过描述溺水的电影的孩子比其他孩子更不愿意去划独木舟,看过关于房屋火灾的节目的人不太想在壁炉里生火。虽然这种影响的持续时间没有被测量,但这种影响是短暂的,因为采用了自我报告的方法并学习了安全指南,因此没有儿童会经历长期的痛苦[38]。

有研究要求儿童回顾被特定媒介产品吓到的情况[39]。在接受采访的小学生样本中,76％的人报告说曾被电视或电影中的某些东西吓到。当这些孩子被要求指出他们经历了哪些负向作用时,71％的人说他们无法停止思考这个节目或电影,59％的人报告说有睡眠问题,51％的人说他们对此感到担心。当被要求用自己的话描述负向作用时,他们通常会提到害怕黑暗,害怕自己的卧室或浴室,害怕媒介

曝光,害怕一个人。在那些说他们接触恐怖媒介后害怕做某事的孩子中,23%的孩子说在受访时这种恐惧仍然存在。

这个消息经常是孩子们长期恐惧的来源。虽然年纪较小的儿童比年龄较大的儿童和成年人更少接触和受到新闻的影响,但像 2001 年 9 月 11 日恐怖袭击这样的灾难性新闻会对所有年龄的人产生强烈的影响,在"9·11"袭击后 6 个月里,民众产生了一系列心理健康问题,包括广场恐惧症(15%)、分离焦虑(12%)和创伤后应激障碍(11%)。大量接触新闻报道的儿童比较少接触电视的儿童,患创伤后应激障碍(PTSD)的比例更高[40]。

鉴于对恐怖媒体图像的普遍焦虑反应,问题自然出现了:为什么恐怖电影、暴力电影和恐怖图像如此受欢迎?理论中最突出的是寻求刺激的概念,它认为冒险有助于个人寻求最佳的唤醒水平。迈克尔·阿普特(Michael Apter)认为,当面对危险时,个人可以经历兴奋而非焦虑,现代社会已经减少了对个人安全的大多数日常威胁,因此比以往任何时候都更有必要寻求安全的方式来体验刺激[41]。

然而,在某些有限的情况下,令人恐惧的媒介描述可能会有效缓解焦虑。这种减轻焦虑的效果似乎只发生在故事引起不超过轻微程度的恐惧时,以及当故事的结果显示危险可以被有效地抵消时[42]。

(二)发展差异和媒介引发的恐惧

大量研究检查了媒介恐惧反应中的两个主要发展问题:①吓到不同年龄儿童的大众媒体刺激和事件的类型,以及②预防或减少对不同年龄儿童恐惧反应的最有效的策略。基于认知发展研究的理论和发现,相关实验和调查业已进行。这些实验具有严格控制节目内容和观看条件变化的优势,结合了自我报告、生理反应、情绪面部表情编码和行为测量。出于伦理原因,实验中仅使用相对温和刺激的小片段。相反,调查在没有任何研究者干预的情况下,研究了在自然环境中接触特定大众媒体的儿童的反应。虽然控制不那么严格,但调查允许研究对更恐怖的媒介报道的反应。

1. 恐怖媒介刺激中的发展差异

人们可能会认为,随着儿童年龄的增长,他们越来越不容易受到媒介产生的情绪干扰。然而事实并非如此。随着儿童认知能力的发展,一些事情变得不太可能打扰他们,而其他事情可能变得更加令人不安。这种概括与儿童普遍恐惧的发展差异是一致的。根据使用不同方法的各种研究,3～8 岁的儿童主要被动物,黑暗,超自然生物,如鬼、怪物和女巫以及任何看起来奇怪或突然移动的东西惊吓到。

9~12 岁儿童的恐惧更多地与人身伤害、身体破坏以及家庭成员的受伤和死亡有关。青少年还害怕人身伤害和身体破坏,此外,这个年龄出现学校恐惧和社会恐惧,就像对政治、经济和全球问题的恐惧一样。

知觉依赖:随着孩子年龄的增长,引起恐惧的媒介刺激降低。对认知发展的研究表明,一般来说,非常年幼的儿童对刺激的反应主要是在他们的可感知特征方面,随着年龄增长,他们对刺激概念的反应越来越多。研究结果支持下述概括,即学龄前儿童(3~5 岁)更有可能被看起来可怕但实际上无害的东西吓到,而不是被看起来有吸引力但实际上有害的东西吓到;对于年龄较大的小学生(9~11 岁),相对于一个角色、动物或物体的行为或潜在破坏性,外表的占比要轻得多。

作为恐惧诱因的幻想与现实:随着孩子的成熟,他们对现实的危险越来越敏感,而对媒介上描绘的古怪危险越来越不敏感。关于儿童恐惧趋势的数据表明,年幼的儿童比年龄较大的儿童更有可能害怕不真实的东西(如在现实世界中不可能出现的怪物)。更成熟的恐惧发展似乎以获得客观危险的知识为前提。一个重要组成部分是对现实和幻想之间区别的理解,这种能力只能在整个童年时期逐渐发展。

对抽象威胁的回应:随着孩子的成熟,他们会被媒介描述得越来越抽象的概念所惊吓,这与前面引用的儿童恐惧的一般来源相一致,也再次证明了抽象思维能力在认知发展中出现得较晚的认知发展理论。

总之,对认知发展和对电视的情绪反应之间关系的研究,有助于预测不同年龄的儿童或多或少可能受到惊吓的电视节目和电影的类型。除了提供认知发展和情感反应之间关系的经验测试,这些发现可以帮助父母和其他照顾者为孩子做出更明智的观看选择。

2. 应对策略有效性中的发展差异

不管父母对孩子的情感脆弱有多善意、多细心或多敏感,孩子都有可能被他们在电视上看到的东西吓到。认知发展的研究是被用来确定有助于儿童应对恐惧刺激或减少儿童恐惧反应的最佳方法[43]。

儿童信息处理能力的发展差异产生了防止或减少媒介诱导的恐惧策略有效性的差异。应对策略的研究结果可以概括为以下几点:学龄前儿童从非认知策略中获益多于认知策略;认知策略和非认知策略对年龄较大的小学生都是有效的,尽管这个年龄段的孩子更喜欢认知策略。

非认知策略:那些不涉及言语信息处理的策略,并且看起来是相对自动的。视觉脱敏的过程,或在无威胁的环境中逐渐暴露于威胁的图像,已被证明对学龄前和较大的小学儿童都有效。在一项实验中,逐渐观看蛇的镜头往往会减少对动作冒险电影《夺宝奇兵》中"蛇坑"场景的恐惧反应。在第二个实验中,观看一个真实的狼蛛橡胶复制品减少了《蜘蛛王国》中涉及狼蛛的场景的情绪影响。在第三个实验中,在观看《青蛙》中涉及致命蜥蜴的场景时,接触活蜥蜴减少了儿童的恐惧表情。在第四个实验中,接触恐怖电影《蠕动》中蠕虫的图片,减少了儿童在电影场景中对恐惧的自我报告。《不可思议的绿巨人》对绿巨人角色的恐惧反应通过接触扮演该角色的演员卢·弗里基诺的镜头而减少,他化了妆,从而逐渐呈现出该角色的威胁性外观[44]。这些实验都没有揭示这项技术有效性的发展差异。

认知策略:与此相反,认知策略涉及提供信息,用于从不同角度看待威胁。这些策略涉及相对复杂的认知操作,而且研究始终发现这种策略对年龄较大的儿童比对年龄较小的儿童更有效。

在处理幻想的描述时,最典型的认知策略只是提供一个侧重于不真实情况的解释。这种策略对学龄前儿童来说应该是困难的,因为他们还没有完全掌握幻想与现实之间区别的含义。在坎托等的一项实验中,被告知要记住他们在《绿野仙踪》中看到的东西不是真实的,高年级小学生比没有得到指示的同学表现出更少的恐惧[45]。然而,同样的指示对学龄前儿童没有帮助。后来的一项研究再次显示了与现实有关的策略的有效性的发展差异[46]。

在对减少恐惧的研究中,学龄前儿童对"告诉自己这不是真"的有效性的排名,明显低于年龄较大的小学生。与学龄前儿童和小学生显然都准确地看待这一策略相反的是,父母似乎并不了解这一技巧对幼儿的不足。在参与另一项研究的学龄前儿童和小学生的父母中,80%的人报告说他们采用了"告诉他这不是真"的应对策略来减少他们孩子由媒介引起的恐惧。

(三)媒介诱导恐惧中的性别差异

1. 惊恐反应的性别差异

有一种常见的刻板印象,即女孩比男孩更容易受到惊吓[47]。事实上,女性一般比男性更情绪化。有相当多的研究似乎支持这一论点,尽管性别差异可能比乍看之下要弱一些。尽管需要更多的研究来探索媒介引起恐惧的性别差异以及导致它们的因素,但这些发现表明,性别差异的大小可能是社会压力用以安慰适合某性别的行为的功能。

2. 应对策略的性别差异

有一些证据表明,在用来对抗媒介引发恐惧的应对策略方面存在性别差异,这些性别差异也可能反映了性别角色社会化的压力。辛西娅·霍夫纳(Cynthia Hoffner)发现,青春期女孩比男孩使用更多的非认知性应对策略,但在认知性策略方面没有性别差异[48]。同样,瓦尔肯堡等人发现,在 7~12 岁的荷兰儿童中,女孩比男孩更经常使用社会支持、身体干预和逃避,但在使用认知安慰作为应对策略方面没有性别差异[37]。

这两个发现都与霍夫纳的解释一致,即由于男孩比女孩更不愿意表现自己的情绪,所以他们避免使用非认知策略,而这些策略通常对其他人来说是显而易见的。相反,两种性别采用认知策略的频率相同,因为这些策略不太容易被观察到。

(四)启示与结论

1. 给父母的建议

研究表明,媒介内容可以对儿童的情绪健康产生实质性的负面影响,而且这些影响有时可以持续很长时间。此外,对儿童的不健康影响可以是身体上的,也可以是情感上的。比如儿童突然不愿意独自睡觉(或者根本不愿意睡觉),或者不愿意从事那些让他们想起恐惧的电视节目或电影的日常活动。这些发现强调了认真对待孩子的媒体接触,并尽可能地防止严重情绪干扰的重要性。以下总结了一系列对父母的建议:

(1)应限制儿童看电视的时间。

(2)父母应特别关注儿童在睡前的观看行为,不应在儿童卧室内摆放电视或电脑。

(3)父母应了解子女所看电视节目和电影的内容,可事先观看节目和电影,从电视和电影评级中获得所能获取的任何信息,阅读评论和节目说明,以及与子女一起观看节目。

(4)家长应监督自己的电视观看情况,并认识到孩子可能会受到父母所看节目的影响——即使他们似乎没有注意到。

(5)家长应考虑各种可用的阻断技术,如几乎所有电视机都有的 V 形芯片,以及其他可购买的设备。

(6)意识到使儿童受惊的刺激物的发展趋势,可帮助父母对其子女可安全观看的节目做出更明智的选择。

(7)了解在不同年龄段处理媒介引发恐惧的应对策略类型,可以使父母在孩子被激发情绪后帮助他们减少恐惧。

2.结论和未来方向

媒介与儿童恐惧的问题生动地说明了媒介对儿童的生活干扰有多大。除了电脑和便携式设备的普及,传输媒介内容的技术也在迅速发展,允许显示更大、更真实、更生动的高清晰度图像。虚拟现实系统甚至进一步推动了这一进程,产生了似乎与经历真实事件惊人相似的体验。合乎逻辑的是,这些进步会使可怕的图像对儿童来说更加恐怖。

二、媒介暴力与青少年的攻击性

暴力视频游戏、电视节目、电影、互联网网站和音乐经常被指责为导致年轻人实施暴力行为。尽管不可能知道某个暴力视频游戏是否导致某个青少年犯下某个暴力罪行,但可以检验接触暴力媒体和暴力犯罪率之间是否存在关系。人们还可以检验暴力媒体是否会导致人们实施那些不够严重以至于无法被定义为暴力犯罪的攻击性行为。不断积累的研究证据表明,媒介暴力是导致社会中攻击和暴力的一个重要因素。此处还会讨论暴力媒介的其他可能影响,如使人们更害怕自己成为暴力的受害者,或使人们对他人的痛苦和折磨感到麻木。

(一)媒介中的暴力信息

儿童每天在媒介上花费的时间越来越多。除了睡觉,没有任何其他活动会占用儿童这么多的时间。儿童接触的媒介内容中有多少涉及暴力?为了回答这个问题,研究者对媒介进行了大量的内容分析,其中大部分都是集中在电视上。这项研究的挑战之一是确定屏幕上暴力行为的构成因素。闹剧式攻击行为是否应包括在内?口头上的暴力威胁是否应包括在内?事故是否应包括在内,尤其是那些发生在故意攻击他人过程中的事故?对于这些问题,还没有普遍接受的答案,对于暴力的不同定义会对研究结果产生很大的影响。研究者的一个目标是在暴力构成的问题上达向更科学的统一,以便在不同时间和不同媒介之间进行更好的比较。

以电视为例,电视的画面充满了暴力内容,并且自20世纪70年代初以来,这一状况没有什么改变。每十个节目中至少有六个节目存在身体攻击的情节,年轻人在观剧的一个小时内,能看到大约六次不同的暴力冲突。比如,美国儿童平均每天看3小时电视[49],他/她每年将接触5000多起暴力行为。若孩子观看特定类型的节目,尤其是针对12岁以下观众的闹剧和超级英雄漫画,这些数据就会大幅上升。超级英雄漫画的粉丝每年可以在电视上看到多达3.1万起攻击行为。此外,三分之一儿童节目中出现的广告包含暴力内容。可以肯定的是,电视环境中也有一些非暴力的地方。公共电视网（PBS）就是一例,关注人际关系的儿童节目和杂志形式的儿童节目（如包含小品、故事或演示的短片段）通常也是非暴力的。

此外,与电视（60%）相比,暴力内容在电子游戏（68%）中也较为常见,在电影（90%）中很常见,但是在音乐视频（15%）中很少见。然而,每种媒介上的某些类型在本质上更具侵略性,包括:儿童动画片、说唱/嘻哈音乐以及青少年级别和成年人级别的电子游戏,其中许多类型都是针对青少年的。在不同的媒介之间,暴力内容的强度存在很大的差异。例如,孩子在观看暴力电视的一个小时内,平均会经历 6 次激烈的交流,而这个孩子在玩暴力电子游戏的一个小时内,平均会经历 138 次激烈的交流[50]。

（二）理论取向

许多不同的理论范式被用来解释接触暴力媒体内容如何影响青少年的攻击行为。只有一种来自心理分析传统的理论,使用宣泄的思想,预测观看暴力内容后攻击行为会减少。相反,绝大多数理论预测,在接触媒介的暴力内容后,通过社会学习、启动、信息处理和觉醒等,青少年的攻击行为会增加。

1. 宣泄

在古希腊时期,亚里士多德建议戏剧观众可以通过观看戏剧来间接地释放他们的悲伤、恐惧或怜悯情绪。弗洛伊德认为,消极情绪会在一个人体内积聚,如果不释放这种情绪,就会导致不健康的心理症状产生[51]。现在这一观点已经扩展到了媒介暴力内容上。根据宣泄理论,一个人的暴力冲动可以直接释放,也可以通过接触幻想暴力来"清除"。换句话说,接触媒介暴力可通过减少攻击性行为产生积极的治疗效果。早期的一些研究似乎支持这一观点。科学证据显示,媒介暴力的影响与宣泄说所预测的完全相反。然而,这种治疗效果的概念仍然经常被媒体行业的创造者和制作人吹捧为暴力娱乐产品的正当理由[52]。

2. 社会学习理论

社会学习理论是最常被引用来解释媒介暴力内容与儿童攻击行为之间联系的理论。根据班杜拉的观点,孩子们可以通过直接体验或观察社会环境中的其他人来学习新的行为[53]。社会学习是一种获取新思想的更有效方法,因为它不依赖于个人的反复试验。事实上,孩子们可以模仿他们周围环境中的人,也可以模仿媒介上的人物。研究表明,12 个月大的婴儿就能模仿电视上简单的行为[54]。根据社会学习理论,当所观察的行为得到奖励而不是受到惩罚时,模仿更有可能发生。孩子们也会模仿没有后果的行为,因为,特别是在反社会的行为中,缺乏惩罚可以作为一种默认的奖励。

并不是所有的孩子都会模仿得到奖励的角色，也不是所有观察到的行为都会立即被执行，这使得班杜拉将认知变量纳入了行为主义理论。这个新的观点，即社会学习理论，承认社会学习会涉及如注意和记忆这样的心理过程[55]。要学习一种新的行为，孩子必须能够注意到角色，将所看到的内容存储在记忆中，然后为了使用而回忆该信息。因此，儿童的感知和记忆技能将影响他们的社会学习能力。此外，一些角色比其他角色更为突出。例如，孩子们更关注那些有吸引力的和自我相似的角色。社会学习理论通过强调有吸引力的榜样在儿童生活中的重要性，继续影响着人们的思维。在解释孩子如何先习得然后模仿媒介上新的攻击性态度和行为时，这一点尤为重要。

3. 启动理论

一旦儿童学会了攻击性行为，认知启动理论就解释了媒介如何在特定情况下促进这些行为的发生。根据启动理论，媒介上的暴力刺激可以激活储存在一个人记忆中的攻击性思维、情感，甚至是运动倾向[56]。在接触暴力刺激后的短时间内，人处于启动状态，可能会被激发出攻击性行为。有几种情况会促使这些想法和感受发展成攻击性行为，包括强烈的负面情绪或愤怒、为攻击性行为辩护以及所处环境中的线索与刚刚接触的暴力内容相关[57]。例如，伦纳德·伯科维茨（Leonard Berkowitz）等发现，当大学生的某一个伙伴与其刚刚看完的一部暴力电影中的犯罪者名字相同时，大学生更有可能对他产生攻击行为。换句话说，因为环境中存在一个与暴力电影中某个东西类似的线索（如目标物的名字）[58]。

由于该理论没有阐明引发攻击所需的环境线索的确切性质或强度，因此很难对启动机制进行测试。这个理论也不清楚一个人在媒介接触后会持续处于"启动"状态多长时间。尽管如此，这一理论对于解释特定的电影或音乐如何在现实生活中煽动与媒介信息极为相似的暴力行为，是很有用的。

4. 信息加工理论

L. 罗威尔·休斯曼（L. Rowell Huesmann）开发了一个信息处理模型，该模型有助于解释媒介暴力内容的长期影响，侧重于脚本的学习和强化[59]。脚本是存储在记忆中的熟悉事件的心理过程。精心排练的脚本是包含原因、目标和行动计划之间联系的丰富信息包。根据休斯曼的观点，无论是在现实生活中，还是通过媒介，一个孩子如果接触大量的暴力内容，他很可能会习得一些促进攻击性的脚本，将其作为解决问题的一种方式。孩子一旦学会了这些脚本，就可以在任何时候从记忆中检索出这些脚本,这取决于当前的实际情况和脚本的特征之间的相似性,这些相似性受到脚本最初编码的环境的影响。当检索到一个具有攻击性的脚本时,它将被强化并推广到一组新的环境中。因此,反复接触媒介暴力内容的儿童会形成一套易于检索的稳定的脚本,这些脚本强调了攻击行为是对社会情况的一种适当反应。

从本质上看,休斯曼的理论很大程度是认知性的,并且因为没有充分解决"情绪如何演变成为攻击行为"这一问题而备受批评。为了填满这一空白,有学者提出了一种信息处理的变体,称为一般攻击模型(GAM)。他们的模型假设了演变成攻击行为的三种途径:①攻击性认知或脚本的激活,类似于休斯曼的理论;②攻击性情绪的产生,即敌对或愤怒的情绪状态;③生理唤醒的增多。任何或所有这些路径都可以由个人变量(如性格)或情境变量(如接触媒介暴力内容)触发。根据 GAM,一旦一个输入变量(个人变量/情境变量)增强了攻击性认知、情绪和唤醒,个体就会在做出反应之前先进行评估。评估可以是即时和自动的(类似于启动),这可能导致冲动性攻击行为的产生。或者,评估在性质上可以是更加深思熟虑的,这可能导致在特定情况下决定不做出攻击性行为。GAM 是一个广泛的框架,它包含了大多数其他理论的组成部分,但是很难对 GAM 理论进行测试,或者更重要的是要对其进行证伪,因为它包含了所有可能的途径,并在解释攻击性行为时给出了答案。

(三)暴力媒介效果

1. 攻击者效应

多年的科学数据得出了一个无可辩驳的结论,即接触暴力媒介会增加攻击性。使用截然不同方法的研究结果是相似的[60]。每种研究方法都有其独特的优势和劣势,然而在不同的方法中,有一种证据的趋同。科学家们把这种趋同称为三角测量。无论使用何种方法,结论都是一样的:接触暴力媒介会增加攻击性和暴力。

实验室实验表明,让人们接触暴力媒介会使他们在事后立即表现出更多的攻击性,如果他们对暴力内容进行反思,甚至会在 24 小时后表现出更多的攻击性。现场实验表明,玩更多暴力游戏或看更多媒介暴力的人,也是行为上表现得更有攻击性的人。纵向研究表明,在成长过程中接触大量暴力的儿童,在以后的童年、青春期和青年时期可能会有更多的攻击性行为。即使控制了最初的攻击性、智力功能和社会阶层的差异,这一发现仍然成立。本质是,媒介暴力使孩子们在童年时表现得更有攻击性,而他们在童年时从媒介中学到的攻击性习惯会延续到青春期,甚至是年轻的成年人。

2. 受害者恐惧效应

一般来说,对伤害的恐惧效应似乎只适用于人们对不熟悉的环境进行评估的时候。尽管暴力媒介使人们对他们所在城市的犯罪更加恐惧,并增加了他们对一般犯罪发生率的估计,但它对人们在自己社区恐惧感的影响相对较小[61]。这表明受害恐惧效应可能与可得性启发法[62]有关。可得性启发法是指通过相关实例出现在脑海中的难易程度来判断事件的频率或可能性的倾向。人们根据突出的或明显的信息进行评价,当人们对一个环境的第一手经验相对较少时,他们可能会把电视作为一个额外的信息来源。人们通常不需要通过电视来了解自己社区的犯罪信息,因为他们已经知道那里有多危险。

3. 良知麻木效应

接触大量暴力媒介的人对暴力受害者的同情心会降低,他们对他人的痛苦和折磨变得麻木。暴力视频游戏对儿童对受害者同情心的影响特别值得关注。感受同理心需要从受害者的角度出发,而暴力视频游戏鼓励玩家从侵犯者的角度出发。虽然至少在一些电视和视频的暴力描述中,观众可以选择站在攻击者或受害者的角度,但在大多数暴力视频游戏中,玩家被迫站在攻击者的角度。因此,玩暴力视频游戏可能减少玩家对受害者的同情[63]。媒介的良知麻木效应是导致前述攻击者效应的一个过程。

(四)结论和未来方向

媒介暴力内容肯定不是造成青少年暴力行为的唯一原因,甚至不是最重要的因素。尽管如此,已有研究表明,接触暴力娱乐内容会导致儿童模仿新的攻击性行为,甚至会促使儿童和青少年在接触媒介内容后立即采取攻击性行为。研究还表明,反复接触稳定的媒介暴力内容,预示着青少年攻击性的长期增加,甚至会持续到成年之后。目前,与暴力的音乐或电子游戏相比,有更多的证据表明电视的暴力内容会导致这个问题。此外,在这一领域缺乏纵向研究,现存的大部分纵贯研究都是关于频繁接触电视内容的。

还有几个问题有待进一步研究。第一是越来越多的研究正在关注社交或关系攻击,尤其是因为在女孩中,它比肢体攻击更为常见。社交攻击包括通过排斥、八卦或社会控制来伤害他人的感情。在一项研究中,92%受青少年欢迎的节目中都发现了这种行为[64]。初步研究表明,电视上的社交攻击行为可能与青少年的这种社交攻击行为有关[65],但还需要对这种青少年攻击行为的替代形式进行更多的研究。

第二个问题是脱敏(desensitization)。脱敏通常被定义为在反复接触刺激物后对刺激物的反应降低,这一现象已经在媒介暴力内容中被发现了[66],但是脱敏和攻击性之间有什么关系呢?一方面,反复接触暴力内容可能导致同理心的减少以及对暴力的容忍度增加,这反过来又可能使孩子更愿意表现出攻击性。另一方面,脱敏意味着孩子会较少受到中介性暴力内容的刺激,而根据 GAM 和启动等理论,刺激是攻击行为的重要来源。部分困惑在于,研究人员是如何对脱敏进行概念化的?脱敏是与生理刺激、共情、容忍度或者这些因素的某种组合有关吗?短期脱敏和长期脱敏有区别吗?

第三个需要更多关注的问题是暴力信息的内容。并非所有的娱乐暴力内容都会产生相同的效果。例如,如果需要关注暴力说唱音乐,实验需要检验歌词以及音乐视频中的视觉图像的影响。还应当进行实验,以评估明确的和模糊的歌词、奖励暴力行为与惩罚暴力行为的歌词以及证明攻击行为是正当的歌词的影响。一些暴力信息实际上是有教育意义的,可能会降低青少年实施攻击行为的可能性,还需要更多的研究来检验不同的媒介组合对儿童的影响。暴力的游戏和暴力的电视内容的结合会比暴力的音乐带来更大的风险吗?如果在没有教育节目的情况下观看,暴力的电视节目会对孩子产生更大的影响吗?

第四个问题关于媒介暴力内容对儿童的吸引力。需要更好的实证证据来证明暴力内容是否真的会吸引儿童观看特定的电视节目、电子游戏和音乐。其他特征,比如动作,会更多地促进儿童使用媒介吗?如果暴力内容确实提高了媒介产品的吸引力,那么有什么理论机制可以解释这种吸引力对于儿童比对其他人的影响更大呢?研究表明,男孩和那些寻求高感官刺激的孩子一样,在他们的媒介组合中可能有更多的暴力内容,但母亲对这种选择性接触的理解是不充分的。

综上,需要采取更强有力的发展方法来研究媒体暴力内容。是否特定年龄段的孩子特别容易受到媒介中某些类型的暴力信息的影响?不同年龄的孩子如何理解电子游戏中受害者的痛苦暗示?暴力歌词对年龄较大的儿童和青少年的影响更大,是因为他们理解歌词的意思吗?发展问题需要更经常地纳入关于媒介暴力内容对攻击行为影响的理论中。

毫无疑问,暴力内容将仍然是娱乐媒体的支柱。当前媒介环境中的许多暴力游戏、音乐和电影都是直接面向儿童营销的。随着新技术的发展,图像和主题会变得更加真实,也可能涉及更多的内容。研究暴力内容对不同年龄和背景青少年的短期和长期影响,对于理解娱乐媒体在发展结果中所起的作用至关重要。

第三节　教育媒介科技与儿童认知发展

当下有许多为儿童设计的媒介内容都宣称是具有教育意义的,但是儿童真正可以从中学到东西吗?如果可以的话,教育媒介是如何发挥效用的,学习的效果能持续多久?哪些因素决定孩子们能否将自己通过教育媒体学到的东西迁移到现实世界的问题上?本节将系统回顾教育媒介科技的相关理论,教育媒体对儿童学业成绩影响的相关研究,包括中介因素及其影响教育媒介内容向现实世界迁移的因素,最后进行总结讨论。

一、教育媒体平台

1990 年颁布的美国《儿童电视法》对教育和信息类节目下了广泛的定义,即"促进儿童在任何方面的积极发展,包括儿童的认知需求/智力需求或情感需求/社会需求等方面"。至于其他媒介,包括电子游戏和互联网网站,目前还没有正式定义和美国联邦政府所支持的指导方针。本节将所有的教育媒体定义为围绕着一个精心设计的教学计划而开发的课程驱动型产品。没有详细的内容分析,就不可能确定任何一个没有按照规定课程放映的节目是否仍包含教育内容。尽管许多节目可能是无意中具有教育意义,但另一些节目则可能传授一些通常不被课程所认可的信息(如,美化暴力),这些不可以能够被看作是具有教育意义的。像《芝麻街》、《蓝色斑点狗》(Blue's Clues)、《爱探险的朵拉》(Dora the Explorer)这些节目是具有教育意义的,因为这些节目不仅包含教育建议,而且还包含书面的、正式的课程和教育理论。相反,像《猫和老鼠》(Tom and Jerry)这样纯粹的娱乐节目,可能会传达给孩子们某些信息,但它们的设计只是为了娱乐休闲。

虽然教育媒体是为学校内部使用而产生的,但本节并不讨论为正规教育而设计的材料。相反,将聚焦于不属于学校课程之内的非正式教育,如电视节目、电子游戏和校外电脑使用。这两种教育媒体之间的一个重要区别是,非正式教育被孩子们当作是娱乐性的,而并不必须是教育性的,这是从《芝麻街》开始的一种现象。此外,非正规教育节目的制作者也不能保证节目一定能够吸引观众。尽管如此,一段时间以来,人们已经知道,孩子们在仅仅观看娱乐节目,并且没有要求学习的特定指令的情况下,就能够自发地了解到事实和其他的信息。

与相对较新的、交互媒介的研究相比,关于电视的研究比较多。在某些情况下,这些不同类型的媒介可能被认为在概念上是相似的。但是,特别是在教育内容方面,电视和交互式屏幕媒介之间可能有很大的区别。因此,此处将分别讨论它们。许多关于计算机和互联网等新媒体的研究并没有区分不同类型的用途(如写作业、信息搜索、玩游戏、发信息)。另外,还不知道交互平台(计算机、电子游戏主机)自身是否对学习有独特的影响。为了本节目标,此处将集中讨论交互媒介,并在适当的情况下指出不同平台之间的差异。

尽管有概念上的组织,但并不能认为一种媒介比另一种媒介更有效。虽然媒介的效果可能不同,例如,互动游戏可能比电视节目更有教育价值,因为用户更积极地参与其中,但很少有令人信服的研究系统地对此进行讨论。相反,这样的跨媒介比较在实践中相对难以操作,并且在理论上价值不大,媒介之间的差异可能是由于内容、媒介的新颖性以及许多其他可能因素综合作用的结果。然而,本节仍然会保留互动媒体和电视之间的区别,因为电视研究的发现在多大程度上可以推广到其他媒介,尚不清楚。

二、教育媒体设计的理论基础

直到 20 世纪 80 年代,关于观众关注电视的方式还只有一个内隐理论(implicit theory),即电视观看这一概念,尤其是儿童对电视的观看,是被动地受到节目中那些引人注目的特征(如音效)所控制的。杰尔姆·辛格(Jerome Singer)将这一理论正规化,并提出电视能统一地引起儿童的定向反应[67]。根据辛格的观点,电视的"忙碌"会导致感官的轰炸,干扰认知和反思,从而阻止儿童处理电视中的内容。只有那些不是为了吸引注意力而设计的节目,比如《罗杰斯先生的邻居》(Mister Rogers' Neighborhood),才被认为适合幼儿学习。其他人也提出了类似的观点,他们认为像《芝麻街》这样的电视节目并不能提供任何真正具有教育意义的东西。

阿莱莎·休斯顿(Aletha Huston)等通过知觉上的显著性对比信息功能来描述形式特征[68]。知觉上显著的特征包含了运动、明显的对比、惊讶和不协调等。在电视节目中,动作、音效、非言语发声和快速节奏等特征,被认为是知觉上显著的特征,而信息特征则包括对话和叙述。随着年龄和经验的增长,人们期望孩子们习惯那些知觉上显著的特征,并注意那些信息丰富的特征。然而,实证研究表明,突出的特征也可以提供信息。例如,非言语文字发声最初产生了一种注意力定向反应,吸引了幼儿对内容的关注,这一特征后来成为一个学习标记,使得年龄较大的儿童有意识地关注有意义的内容。而且,当声音等非语言特征与重要的节目内容连续出现时,或者当适度的动作与对话所匹配时,知觉上显著的特征也能增进对情节的理解。因此,正确使用形式可以帮助孩子理解重要的内容,从而提高教育节目的有效性。知觉上显著的形式特征,如音效,也可以通过最大限度吸引儿童对教育内容的关注和兴趣,促进儿童通过互动媒体进行学习,从而产生有益的结果,如增加自闭症儿童的词汇量[69]。

安德森等建立了一个模型,该模型与不断积累的证据一致,即电视观看是建立在积极的认知基础上的[70]。在他们的概念中,对电视的关注甚至是孩子主动控制的,主要是由反映儿童知识基础和观影经验的理解机制所驱动的。这一理论结合了观众的个人特征,包括先验知识、节目形式和内容,以及作为注意力预测因素的观看环境的性质。

研究支持了"注意力主要是由理解活动引导的"这一假设。至少在2岁之前,孩子们在观看的内容上是有选择性的,并且在观看的时候是认知活跃的。当孩子们与兄弟姐妹、同龄人或父母一起观看时,他们会对节目做出评论和预测,并经常就节目内容提出问题。孩子们学习观看电视的策略,使他们能够将注意力分散在节目和同时进行的活动中(如玩玩具)。与包含可能产生定向反应这一特征的可理解的节目相比,学龄前儿童对于难以理解的节目的关注会更少一些。尽管广告具有更密集的突出形式特征,但学龄前儿童要更关注儿童节目[71]。此外,儿童观众利用他们对形式功能的了解,将注意力战略性地部署到有趣和可理解的内容上。并且,至少在5岁之前,儿童在评估投入多少精力观看节目时,能够积极地考虑到物质和任务需求的感知难度[72]。儿童参与各种的推理活动,以便处理和理解带有标准蒙太奇因素(如切割、摇摄和缩放)的视频。

虽然注意力和理解不一定会导向学习,但它们显然是先决条件:就学习方面的相关知识而言,儿童无法通过他们之前并不关注和理解的内容来学习。目前这一领域的研究认为,儿童在看电视的时候是认知活跃的,可以通过所看的内容来学习。理论强调,关注和理解是实现教育媒体价值最大化的途径。例如,沙洛姆·菲什(Shalom Fisch)概述了一种理解教育电视节目的模式,其基础是,在任何给定时间内,工作记忆的信息处理容量是有限的[73-74]。通过减少节目对观众的认知负荷,制片人可最大限度地利用观众可用的认知资源来关注、理解和阐述材料。

菲什关于教育电视节目容量模式的一个重要阐述,是对叙事内容与教育内容的区分[73][75]。叙事是正在进行的故事或情节,而教育内容指的是以特定课程为基础的课程。例如,考虑一个节目或视频游戏,其中的英雄试图拯救他被锁在地牢里的朋友,打开这扇门的唯一方法是识别一个图案,并确定下一个符号(红色的圆形、蓝色的正方形、黄色的三角形、红色的圆形、蓝色的正方形等等)是什么。在这个例子中，数列的概念是教育内容，而故事的其余部分则构成了叙事内容。

容量模式(capacity model)假设，叙事内容和教育内容的处理将竞争工作记忆中的资源，作为它们之间"距离"的功能。"距离"被定义为教育内容融入叙事的程度。当教育内容嵌入具有许多因果关系的事件的主链中，并置于故事结构的较高层次时，就会发生低距离。前面提供的例子距离较小，也就是说，教育课是叙事中不可或缺的一部分，因为英雄需要解决问题，才能救出他的朋友。随着距离的增加，叙事内容与教育内容之间对认知资源的争夺也随之加剧。因此，增加的距离减少了观众真正学习材料的可能性。相反，叙事和课程的整合程度越高，观众就越容易使用相同的认知资源来处理两者。重要的是，当叙事内容和教育内容处于资源竞争中时，菲什表示，叙事内容会占据优势。事实上，一些研究已经证明，相对于叙事内容，教育内容的回忆水平较低[76]。

根据菲什的模式，叙事和教育(内容)的处理都受到观众和节目特点的影响。相关特征包括观看者的认知能力和对电视内容、故事结构和形式特征的事先了解。例如，拥有更强认知能力和特定领域知识的观众，需要更少的认知资源来理解节目。影响处理的相关语境特征包括节目的复杂性、叙事与典型故事结构的匹配程度、推理的需要、观众的相对兴趣以及内容的发展适宜性。例如，一个复杂的节目需要观众进行许多推理，这将会增加认知难度。总的来说，容量模式强调了与年龄相适应的良好发展的课程在确定教育内容的有效性方面的重要作用。

关于交互式电子媒体，从来没有一个理论认为认知是被动的。这大概是因为，与电视不同，这些媒介通常需要用户做出积极的决策和公开的回应。尽管菲什的容量模式最初是为了解决教育电视问题而设计的，但它很容易被用于教育电子游戏或其他媒介上。

自20世纪90年代末以来，面向婴幼儿的视频和节目越来越多。这些节目有许多都明确地声明了它们的教育价值或者用诸如《小爱因斯坦》(*Baby Einstein*)这样的名称来隐含地声明。尽管如此，节目制作者对于2岁及2岁以下的儿童对电视节目的理解或理解程度，知之甚少。通过视频学习的实验一再发现，婴幼儿在接触关于任务的现场信息而不是视频信息之后，会表现得更好，如模仿和对象检索等任务。这种差异被称为"视频致呆"(video deficit)[77]。

目前关于婴幼儿使用电脑和互动游戏的已发表研究较少，尽管这些产品目前正在为6个月大的儿童而生产，许多父母表示，他们的婴幼儿经常使用这些产品[78]。鉴于对婴幼儿的实证研究相对较少,以及存在关于这些幼儿是否理解屏幕媒体的争论,本节将侧重于专为大龄儿童设计的教育媒体。然而,未来亟须研究确定视频和互动媒体对婴幼儿的影响。

三、媒介使用与学业成绩的关系

（一）取代

关于儿童媒介使用最常见的假设之一是,它取代了其他更有益的活动,如户外游戏、家庭作业和休闲阅读。然而,总的来说,研究表明,一种媒介的使用实际上取代了其他媒介的使用。从历史来看,看电视在很大程度上取代了阅读漫画书、听广播和看电影等其他娱乐行为[79]。然而,交互式媒体的替代效应要复杂一些。尽管有人可能预测,电脑和电子游戏等新媒体正在取代它们的前辈（如电视）,但事实似乎并非如此。这些娱乐媒体似乎是相互作用,而不是相互竞争的。例如,只要一个人能同时从事这两种活动,电脑时间并不一定能取代电视时间。可见,包括交互媒体在内的新媒体之间,可能是互补和相互作用的关系,而非竞争和取代关系。

就认知发展和学业成绩而言,目前还不清楚屏幕时间是否会取代那些本质上比看电视或玩电脑游戏更有价值的活动。屏幕时间与阅读时间的关系尚不清楚,这可能与年龄有关。在孩子学习阅读的关键时期,尤其是在一年级和二年级阶段,阅读替代是很重要的。在这段时间,阅读是困难的,电视和电脑游戏可能提供了有吸引力的替代品,从而减缓了阅读的习得。另一个例外可能是那些电视接触频率异常高的儿童。尽管如此,如上所述,大多数研究表明,媒介使用通常会取代功能相似的活动,而不是更具教育价值的活动。因此,人们关于屏幕时间取代儿童教育活动的预设是否存在？新兴媒体替代的是否仅为功能相似的活动或低级认知活动,而非高级认知活动？媒介取代效应是否也与儿童年龄相关？这些问题需要更多的实证研究来检验。

（二）电视

关于电视对教育影响的典型研究,只是简单地考察了某种程度的电视接触与某些同期成绩之间的关系,两者之间的相关性往往是负面的,例如,看电视较多的儿童往往学业表现较差,但相关关系通常也很小。对这种简单相关性的解释是有问题的。可能是看电视导致了较低的成绩,但也可能是低成绩的孩子更喜欢看电视。或者,第三个因素可能导致两者都发生。例如,来自低收入家庭的孩子比来自中产或上层家庭的孩子看更多的电视,而贫困家庭的孩子也往往有较低的学业表现。在这种情况下,贫困可能会导致这两个结果。当研究纳入广泛的统计变量来考虑这些因素时,往往没有发现看电视与儿童和青少年的学业成绩之间有显著的关系。

其他调查显示,看电视与学业成绩之间的关系更为复杂。在一个关于总计包括 277 个相关因素的 23 项研究的综述中,研究者表示,总的电视观看量和学业成绩之间的平均相关性只有 -0.05。而且,对这一关系更准确的描述应该是曲线式的,即适度(即每周最多 10 个小时)看电视与学业成绩呈正相关关系,而过了适度的点之后,看电视与学习成绩呈现出负相关关系,且负相关性越来越大[80]。

在一项荟萃分析中,米查·拉泽尔(Micha Razel)指出了看电视与学业成绩之间的曲线关系,但也指出最佳的看电视时长可能会随年龄的增长而减少[81]。例如,在这项分析中,估计 4 岁、9 岁和 15 岁儿童每天看电视的最佳时长分别为 3 小时、2 小时和 1 小时。研究者指出,这可能是由于不同年龄群体可观看节目的教育质量所致,但该分析没有对电视内容进行衡量。

电视使用与学业成绩之间缺乏直接的关系,这在一定程度上可能与所观看的节目内容有关。例如,尽管马克·费特勒(Mark Fetler)表示,轻度观看者的成绩测试得分一般要高于重度观看者,在这项研究中,轻度观看者更有可能表示自己观看了信息节目,而重度观看者则更有可能表示自己观看了娱乐节目[82]。休斯顿等对 2 岁和 4 岁儿童进行为期 3 年的跟踪调查,在此期间,父母需要完成儿童活动日记(如阅读、户外活动、看电视)。研究人员评估了电视观看对其他活动的影响,并得出结论,电视的取代效应会随着内容的变化而变化。具体来说,观看娱乐类节目与阅读、社交和户外活动呈负相关关系,而观看信息类节目与这些活动呈正相关关系。此外,W.詹姆斯·波特(W. James Potter)表示,观看一些娱乐类节目与学业成绩负相关,而观看信息类节目对青少年的成绩则有正向预测作用[83]。

总而言之,在考虑了收入和父母教育等重要复杂变量后,总的看电视时间与学业成绩之间似乎没有系统性的关系。相反,看电视的影响很可能是会受到观看内容的中介作用,除非是在接触内容非常多的情况下。然而,还需要进一步研究来确定在孩子出生后的头几年里接触电视的影响。可见,看电视与儿童的学业表现之间的关系可能是曲线的且较为复杂,取决于观看的量/度、节目内容、儿童年龄、家庭收入、父母教育和其他多因素的影响。

(三)交互式屏幕媒体

虽然对互动媒体的研究不如对电视的研究那样普遍,但也有一些相关的调查。例如,玛丽·哈里斯(Mary Harris)等考察了高中生对电子游戏的使用情况与其英语成绩的关系[84]。研究发现,高中生每周自我报告的游戏时间与其英语成绩呈负相关关系。值得注意的是,游戏时间与花在学习上的时间没有关系,这表明简单的学习替代并不能解释这种关系。没有任何信息可以区分不同类型的内容,尽管在这个样本中,高中生玩的电子游戏类型不太可能被认为是具有教育意义的,因为这些内容相对缺乏。

其他关于互动媒体的研究表明,学习成绩与互动媒体之间有着更积极的联系。保罗·阿特韦尔(Paul Attewell)等重新分析 1988 年全美教育纵向研究(National Educational Longitudinal Study)的数据,该研究包括一个具有全国代表性的八年级学生及其父母的样本[85]。研究将计算机所有权作为一个二分变量来测量,而没有测量接触的程度或内容的种类。在控制了几个相关变量后,研究者发现,拥有一台家用电脑与更高水平的标准化阅读和数学成绩有关。当然,应该指出的是,那个时代的计算机拥有者是相当精选的一批早期技术采用者。这种对技术的早期采用,可能出现在激励学业表现的家庭环境中。

综上所述,没有一致的证据表明接触电视或互动技术的程度对学业成绩有很大的影响。虽然前面提到的一些研究可能表明了交互平台(如电子游戏和电脑、互联网)的不同影响,但还需要进一步的研究来系统地探讨这种潜在的差异。有证据表明,儿童在小学阶段的早期看电视,可能会对其早期的阅读产生干扰作用,而使用互联网可能会提高阅读的能力。然而,如上所述,当考虑到媒介接触的内容时,证据会变得更加一致。

四、教育媒体有效性的中介因素

(一)脑力投入

所罗门认为,媒介用户会对媒介和不同类别的内容所需要的脑力投入(amount of invested mental effort, AIME)做出判断[86]。他假设,AIME 与媒介用户关于理解内容所需的脑力劳动的判断成正比。他描述了一项比较以色列和美国儿童评估教育电视影响的研究。他认为,以色列儿童从这些节目中学到的东西更多,因为电视在当时还是一种新媒介,这些观众投入了更多的脑力劳动。在一项实验中,研究者告诉 5 岁和 9 岁的孩子,他们将接受关于一个电视节目信息的测试,而其他孩子只是被要求观看该电视节目。这些研究者发现,当年长和年幼的孩子都希望参加关于节目的测试的时候,他们会增加对节目的视觉注意,并且也能够更好地回忆起节目内容。他们还认为自己比控制组的孩子投入了更多的脑力劳动。可见,脑力投入有助于正向激发教育媒体的有效性。

与电视和视频游戏相比,儿童更有可能认为计算机和互联网是需要脑力劳动的[87]。因此,比起在游戏机上玩游戏,孩子们更有可能投入精力学习电脑程序和互联网网站上呈现的教育内容。目前这方面的经验证据还较少。

(二)重复

文字重复在现代电子媒体中相对容易实现,是一种用来加强对节目内容学习的廉价方式。例如,在一项关于节目重复对孩子关注和理解影响的调查中,艾丽莎·克劳利(Alisha Crawley)等对比了三组学龄前儿童,一组只看一次《蓝色斑点狗》节目的一集内容,一组连续看五天、一天看一集节目内容,而另一组只看一次另一个节目的一集内容。不出所料,与控制组相比,观看《蓝色斑点狗》的孩子对节目内容表现出更好的理解和记忆能力,并且重复观看的孩子能够比只观看一次的孩子回忆起更多的内容。当孩子们反复观看同一集时,他们的整体视觉注意力并没有下降,事实上,公开的观众参与(如大声回答问题、指屏幕、大笑)还大大增加了[88]。研究表明,重复观看电视对其他学龄前年龄的儿童也有类似的好处[89]。而且,克劳利等表示,看了五遍这一集节目的孩子,在解决问题的任务上比只看过一次的孩子要表现得更好,这些任务与这一集节目中所呈现的任务相同,并且对于问题的迁移也与电视中所模拟的有一定相似性。通过视频学习的迁移将在随后进行更详细讨论。这种由重复促成的有效性,可能也受到孩子年龄的影响,比如更大一些的青少年是否也如此? 对这一问题的回答,还需要更多实证检验。

(三)成人的共同观看和介入

成人可以通过回答问题、关注节目的重要部分、扩展节目中的课程来提高儿童教育电视的有效性。虽然证据有点少,但仍有一些证据表明,儿童与父母或其他成年人一起观看电视节目,可能会增强电视节目的学习效果,尤其是在观看电视节目的同时进行介入活动的情况下(如通过回答和提问,积极地吸引儿童关注节目的重要方面)。

其他研究直接比较了电视观看过程中的消极陪伴观看和积极主动介入,效果迥异。瓦尔肯堡等比较了在成年人共同观看或成年人介入的情况下,四年级和六年级学生的理解和反应[90]。共同观看节目的成年人没有对节目发表评论,将注意力分散在节目和其他活动上,对节目表现出中立的影响。此外,介入节目的成年人则会对节目进行评论,并对节目表现出积极的影响。尽管两种情况下的孩子都至少从节目中学到了一些目标信息,但对节目的理解方面,介入组的理解得分明显高于共同观看组。

家长陪伴孩子的效果,在孩子的性别上也存在差异。成人帮助儿童用木偶再现关键内容的角色扮演,尤其有利于男孩对重要内容的学习,而成人向儿童描述关键节目点的口头标记,则对女孩学习内容尤其有用,这或许是由于男孩和女孩对于不同的表征(视觉动作表征 VS.文字符号表征)有不同敏感度的缘故。因此,回忆的方式会影响节目的效果。尽管一些研究未能发现成人共同观看和介入有显著的积极作用[89],据所知,没有研究表明父母在孩子观看电视期间的参与对其学习有负面的影响。

关于交互式媒体,亚斯明·卡斐(Yasmin Kafai)等发现4～12岁的儿童使用电脑主要是用于游戏和教育软件,但对游戏的使用相对更加频繁。研究者认为,为了实现教育互动媒体的潜在效益,家长介入可能是必要的[91]。然而,有研究表明,孩子们仍然应该自主管控互动媒体的体验,以保持对活动的兴趣和关注。具体地说,与成年人负责互动体验,而孩子只能被动观看的情况相比,那些允许孩子控制教育活动、与孩子共同观看的成年人在幼儿反复使用交互式媒体的过程中培养了孩子的更多注意力投入。因此,在家长和孩子共看教育媒体时,让孩子能自主控制互动媒体的体验,或许更能保证其兴趣和关注度。其他研究报告称,当成年人就教育信息提供反馈或演示时,教育软件的有益效果得到了增强[92]。

(四)人口学变量和先验知识

一些研究结果表明,媒介对儿童学习成绩的影响会随着其家庭社会经济地位、儿童性别、智力、先验知识等特征而变化。在一项对美国加州教育成就测试数据的重新分析中,乔治·科姆斯托克(George Comstock)等总结道,看电视妨碍了中上层阶级儿童的成绩,却提高了下层阶级儿童的成绩[93]。费特勒也发现了类似的结果,即一周内看电视的时间对高社会经济地位的高中生(也是总体成绩最好的学生)的成绩有消极的预测作用,而电视观看时间与低社会经济地位的学生的成绩有中性到积极的联系[82]。

上述研究没考虑到教育内容和娱乐内容的不同影响。安德森等进行的一项研究,表明早期接触教育节目和随后的高中学业成绩之间的积极联系,并发现这对男孩的影响比女孩更大。研究者对这一发现的解释是,其与男孩和女孩在学校的社会化有关。女孩的社会化一般更强调学业成就,因此,早期接触像《芝麻街》这样的教育节目可以帮助男孩们做更好的学前准备,女孩则不太需要这样的接触。

其他研究表明,先验知识可以中介教育电视的影响。德博拉·莱恩巴格(Deborah Linebarger)等研究教育电视节目《我们一家都是狮子》(*Between the*

Lions)在提高幼儿园孩子和一年级孩子读写能力方面的有效性,依据是在新兴的读写能力前测中的成绩[94]。研究将孩子们确定为有风险的、中等风险的和无风险的,该电视节目通常是在家观看的,旨在提高年幼观众的读写能力。12 间教室的孩子被随机分配到控制组和实验组,实验组的孩子在几周内观看了 17 集节目。老师们被明确指示不要在课堂上讲解任何的节目内容。结果表明,新兴的读写能力会随着观看时间的增加而提高,但这个影响会受到阅读能力的中介作用。中等风险的儿童和非风险的儿童比有风险的儿童通过观看节目所获得的益处更多。研究者指出,由于之前没有接触过该节目中所呈现的观点,有风险的儿童可能无法理解这些内容。如前所述,不理解媒介内容对教育媒体的任何积极影响都有严重的削弱。

在交互式媒体的使用中也发现了类似的中介因素。在阿特韦尔等的分析中,拥有电脑对学业成绩的正面影响随社会经济地位的提高而增加,这可能扩大原有的差距。此外,与女性和白种人相比,这种影响对男性和少数族裔更大。这种互动可能是社会环境的产物,因为高社会经济地位的家庭可能更了解有效的互动和计算机使用[85]。在关于视频游戏体验和成人空间技能的研究中,与女性相比,其对男性的影响更大、更普遍。在对儿童的类似研究中,研究者表示,对于那些前测中分数相对较低的孩子来说,在玩了电子游戏之后,其空间技能的提高最为显著。

虽然不能广泛地概括教育媒体影响的中介因素,但很明显,中介效应普遍存在。在产生和评估媒介影响的时候,应该认识到,一些用户的子群体比其他用户受益更多。只要在教育节目设计中考虑这些中介效应,节目的影响就可以得到增强。因此,无论学界从事相关研究或业界设计媒介实践,都需要充分考虑各种中介因素。

五、学习的迁移

虽然通过教育媒体直接学习事实自然是有益的,但是大多数教育活动的目标是让孩子们把他们所学到的东西应用到现实生活的情境之中。相对而言,现在关于教育媒体学习迁移的了解还很少,以下梳理总结了一些关于媒介学习迁移的证据和理论,在菲什等的研究中,也有相关详细综述[95]。

(一)迁移的证据

在一项关于视频迁移的早期研究中,T. 霍达普(T. Hodapp)观察了儿童们(5.5～6.5 岁)在观看描述问题解决方案(如用工具拿一个够不着的玩具)或其他无关事件的视频片段时的眼球运动[96]。随后,研究者用实验视频中出现的问题对儿童进行测试,以确定处于实验条件下的儿童将解决方案转化到现实问题上的程度。虽然实验组的儿童并没有更高的整体成功率(如拿到了够不着的玩具),但是与控制组相比,成功完成任务的儿童更有可能是因为使用了视频中的策略,并且那些看过解决策略的视频的孩子,解决问题时所花的时间更短。此外,观看视频片段时对基本工具的注视频率和总注视时长,可预测实验组儿童解决问题的时间。

其他研究表明,对于年龄较大的孩子,迁移来自专业制作的教育节目。*Square One TV* 是一个针对 8～12 岁儿童的数学教学节目,在对该节目的评估中,研究者比较了连续六周每天看 30 分钟该节目的五年级学生和不看该节目的同龄人。两组儿童在前测中的得分没有差异,但在长达六周的实验结束时,实验组的儿童在所有级别的评估中都表现得更好。尤其是,在实验组中,新的问题解决策略(那些不同于在前测中使用的策略)在孩子们所使用的全部策略中,占据了较高的比例。菲什在另一个以数学为基础的《数学小先锋》(*Cyberchase*)节目中,发现了类似的效应[97]。三年级和四年级学生连续四周每个工作日都要看一集《数学小先锋》或《新美国儿童》(*Liberty's Kids*,一个关于美国历史的节目)。观看《数学小先锋》的儿童是唯一一组在前测和后测之间数学技能有所提高的,并在直接学习(如节目中明显呈现的概念)和迁移任务(这些任务与节目中的例子有不同程度的相似性)上的表现,比控制组更好。重要的是,学生在直接学习任务上的表现要比在迁移任务上的表现更好,迁移的可能性随着测试问题与节目中所出现的问题之间的相似性的增加而增加。

克劳利等证明了,甚至学龄前儿童也能将特定的策略从电视上迁移到现实生活中的问题上[88]。同样,迁移不如对事实的一般理解那么容易,尤其是对于那些与节目中所出现的问题不太相似的问题。重要的是,儿童在迁移任务上的表现会随着年龄的增长和重复的观看而增加。在一项更普遍的迁移研究中,研究者调查了儿童解决类似问题的能力。即使是 3 岁的孩子也能迁移一个简单的解决方案,但随着年龄的增长,自发的迁移也会增加。

综上所述,这些发现表明,即使学龄前儿童也有能力迁移教育电视节目的内容。研究结果还揭示了几个重要的中介因素,包括对问题重要方面的注意、源问题和迁移问题之间的相似性、重复和学习者的年龄。

(二)迁移的条件

1. 理解

菲什借鉴了关于学习迁移和类比推理的相关理论和研究,以此作为教育电视迁移理论的第一次尝试[75]。同样,尽管该理论最初是为教育电视而设计的,但是菲什的迁移理论可以相对容易地应用于其他形式的电子媒体。菲什提出了三个可能导致迁移失败的因素:初始理解和学习能力差,对问题解决方案的心理表征不足以及无法将解决方案应用于迁移的情境中。理解是一个明显的先决条件。孩子们无法把他们从未理解过的东西迁移过来。由于上文讨论了理解,以下将专门讨论迁移过程中的另外两个步骤。

2. 表征

要进行迁移,必须要在学习内容的最初情境之外,将内容的心理表征抽象化。教育内容的情境表征实际上会阻碍迁移。然而,根据容量模式,制作人应该在叙事内容中嵌入教育内容,以减少两者之间的距离,并将工作记忆的负荷降到最低。情境独立学习(context-independent learning)的概念可能与前文关于容量模式的讨论相互矛盾。菲什提供了一个解决方案,即建议教育内容应该在节目的不同情境中多次重复呈现,以促进迁移。所罗门等指出,各种不同的实践或在各种关联情境下的实践,迫使策略的表征加以调整,从而使其日益脱离原来的情境,而在其他情境下更容易引起人们的注意。

关于其他情境下学习迁移的研究表明,使用几个不同的训练实例可能会增加最初学习概念的难度,但是一旦习得了,解决方案策略的灵活性就会增强。陈哲(Zhe Chen)等评估了嵌入在书面叙述中的问题解决策略的迁移,并将其作为多个示例之间的不同相似性级别的功能[98]。通过使用四个训练问题,研究发现,使用可变的源解决方案的参与者学习策略的速度较慢,但在随后的迁移任务中的表现,要好于那些具有固定解决方案的参与者。研究者的结论是,不同的实践导致抽象的速度较慢,因此需要多个示例,但由于问题解决方案具有更通用的模式,因此增加了迁移。所以,增加不同情境下的训练实例,有助于促进迁移。

3. 应用

选择适当解决步骤的能力,至少在一定程度上是由源问题和迁移问题之间的相似性所中介作用的。一般来说,近迁移(near transfer)发生在源问题和目标问题高度相似的时候,远迁移(far transfer)发生在源问题和目标问题之间相似性较小的时候。例如,如果教育信息是通过高度乘以宽度来计算一张纸上矩形的面积,那么近迁移问题可能是计算具有不同尺寸的一张矩形纸的面积,而远迁移问题则可能是测量卧室地板的问题。然而,有学者在评估近迁移和远迁移的运用时指出,在不同的研究中这些术语的用法各不相同。从已有研究来看,教育媒介的迁移侧重于表面结构相似性(surface-structure similarity,如,所嵌入问题的相关故事或背景)与深层结构相似性(deep-structure similarity,如,基本的原则或解决方案)的区分。这类似于菲什对于电视节目中叙事和教育内容的区分。

在目前讨论中,一个重要的考虑是电视和其他电子媒体可以在许多方面增加距离。不仅是屏幕媒体的实际形式不同于现实生活中的情况(如屏幕的二维性质),而且电视节目和电子游戏中呈现的角色、设置、形式(如动画)和故事,可能与大多数孩子在日常生活中可能遇到的情况有很大的不同。如果中介的内容与观众自身的经验不同,迁移就不太可能发生。这一事实使得制作人更有必要考虑其他增强迁移的方法,例如,确保对材料的初步理解、利用各种重复,以及增加多种不同情境下的应用。

六、未来方向与结语

(一)未来方向

虽然可从现有文献中得出一般性的结论,但仍有许多领域需要进行科学研究。随着互动媒体和电视在技术和内容上的发展,还需要研究来确定相对新的互动媒体和电视的影响。尽管已有研究集中于电视、电脑和电子游戏的使用,但许多儿童玩具产品都是数字化的,可能还有屏幕,目前有关这些电子玩具和游戏影响的研究较少。

此外,还需要研究确定数字媒体对婴儿和幼儿的影响。年龄非常小的孩子已经开始观看针对婴儿的视频。尽管像"小爱因斯坦"这样的名字在早期学习中培养了绝对的信仰,但迄今为止,几乎没有证据表明婴儿从教育媒体上学到了任何有价值的东西。

虽然其他心理学领域的研究支持了菲什的容量模式和电视迁移理论,但关于电子媒体的实证研究仍然有限。最近,涉及神经科学的相对新颖和创新的研究方法已被应用于电子媒体的研究,并可能为该领域的一些问题提供新的线索,例如,容量模式如何在神经元层面奏效并促进迁移[99]。

儿童生活的媒介世界在不断变化。多年前,《芝麻街》为儿童引入了一种新的思维方式。20世纪90年代也发生了类似的革命,诸如《蓝色斑点狗》和《爱探险的朵拉》等节目鼓励部分观众的积极参与。数字时代将会发生什么革命?它们将如何影响孩子们的学习?值得传播学和教育学的研究者投身一试。

(二)结语

儿童在观看电视时是认知活跃的,电视对儿童知识和学业成绩的影响主要通过节目内容、观看量、儿童年龄、家长教育程度等因素来加以调节。教育媒体对学业成绩有正面的影响,而负面影响则与接触纯娱乐驱动的内容有关。儿童经常学习教育电视节目中的预期课程,尽管有许多因素可能会影响这种学习。特别重要的是,节目需要精心设计的内容,这些内容可有效地将教育的和叙事的内容交织在一起,同时节目需要在各种不同情境中重复呈现出关键信息,以最大限度地帮助实现学习的内容迁移。

到孩子们高中毕业的时候,他们使用电子媒体的累积时间将超过他们在正规学校的时间。电子媒体有可能影响和提高所有儿童的学业成绩。电子媒体也有可能是有害的。很明显,从儿童发展到教育研究的广泛知识可应用于发展娱乐性的和教育性的媒体内容[100-101]。未来的教育媒介科技,值得我们拭目以待。

本章参考文献

[1] Calvert S L, Wilson B J. The handbook of children, media, and development[M]. Hoboken: Wiley-Blackwell, 2008.

[2] Bruner J S, Olson D R. Learning through experience and learning through media[J]. Prospects, 1973, 3(1):20-38.

[3] Greenfield P M. The cultural evolution of IQ[M]//Neisser U. The rising curve: long-term gains in IQ and related measures. Washington, D. C.: American Psychological Association, 2000:81-123.

[4] Bruner J S. The growth of mind[J]. American psychologist, 1965, 20(12):1007-1017.

[5] Richardson A. Verbalizer-visualizer: a cognitive style dimension[J]. Journal of mental imagery, 1977, 1(1):109-126.

[6] Cocking R R, Sigel I E. Cognition and communication: a dialectic paradigm for development[M]//Lewis M, Rosenblum L A. Interaction, conversation, and the development of language: the origins of behavior. New York: Wiley, 1977:207-226.

[7] Sigel I E. The centrality of a distancing model for the development of representational competence[M]//Cocking R R, Renninger K A. The development and meaning of psychological distance. Hillsdale: Lawrence Erlbaum, 1993:141-158.

[8] Greenfield P M. Representational competence in shared symbol systems: electronic media from radio to video games[M]//Cocking R R, Renninger K A. The development and meaning of psychological distance. Hillsdale: Lawrence Erlbaum, 1993:161-183.

[9] Salomon G. Interaction of media, cognition, and learning[M]. San Francisco: Jossey-Bass, 1979.

［10］Bandura A. Social cognitive theory of mass communication[J]. Media psychology, 2001, 3(3):265 - 269.

［11］Kozma R B. Learning with media[J]. Review of educational research, 1991, 61(2): 179 -211.

［12］Scarborough H S, Dobrich W. On the efficacy of reading to preschoolers[J]. Developmental review, 1994, 14(3):245 - 302.

［13］Cunningham A E, Stanovich K E. Tracking the unique effects of print exposure in children: associations with vocabulary, general knowledge, and spelling[J]. Journal of educational psychology, 1991, 83(2):264 - 274.

［14］Glenn N D. Television watching, newspaper reading, and cohort differences in verbal ability [J]. Sociology of education, 1994, 67(3): 216 - 230.

［15］Hayes D P, Wolfer L T, Wolfe M F. Schoolbook simplification and its relation to the decline in SAT-verbal scores[J]. American educational research journal, 1996, 33(2):489 - 508.

［16］Meltzoff A N. Imitation of televised models by infants[J]. Child development, 1988, 59 (5): 1221 - 1229.

［17］Wright J C, Huston A C. A matter of form: potentials of television for young viewers[J]. American psychologist, 1983, 38(7):835 - 843.

［18］Greenfield P M, Beagles-Roos J. Radio vs. television: their cognitive impact on different socio-economic groups[J]. Journal of communication, 1988, 38(2):71 - 92.

［19］Salomon G. A cognitive approach to media[J]. Educational technology, 1976, 16(5): 25 - 28.

［20］Rideout V J, Vandewater E A, Wartella E A. Zero to six: electronic media in the lives of infants, toddlers and preschoolers[R]. Menlo Park: Kaiser Family Foundation, 2003.

［21］Greenfield P M, Dewinstanley P A, Kilpatrick H, et al. Action video games and informal education: effects on strategies for dividing visual attention [J]. Journal of applied developmental psychology, 1994, 15(1):105 - 123.

［22］Green C S, Bavelier D. Action video game modifies visual selective attention[J]. Nature, 2003, 423(6939):534 - 537.

［23］Greenfield P M. Video games as tools of cognitive socialization[J]. Psicologia Italiana, 1990, 10: 38 - 48.

［24］Subrahmanyam K, Greenfield P M. Effect of video game practice on spatial skills in girls and boys[J]. Journal of applied developmental psychology, 1994, 15(1):13 - 32.

［25］De Lisi R, Wolford J L. Improving children's mental rotation accuracy with computer game playing[J]. Journal of genetic psychology, 2002, 163(3):272 - 282.

［26］ Greenfield P M, Subrahmanyam K. Online discourse in a teen chat room: new codes and new modes of coherence in a visual medium［J］. Journal of applied developmental psychology, 2003, 24(6): 713 - 738.

［27］ Calvert S L, Mahler B A, Zehnder S M, et al. Gender differences in preadolescent children's online interactions: symbolic modes of self-presentation and self-expression［J］. Journal of applied developmental psychology, 2003, 24(6):627 - 644.

［28］ Suzuki L K, Beale I L. Personal web home pages of adolescents with cancer: self-presentation, information dissemination, and interpersonal connection［J］. Journal of pediatric oncology nursing, 2006, 23(3):152 - 161.

［29］ Foerde K, Knowlton B, Poldrack R. Modulation of competing memory systems by distraction［J］. Proceedings of the national academy of sciences, 2006, 103(31):11778 - 11783.

［30］ Calvert S L, Wells J. Age and gender effects of multitasking on academic performance［C］// Hawaii International Conference on Education, January 5 - 8, 2008, Honolulu, Hawaii, USA.

［31］ Steen F F, Greenfield P M, Davies M S, et al. What went wrong with The Sims Online? cultural learning and barriers to identification in a massively multi-player online role-playing game［M］//Vorderer P, Bryant J. Playing computer games-motives, responses, and consequences Mahwah: Lawrence Erlbaum, 2006:307 - 323.

［32］ Yan Z. Age differences in children's understanding of the complexity of the Internet［J］. Journal of applied developmental psychology, 2005, 26(4):385 - 396.

［33］ Gerbner G, Gross L, Morgan M, et al. Growing up with television: the cultivation perspective［M］//Bryant J, Zillmann D. Media effects: advances in theory and research. Hillsdale: Lawrence Erlbaum, 1994:17 - 40.

［34］ Blumer H. Movies and conduct［M］. New York: Macmillan, 1933.

［35］ Cantor J, Nathanson A. Children's fright reactions to television news［J］. Journal of communication, 1996, 46(4):139 - 152.

［36］ Gentile D A, Walsh D A. Media-quotient™: national survey of family media habits, knowledge, and attitudes［R］. Minneapolis: National Institute on Media and the Family, 1999.

［37］ Valkenburg P M, Cantor J, Peeters A L. Fright reactions to television: a child survey［J］. Communication research, 2000, 27(1): 82 - 97.

［38］ Cantor J, Omdahl B. Children's acceptance of safety guidelines after exposure to televised dramas depicting accidents［J］. Western journal of communication, 1999, 63(1):57 - 71.

［39］ Cantor J, Byrne S, Moyer-Gusé E, et al. Descriptions of media-induced fright reactions in a sample of US elementary school children［J］. Journal of children and media, 2010, 4(1):

1 −17.

[40] Saylor C F, Cowart B L, Lipovsky J A, et al. Media exposure to September 11: elementary school students' experiences and posttraumatic symptoms [J]. American behavioral scientist, 2003, 46(12):1622 − 1642.

[41] Apter M J. The dangerous edge: the psychology of excitement[M]. New York: Free Press, 1992.

[42] Cantor J, Nathanson A. Predictors of children's interest in violent television programs[J]. Journal of broadcasting & electronic media, 1997, 41(2):155 − 167.

[43] Cantor J. "Mommy, I'm scared": how TV and movies frighten children and what we can do to protect them[M]. San Diego: Harcourt, 1998.

[44] Cantor J, Sparks G G, Hoffner C. Calming children's television fears: Mr. Rogers vs. the Incredible Hulks[J]. Journal of broadcasting & electronic media, 1988, 32(3):271 − 288.

[45] Cantor J, Wilson B J. Modifying fear responses to mass media in preschool and elementary school children[J]. Journal of broadcasting, 1984, 28(4):431 − 443.

[46] Wilson B J, Weiss A J. The effects of two reality explanations on children's reactions to a frightening movie scene[J]. Communication monographs, 1991, 58(3):307 − 326.

[47] Cantor J, Stutman S, Duran V. What parents want in a television rating system: results of a national survey[R]. Chicago: National PTA, 1996.

[48] Hoffner C. Adolescents' coping with frightening mass media[J]. Communication research, 1995, 22(3):325 − 346.

[49] Roberts D F, Foehr E G, Rideout V. Generation M: media in the lives of 8 − 18-year-olds [R]. Menlo Park: Kaiser Family Foundation, 2005.

[50] Smith S L, Lachlan K, Tamborini R. Popular videogames: quantifying the presentation of violence and its context[J]. Journal of broadcasting and electronic media, 2003, 47(1): 58 −76.

[51] Breuer J, Freud S. Studies on hysteria[M]. London: Hogarth Press, 1956.

[52] Eleison M. Scapegoat: Hollywood[EB/OL] /[2022 − 03 − 23]. http://www. moviemaker. com/magazine/editorial. php? id＝160.

[53] Bandura A. Social learning theory[M]//Bandura A. Social foundations of thought and action: a social cognitive theory. Englewood Cliffs: Prentice Hall1, 1986.

[54] Barr R, Muentener P, Garcia A, et al. The effect of repetition on imitation from television during infancy[J]. Developmental psychobiology, 2007, 49(2): 196 − 207.

[55] Bandura A. Social foundations of thought and action: a social cognitive theory [M]. Englewood Cliffs: Prentice Hall, 1986.

[56] Berkowitz L. On the formation and regulation of anger and aggression: a cognitive neoassociationistic analysis[J]. American psychologist, 1990, 45(4):494 – 503.

[57] Jo E, Berkowitz L. A priming effect analysis of media influence: an update[M]//Bryant J, Zillmann D. Media effects: advances in theory and research. Hillsdale: Lawrence Erlbaum, 1994:43 – 60.

[58] Berkowitz L, Rawlings E. Effects of film violence on inhibitions against subsequent aggression[J]. Journal of abnormal and social psychology, 1963, 66(5):405 – 412.

[59] Huesmann L R. The role of social information processing and cognitive schema in the acquisition and maintenance of habitual aggressive behavior[M]//Green R G, Donnerstein E. Human aggression: theories, research, and implications for social policy. San Diego: Academic Press, 1998:73 – 103.

[60] Anderson C A, Shibuya A, Ihori N, et al. Violent video game effects on aggression, empathy, and prosocial behavior in eastern and western countries: a meta – analytic review [J]. Psychological bulletin, 2010, 136 (2):151 – 173.

[61] Sparks G G, Ogles R M. The difference between fear-of-victimization and the probability of being victimized: implications for cultivation[J]. Journal of broadcast electronic media, 1990, 34(3):351 – 358.

[62] Tversky A, Kahneman D. Availability: a heuristic for judging frequency and probability[J]. Cognitive psychology, 1973, 5(2):207 – 232.

[63] Funk J B, Baldacci H B, Pasold T, et al. Violence exposure in real-life, video games, television, movies, and the Internet: is there desensitization? [J] Journal of adolescence, 2004, 27(1):23 – 39.

[64] Coyne S M, Archer J. Indirect aggression in the media: a content analysis of British television programs[J]. Aggressive behavior, 2004, 30(3):254 – 271.

[65] Coyne S M, Archer J, Eslea M. Cruel intentions on television and real life: can viewing indirect aggression increase viewers' subsequent indirect aggression? [J]. Journal of experimental child psychology, 2004, 88(3):234 – 253.

[66] Drabman R S, Thomas M H. Does media violence increase children's toleration of real-life aggression? [J]. Developmental psychology, 1974, 10(3):418 – 421.

[67] Singer J L. The power and limits of television: a cognitive-affective analysis [M]// Tannenbaum P. The entertainment function of television. Hillsdale: Lawrence Erlbaum, 1980: 312 – 360.

[68] Huston A C, Wright J C. Children's processing of television: the informative functions of formal features[M]//Bryant J, Anderson D R. Children's understanding of television:

research on attention and comprehension. New York: Academic Press, 1983:35 - 68.

[69] Moore M, Calvert S L. Vocabulary acquisition for children with autism: teacher or computer instruction[J]. Journal of autism and developmental disorders, 2000, 30(4): 359 -362.

[70] Anderson D R, Lorch E P. Looking at television: action or reaction? [M]//Bryant J, Anderson D R. Children's understanding of television: research on attention and comprehension. New York: Academic Press, 1983: 1 - 34.

[71] Schmitt K L, Woolf K D, Anderson D R. Viewing the viewers: viewing behaviors by children and adults during television programs and commercials [J]. Journal of communication, 2003, 53(2):265 - 281.

[72] Salomon G, Leigh T. Predispositions about learning from television and print[J]. Journal of communication, 1984, 34(2):119 - 135.

[73] Fisch S M. A capacity model of children's comprehension of educational content on television[J]. Media psychology, 2000, 2(1):63 - 91.

[74] Baddeley A D. Working memory[M]. Oxford: Clarendon Press, 1986.

[75] Fisch S M. Children's learning from educational television: "Sesame Street" and beyond [M]. Mahwah: Lawrence Erlbaum, 2004.

[76] Friedlander B, Wetstone H S, Scott C. Suburban preschool children's comprehension of an age-appropriate informal television program[J]. Child development, 1974, 45(2):561 -565.

[77] Anderson D R, Pempek T A. Television and very young children[J]. American behavioral scientist, 2005, 48(5):505 - 522.

[78] Rideout V J, Hamel E. The media family: electronic media in the lives of infants, toddlers, preschoolers, and their parents[R]. Menlo Park: Kaiser Family Foundation, 2006.

[79] Mutz D C, Roberts D F, van Vuuren D P. Reconsidering the displacement hypothesis: television's influence on children's time use[J]. Communication research, 1993, 20(1): 51 -75.

[80] Neuman S B. Literacy in the television age: the myth of the television effect[M]. Norwood: Ablex, 1991.

[81] Razel M. The complex model of television viewing and educational achievement[J]. Journal of educational research, 2001, 94(6):371 - 379.

[82] Fetler M. Television viewing and school achievement[J]. Journal of communication, 1984, 34(2): 104 - 118.

[83] Potter W J. Does television viewing hinder academic achievement among adolescents? [J]. Human communication research, 1987, 14(1):27 - 46.

[84] Harris M B, Williams R. Video games and school performance[J]. Education, 1985, 105 (3):306 - 309.

[85] Attewell P, Battle J. Home computers and school performance[J]. The information society, 1999, 15(1):1 - 10.

[86] Salomon G. Television watching and mental effort: a social psychological view[M]// Bryant J, Anderson D R. Children's understanding of television: research on attention and comprehension. New York: Academic Press, 1983:35 - 68.

[87] Carey G, Tryee W, Alexander K. An environmental scan of children's inter-active media from 2000—2002[EB/OL]. [2022 - 03 - 24]. http://www. markle. org/ downloadable_ assets/imc_environmentalscan. pdf.

[88] Crawley A M, Anderson D R, Wilder A, et al. Effects of repeated exposures to a single episode of the television program Blue's Clues on the viewing behaviors and comprehension of preschool children[J]. Journal of educational psychology, 1999, 91(4):630 - 637.

[89] Skouteris H, Kelly L. Repeated-viewing and co-viewing of an animated video: an examination of factors that impact on young children's comprehension of video content[J]. Australian journal of early childhood, 2006, 31(3): 22 - 30.

[90] Valkenburg P M, Krcmar M, de Roos S. The impact of a cultural children's program and adult mediation on children's knowledge of and attitudes towards opera[J]. Journal of broadcasting and electronic media, 1998, 42(3):315 - 326.

[91] Kafai Y B, Sutton S. Elementary school students' computer and internet use at home: current trends and issues[J]. Journal of educational computing research, 1999, 21(3): 345 -362.

[92] Shute R, Miksad J. Computer assisted instruction and cognitive development in preschoolers [J]. Child study journal, 1997, 27(3):237 - 253.

[93] Comstock G, Paik H. Television and the American child[M]. Orlando: Academic, 1991.

[94] Linebarger D L, Kosanic A Z, Greenwood C R, et al. Effects of viewing the television program Between the Lions on the emergent literacy skills of young children[J]. Journal of Educational Psychology, 2004, 96(2):297 - 308.

[95] Fisch S, Kirkorian H L, Anderson D R. Transfer of learning in informal education: the case of television[M]//Mestre J. Transfer of learning from a modern multidisciplinary perspective. Greenwich: Information Age Publishing, 2005:371 - 393.

[96] Hodapp T V. Children's ability to learn problem-solving strategies from television[J]. Alberta journal of educational research, 1977, 23(3):171 - 177.

[97] Fisch S M. Transfer of learning from educational television: near and far transfer from

"Cyberchase"[C]// Georgia: The Biennial Meeting of the Society for Research in Child Development，April 7 - 10, 2005.

[98] Chen Z，Mo L. Schema induction in problem-solving: a multidimensional analysis[J]. Journal of experimental psychology: learning，memory，and cognition，2004，30(3): 583 -600.

[99] Anderson D R. A neuroscience of children and media? [J]. Journal of children and media，2007，1(1):77 - 85.

[100] Anderson D R. Watching children watch television and the creation of Blue's Clues[M]// Hendershot H. Nickelodeon nation: the history, politics, and economics of America's only TV channel for kids. New York: New York University Press, 2004: 241 - 268.

[101] Calvert S L，Wilson B J. The handbook of children，media，and development[M]. Hoboken: Wiley-Blackwell, 2008.

第五章　新媒体与儿童社会化发展

在儿童的社会化发展过程中,媒介和通信技术发挥着关键且日益复杂的作用。媒介使童年和青春期的经验和意义与前几代人有了根本的不同。20 世纪早中期的主导媒介——电影、广播、漫画书、杂志——提供了流行的行为和风格模式,也帮助儿童树立了作为"品味文化"成员的共同身份意识。后来,电视的兴起彻底改变了社会化的进程。几十年来,孩子们都是在每天都有许多小时电视播放的家庭中长大的,今天的儿童的父母(甚至许多祖父母)从来没见过一个没有电视的世界。电视所传播的大量图像、表述和符号模型,深刻地塑造了儿童对世界的思考,以及他们如何看待自己与世界的关系。

在 21 世纪,媒介之于儿童社会身份发展意涵的影响发生着巨大的变化。电视和其他传统媒体仍然发挥着重要作用。事实上,儿童花在看电视上的时间继续增加,随着新的数字媒体激增,整个社会身份发展的过程变得更加错综复杂、多层次、可渗透。

媒介的普遍性以及形象和故事渗透家庭生活、同伴互动和整个成长过程中的程度,意味着今天的孩子们对其他人和角色有着比以往更多的替代性体验。媒介提供了大量不同类型的人在不同类型的情况下以不同方式行事的例子。然而,就在这大量图像的表象之下,存在着包容和排斥、习俗和刻板印象的系统模式,反映了意识形态和社会权力。

媒介提供了具有吸引力的途径来缓解这一发展阶段的困难和令人不安的紧张关系。通过对品位、风格、价值观、人格模式和角色的广泛共享的定义,媒介为社会身份认同提供了路标,无论是专门为年轻观众制造的,还是作为一般文化的一部分。在这种情况下,它们所提供的是媒介化的表现,这一事实本身并不特别重要。孩子们认为这些形象是真实的还是虚假的,是现实的还是虚构的,这并不重要。每一次接触某个媒介模式,都提供了一个潜在的行为或态度指南,一个潜在的认同来源,一个儿童可能使用的人类典范——无论是否符合模式,也无论是否有意识地去定义和构建身份。此外,正如罗西奥·里瓦德内拉(Rocio Rivadeneyra)等所指出的,"青少年也可能更容易受到媒介信息的影响,因为他们正处于自我评价和自我定义的关键阶段……在这一时期，个人的自我概念是不稳定的，并且由于身份探索的挑战而经常摇摆不定"[1]。这使得媒介对儿童时期身份发展的影响特别微妙和多面化。

虽然使用传统媒体为身份认同提供了大量的潜在模式，但接触新的互动媒体实际上迫使孩子们积极定义自己。现在，新技术的使用确实调解了儿童维系彼此之间关系的方式。也就是说，新媒体为同龄人的互动和自我展示提供了强大而动态的机制。新兴的移动和智能媒体与其说是人类感官的延伸，不如说是身体的一部分，是年轻人如何向世界展示自己并相互联系的方面。同龄人在社会身份发展过程中所扮演的角色，如今就是由新媒体塑造的，并通过新平台来宣布。

所有这些都对正在努力塑造社会身份的儿童产生了重大影响。"青春期"从来都不是一个轻松的时期，无论是在情感上、社会上还是身体上，可以说，它现在比以前更加复杂和具有挑战性。根据埃里克·埃里克森（Erik Erikson）的说法，从青春期到成年的成功过渡，取决于一个连贯的社会化身份的形成，这并不是一件容易的事[2]。媒介可以促进该过程，或使其复杂化。

第一节　媒介与儿童身份发展

"身份"是存在于个人内部某处的东西，是某种深刻的、包罗万象的自我感觉，一旦达到、承认或发现，就会保持相对固定和稳定。一个人可以通过不断成熟、深刻反省、灵魂搜索来"发现"自己的身份。然而，有点矛盾的是，身份可能是外部的和社会的定义；一个人可能通过对某个人或团体的认同而"采用"一种身份。因此，在个人身份和社会身份方面之间存在着一种奇怪的紧张关系，因为它部分地受到个性和社会角色因素的影响。尽管人们假设身份是每个人独特的东西（每一个身份大概都与其他每一个身份不同，它被看作是深刻的、不可言说的和个人的东西），但它可以与人们在一些团体、宗教或国籍中的成员资格有力地联系起来。沿着这些思路，亨利·塔菲尔（Henri Tajfel）开发了一个详细的理论框架来研究"社会身份"（social identity），作为不同于一个人基于特质、外表等的"个人身份"的东西[3]。因此，身份认同既需要个体化，又要求了社会关联性。

归根结底，"身份"——作为我们主观的人格意识——不是一个固定的、内部的现象。相反，它是一个动态的、变化的、持续的、社会文化的过程。身份是流动的，部分是情景性的，因此不断地被构建、协商和修改。作为一个过程，它在被表达的同时也被积极建构,反之亦然。

因此,身份是多维的。它被广泛的因素所定义、塑造和改变:身体、性别、情感、宗教、种族、民族、机构、家庭等等。在某些时间或地点,它可能对个人描述词或品质有特权:"胖""有趣""聪明""没有艺术性""紧张""善于交际""体格健壮",或更多。它也可能被不同的社会人口特征强烈地塑造,包括性别、年龄、阶级、宗教、民族、国籍或种族。它也可能与我们在任何特定时刻碰巧扮演的任何社会角色重叠——母亲、侄子、学生、购物者、团队成员、集邮者、飞机乘客、选民等等。

身份的组成部分是在与家庭、朋友、同伴、当局和其他人的社会互动中,以及在媒介形象和价值观的基础上积极形成和改变的。事实上,由于媒介作为一组人口和文化特征影响着其他人如何对待我们,社会互动在一定程度上是由媒介提供的对人们的共同理解或刻板印象所决定的。身份的定义可以与流行的或生动的媒介定型观念相对立或相一致。与媒介效果研究的许多领域一样,缺乏精确的翻译,使得理解媒介如何影响身份发展成为一项复杂的任务。

媒介在儿童日常生活中的重要性怎么强调都不为过。这种积累的经验有助于培养儿童的价值观、信仰、梦想和期望,而这些价值观、信仰、梦想和期望塑造了儿童的成人身份,并将在他或她的一生中持有或修改。媒介对身份发展的潜在贡献是巨大的[4]。

然而,媒介在形成儿童身份方面的重要性从来都是不变的。在孩子很小的时候,他们的大部分自我意识是在生命的最初几年从父母那里获得的。随着时间的推移,其他因素,如同龄人和非家庭权威人物,会影响身份的发展。在青春期,随着儿童寻求独立和自主,父母、兄弟姐妹和其他家庭成员的参与和直接影响逐渐减少。正是在这一时期,孩子们在父母和家庭单位之外寻找定义自己的方法[5]。媒体的无处不在和他们对媒介的沉浸意味着他们不需要寻找很远。8～18岁儿童的总体媒介使用时间接近每天8小时,在1999—2009年期间,他们花在每一种媒介上的时间(除了阅读)都在稳步增长[6]。对媒介内容的解释以及这些内容对身份发展的影响,随着年龄和发展阶段的不同而系统地变化。

以下概述了与媒介有关的儿童身份发展,主要关注的是青少年时期,因为儿童自我意识的轮廓在青春期早期变得更加有意义和鲜明。儿童的价值观和信仰(信念)正在成为他们自己独有的组成部分,与父母的价值观分离,甚至可能相反。媒介以多种方式促进了这一进程。

一、媒介与儿童身份

在儿童不断发展的身份认同过程中,媒介发挥着相互的、多面的作用。事实上,在这一领域,对媒介的使用、功能、影响和接受的关注都以动态的方式交叉进行。

儿童是众多媒介——广播、电视、电影、杂志、网站、社交媒体等的重要目标受众。年轻的"时髦"人物在电视节目和电影中占主导地位,这在很大程度上是由于制片人试图吸引利润丰厚的儿童市场。当媒介人物、名人、明星和角色都成为模仿的对象时,孩子们从这些商业需求产生的媒介形象中学习到许多经验。这些媒介模式不仅提供了无数可以纳入自己身份的风格、观点和价值的元素,而且还定义并延续了共同的社会类别。这些元素也可能会指导与不同类型的人打交道的模式和期望,这可能会间接地促进其他人的身份感。儿童可以接受或拒绝这些表现,但他们无法避免并不得不去处理这些表现。

电视和其他媒介的故事——包括虚构的和"现实"的形式——展示了解决问题的模式,以及什么是有效的,什么是无效的,对谁有效。这些故事说明了"受欢迎的孩子"是什么样的,谁是成功的,谁是失败的。它们提供了规矩做事,参与社会互动,以及对自己思考的模式,即一个人选择构建什么样的"自我"。最紧迫和最引人注目的故事——也就是那些广告——促进了一种只能通过消费来有意义地构建自我和身份的知觉。事实上,也许商业媒体的主导信息是,自我的实现取决于我们购买什么产品。消费不仅能满足我们最深层的欲望,解决几乎所有的问题,它也是我们了解我们是谁的方式。

然而,媒介不仅通过建立、美化榜样和商品来影响青少年的身份发展,重要的是,青少年也积极地使用、创造媒介来定义自己。媒介作为一种自我社会化的形式,可以帮助儿童和青少年了解他们的生活。杰弗里·阿内特(Jeffrey Arnett)将"自认形成"作为青少年对媒介的五种主要用途之一(其他是娱乐、高感和、竞争和青年文化认同)[7]。

此外,媒介的选择和行为可以是青少年身份发展的个人表达。媒介偏好构成了一种身份的徽章,青少年用它来定义自己,包括对他人。与儿童和成人不同,这些偏好和习惯标志着在各种品位和文化中的成员资格,这些文化将青少年团结在亚文化中。这些可能是对立的亚文化,如"媒介犯罪者",或者它们可能是精心组织和有效的营销策略的结果。无论哪种方式,媒介使用本身作为一种商品,是群体成员、风格和价值观的信号。例如,音乐对青少年很重要,因为它有助于在家庭之外定义他们的公共自我。共同观看某些节目可以助长群体身份的形成,而在社交网站上个性化展示自己的个人主页是一种身份管理的形式[8]。儿童和青少年所做的具体媒介选择,代表了自我定义的一个不可或缺的方面——无论是对自己还是对他人。正是媒介影响青少年身份感的这种极其广泛的方式,使得这种影响如此复杂、如此重要。

二、四个关键理论

四个关键理论,涵化理论、信息加工理论、性别图式理论和社会学习理论,有助于解释这些媒介接触模式和内容如何促进青少年的社会化发展、身份认同和行为。

(一)涵化理论

涵化理论(cultivation theory)认为电视是文化中的主要讲故事者,电视故事在节目和时间上是一致的[9]。鉴于内容的一致性,该理论的主要假设是,那些经常看电视的人与不经常看电视的人相比,更有可能相信电视中呈现的世界观。将这一假设运用到青少年的性别观方面,研究发现,经常看电视的孩子更有可能低估职业女性在社会中的比例,更有可能持有传统的女性工作观[10]。

(二)信息加工理论

在一系列的实验中,施拉姆运用认知科学的信息加工理论(information processing theory)来帮助解释涵化过程是如何形成的。比如,电视观众已经习惯了电视上经常出现有关性别的刻板印象,因为他们经常看到相同的画面。因此,当被要求估计男性医生或女性家庭主妇的频率时,经常观看电视的孩子会高估这一频率,因为男性医生和女性家庭主妇的形象是最容易被调用的心理结构。

涵化理论最初是通过电视来构思和测试的,因为电视是一种占主导地位且引人注目的媒介,而且随着时间的推移,其表现形式也非常一致。然而,相同的原则应该运用在不同的媒介上。当青少年选择包含频繁的、一致的性别形象的媒介时,涵化效应最有可能产生,这可能导致男孩和女孩选择典型的以性别为导向的内容。

(三)性别图式理论

性别图式理论(gender schema theory)建立在这样一种观念之上,即儿童通过接触现实世界和媒介的经验来发展自己的认知结构。关于性别的刻板印象是一种简单的性别图式[11]。研究表明,性别图式影响个体的认知、记忆和推论[12]。具有较深性别刻板印象的孩子,最有可能以一种刻板的方式去感知和记忆媒介形象。

(四)社会学习理论

社会学习理论(social cognitive theory)预测,儿童会模仿他们在现实生活和媒介中观察到的人的行为,这些人会因为自己的行为而受到奖励或不受惩罚。该理论还预测,对于某一真实的或者媒介形象的认同和渴望,会增加他们模仿这一形象外表和言行的可能性[13]。研究表明,儿童十分认同与自己同性的角色。研究还发现,当某一角色频繁出现,并且十分亲切且具有吸引力,人们对其的认同感和模仿会增强[14]。将媒介内容看作是真实的、令人向往的、令人愉悦的或者是亲切的,更有可能被媒介形象影响[13]。L. 莫尼克·沃德(L. Monique Ward)等在实验研究中发现,与那些不认同角色的孩子相比,认同他们所看到的典型角色的儿童更有可能认同传统的性别刻板印象[15]。

三、媒介与儿童性别社会化

每一种理论都表明,频繁接触与性别相关的内容,会影响儿童对于男性和女性期望的认识,以下将回顾这些影响的实证证据。

(一)不同的选择、注意和记忆模式

男孩和女孩对于内容的偏好很明显受到他们正在发展中的性别图式的引导。如前所述,男孩和女孩往往会选择截然不同的媒介类型来保持他们传统的性别角色(如与女孩相比,男孩观看更多的动画片和动作冒险类节目,玩更多的真实的暴力电子游戏)[16]。

性别图式也会影响对媒介内容的理解和记忆。例如,当男孩和女孩看到关于男护士和女医生的电视节目时,他们会想起,通常是男护士和女医生,这些反映了关于性别的刻板印象。总之,这些研究表明,性别图式影响着儿童选择什么来处理信息,影响着他们对内容的注意、理解和记忆,甚至有时是对事件扭曲的记忆。

(二)性别角色信念

许多研究验证了涵化理论假设,即越来越多地接触与性别刻板印象有关的媒介内容会影响儿童和青少年对于适当的性别角色和行为的一般态度。关于电视观看研究的结论是不一致的,一些研究发现,接触电视内容和传统性别角色的观念之间没有关联[17],而其他研究则发现两者之间存在很小的或一定的关系[18]。

为了更系统地梳理证据,詹妮弗·赫勒特-斯凯勒姆(Jennifer Herrett-Skjellum)等对当时存在的大量研究(19 项非实证研究和 11 项实证研究)进行了元分析。他们发现,总的来说,观看电视与性别刻板印象认同之间存在适度但显著的关系[19]。

然而,总的来说,电视对特定类型的性别观念的影响更强。频繁观看音乐视频、脱口秀和肥皂剧往往与传统的性别角色态度之间有着很强的关联[15]。

该领域的挑战之一是,很难将媒介使用的影响与其他性别化机构和性别化互动(如与父母和同龄人的互动)的影响隔离开来。其他社会化机构有助于青少年性别化的期待,并且可能影响他们选择何种媒介/内容以及如何解释这些内容[20]。然而,由于媒介也影响父母和同龄人的性别观念,媒介在延续社会对女性和男性的刻板印象方面的作用可能被低估了。对于更具体的与性别相关影响的研究支持了这一观点,即媒介确实发挥了重要的作用。

(三)日常活动和职业信念

甚至连小孩子都知道媒介对男女活动和职业的刻板印象。在一个关于涵化理论的测试中,研究者发现,最常看电视的小学生最有可能将家务活与传统的性别刻板印象联系起来(如男人割草坪,女人洗碗)。在一项全美调查中,超过三分之一的青少年表示,电视上的男性不做家务。在媒介中,职业带有性别、地位和阶级属性(如律师是男性,护士是女性)。受这些刻板印象影响的孩子更有可能对现实世界的职业做出类似的划分。媒介中女性所能得到的职业选择有限,这可能导致女性观众对更广泛的职业选择缺乏认识。

(四)对形体美和苗条的信念

大量研究探索了频繁接触媒介中的理想身材与年轻女性(尤其是大学生)对于自己身材、体重和饮食习惯的满意度之间可能存在的联系。总的来说,相关研究都发现,越多接触到媒介不切实际的瘦身理想,年轻女性就越有可能对自己的身体不满意,对自己的体重感到难为情并担忧,随即投入节食、健身和无规律饮食之中(如暴饮暴食和排毒)。

关于形体美的观念也和性别相关。看到美容广告的高中女孩比那些看到中性广告的女孩,更有可能把身体吸引力作为一种理想的品质来评价,而这种吸引力对于男人来说是很重要的。涵化理论很难解释接触一次广告的效果,但是加上施拉姆的信息加工理论,便可解释这一现象。在这种情况下,美容广告可能使关于外表吸引力的性别图式更容易理解,因此它在随后将某一品质评估为重要的任务中更具有影响力。

四、网络媒体与青少年身份发展

计算机技术的爆炸,像之前的电视一样,正在改变青春期孩子的经历。新媒体提供了自我展示和社会互动的新模式,以及实验、探索和测试极限的新机会。这些可能有助于解决或加剧个人身份和社会身份之间的持续紧张关系。新媒体技术如何影响青少年对自己和世界的理解,这是一个重要的未知领域,刚刚开始被探索。

　　这一领域的早期工作着眼于后现代理论,以理解人们在网上体验身份的方式。一些学者提出,网络空间挑战了人们对交流、固定的性别、阶级、种族和其他身份的依赖,并允许人们体验身份构建的流动性和多元性。特克指出,人们用电脑屏幕上的生活来适应关于进化、关系、性、政治和身份的新思维方式[21]。

　　聊天室刚开始出现时,许多人被它们提供了以史无前例的方式伪装身份的能力这一事实所吸引。研究表明,这实际上并不是一种常见的活动,青少年主要倾向于把自己表现得比他们实际年龄大。假装成另一种性别或身份的人是相当罕见的,更多时候是作为朋友之间的玩笑,而不是认真地试图被当作别人。

　　当不是玩笑时,青少年在网上进行身份实验主要是为了自我探索——"探索他人的反应"[22]。女孩和年轻人更经常从事这些行为。相比之下,年龄较大的人主要把他们的时间花在与亲密的个人朋友进行在线互动。"探索可能性的身份"是青春期的一个标志,而新媒体确实允许这种探索以前所未有的规模进行,不仅在聊天室,而且在主页、网络日志和博客的构建中[23-24]。

　　主页构成了一个相对安全的空间,可以在一个人的卧室或计算机站(所包含)的隐私权中进行实验。与此同时,它们提供了一个不寻常的前景,那就是大量的观众。因此,参加者可以从他们的主页访问者那里得到反馈,帮助他们塑造自己的身份,就像埃里克森所说的社会互动促进了线下身份构建一样[24]。

　　诸如社交网站这样的新媒体重塑了青少年与同龄人互动的方式,并为他们提供了巨大的新资源,使他们能够向他人定义自己,并轻松而彻底地修改他们的自我介绍。这意味着新媒体代表了身份形成的关键机制[25]。

　　正是这种技术提供了编辑和修改视觉、听觉特征的便利,也为青少年提供了一种方式,并且可能鼓励他们反复重塑自己。他们可以随心所欲地"试穿"完全不同的个性,看他们如何适应。甚至选择使用什么网站或服务来达到这些目的,都会向他人传递一个关于自我表现的强有力信息。

　　不同年龄(如年轻的和年长的)的人在构建他们的网络身份的方式上有所不同。利文斯通观察到,年轻人喜欢有机会不断地重新创造一个高度装饰的、风格化的身份,而年长的人则喜欢一种朴素的美学,强调他们与他人的联系,从而反映出一种通过真实关系生活来定义的身份念。随着青少年的成熟,作为一种展示形式的身份,逐渐被同龄人之间通过联系相互构建的身份概念所取代[26]。

　　因此,社交网站对个人身份和社会身份都有影响。用户可以发布与个人喜好有关的材料,但也包括作为群体标记的内容。在更大意义上,这些媒介可以被用来延续和抵制主导的权力结构。拉迪卡·加贾拉（Radhika Gajjala）发现，美籍墨西哥人的青少年使用社交网站 MySpace.com 来构建身份，这既是对美籍墨西哥人刻板印象的再造，也是对刻板印象的挑战[27]。

互联网为青少年提供了广泛的机会来探索性问题，以及前所未有地接触性方面的图像和材料。他们使用在线聊天来表达青少年对性的关注，并发展创造性的策略来与他们的同伴交换身份信息[28]。约亨·彼得（Jochen Peter）等从身份发展框架出发，研究了青少年在互联网上接触性内容和性社会化之间的联系[29]。他们对荷兰青少年的研究发现，那些更多地接触互联网上性相关材料的人，在性方面更不确定（不太可能觉得他们的性信仰和价值观是固定的），并且更倾向于不受约束的性探索。互联网可能在女同性恋、男同性恋和双性恋青少年的性身份探索中，发挥了特别重要的作用[30]。

五、启示与结语

（一）媒介干预与媒介素养教育

鉴于现有的证据以及媒介将继续影响儿童和青少年社会化发展的可能，人们可能会问，是否可以做些什么来帮助减少对儿童社会身份相关的自我认知、期望和关系等方面的潜在负面影响？媒介干预（media interventions）和媒介素养教育（media literacy education）是回应这一问题的两大可能措施。

1. 媒介干预

早在 20 世纪 70 年代，当妇女解放运动成为美国的主导力量时，对一些在电视上为男性和女性呈现较少刻板角色的倡议进行了测试。杰罗姆·约翰斯顿（Jerome Johnston）等发现，9 名 12 岁的儿童在观看了 26 集 *Freestyle* 之后，性别刻板印象显著减少[31]。*Freestyle* 是一部教育电视连续剧，其中包括一些女孩和男孩在非刻板印象的活动中出现的情景（如女孩爬山、修坏了的玩具）以及男性和女性扮演非传统的角色（如男保姆、男护士、女主管）。评估结果显示，当观众和他们的老师进行课堂讨论时，观看效果最强。

然而，对《芝麻街》等学龄前儿童电视节目的益处进行广泛评估后发现，改变社会观念和行为（如性别图式），要比提高入学准备程度，困难得多[32]。然而，教育电视制作人现在已经有了大量经验来制作不含有刻板印象信息的节目，他们的专业知识应该被利用起来，去鼓励生产更多的内容，来促成更少的性别刻板印象行为。

2. 媒介素养

未来的孩子们将比现在更有能力根据他们在当下的需要和愿望来选择他们要

关注的媒介。新媒体环境为儿童和青少年扮演更公平、更灵活、更多元的社会角色带来了机遇和挑战。如今,女孩们有了自己的个人网页,在个人网页上她们可以探索和表达自己作为年轻女孩的身份,她们也可以访问关于分享更有效克服暴食症的技巧的网页。

有了这样前所未有的机会和个人选择,孩子们需要被教导如何明智地选择他们的媒介结构。在这样一个环境中,媒介素养教育变得尤其重要。孩子们需要知道,哪些内容是恰当的,以及过度使用媒介会扭曲他们对现实世界和自我的认知。

在如何帮助孩子们做出正确的媒介选择方面,父母们可能需要进行指导,因为孩子们所成长的媒介环境和他们当时所成长的媒介环境非常不同。研究表明,父母主动介入(如"这个节目是错误的""许多女孩除了涂指甲油和化妆外还会做其他事情")可减少媒介描述的性别刻板印象内容所带来的负面影响[33]。

(二)未来研究与结语

互联网为青少年提供了广泛的机会来探索自我身份。多年的媒介相关文献让研究者对哪些刻板印象、传统模式和主导角色持续存在,有了相当多的了解。后续内容分析应继续监测媒介对性别、种族、阶级、职业、性、年龄、身体能力等身份元素的表述。有些人可能认为这是一个旧闻,但对符号环境的持续监测对于理解媒介效果至关重要。

除了关于内容模式的广泛研究,不同群体在媒介中的呈现以及如何转化为自我概念和身份发展之间的联系,需要更多理论和方法上的关注。在媒介效果研究中,曾经有一段时间,非主流人群的表现被忽视,少数民族儿童的媒介消费和影响被认为与大多数人一样。现在,随着人们认识到儿童与媒介信息的关系各不相同,情况也许正好相反。对非主流儿童的关注可能会产生使主流身份"正常化"的效果,暗示有形的"身份"只属于那些与假定的大多数不同的人。如果不对主导和非主导的受众和媒介信息进行比较调查,就无法理解男孩和女孩是如何在男性和女性的媒介表现中构建他们的性别身份,如何从白人和有色人种的形象中构建他们的种族身份,或者他们的性发展是依赖于异性恋和同性恋对性行为的描述。也就是说,去认识到这些性别、种族和性行为的分类过度简化了实际上是复杂的、连续的而不是简单的二分法,十分关键。

传统媒体的影响似乎还不够,新媒体通过重塑青少年在直接社会群体中的参与模式,特别是在同龄人方面的参与模式,正在扩展和深化通信技术在青少年生活中的作用。社交网站也使青少年能够轻松地构建和修改他们的公共身份。

许多交流功能已都可以在手机上实现。手机已经成为青少年的随身物品,他们使用手机给朋友发消息的频率远远高于与他们实际交谈。当代手机允许青少年与同龄人进行广泛的中介互动。现在,几乎在任何地方,任何时间,都能产生一个共同的青少年文化和基于技术流畅性的群体身份,并提供更频繁和移动的机会来构建个人身份和社会身份。通过使用形式和越来越多的应用,手机已经成为青春期的必要条件,是青少年为了进行社会交往或成为社会团体成员不可或缺的配置。

利文斯通认为,对今天的青少年来说,自我实现越来越包括在以互联网为媒介的通信所提供的机会(身份、亲密、社交)和风险(隐私、误解、滥用)之间进行谨慎的谈判[26]。这一点现在也适用于手机。由于它的流动性技术,以及它所提供的各种隐私,机会和风险都可能被放大。

如前所述,身份认同是一个积极的过程,正如将象征性的媒介信息纳入儿童和成人的日常生活中的谈判一样。另外,媒介/身份关系不是一条单向道,身份也会影响人们对媒介内容的反应,建立复杂的动态关系,这种关系会因发展阶段和大量其他因素而不同。

媒介技术发展如此之快,人们几乎无法想象未来将发生的变化。理解这些关键过程需要创造性地整合各种研究方法。民族志方法,如一对一访谈和参与观察,可以提供对日常生活的深描,允许身份和文化之间混乱而复杂的联系。大规模的调查研究可针对不同的儿童和青少年群体,探究媒介接触与自我和他人的信念之间的广泛联系模式,如对群体成员的自豪感、自尊心、对非传统角色的认可等等。焦点小组访谈可以阐明青少年如何从各种类型的描绘和表现中获得意义,以及他们如何通过媒介定义自己并与他人互动。最重要的是,需要开展理论工作,提供更丰富、更有意义的"身份"概念,作为个人、社会和文化影响的动态和复杂的相互作用。这将更多了解儿童和青少年是如何将象征性的信息和媒介技术,与他们对自我以及世界的各种相互缠绕的日常影响进行整合和协商的。这项理论工作至关重要,理解媒介在儿童社会身份发展中的作用,在未来会更加具有挑战性。

第二节　线上社交与准社会关系

人类有建立人际关系的基本需求,因此无论在什么环境里只要两个个体相遇就会发展相互之间的关系。按照罗伯特·辛德(Robert Hinde)的说法,一种社会关系首先意味着两个人之间的某种间歇性互动,包括较长时间内的相互交换,这种交换具有一定程度的互惠性,因此每个人的行为都必须考虑到他人的行为[34]。

儿童与家庭成员形成了一些最原始也是最重要的关系。最终,朋友和老师成为孩子世界中至关重要的互动对象。在儿童入学后,会花大量时间在媒介上,几乎所有的媒介接触都会将儿童带入社会环境,并涉及某种形式的社会互动。互联网是儿童与其他人相识与交往的主要场所,各种媒介为儿童提供了接触各种各样的人的机会。学者们争论线上的关系是否可以像面对面的关系一样深刻和重要[35],并质疑"关系"是否可以在不涉及互动和互惠性的环境中发生。然而,青少年能够对仅通过符号化的媒介界面所认识的个体形成印象,并建立情感纽带。具体来说,本节将探讨线上社会关系的性质、发展、青少年与媒介人物的关系、这些关系对满足社会互动和身份发展的需求,以及未来开展研究的方向等。

一、关系的类型

与他人建立关系是儿童和青少年成长中的关键。随着时间的推移,自我意识通过这些社会经历形成并发展,个人需求得到满足,如建立友谊和进入群体。尽管准社会关系和线上社交都会使用媒介,但它们的互惠度不同,在媒介环境之外的互动或互动存在的可能性也有所不同。

(一)准社会关系

在唐纳德·霍顿(Donald Horton)等的开创性论文中,创造了"准社会互动"(parasocial interaction)一词,以描述观众和媒介人物之间发展的"似乎面对面的关系"。许多学者使用"准社会关系(parasocial relationship)"一词来描述观众和媒介人物之间的情感联系,这种联系主要通过非互动媒介开展,包括电视、电影、书籍和音乐。大卫·贾尔斯(David Giles)认为,一旦我们对媒介人物做出了个人判断,或者将人物特征归因于该人物,那么我们将随后对该人物做出回应,好像它占据了我们的物理空间,从而融入我们的社交网络[36]。当然,准社会关系的特点是很少或没有实际的互动或互惠性。因此,准社会互动意味着某种形式的伪互动出现在观众的头脑中[37]。

准社会互动和其他与媒介人物相关的方式之间有所区别,包括吸引、相似、认同和模仿[38]。任何关系都有相互关联的多个方面。例如,有人认为,与媒介人物的准社会关系会激发认同和行为改变[39]。此外,多数研究对不同类型的反应没有明确和一致的名称,很少有明确调查儿童准社会互动的研究[36]。就本书而言,准社会关系的概念与社会关系相提并论,指的是与媒介人物形成的情感纽带。

(二)线上社会关系

互联网为儿童提供了很多选择,他们既可以和现实社交圈中的人互动,也可以与来自任何背景和地理区域的陌生人发展新的关系。有很多种在线场所可供互动和创建虚拟身份,包括即时消息、电子邮件、网络游戏、短视频以及各类社交媒体。网络提供多样的交流方式,为儿童提供了广泛的社交和发展人际关系的场所。线上互动可以加深现有的面对面联系,也可以促成新的关系,这种关系往往是密切和有益的[40-41]。

二、准社会关系和线上社交的发展

准社会关系和线上社会关系对儿童而言都是非常普遍的经历。与他人进行社会互动的原因多种多样,但归根结底都是出于与他人建立社会联系的需要。根据罗伊·鲍迈斯特(Roy Baumeister)等的观点,一种归属的需要,或者说形成和维持至少最少数量的人际关系的需要,是人类与生俱来的,因此几乎是普遍的[42]。以下将回顾在网络环境中与媒介人物和其他人形成情感纽带的研究。在回顾这些文献之前,先简要概述一下形成人际关系的动机和关系发展的相关理论。

(一)关系发展的理论

1. 使用与满足理论

在传播学领域,研究人员早就认识到需求和动机在人际关系形成中的重要性。使用与满足理论是媒介使用的一种功能法,假设人们是具有能动性的消费者,他们主动选择媒介来满足他们的需求,包括与他人连接的需求。个人使用媒介来满足需求时,其社会环境和心理状态是重要的决定因素[43]。支持这一框架的学者认为,寻求准社会关系一定程度上是为了满足从属关系和陪伴等情感需求。使用与满足范式已被扩展到调查人际交往的根本动机方面,这和使用媒介的动机非常相似[44-45]。显然,互联网为人际交往开辟了一个全新的领域,儿童转向线上互动和线上人际关系,似乎一定程度上是为了满足他们的社会/人际需求[46]。

2. 不确定性减少理论

一旦与媒介人物或线上伙伴建立了人际关系,了解对方的过程就开始了。不确定性减少理论(uncertainty reduction theory)指出,与他人互动的初期不确定性很高,随后努力降低不确定性[47]。根据这一理论,不确定性可以通过三种方式减少:互动策略(如相互的自我表露)、主动策略(如向他人询问个人情况)和被动策略(如在各种情况下观察他人)。该理论还认为,更高水平的亲密度和增加的归因自信,会促进更多的交流。

3. 社会渗透理论

社会渗透理论(social penetration theory)解释了关系亲密度是如何发展的。欧文·奥尔特曼(Irwin Altman)等假设,随着交流由表及里,亲密关系也会发展[48]。随着时间的推移,双方通过相互的自我表露和其他形式的交流(例如,非语言行为,共享物理空间),对彼此的了解越来越多。如果他们发现发展中的关系是有益的,便会继续互动,并展示出自己越来越深层和私密的一面。尽管在准社会互动中很难实现互惠,但媒介供给通常以揭示媒介人物的个人信息和隐私的方式来组织结构,从而模拟自我表露的过程。

4. 社会信息处理理论

互联网为人际交往和关系发展提供了一个独特的环境。这一领域的早期研究表明,互联网缺乏非语言沟通和社会背景的线索,降低了发展线上关系的可能性,而那些发展的可能性被认为是肤浅和非个人的。最近的证据表明,即使没有面对面的接触,人们也确实有能力形成和维持亲密的、有益的关系。约瑟夫·沃尔瑟(Joseph Walther)在社会信息处理理论(social information processing theory)中提到,线上交流者使用可供选择的信号(如内容、语言风格)来弥补非语言线索的缺乏,尽管线上人际关系发展更慢,但它们最终可以与面对面形成的关系相媲美[49]。此外,沃尔瑟的超人际理论观点认为,线上交流有时可以促使亲密关系快速发展,由于线上伙伴间会进行选择性的自我表露(在网上进行比面对面更容易),因此感知更为理想化,且自我表露更为亲密[50]。

(二)准社会关系发展

陪伴被认为是儿童和青少年使用媒介的重要动机,满足这种需求的一种方式是与媒介人物形成情感纽带。准社会互动反映了一种真实的社会联系感,因为这些关系被深切地感受到,并具有许多"真实"关系的特征。儿童和青少年与成年人一样,常常觉得自己卷入了媒介所描述的事件,他们以某种方式做出反应,好像他们正在目睹或参与那些与他们认识的人的真正互动。对媒介人物的印象形成过程和对真实的人是相似的,许多影响社会关系发展的特征,如外貌、个性和社会行为,已经被证明影响儿童和青少年与媒介人物形成的联系。类似于真实社会中的社会人际关系,儿童对媒介人物形成不同类型的依恋,认为他们是朋友,与他们有基本的相似之处,是浪漫的伴侣,或者是他们渴望成为的崇拜偶像。在电子游戏中,儿童甚至可以扮演一个虚构的角色。

在对成年人的研究中,丽贝卡·鲁宾(Rebecca Rubin)等将不确定性减少理论应用于准社会关系发展的过程[51]。他们认为,媒介人物的吸引力会在起初激发人们进一步"了解"他们,从而增加预测和理解他们行为的信心,以及更强的亲密度或准社会依恋。社交关系的加深主要是通过互动策略来实现的,如相互的自我表露,而准社交关系中的不确定性主要是通过被动策略来减少的,如在各种情况下观察媒介人物。此外也会采取主动策略,如与他人交谈或搜索信息。例如,在电视连续剧中,观众可以观察角色在许多环境中的互动以及他们的独处,有时甚至可以了解他们内心深处的想法和感受(如通过幻想序列或画外音)。此外,可以从各种来源获得虚构人物和公众人物的信息,包括电视采访、杂志和互联网。这些信息来源可能与社交关系中的自我表露具有相同的功能,导致观众觉得他们对某些媒介人物的了解,似乎多于对许多与他们有真实关系的人的了解。

尽管关于儿童或青少年准社会关系发展过程的研究还较少,但许多证据表明,青少年经常觉得他们似乎知道媒介人物的亲密关系。甚至很小的孩子也和电视角色交谈和互动,像《爱探险的朵拉》《蓝色斑点狗》里的主持人 Steve[52]。随着互联网的发展,加深与媒介人物形成的准社会联系的机会大大增加,包括获取关于电视人物的游戏以及粉丝网站、名人网站和粉丝小说上的材料[53]。一些儿童产生了一种感觉,认为他们了解和理解这些与他们有准社会关系的媒介人物,有时他们甚至努力与这些人接触和互动。

个性或生活经历等个人特征也通过自我和媒介人物之间的感知相似性影响儿童形成准社会关系。对成年人的研究探索了社会环境和准社会关系发展之间的联系,但是在儿童中却找不到这样的证据。与缺陷模型相反,几乎没有证据表明寂寞或孤立的成年人更有可能形成准社会关系[54]。然而,成人在童年时期形成的依恋风格与他们的准社会关系的发展有关。例如,对渴望与他人亲近和亲密但害怕失去和拒绝的人(焦虑—矛盾依恋人格)来说,准社会联系往往最强烈,而对难以与人亲密和信任他者的人(回避型依恋人格)来说,这种联系最不强烈[55]。有学者在与儿童(10～15 岁)相关的研究中发现,较低的家庭融入程度与一厢情愿地认同电视角色有关,但与将角色视为朋友的倾向无关。未来的研究应该进一步探索家庭结构、社会连接和依恋人格在儿童准社会关系的发展和后果中的作用。

准社会纽带的深度体现在观众对失去喜欢的角色,以及名人去世时的情感反应上。H. 施图尔姆(H. Sturm)认为,儿童在情感上与电视剧中的角色联系如此紧密,以至于这些角色的消失——通过情节或因为电视剧结束——可能会在情感上表现出不安[56]。与此观点一致的是,对《我的青春期》(My So-Called Life)线上粉丝进行的一项研究发现,许多十几岁的女孩在节目被取消时感到心烦意乱,因为她们对主角 15 岁的安吉拉有着准社会依恋。最近关于"准社会分手"的研究记录了在青少年和成年人身上发生的这种现象[55]。此外,深受爱戴的公众人物的去世,如儿童系列片《罗杰斯先生的邻居》中的 Diana、Wales 王妃和 Fred Rogers,对只通过媒介了解他们的观众产生了深刻的情感影响。

（三）线上社交和关系发展

社交互动是线上社交关系的主要动力。青少年表示他们使用互联网的一个主要原因,是与他们已经在现实生活中认识的人保持联系,联系的方式主要是即时消息[57]。他们还使用互联网,如聊天室、公告栏和粉丝网站等,与他们从未面对面遇到的人见面和互动。聚友和微信等社交媒体的受欢迎程度迅速上升。这些网站让青少年可以和朋友交流,也可以结识新朋友。用户发布一系列个人信息,包括个人资料、照片和日志等,访客看到后可以发送消息。分享个人信息和互动机会使得类似的社交媒体成为青少年最青睐的应用。当然,人们也越来越担心青少年泄露的个人信息、一些帖子以及来自线上不法之徒的安全风险[58]。

网络游戏参与者可以与其他玩家互动,许多人可能在地理上相隔甚远。网络游戏的主题各不相同,有些更倾向于竞争,有些则包含更多亲社会的互动[59]。最大的多用户游戏是"大型多人线上角色扮演游戏",它涉及成千上万的玩家参与正在进行的基于幻想的冒险。玩家间相互合作提高成功概率,许多互动是社会性的（包括战略规划、合作和团队合作）,也有个人性质的。在一项研究中发现,青少年最常认为社交互动是他们玩多用户游戏时最喜欢的方面[60]。

当儿童在网上与陌生人互动时（如网络聊天或玩网络游戏）,这种持续的关系有时会进一步发展。例如,在对美国青少年（10～17 岁）进行的一项全国性抽样调查中,17% 的受访者在过去一年中建立了密切的网络关系,其中 2% 的人是恋爱关系[61]。

两项研究比较了青少年之间线上友谊和真实世界中友谊的质量。在一项研究中,儿童和青少年（10～18 岁）与线上朋友的亲密度不如与现实生活中的朋友的亲密度[62]。在另一项研究中,青少年（13～18 岁）认为线上朋友的亲密度与给予帮助的程度不如面对面的朋友,可能是因为他们的线上关系持续时间较短,参与的共享活动也不太多样[63]。可能是因为与成年人相比,青少年广泛的同伴社交网络提供了更多机会来建立面对面的友谊,从而削弱了他们建立亲密线上友谊的动机。学者们需要进一步探索为什么其不同于对成年人的研究结果,该研究表明线上关系通常与面对面的友谊一样亲密和有益[35]。

然而,一项研究展示了青少年之间发展线上友谊的另一面。研究者研究了一个线上论坛,该论坛旨在联系世界各地的儿童并使他们掌握主动权。来自 44 个不同国家的 1044 名青少年(10~16 岁)加了论坛,论坛在网上举行了五年。研究者分析了论坛上发布的信息,并对一小部分参与者进行了深入采访。他们发现,62% 的受访者与其他参与者建立了亲密的、相互支持的线上友谊。这项研究不同于其他两项研,参与者明确地为一个共同目的聚集在一起,线上互动持续了很长一段时间。

费尼斯·沃拉克(Janis Wolak)等发现了互联网可能对一些青少年起到社会补偿作用(social compensation function)的证据[61]。研究人员在全国性的样本研究中发现,与父母相处不融洽的青少年比他们的同龄人更有可能拥有亲密的线上关系。尽管这些发现是相互关联的,但研究者认为,这些儿童可能寻求线上关系,以此获得他们在其他情况下缺乏的陪伴或支持。同样地,埃丽舍娃·格罗斯(Elisheva Gross)等发现,孤独和焦虑的青少年(11~13 岁)主要通过即时通信与他们不熟悉的人进行社交互动,而那些更融入社会的人主要面对面与朋友交流[40]。因此,已有社交困难的青少年并没有利用线上互动来加强社会联系以及与他人的亲密关系。这一结果与"富人更富"假说(rich-get richer hypothesis)[64]相一致,该假说认为,外向者和那些拥有更多社会支持的人能够更好地利用线上机会进行社会参与。互联网也为被污名化的或正在处理艰难生活问题的青少年提供了一个独特的场所,使他们能够找到与之交流和建立友谊的有相似经历的其他人。

彼得等认为,无论是富人更富假说,还是社会补偿假说都不足以解释线上关系形成的过程[65]。在一项针对 9~18 岁儿童的研究中,他们发现内向/外向和线上交流的动机都会影响线上自我表露和友谊的形成。具体来说,扩展"富人更富"的假设,外向的儿童在网上自我表露和交流更多,这有助于友谊的形成。然而,为了弥补有限的社交技能而积极进行线上交流的内向儿童,也更多地自我表露,并形成了线上友谊,这与补偿假说一致。

三、身份发展——通过准社会互动和线上社交

身份发展是一个终生的过程,是另一个理论领域,它揭示了儿童如何以及为什么使用媒介。研究表明,媒介可以在个人和社会身份的形成中发挥重要作用,与他人的互动和情感纽带促进了这一过程[1][59]。在介绍这些文献之前,先总结一下同一性发展的一些关键理论。

（一）身份发展的理论

身份发展的理论方法涉及儿童和青少年如何形成自我的概念，通常侧重于个人身份（一种不同于他人的"我"的感受）或社会身份（一种自我是集体一部分的"我们"的感受）。两者都被认为是身份的基本组成部分，在某种程度上是相互依存的。个人身份感（例如，我是一个女孩）是与社会集体一致的必要先决条件，而社会身份会通过影响自尊等对个人身份产生影响[66]。

埃里克森在描述自我与他人的区别时，将自我身份定义为一种个人独特性，一种自我安慰感，以及被意见领袖认可的自信[67]。埃里克森认为，孩子们通过模仿和玩耍，探索各种角色和身份。随着儿童进入青春期，经历与青春期相关的变化，其他人和社会的期望及反应也随之发生变化。这刺激了身份形成的过程，埃里克森认为这是青春期的中心任务。青春期的"暂停"期允许青少年自由地尝试不同的身份和成人角色。最终，他们必须做出一系列选择，在各种领域做出承诺，包括个人、性/爱情、意识形态和职业。埃里克森指出，青春期形成的身份包括所有重要的过去的身份，但它也改变它们，以便使它们成为一个独特和合理连贯的整体。然而，人们获得统一的个人身份的过程是个体化的，身份的发展贯穿一生。

其他理论方法侧重于个人身份的关系基础。这些观点根据人们赋予他们的社会角色和关系的意义来定义身份，并假设在不同的背景下存在多重身份。有研究者认为，身份是通过与他人的互动来构建的，人们倾向于像他们认为重要的人那样看待自己。基于这一观点，有研究者认为，人们拥有与他们占据位置和扮演角色的不同关系网络一样多的身份。根据有关学者的说法，儿童的自我概念逐渐变得更加不同，人们愈发意识到他们在所有情况下都不一样。到了青春期，他们更充分地认识到，他们有基于社会背景和角色关系不同的多重自我。例如，一个青少年对其母亲扮演的"自我"，可能不同于对其朋友所扮演的。有学者认为，青春期的一项关键任务是将来自多个领域的自我概念整合成一种连贯的、多方面的自我意识。

社会身份视角侧重于从作为社会群体或团体的成员（如种族、宗教），以及与成员身份相关的评价或影响的角度，来对自我进行概念化[68]。此外，一旦自我被视为一个集体，与该群体/类别相关的特征，如地位、规范和特征，就成为自我概念的一部分。即使是年幼的孩子也对自己的基本社会类别（尤其是性别）有所了解，但在童年中期，他们开始理解与这些类别相关的更深层次的含义。随着他们进入青春期，儿童对他们的集体身份有了更复杂的理解，这些身份通常构成了他们自我概念的重要组成部分。尽管如此，在儿童与他们社会身份相关联的显著性、重要性和意义方面,存在着个体和群体差异。

(二)探索个人身份

发展观点认为个体身份的形成在青春期早期更受关注,导致更频繁的身份实验,年龄较大的青少年更关心关系身份和性特质。青少年利用准社会关系作为表达自己的方式,并尝试替代身份。成为一个媒介人物或名人的粉丝,并通过谈话、服装或卧室装饰来表达这种依恋,可向他人传达一些关于自己的东西。青少年与媒介人物的情感纽带也导致他们渴望变得更加相似,将这些人物的特征融入他们自己的个性和行为。例如,有研究者报告说,青少年改变了他们的外表、态度、价值观、活动和其他特征,以便变得更像受钦佩的名人。这些类型的依恋允许青少年尝试各种身份,然而榜样的性质和范围也会限制准社会依恋对身份发展的贡献程度。此外,对一个或几个媒介人物的强烈迷恋可能会限制青少年个人身份复杂感的发展,也许是因为这限制了他们在其他生活领域的活动。

埃里克森认为职业认同是青少年身份形成的最重要方面之一。电视角色与儿童的职业抱负有关,电子游戏提供了通过角色扮演来实际尝试特定的职业的机会,如战斗机飞行员或士兵。然而,媒介所建立的职业形象往往是不准确和刻板的,这可能会限制儿童可能渴望的职业范围,并导致对各种职业所涉及内容的不准确理解。

互联网的一些特点促进儿童的身份探索和发展[69]。尤其是互动性允许与同龄人和其他人进行社会互动,这对发展成熟的身份至关重要。匿名性使得线上社交比线下环境需要更少承诺的关系和社区,并减少不被社会认可的风险。超越外在的特性允许人们在与他人互动时无须受到与性别、种族、身体能力或外表相关的假设影响。

对儿童如何在网上(如主页、博客和社交网站)展示他们身份的研究发现,这些论坛是一种自我展示的形式,让创作者感到他们似乎被其他人所知和理解[70]。在这些研究中,几乎所有网站都包括访问者发布评论的方式,从而鼓励社会互动。反馈使得儿童能获得同龄人的确认或认可,这可以提高自我价值,尤其是当反馈公开时。在形成意识形态信念的过程中,公众表达和反馈也为儿童提供了一个表达自我、交流思想、进一步完善价值观和信仰的机会,意识形态信念是成熟的同一性的另一个重要方面。

匿名尝试不同身份的机会让人们在网上构建身份时有了很大的自由。特克认为,如果我们的文化不再提供青春期延缓,虚拟社区会为他们提供,允许他们玩耍,尝试新事物[21]。有报告说,四分之一使用电子邮件、聊天或即时消息的儿童曾假装过别人。瓦尔肯堡等也发现,他们的儿童样本中有整整一半都有过这样的行为[22]。正如预测的那样,假装成别人在更年幼的儿童(9~12 岁)中比在年龄稍长的儿童(13~18 岁)中更常见。如果人们把互联网作为交朋友的一种方式,他们希望这些朋友能够融入他们的现实生活的社交,他们就没有那么多自由去尝试不同身份。然而,他们仍然可以隐瞒在面对面的环境中会很明显的生理细节(比如肥胖、使用轮椅),并选择在发展关系的合适时机进行自我披露[69]。

网络游戏为身份探索提供了丰富的环境,允许儿童在与他人的互动中通过角色扮演进行实验。网络游戏玩家通常通过建立角色描述,选择或设计一个视觉图标或化身来代表屏幕上的角色,从而创建自己的角色。玩家可以将自己呈现为人类、动物或卡通人物。他们可以真实反映自己的个性或外貌,也可以将其理想化,甚至选择完全不同的东西。选择的范围仅受虚拟环境中提供的选项的限制。通过扮演一个角色并在游戏环境中与其他参与者互动,儿童可以表现出他们希望探索或发展的特征(比如暴力、强大、外向),并可尝试未来可能的角色,如领导者或伴侣[71]。

(三)探索性

年幼的儿童更注重个人身份,而年龄稍长的儿童更关心人际关系以及孤立和亲密之间的斗争。准社会纽带使儿童能够通过与他们最喜欢角色的想象互动来替代性地参与关系。儿童对同性媒介人物形成更强烈的依恋,但这种依恋在青春期发生变化,儿童(尤其是女孩)更有可能形成跨性别、怀有倾慕的依恋。学者们认为,青少年时期对媒介人物的依恋在身份形成中起着过渡作用,因为儿童从对父母的认同转向对爱慕依恋的自主认同和兴趣。换句话说,准社会关系有助于促进向成人爱情和性特质的转变。

在一项针对 10~16 岁儿童的研究中,研究者发现了对名人的两种主要依恋类型。一些儿童,尤其是男孩,形成了身份依恋(identificatory attachments),他们希望成为或像名人一样。其他人,尤其是女孩,形成了爱情依恋(romantic attachments),这使他们有机会在安全的环境中尝试伴侣的角色。研究发现,儿童在构建性身份的过程中使用了性媒体图像,如电影明星和模特的照片。许多其他研究报告称,儿童使用媒介描绘和图像作为扮演浪漫关系和了解性和恋爱的一种方式[72]。

对于同性恋青少年来说,通过电视准社会关系来探索性身份的机会相对较少,因为电视节目中很少描绘同性恋角色。然而对于同性恋青少年来说,媒介往往是同性恋信息的主要来源。根据米凯拉·迈耶(Michaela Meyer)的说法,媒介对男女同性恋青少年的描述虽然有限,但允许男女同性恋青少年在缺乏其他性身份信息来源的情况下获得如何"成为"同性恋的信息[73]。

与电视相比,互联网为同性恋者提供了许多表达自己和建立社会联系的机会。网络环境对于同性恋、双性恋或变性的青少年尤其重要,因为对拒绝或排斥的恐惧导致他们中的许多人避免在现实生活中与其他人讨论自己的性取向[74]。在一项对70名青少年博客作者的研究中,研究发现,17%的人(主要是男孩)在他们的博客中谈论他们是同性恋。研究者认为,男性博客作者可能一直把博客作为一个安全舒适的环境来诚实地,甚至坦率地谈论他们的性身份和感受。

事实上,线上环境为所有青少年提供了许多发展其性身份的机会。对青少年聊天室的研究表明,许多参与者,尤其是年龄较大的青少年,会发布带有性内容的信息。青少年使用聊天室来配对,例如,通过即时消息邀请潜在浪漫对象参与私人对话。这可以作为一种在压力和风险较小的环境中"练习"现实生活中亲密关系和约会的方式。通过在聊天室观察和参与性互动,儿童可以学习性规范和过程,但他们也会遇到性骚扰。网络游戏也为儿童提供了探索亲密关系的机会[59]。然而,网上欺骗(例如,伴侣谎报自己的性别)可能会让刚刚形成性身份和信任亲密关系的儿童感到不安。

(四)社会身份发展

准社会关系可以在社会身份的发展中发挥重要作用,但互联网极大拓展了作为群体成员发展自我意识的机会。儿童可以在网上与各种社会群体的成员互动,从而加深他们对自己所属和不属于的群体的理解,以及他们对与自己群体相关的特征和陈规观念的理解。性别和种族是儿童在很小的时候就意识到的两个社会类别,对社会互动和身份有着重要影响[66]。下文回顾了媒介在性别和种族身份发展中的作用,并简要论述了其他社会身份的发展。

1. 性别身份

性别是身份的重要组成部分,准社会纽带可能影响儿童对自己性别以及其他性别的观念。例如,研究者研究了儿童与喜爱的电视角色的准社会关系。对于男性角色来说,把智力、吸引力和力量看作与更强的准社会依恋相关。对于女性角色而言,吸引力是导致准社会依恋的唯一因素。研究者发现,青少年在选择最喜欢的角色时,在性格特征上有相似的性别差异,男性角色的个性更重要,女性角色的外貌更重要。这些发现表明,电视强化了社会规范,即对于女性来说,外表是最重要的。对于女孩和年轻女性来说,性别身份可能会增强她们的欲望,使她们看起来像媒介中描绘的"理想"女性,这可能会降低身体满意度,增加饮食失调的风险。然而,年轻女孩可以抵制流行文化中关于女性性别角色的信息,就像非裔美国青少年对待媒介关于苗条理想身形的展示一样[75]。

许多形式的媒介也以有问题的方式描绘男性,最明显的是过度攻击和暴力。如果男孩和年轻男子将电视或电子游戏中的暴力人物视为偶像或榜样,他们可能会将暴力和攻击性纳入他们正在形成的对男性的意识中。然而,儿童也可以利用他们对媒介角色的认同,来对抗他们的愤怒,并发展有效的应对方式,特别是在电子游戏中。

性别继续在线上互动中发挥重要影响,通常通过使用性别化的网名而自我认同或暗示[28]。在对 38 次聊天的分析中,苏布拉马尼亚姆等发现,互动的动态往往符合传统的性别角色。男性更主动,更经常提及露骨的性话题,而女性更被动,含蓄地提及性。此外,年轻的聊天室参与者可以观察到年龄较大的儿童的性别行为,这可能会影响他们对男性和女性含义的理解,并有助于强化传统的性别角色。然而,由于在网上没有明显的性别线索,儿童可以自由地将自己呈现为任何一种性别[59]。一项针对网络游戏玩家的研究发现,青少年(12～19 岁)比成年人"性别互换"更少,但近一半青少年称他们玩的是其他性别的角色[60]。性别互换可以让游戏参与者扮演不同于自己的角色,并探索他们个性的其他方面。一些发现表明,男孩更有可能在网上尝试女性身份,反之亦然[59],也许是因为男性以女性的方式行事比女性以男性的方式行事受到更多的现实社会制裁。

网络游戏允许儿童尝试成年人的性别角色,并了解他们在不同情况下的反应,如危险、对抗或亲密关系[59][71]。鉴于许多流行的游戏包含高水平的暴力,主要玩家为男孩,新开发的游戏被设计得更吸引女性,如社区建设和非暴力叙事。通过早期社会化,儿童已经非常了解男性或女性意味着什么,他们可能会寻找在线内容来帮助他们理解符合自己性别群体的规范和期望。

2. 种族身份

在培养种族身份(ethnic identity)的过程中,青少年可能会寻求建立符合自己族群的特征的准社会关系。然而,媒介对有色人种的描述仍然是有限的和刻板的,尽管在美国电视上对非裔美国人的描述有了很大的改善。当青少年看到他们所认同的某个种族群体的成员在媒介上被负面描述时,这可能会对他们的自我价值感产生不利影响。此外,一些群体很少看到他们自己种族的特征被描绘出来。在美国,亚裔和美洲土著人的特征是如此,拉丁裔的特征在较小程度上也是如此——这表明这些群体是不重要的和无影响力的。

尽管有负面的或有限的描述,但几乎没有证据表明媒介接触与有色人种青年的低自尊有关。一些研究表明,在整体电视使用情况和自尊之间没有联系或正因果链。其他研究表明,儿童的选择性观看和解释机制可能起着关键作用。例如,研究发现,黑人儿童接触以黑人角色为特色的电视节目与更高的自尊和更高的种族自尊有关,但相关性仅出现在当他们积极评价这些角色时。在一项针对非裔美国青少年的研究中,沃德发现,对受欢迎的黑人男性角色的认同与较高的自尊有关,而对受欢迎的白人角色的认同与较低的自尊有关。这些发现与被社会贬低的群体成员可通过多种方式保持自尊的证据相一致。此外,家庭和社区可能对有色人种的儿童起到缓冲作用[76]。

互联网提供了不分肤色与他人互动的可能性,但种族和族裔信息往往通过自我认同、语言或问答在网上披露。例如,布伦德莎·泰恩斯(Brendesha Tynes)等对青少年聊天室一般话题19个小时的记录进行了分析,发现种族经常被提及,正面和中性的内容最常见,但负面的内容也很常见,尤其是在不受监控的聊天室[77]。在监控室里,儿童在30分钟的聊天中,有19%的机会遇到负面的种族言论;在不受监控的房间里,这个概率上升到59%。不清楚这种偏见在多大程度上对青少年的民族身份产生了负面影响,因为被社会贬低的群体成员有抵制这种影响的策略。增强种族自信的一种方法是贬低其他民族,事实上,泰恩斯发现,包括白人在内的所有种族/族裔背景的青少年都是攻击的目标。同样,有研究分析了高中生和大学生在一个关于平等权利行动的在线论坛上的帖子,发现交流经常涉及不同种族/族群背景参与者之间的攻击性语言和误解。

互联网还可以将青少年与面向特定种族群体的各种论坛联系起来,使他们能够探索自己的族裔身份,并与其他人建立社区意识。在线社区有可能帮助散居群体成员发展民族或文化特征。然而,在线论坛也可能带来风险,例如,当青少年被吸引到种族仇恨网站时,这些网站明确地以寻求社区感和认同感的青少年为目标。

3. 其他社会身份

青少年可以利用媒介,基于年龄、宗教、政治意识形态或各种其他社会类别,培养自己作为群体成员的意识。或许更重要的是,媒介中介化的交流可使具有被社会污名化的身份的青少年(如男同性恋或女同性恋者、慢性病人或残疾人)能与类似的其他人联系,这能促进积极的社会身份的发展。例如,男同性恋或女同性恋与男同性恋、女同性恋、双性恋或变性媒介人物形成的准社会关系,可能有助于发展基于性取向的集体身份("我们")的自我意识[74]。媒介对身体和智力残疾的描述非常有限,面对这些挑战的人希望看到像他们一样的人物过着普通的生活,他们认为这将使他感到自己是一个受到社会尊重和重视的社会群体的一部分。

通过互联网,社会身份被污名化的青少年可以像自己一样与他人见面和互动。根据凯特琳·麦克纳(Katelyn McKenna)等的研究,参与在线团体可以帮助这些身份去边缘化,从而减少孤立并达到更大程度的自我接受[69]。他们认为,这种出路对隐藏身份的人来说最重要,部分原因是这些人很难识别与他们有相同身份的人。引用轶事证据,有研究指出,对于许多自称是同性恋者、双性恋者或变性者的青少年来说,虚拟社区提供了测试身份、寻找声音和培养与其他也被排除在主流之外的人的团结感的空间。

四、未来方向与结语

(一)未来研究方向

虽然准社会关系和线上社会关系是儿童和青少年社会发展的重要影响因素,但在文献中仍有较多空白。学者们才开始深入探索儿童之间的准社会关系和在线社会互动[78]。很少有针对儿童或青少年的研究明确将准社会关系与吸引或认同等其他与媒介人物联系的方式区分开来。尽管对成年人的研究越来越多,但几乎没有研究关注未成年人是如何形成准社会关系的,或者在这个过程中是否存在年龄差异。更重要的是,鉴于媒介人物在未成年人生活中的重要性,需要更多的证据来证明他们的准社会关系在情感、社会和行为上的效应。

关于线上社交互动,需要更多地了解社交媒体在青少年友谊发展和维护中的作用。这些技术特点如何改变了儿童之间的交流方式?例如,通过即时消息、微信、电话和面对面交流进行自我表露的性质和深度是否不同?尽管对成年人的理论基础研究越来越多,很少有人知道未成年人之间线上关系的发展,或这种关系的功能。比如聚友和脸谱网,它们为儿童服务的功能有哪些(如公开表达自己作为一种自我披露的形式)以及通过评论功能与他人互动的作用。

关于媒介人物和线上社交对个人和社会身份发展的影响,还有很多需要了解的地方。同伴在准社会关系的形成以及这种关系对身份发展的影响中扮演什么角色?与媒介人物不同类型的关系(例如,准社会关系、吸引力、认同)对身份形成有什么不同的影响?网络游戏正在模糊社交和准社交之间的区别。研究应探索儿童如何在身份建构过程中利用这些独特的环境。现在已经开始探索在线互动在身份形成中的作用,特别是与性和性别角色相关的身份。然而,需要对这些领域以及其他领域(例如,意识形态认同)在线发展身份的方式进行更多研究。需要更多的证据来说明青少年的线上身份与其线下身份和社会关系之间的关系。

对中介关系的进一步研究,也有助于发展大众传播和人际传播之间的概念联系[51]。早期关于准社会互动的研究是基于大众传播,最显著的是使用与满足理论,但是越来越多的研究表明,"关系"的概念准确地捕捉了准社会联系的深度和情感,尽管缺乏实际的互动和相互性。此外,互联网为人际关系的形成提供了一个全新的中介环境。很明显,关系是在人们与他人相遇的所有环境中形成的。如前所述,准社会和线上社会关系的原则与面对面关系的原则相似,人际交往理论提供了对这种关系发展、深化和解散过程的洞察。进一步研究在各种中介环境中形成的关系的异同,以及这些关系如何促进身份发展,可能是联系大众传播和人际传播领域并整合理论的一种方式。

在个人和社会身份形成的发展过程方面[66-67],已有丰富的学术积淀。这些文献需要进一步扩展,将媒介经历在青少年关系发展和身份建构中的作用纳入其中。

(二)结论

媒介环境是一个社交世界,为青少年提供了与各种各样的人互动和建立联系的机会。过往研究表明,他们与媒介人物建立了深厚的联系,他们利用互联网与朋友保持联系,发展新的友谊,并与他人互动。准社会关系和在线社会互动允许青少年扩展他们的社交网络,满足对从属关系和友谊的需求,并以多种方式体验角色和身份——通过幻想、采用受钦佩人物的特征或在线扮演各种角色。青少年利用媒介人物和在线互动来探索他们正在发展的身份、亲密关系等,特别是在青春期,并构建包括他们的社会身份在内的自我概念。因此,似乎与媒介人物的关系和互联网社会方面的使用满足了人类对社会归属的深层需求,并且在身份发展中也发挥了重要作用。然而,文献也揭示了对身份发展潜在的负面影响,如强化刻板印象和限制自我概念的复杂性等。鉴于各种新兴媒体在青少年生活中的重要性,学者们需要在明确的发展框架内,更深入地审视媒介在儿童和青少年身份构建中发挥的作用。

本章参考文献

[1] Rivadeneyra R, Ward M L, Gordon M. Distorted reflections: media exposure and Latino

adolescents' conceptions of self[J]. Media Psychology, 2007, 9(2):261 - 290.

[2] Erikson E H. Identity: youth and crisis[M]. New York: Norton, 1968.

[3] Tajfel H. Social categorization, social identity, and social comparison[M]//Tajfel H. Differentiation between social groups: studies in the social psychology of intergroup relations. London: Academic Press, 1978:61 - 76.

[4] Swidler A. Culture in action: symbols and strategics[J]. American sociological review, 1986, 51(2):273 - 286.

[5] Steinberg L, Silverberg S B. The vicissitudes of autonomy in early adolescence[J]. Child development, 1986, 57(4):841 - 851.

[6] Rideout V J, Foehr U G, Roberts D F. Generation M^2: media in the lives of 8 - 10 18-year-olds[R]. Menlo Park: Kaiser Family Foundation, 2010.

[7] Arnett J. Adolescents' uses of media for self-socialization[J]. Journal of youth and adolescence, 1995, 24(5):519 - 533.

[8] Boyd D. Why youth(heart) social network sites: the role of networked publics in teenage social life[M]//Buckingham D. Youth, identity, and digital media. Cambridge: MIT Press, 2008:119 - 142.

[9] Gerbner G, Gross L, Morgan M, et al. Growing up with television: the cultivation perspective[M]//Bryant J, Zillman D. Media effects: advances in theory and research. Hillsdale: Lawrence Erlbaum, 1994:17 - 41.

[10] Signorielli N. Television's gender role images and contribution to stereotyping: past, present, future[M]//Singer D G, Singer J L. Handbook of children and the media. Thousand Oaks: Sage, 2001:341 - 358.

[11] Calvert S L, Huston A C. Television and children's gender schemata[M]//Liben L, Signorella M. New directions in child development No. 38: children's gender schemata: origins and implications. San Francisco: Jossey-Bass, 1987:75 - 88.

[12] Bem S L. Gender schema theory: a cognitive account of sex typing[J]. Psychological review, 1981, 88(4):352 - 364.

[13] Bussey K, Bandura A. Social cognitive theory of gender development and differentiation[J]. Psychological review, 1999, 106(4): 676 - 713.

[14] Tan A S. Social learning of aggression from television[M]//Bryant J, Zillmann D. Perspectives on media effects. Hillsdale: Lawrence Erlbaum, 1986:41 - 56.

[15] Ward L M, Hansbrough E, Walker E. Contributions of music video exposure to black adolescents' gender and sexual schemas[J]. Journal of adolescent research, 2005, 20(2): 143 - 66.

[16] Huston A C, Wright J C, Rice M, et al. The development of television viewing patterns during early childhood: a longitudinal investigation[J]. Developmental psychology, 1990, 26(3):409 - 420.

[17] Ex C T G M, Janssens J M A M, Korzilius H P L M. Young females' images of motherhood in relation to television viewing[J]. Journal of communication, 2002, 52(4): 955 - 971.

[18] Morgan M. Television, sex-role attitudes and sex-role behavior[J]. Journal of early adolescence, 1987, 7(3):269 - 282.

[19] Herrett-Skjellum J, Allen M. Television programming and sex stereotyping: a meta-analysis [M]//Burleson B R. Communication Yearbook 19. Thousand Oaks: Sage Publications, 1996:157 - 185.

[20] Durkin K, Nugent B. Kindergarten children's gender role expectations for television actors [J]. Sex roles, 1998, 38(5/6): 387 - 402.

[21] Turkle S. Life on the screen: identity in the age of the internet[M]. New York: Simon & Schuster, 1995.

[22] Valkenburg P M, Schouten A P, Peter J. Adolescents' identity experiments on the Internet [J]. New media and society, 2005, 7(3):383 - 402.

[23] Huffaker D A, Calvert S L. Gender, identity, and language use in teenage blogs[J/OL]. Journal of computer-mediated communication, 2005, 10(2). http://jcmc. indiana. edu/ vol10/issue2/huffaker. html.

[24] Stem S R. Expressions of identity online: prominent features and gender differences in adolescents' World Wide Web home pages[J]. Journal of broadcasting and electronic media, 2004, 48(2):218 - 243.

[25] Goldman S, Booker A, McDermott M. Mixing the digital, social, and cultural: learning, identity and agency in youth participation[M]//Buckingham D. Youth, identity, and digital media. Cambridge: MIT Press, 2008:185 - 206.

[26] Livingstone S. Taking risky opportunities in youthful content creation: teenagers' use of social networking sites for intimacy, privacy and self-expression[J]. New media & society, 2008, 10(3):393 - 411.

[27] Gajala R. Race and ethnicity in MySpace: producing identity as interface[C]//San Francisco:The annual meeting of the International Communication Association, May 24 - 28, 2007.

[28] Subrehmanyam K, Greenfield P M, Tynes B. Constructing sexuality and identity in an online teen chat room[J]. Applied developmental psychology, 2004, 25(6):651 - 666.

[29] Peter J, Valkenburg P M. Adolescents' exposure to sexually explicit Internet material, sexual uncertainty, and attitudes toward uncommitted sexual exploration: is there a link? [J] Communication research, 2008, 35(5):579 - 601.

[30] Bond B J, Hefner V, Drogos K L. Information-seeking practices during the sexual development of lesbian, gay, and bisexual individuals: the influence and effects of coming out in a mediated environment[J]. Sexuality & culture, 2009, 13(1):32 - 50.

[31] Johnston J, Ettema J S. Positive images: breaking stereotypes with children's television [M]. Beverly Hills: Sage, 1982.

[32] Fisch S. Children's learning from television[J]. Televizion, 2005, 18E:10 - 14.

[33] Nathanson A I, Wilson B J, McGee J, etal. Counteracting the effects of female stereotypes on television via active mediation[J]. Journal of communication, 2002, 52(4): 922 - 37.

[34] Hinde R A. Towards understanding relationships[M]. London: Academic Press, 1979.

[35] Walther J B, Parks M R. Cues filtered out, cues filtered in: computer-mediated communication and relationships[M]// Knapp M L, Daly J As. Handbook of interpersonal communication. Thousand Oaks: Sage, 2002:529 - 563.

[36] Giles D G. Parasocial interaction: a review of the literature and a model for future research [J]. Media psychology, 2002, 4(3):279 - 305.

[37] Honeycutt J M. Imagined interactions: daydreaming about communication[M]. Cresskill: Hampton Press, 2003.

[38] Cohen J. Defining identification: a theoretical look at the identification of audiences with media characters[J]. Mass communication and society, 2001, 4(3): 245 - 264.

[39] Boon S D, Lomore C D. Admirer-celebrity relationships among young adults: explaining perceptions of celebrity influence on identity[J]. Human communication research, 2001 27 (3):432 - 465.

[40] Gross E F, Juvonen J, Gable S L. Internet use and well-being in adolescence[J]. Journal of social issues, 2002 58(1):75 - 90.

[41] Wolak J, Mitchell K J, Finkelhor D. Close online relationships in a national sample of adolescents[J]. Adolescence, 37(147): 441 - 455.

[42] Baumeister R, Leary M R. The need to belong: desire for interpersonal attachments as a fundamental human motivation[J]. Psychological bulletin, 1995, 117(3):497 - 529.

[43] Rubin A M. The uses-and-gratifications perspective of media effects[M]//Bryant J, Zillmann D. Media effects: advances in theory and research. Mahwah: Lawrence Erlbaum, 2002: 525 - 548.

[44] Cohen J, Metzger M. Social affiliation and the achievement of ontological security through

interpersonal and mass communication[J]. Critical studies in mass communication, 1998, 15(1):41-60.

[45] Rubin A M, Rubin R B. Interface of personal and mediated communication: a research agenda[J]. Critical studies in mass communication, 1985, 2(1):36-53.

[46] Papacharissi Z, Rubin A M. Predictors of Internet use[J]. Journal of broadcasting and electronic media, 2000, 44(2):175-196.

[47] Berger C R. Uncertainty and information exchange in developing relationships[M]//Duck S. Handbook of personal relationships: theory, research, and interventions. New York: Wiley, 1988:239-255.

[48] Altman I, Taylor D. Social penetration: the development of interpersonal relationships[M]. New York: Holt, 1973.

[49] Walther J B. Interpersonal effects in computer-mediated interaction: a relational perspective [J]. Communication research, 1992, 19(1): 52-90.

[50] Walther J B. Computer-mediated communication: impersonal, interpersonal, and hyperpersonal interaction[J]. Communication research, 1996, 23(1): 3-43.

[51] Rubin R B, Rubin A M. Attribution in social and parasocial relationships[M]// Manusov Harvey J H. Attribution, communication behavior, and close relationships. New York: Cambridge University Press, 2001:320-337.

[52] Calvert S L, Strong B L, Jacobs E L, et al. Interaction and participation for young Hispanic and Caucasian children's learning of media content[J]. Media psychology, 2007, 9(2): 431-445.

[53] Valkenburg P M, Soeters K E. Children's positive and negative experiences with the Internet: an exploratory survey[J]. Communication research, 28(5):652-675.

[54] Rubin A M, Perse E M, Powell R A. Loneliness, parasocial interaction, and local television news viewing[J]. Human communication research, 1985, 12(2):155-180.

[55] Cohen J. Parasocial break-up from favorite television characters: the role of attachment styles and relationship intensity[J]. Journal of social and personal relationships, 2004, 21 (2):187-202.

[56] Sturm H. The research activities of the Internationales Zentralinstitut fur das jugend und bildungsfernsehen[J]. Special English issue of fernsehen und bildung, 1975, 9:158-162.

[57] Lenhart A, Madden M, Hitlin P. Teens and technology[R]. Washington D. C. : Pew Internet and American life project, 2005.

[58] Hansell S. MySpace to add restrictions to protect younger teenager[N]. New York Times, 2006-06-21(C2).

[59] Calvert S L. Identity construction on the Internet[M]//Calvert S L, Jordan A B, Cocking R R. Children in the digital age: influences of electronic media on development. Westport: Praeger, 2002: 57 - 70.

[60] Griffiths M D, Davies M N O, Chappell D. Online computer gaming: a comparison of adolescent and adult gamers[J]. Journal of adolescence, 2004, 27(1):87 - 96.

[61] Wolak J, Mitchell K J, Finkelhor D. Escaping or connecting? characteristics of youth who form close online relationships[J]. Journal of adolescence, 2003, 26(1):105 - 119.

[62] Subrahmanyam K, Greenfield P M, Kraut R, et al. The impact of computer use on children's and adolescents' development[J]. Journal of applied developmental psychology, 2001, 22(1): 7 - 30.

[63] Mesch G, Talmud I. The quality of online and offline relationships: the role of multiplexity and duration of social relationships[J]. The information society, 2006, 22(3):137 - 148.

[64] Kraut R, Kiesler S, Boneva B, et al. Internet paradox revisited[J]. Journal of social issues, 2002, 58(1): 49 - 74.

[65] Peter J, Valkenburg P M, Schouten A P. Developing a model of adolescent friendship formation on the Internet[J]. Cyber psychology and behavior, 2005, 8(5):423 - 430.

[66] Ruble D N, Alvarez J, Bachman M, et al. The development of a sense of "we": the emergence and implications of children's collective identity[M]//Bennett M, Sani F. The development of the social self. New York: Psychology Press, 2004:29 - 76.

[67] Kroger J. Identity development during adolescence[M]//Adams G R, Berzonsky M D. Blackwell handbook of adolescence. Malden: Blackwell, 2003:205 - 226.

[68] Turner J C. Some current issues in research on social identity and self categorization theories [M]//Ellemers N, Spears R, Doosje B. Social identity: context, commitment, content. Oxford: Blackwell, 1999:6 - 34.

[69] McKenna K Y A, Bargh J A. Plan 9 from cyberspace: the implications of the Internet for personality and social psychology[J]. Personality and social psychology review, 2000, 4 (1): 57 - 75.

[70] Moinian F. The construction of identity on the Internet: oops! I've left my diary open to the whole world! [J] Childhood, 2006, 13(1):49 - 68.

[71] Yee N. The psychology of massively multi-user online role-playing games: motivations, emotional investment, relationships, and problematic use[M]//Schroeder R, Axelsson A. Avatars at work and play: collaboration and interaction in shared virtual environments. London: Springer-Verlag, 2006:187 - 207.

[72] Karniol R. Adolescent females' idolization of male media stars as a transition into sexuality

[J]. Sex roles, 44(1－2):61－77.

[73] Meyer M D E. "It's me. I'm it.": defining adolescent sexual identity through relational dialectics in Dawson's Creek[J]. Communication quarterly, 51(3):262－276.

[74] Kivel B D, Kleiber D A. Leisure in the identity formation of lesbian/gay youth: personal, but not social[J]. Leisure sciences, 2000, 22(4):215－232.

[75] Duke L. Get real!: cultural relevance and resistance to the mediated feminine ideal[J]. Psychology and marketing, 2002, 19(2):211－233.

[76] Ward L M. Wading through the stereotypes: positive and negative associations between media use and black adolescents' conceptions of self[J]. Developmental psychology, 2004, 40(2): 284－294.

[77] Tynes B, Reynolds L, Greenfield P M. Adolescence, race, and ethnicity on the Internet: a comparison of discourse in monitored and unmonitored chat rooms [J]. Applied developmental psychology, 2004, 25(6):667－684.

[78] Subrahmanyam K, Smahel D, Greenfield P. Connecting developmental constructions to the Internet: identity presentation and sexual exploration in online teen chat rooms [J]. Developmental psychology, 2006, 42(3):395－406.

实证研究篇

第六章　我国儿童的智能媒体使用和数字技能

新媒体技术的发展速度既令人鼓舞又令人震惊,它促使媒介及教育工作者、研究人员和社会各界必须跟上其迅速变化的步伐。新技术引起了对儿童的认知、情感、身心健康和社会化发展等方面的关注,同时也打开了一个充满新想法和新可能的世界,探索这一新的世界是传播研究者、教育工作者、孩子父母和社会各界的职责所在。因此,本章将从儿童的新媒体接触与使用研究切入,详细梳理儿童的媒介使用模式,以及各类常见的新媒体应用与儿童之间的总体关联。

第一节　我国儿童的总体智能媒体使用情况

随着智能媒体技术的大规模兴起,儿童使用智能手机、平板电脑等智能端的人数量迅速增加,且日益走向低龄化。根据中国互联网络信息中心(CNNIC)第 47 次《中国互联网络发展状况统计报告》发布的数据,截至 2020 年 12 月,我国 9.89 亿网民中,有 99.7% 的用户使用手机上网,网民增长主体从青年群体向未成年人和老年群体渗透的趋势明显,学生网民占比最多[1]。相对于以往儿童常用的纸媒、电视等传统媒体形态,智能媒体呈现出许多新的技术特性。比如,渠道终端的移动化,使得儿童可不受时空限制、能随时随地使用媒体;信息内容的碎片化、个性化、娱乐化,使得儿童用户十分容易沉迷其中。新近的媒介研究已经关注到由智能手机所引起的媒介环境的变化,并转向移动媒体可信度[2]、手机媒介素养[3]、媒介使用的碎片化[4]等视角。同时,随着智能手机使用的增加,与智能手机相关的身心健康问题相继浮出水面。在年轻人中,尤其是在校学生中,使用智能手机的时间越来越长[4]。现有研究较多从媒介使用频率、时长、内容等变量,考察手机成瘾、移动网络安全等某个方面对儿童健康的影响,且大多局限于某一特定的年龄群体,如中学生。国内传播学界尚缺乏全面考察我国儿童智能媒体使用的大样本实证研究。

近年来,传播学科也开始日渐关注智能媒介使用与学龄儿童的议题,主要理论视角关注学龄儿童在使用手机、社交媒体等新兴媒体时,其使用量(如使用时长、频率)、使用背景(如家庭情况、使用目的)及使用效果(尤其是使用内容层面的效应)等。

一、文献综述与研究问题

近年来,随着智能媒体在学龄儿童中的迅速普及与扩散,中西方已有不少学者针对中小学生的智能媒体使用开展了研究。乔凡娜·马斯凯罗尼(Glovanna Mascheroni)等针对欧洲国家 9～16 岁的中小学生进行问卷调查,探究智能手机的拥有情况、最早使用年龄、使用年数、使用频率、使用功能与内容等,发现他们使用智能手机的方式因年龄、性别、使用经验及智能手机拥有情况而异,在线活动数量因年龄、性别和互联网使用经验而异[5]。亚历克西斯·劳瑞切拉(Alexis Lauricella)等针对美国 8～17 岁的儿童和青少年进行调研,从使用与满足理论来探析他们对智能媒体的拥有和使用情况[6]。研究发现,儿童是智能设备的重度用户,手机和平板电脑的拥有量和使用时长随着年龄的增长而增加。此外,儿童和青少年对使用智能媒体技术有着不同的兴趣和动机,青少年是为了娱乐而上网,而玩游戏在不同年龄段都是主要使用动机。弗兰·埃德蒙兹(Fran Edmonds)等通过对青少年的访谈发现,澳大利亚维多利亚省的青少年使用智能媒体主要为了沟通交流和非正式教育[7]。赖德奥特对 2015 年美国 8～18 岁儿童和青少年的全国调查数据进行分析,从使用终端、使用时长、使用内容等维度考察他们的数字媒介使用行为,并将其划分为消极使用、互动使用、沟通使用和内容创造等四种类型[8]。桑德拉·唐(Sandra Tang)的研究发现男生比女生更喜欢玩电子游戏,但使用社交媒体比女生少,青少年在视频聊天和社交网络上花费的时长没有显著差[9]。

国内研究中,王蔚辉和刘晓巍通过问卷调查和访谈研究了中小学生的手机使用时长、使用功能以及学校、父母对手机使用的教育管理等[10]。研究发现中小学生的手机使用时长和功能在年级和性别上没有显著差异,中小学生每日的手机使用时间均值为 52.5 分钟,主要用于玩游戏、QQ、微信和看视频,很少用于查资料和交流学习心得等。魏南江在江苏省 17 所中小学开展了问卷调查,针对手机使用频率、使用目的等进行研究,发现城乡中小学生的手机使用存在明显差异,"与家人联系方便""学习需要""方便交朋友"是江苏省中小学生使用手机的主要动因[11]。本节研究问题如下所述。

研究问题 1:我国儿童拥有智能媒体(智能手机、平板电脑)的情况如何?

研究问题 2:我国儿童如何使用着智能媒体? 他们的使用时长、使用频率、使用经历以及使用内容等情况如何?

研究问题 3:我国儿童的智能媒介使用是否影响其媒介使用依赖?

研究问题 4:我国儿童的学习型媒介使用是否与媒介使用依赖相关?

二、研究方法

(一)数据来源

本节的调查对象为全国学龄儿童,包括所有在读的小学生、初中生和高中生(年龄段为 6～18 岁)。研究采用了分层结合整群的随机抽样方法,具体而言,自2019 年 10 月—2020 年 1 月,先对中国七大行政区域(即华中地区、华北地区、华东地区、华南地区、西南地区、西北地区和东北地区)进行分层随机抽样,在每个区域中随机选择三个省份,然后在每个省份整群随机抽取小学、初中、高中各一所,并对每个学校以班级为单位进行抽样,发放纸质问卷进行现场调研。研究共抽取了 21所小学、21 所初中和 21 所高中,共计 63 所学校。在此之前,我们还邀请小学、初中、高中阶段的各 10 名学龄儿童进行了预测试,确保被访者能够理解和应答问卷内容,并基于预测试结果,对问卷进行了优化和改善。

调研总共回收问卷 2918 份,其中有效问卷 2298 份,有效回收率约为 78.75%。受访者年龄分布为 6～18 岁($M=13.33$,$SD=2.34$),小学($n=748$)、初中($n=787$)和高中($n=763$)的受访者比例接近 1∶1∶1,样本在性别、区域、年级等指标上的分布都较为均衡。近 70% 的受访学生拥有或近期使用过父母的智能手机,受访者平均使用手机的年限为 3.55 年。为确保受访者能够代表我国学龄儿童的一般情况,研究将调研样本($N=2298$)的描述性统计数值与《中国儿童年度发展报告》(简称《报告》)的样本($N=14874$)进行了对比(见表 6-1)。不难发现,本节的样本在性别、年级、所在地区等方面,与《报告》样本基本一致[12]。因此,研究结果能够反映出我国学龄儿童的手机使用及相关身心健康的一般概貌。在开展调研的过程中,研究获得了受访者本人、老师和所在学校的知情同意书,符合知情同意、隐私保密等学术伦理规范。

表 6-1　本节研究与《中国儿童年度发展报告》的样本比较

		本节研究样本 ($N=2298$)		《中国儿童年度发展报告》样本 ($N=14874$)	
性别		女性	51.60%	女性	51.00%
		男性	48.40%	男性	49.00%
年级		小学	32.60%	幼儿园	26.60%
		初中	34.20%	小学	42.80%
		高中	33.20%	中学	30.60%

（续表）

	本节研究样本 （N＝2298）		《中国儿童年度发展报告》样本 （N＝14874）	
地区	华中地区	14.50％	华中地区	26.90％
	华北地区	15.10％	华北地区	36.50％
	华东地区	14.20％	华东地区	15.50％
	华南地区	12.80％	华南地区	7.80％
	西南地区	16.10％	西部地区	13.30％
	西北地区	14.70％		
	东北地区	12.60％		
母亲受 教育水平	初中及以下	30.60％	初中及以下	38.79％
	高中	29.10％	高中	23.27％
	大专	13.30％	大专	14.95％
	本科	20.00％	本科	18.34％
	研究生及以上	7.00％	研究生及以上	4.65％
父亲受 教育水平	初中及以下	28.20％	初中及以下	37.78％
	高中	27.90％	高中	23.31％
	大专	14.20％	大专	14.20％
	本科	22.10％	本科	19.36％
	研究生及以上	7.60％	研究生及以上	5.35％

（二）变量测量

本节研究通过李克特量表来测试智能手机和平板电脑的使用时长、使用频率、使用经历和使用内容、依赖程度、失眠程度、抑郁程度以及饮食失调程度（包括饮食态度和饮食行为）。文中涉及的各变量及测量方式如下文所述。

智能手机使用行为：对于"手机使用频率"的测量，本节研究采用了"在过去的一星期，你大约使用了手机多少次"的问项，并用1表示没用过，用2表示一周1次，用3表示一周2～3次，用4表示一周4～5次，用5表示每天1次，用6表示每天用多次，要求受访者在六级李克特量表上根据自身实际情况进行打分，作为手机使用频率得分。对于"手机使用时长"的测量，本节研究采用了"在过去的一星期，你平均每天使用手机（自己的或父母的）大约多久"的问项，并用1表示没用过，用2表示半小时内，用3表示0.5～1小时，用4表示1～2小时，用5表示2～4小时，用

6 表示 4 小时以上,要求受访学龄儿童根据自身实际情况对该问项进行打分,作为手机使用时长得分。对于"学习型手机使用",本节研究根据相关研究文献,从"使用手机看新闻""使用手机查资料、查信息等""使用手机做作业、补习语数外""使用手机看课外书、编程"等四个维度进行测量,并让受访者根据自己的实际使用情况在从 1(没用过)到 5(每天多次)的五级李克特量表上进行打分,然后分别加总取均值,作为学习型手机使用变量的测量值($Cronbach's \ \alpha = 0.649$)。对于"娱乐型手机使用",本节研究根据相关研究文献,从"使用手机聊天交友""使用手机看视频""使用手机听音乐""使用手机玩游戏"等四个维度进行测量,并让受访者根据自己的实际使用情况在从 1(没用过)到 5(每天多次)的五级李克特量表上进行打分,然后分别加总取均值,作为娱乐型手机使用变量的测量值($Cronbach's \ \alpha = 0.819$)。

手机依赖:本节研究采用智能手机成瘾量表来测量受访者的手机依赖水平,该量表由梁志强(Louis Leung)设计,主要从失控、退却、逃避和低效率 4 个方面、共 17 个条目来测试受访者的手机依赖程度[13]。本节研究采用诸如"有人说过我在手机上花了太多时间""我曾因为使用手机而晚睡""我很难做到关机"等 17 个陈述,让受访者在从 1(不符合)到 5(很符合)之间做出选择,然后将 17 个条目的得分相加取均值,作为手机依赖程度变量的测量值($Cronbach's \ \alpha = 0.923$)。

手机效能感:本节研究采用手机使用效能感量表来测量受访者的手机效能感,该量表是 S. 夏姆·孙达尔(S. Shyam Sundar)等于 2010 年设计的一种李克特量表[14],受试者要针对"我可以使用智能手机上的大部分功能""使用任何手机对我来说都很容易"等五项系列陈述,根据自身的实际情况,在从 1(不符合)到 5(很符合)之间进行打分,然后加总取均值,作为手机效能感得分($Cronbach's \ \alpha = 0.824$)。

本节研究使用的各量表的信度都符合预期,其信度系数均在 0.60～0.95 之间,说明所有变量测量的内部信度理想。

(三)数据分析

本节研究使用 AMOS 和 SPSS 对所得数据进行分析。其中 AMOS 用于检验模型中的研究假设,探究变量间可能存在的交互作用,验证中介与调节效应以及评价模型的配适度;SPSS 用于检验量表信度和效度以及验证变量间的相关关系。在评估模型配适度时,由于样本量较大,本节研究参考了肯尼斯·博伦(Kenneth Bollen)等在 1992 年提出的模型拟合度修正方法,对模型结果进行了进一步优化[15]。

三、研究发现

(一)我国儿童智能媒体使用情况分析

表 6-2 展示了本节研究主要变量的均值、标准差以及相关系数情况。不难发现,学龄儿童智能手机使用频率为平均每周 2~5 次,平均每天使用 0.5~2 小时,总体表现为使用频率较低且时长较短。学习型使用与娱乐型使用相当,均值分别为 2.223 和 2.563。我国学龄儿童的手机依赖程度低,均值为 1.883,手机效能感相对较高,均值为 3.253。

表 6-2　变量均值、标准差与相关关系

	均值	标准差	1.	2.	3.	4.
1. 使用频率	3.838	1.281	—			
2. 使用时长	3.206	1.339	0.484***	—		
3. 学习型手机使用	2.223	0.793	0.379***	0.310***	—	
4. 娱乐型手机使用	2.563	1.092	0.438***	0.537***	0.459***	—
5. 手机效能感	3.253	1.107	0.205***	0.222***	0.225***	0.371***
6. 手机依赖	1.883	0.788	0.291***	0.426***	0.327***	0.623***
7. 失眠	1.835	0.798	0.037	0.089***	0.117***	0.179***
8. 抑郁	1.455	0.366	0.074***	0.115***	0.083***	0.185***
9. 饮食态度	2.190	0.737	0.082***	0.084***	0.159***	0.209***
10. 饮食行为	2.312	0.870	0.028	0.069**	0.083***	0.188***
	5.	6.	7.	8.	9.	10.
5. 手机效能感	—					
6. 手机依赖	0.388***	—				
7. 失眠	0.206***	0.361***	—			
8. 抑郁	0.149***	0.351***	0.443***	—		
9. 饮食态度	0.253***	0.304***	0.275***	0.270***	—	
10. 饮食行为	0.228***	0.293***	0.270***	0.252***	0.539***	—

注:**$p<0.01$,***$p<0.001$。

对样本的总体分析表明,69.4%的上海中小学生拥有自己的智能手机($N=1166$),85.1%拥有自己的平板电脑($N=1167$),可见上海学龄儿童的智能媒体拥有率较高,占比七八成左右。进一步针对不同年级、不同区域和不同性别的统计分析显示(见表 6-3),小学生和初中生($X^2=121.77$,$p<0.001$),郊区生和市区生($X^2=27.85$,$p<0.001$),女生和男生($X^2=5.29$,$p<0.05$)在智能手机的拥有情况上存在显著差异。具体而言,82.4%的初中生拥有自己的智能手机,拥有比例显著高于小学生的 52.4%;市区生的拥有比例(76.7%)也显著高于郊区生(62.4%);女生的拥有比例(72.3%)显著高于男生(66.1%)。平板电脑的拥有情况则略有不同,区域上虽还是市区生的拥有比例显著高于郊区生($X^2=3.98$,$p<0.05$),但是男生和女生则无显著差异,小学生的平板拥有率(87.4%)反而略高于初中生(83.3%)($X^2=3.7$,$p<0.1$)。这说明,在探讨智能媒体对中小学生阅读和学业影响的问题时,有必要将智能媒体细分,比如手机和平板,其拥有和使用情况或有明显不同,不能一概而论。

表 6-3　上海中小学生拥有移动智能端的交叉表及卡方检验结果

变量	属性	有自己的智能手机				有自己的平板电脑			
		没有	有	合计	皮尔逊(Pearson)卡方值	没有	有	合计	皮尔逊(Pearson)卡方值
年级	小学生	241	265(52.4%)	506	$X^2(1, N=1166)=121.77^{***}$	64	443(87.4%)	507	$X^2(1, N=1167)=3.7^{\#}$
	初中生	116	544(82.4%)	660		110	550(83.3%)	660	
区域	郊区生	224	372(62.4%)	596	$X^2(1, N=1166)=27.85^{***}$	101	495(83.1%)	596	$X^2(1, N=1167)=3.98^{*}$
	市区生	133	437(76.7%)	570		73	498(87.2%)	571	
性别	女生	169	442(72.3%)	611	$X^2(1, N=1166)=5.29^{*}$	85	527(86.1%)	612	$X^2(1, N=1167)=1.06$
	男生	188	367(66.1%)	555		89	466(84%)	555	

注:$^{\#}p<0.1$,$^{*}p<0.05$,$^{**}p<0.01$,$^{***}p<0.001$。

(二) 使用频率、时长、类型对智能媒体使用依赖的预测作用

本节研究使用 AMOS 检验各主要变量之间的关系,模型拟合度理想,χ^2/df 值为 1.2172,同时 CFI、GFI、AGFI 指标分别为 0.9917、0.9555、0.9503,均大于 0.9,而 RMSEA 值小于 0.01。

在手机依赖的预测变量方面，本节研究发现，更长的使用时间（$\beta=0.068$，$SE=0.037$，$p<0.01$）和更高的使用频率（$\beta=0.061$，$SE=0.007$，$p<0.05$）会显著影响学龄儿童的手机依赖症状；更多的娱乐型使用也会导致手机依赖（$\beta=0.692$，$SE=0.028$，$p<0.001$）；而学习型使用则与手机依赖之间并没有显著的相关关系。

四、结论与讨论

时至今日，数字媒介已经与人类的社会生活深度融合，"青少年是否应当上网"已成为不值一顾的过时论题。如何让学龄儿童安全、科学地使用智能媒介，才是我们应当关注的核心问题。据联合国儿童基金会发布的《2017 年世界儿童状况：数字时代的儿童》报告显示，全球的互联网用户中，约三分之一为 18 岁以下的儿童，每日新增逾 17.5 万名儿童网民。不可否认的是，本节研究所涉及的学龄儿童群体已经成为网民增长的主体，而其中大部分均通过以智能手机为代表的移动端接入互联网。

本节研究的样本涵盖了中国七大行政区划的 63 所小学、初中或高中，有效样本量接近 3000 人，研究结果具有良好的外部效度。本节研究的主要研究结论如下：

首先，我国儿童的智能媒体接触率和拥有率较高，总体使用量和依赖程度相对较低。近七成的受访者拥有自己的智能手机，或在短期内使用过父母或者朋友的智能手机。我国中小学严格限制智能设备入校，因此儿童使用智能手机的频率和时长均偏低。我国学龄儿童智能手机接触率高，依赖程度相对较低，与之相关的各种身心健康问题相对较少。在本节研究中，有近七成的受访者拥有自己的智能手机，或在短期内使用过父母或者朋友的智能手机，这反映了智能手机在我国学龄儿童群体中的高普及率与高接触率。

其次，智能媒体的拥有和使用情况，在我国不同年龄、区域和性别的儿童中存在明显差异。总体来看，智能媒体的拥有和使用随着年龄的增长而增多，且逐渐走向娱乐型使用。城市儿童比乡村儿童在智媒使用的数量和内容上，都更为丰富和多元。男生比女生更大量、更频繁地使用智能媒体，也更容易产生依赖和成瘾。与此前研究相仿，本节研究也发现，学龄儿童使用智能手机的频率和时间与手机依赖密切相关。在使用类别方面，已有研究较多探讨了网络游戏、电视等娱乐型媒体对学龄儿童媒介依赖的影响[16]。本节研究则从手机使用类型的角度，发现娱乐型手机使用会对智能手机依赖程度产生正向影响，而学习型使用则未见显著关联。这也启发后续研究，应考虑将手机使用类型纳入学龄儿童手机依赖及其影响的研究框架。

我国儿童的技术效能感较高,总体上体现出他们对于智能媒体各种功能的良好使用能力以及自信心,但男生比女生、城市儿童比乡村儿童、高年级比低年级儿童,其技术效能感和数字技能之间存在显著差异,前者均显著高于后者。此外,我国儿童的智能媒体依赖程度较轻,且受到使用频率、使用类型等多种因素的影响。在使用类型上,主要体现为娱乐型和学习型使用,前者更容易导致智能设备依赖,而学习型使用则未见显著关联。

基于本节研究的结论,从儿童网络保护角度出发,作者期望:①国家层面继续出台相关政策与规划,努力完善对学龄儿童网络新媒体使用时长、内容和类型的保护机制,鼓励相关主体开发针对青少年学习的应用程序和内容产品;②立法确保媒体科技公司强化其在线平台的安全和保护措施,并让这些措施对教师、父母和儿童来说清楚明了、方便易用;③增加对安全技术和优质青少年电子内容的投资与支持,以帮助儿童接受优质教育、发展自身技能,切实提升青少年手机使用能力与手机效能感,以裨益其未来的互联网生活。

第二节　我国学龄儿童的数字技能测量框架建构与证实

数字技能是儿童应对智媒时代挑战的关键能力,决定着他们是否能充分参与到学习、文化和社会生活中去。本书开发构建了我国儿童的数字技能量表,包含:操作技能(包括基本操作、信息管理、信息导航)、移动技能(包括软件操作、设备应用)、社交技能(包括社交分享、社交互动)、创造技能(包括内容创建、内容整合)和安全技能(包括隐私保护、风险防护),对于数字技能领域的实证研究做出了原创性贡献。相对于发达国家的测量结果,我国儿童在创造技能和安全技能上,得分较低。

数字技能是数字鸿沟的重要预测指标,也被称为"21世纪基本生存技能"[17],受到传播学、社会学、教育学、图书情报学等诸多学科和业界的关注。数字技能是中小学生适应和充分利用数字化学习环境的前提。在教育领域,信息通信技术的飞速发展推动着教育信息化改革[18]。数字化学习正成为中小学生重要的学习形式[19],对儿童课外阅读[20]、数学和理科学习[21]等都提出了新挑战。21世纪以来,数字技能的培养在各国基础教育课程改革领域日益受到重视,逐渐被越来越多的国家列入基础教育中。欧盟将数字素养确定为欧盟8项核心素养之一[22]。美国国际教育技术协会在《美国国家教育技术标准(学生版)》中将"数字公民素养"作为六大主题之一[23]。

如何保证教育公平是我国教育信息化发展过程中的重大挑战。现有研究证明,城市学生和农村学生存在着网络不平等[24]。这种城乡网络不平等,不再是硬件设备的接入的差异,而在于农村学生互联网使用过少、不愿使用、不会/不懂使用[25]。数字技能成为造成中国城乡儿童数字鸿沟的核心因素[26]。数字技能的获取并不是简单通过数字媒介的使用[27]。阿努什·玛格丽安(Anoush Margaryan)等的研究表明学生只使用了数字媒介的部分功能,对更高阶的数字技能和服务并不熟悉,并且他们的学习效果与老师教学方式有关[28]。互联网的日常使用并不能提高高阶数字技能[27]。这些研究表明,中小学生作为数字原住民仍然需要父母或学校引导他们充分理解互联网的意义和重要性,并通过学习提高其数字技能。

数字技能是中小学生应对数字时代挑战的关键能力,决定着中小学生是否能充分参与到学习、文化和社会生活中[21]。李淑贞(Sook-Jung Lee)等认为,数字技能可以帮助保护儿童免受数字媒介的负面影响,减少信息不平等,让儿童充分参与创造性和社交活动[29]。使用有效可靠量表进行大规模调查,有助于了解中小学生的数字技能的现状,分析存在的问题,制定学校的教育策略。成熟完善的理论框架和可靠有效的测量问卷是中小学生数字技能研究的基础。

在此背景下,本节研究主要探讨三个问题:①数字技能的定义是什么? ②数字技能的结构和要素是什么? ③根据数字技能结构编制的中小学生数字技能量表是否可靠和有效? 在此方面,国外已有一些相关研究,但专门针对中小学生的研究尚显不足。国内学者对该议题的探讨较多停留在理论阐释层面,缺乏有效的实证研究。因此,本节研究拟以我国的中小学生(学龄儿童)为研究对象,基于深度访谈、大规模随机抽样问卷调查和统计分析,尝试在本土化情境中构建并证实中小学生数字技能的测评框架,以期为该领域的未来研究与教育实践提供依据。

一、理论概念与研究目标

(一)数字技能的概念界定

数字技能这一概念在过往研究的文字表述有"互联网技能"(internet skills)[30-31]、"数字技能"(digital skills)[32-34]、"信息素养"(information literacy)[35]、"数字素养"(digital literacy)[36-38]等。不同的学术名词折射出数字技能内涵的多样化。传播学、社会学、教育学、图书情报学等学科对数字技能均有涉足,不同学科对数字技能有着不同的理解和侧重[30]。数字技能是一个相对较新的概念,研究方向随着信息技术的发展而改变。最初数字技能的研究着重于互联网基本功能的操作,随后认知、社交等更丰富的层次也被纳入研究范围,数字技能的定义也愈发复杂[30]。联合国教科文组织把数字技能定义为"能够确定、查找、评估、组织和有效地生产、使用和交流信息来解决一个问题"[36]。基尔斯蒂·阿拉-穆特卡(Kirsti Ala-Mutka)认为数字技能概括为可以"自信地、批判性地和创造性地使用信息技术来完成工作、就业、学习、休闲和社会参与的目标"[27]。玛格达莱娜·克拉罗(Magdaleno Claro)等人将数字技能定义为在数字环境中解决信息、沟通和知识三方面问题的能力[39]。到目前为止,数字技能还没有一个得到广泛认同的定义。尽管存在争议,但数字技能的重要性得到了一致认同。随着互联网的发展和学界对数字技能研究数量增加,数字技能的内涵不断变迁、与时俱进。据此,本节将数字技能定义为:安全地使用电脑、手机等数字设备来检索、筛选、评估、创造和交流数字信息的能力。

(二)数字技能测量要素

在过去的几十年,西方学者提出了许多数字技能的理论和实证框架。比如,约兰·埃舍特(Yoram Eshet)认为数字技能包括五大要素,分别为图片—图像素养、再生产素养、分支素养、信息素养和社会—情感素养[17]。亚历山大·范·德乌森(Alexander van Deursen)等人在荷兰进行了一系列的数字技能实证研究,最初的理论框架包括四类:操作技能(operational),即操作数字媒体的技能;常规技能(formal),即处理超媒体(导航)的技能;信息技能(information),即在数字媒体中搜索、选择和评估信息的技能;策略技能(strategic),即使用数字媒体的信息来实现个人或职业目标的技能[31]。在后续研究中,沟通技能和内容创作技能被补充到框架中[34]。2016年,范·德乌森等人重新将数字技能划分为五种不同类型,包括:操作技能、信息导航技能、社交技能、创意技能和移动技能[40]。额旺(Wan Ng)提出了一个包含技术、认知、社交三个维度的数字素养模型[37]。阿拉-穆特卡提出的概念框架包括三个层面:使用数字媒体的工具性知识与技能;沟通与协作、信息管理、学习与解决问题所需的高阶知识与技能;以跨文化、批判性、创造性、责任感和自主性的应用态度使用技能[27]。联合国教科文组织发布的《全球数字素养框架》描述了设备与软件操作、信息与数据素养、沟通与协作、数字内容创建、数字安全、问题解决和职业相关能力等七个数字能力域[41]。

专门针对儿童数字技能测评量表构建的研究则相对较少。安娜·佩雷斯-斯科达(Ana Perez-Escoda)等人在西班牙用问卷调查的方式,对7~12岁的孩子进行了数字技能的调查,测量维度包括信息、沟通、内容创作、安全、问题解决等五方面[32]。在一项在意大利对 15～20 岁的高中生的研究中,数字技能被分为理论知识、操作技能和评估技能三部分[33]。娜塔莉·松克(Nathalie Sonck)等人针对欧洲 8～16 岁儿童数字技能的研究将数字技能分为信息技能、操作技能、安全技能和自我效能感四个方面[38]。还有研究从数字化判断、获取和处理数字信息的能力、创造数字信息的能力以及数字化沟通的能力四方面来界定数字技能[42]。在学龄儿童数字技能研究中,尤其要重点关注安全技能。虚假、淫秽色情、恐怖暴力、诽谤谩骂等网络不良信息会影响儿童的健康成长,网络隐私素养的缺失会导致个人信息的泄漏,继而引发一系列网络风险[43]。一项针对 28 个欧洲国家数字素养教育项目和倡议的主题研究发现,儿童安全使用互联网是最重要的议题[44]。儿童需要对数字媒介批判性地理解,在遵守道德准则和法律规定的前提下使用网络。未成年人的心智未完全成熟,互联网的信息纷繁复杂,儿童的数字安全能力尤其重要。

国内相关研究主要集中在信息素养内涵和理论框架的探讨[36][45-46],对日本、欧盟、美国等发达国家的数字素养框架的梳理和对我国的借鉴意义讨论等理论层面[22-23][47]。只有少数学者构建了针对中学生的数字技能量表并进行了实证研究[35][48]。

(三)研究目的

伊登·利特(Eden Litt)认为数字技能的测量可以揭示数字技能与在线行为之间的关系;为数字技能干预提供实证支持;通过实证数据量化数字技能的提高;确定对社会至关重要的特定数字技能;突出不同网民群体的不同特征[30]。信息技术飞速发展,数字技能内涵也不断更新丰富,数字技能量表也需要跟上互联网的发展速度,不断更新,才能真正全面反映出调查对象的数字技能水平。从国内已有文献可以看出,现有研究多是理论层面的综述和分析,实证研究不足,定量研究匮乏。亟须根据理论框架构建出可操作化的量表,进行大规模的实证研究来验证学者的猜想。本节基于松克等、范·德尔森等人的框架[38][40],最终选取了五个维度:操作技能、信息技能、创造技能、社交技能和安全技能。操作技能是指使用数字设备完成实用性操作的能力。信息技能是指有效搜索、识别和评估信息的能力。创造性技能指的是利用网络或软件创造新内容的能力。社交技能是指在互联网上与他人进行清晰有效的沟通和良好合作的能力。安全技能是指安全使用互联网和保护隐私的能力。本节采用定量与定性手段相结合的研究方法,以中小学生为研究对象,基于深度访谈、随机抽样问卷调查和数据分析,验证提出的数字技能框架,并检验该量表是否可靠和有效。

二、研究设计

(一)测量量表的编制

本节研究基于数字技能五个维度,参考多篇国外文献[32][38][40][49],并结合国内互联网使用现状,以及《上海市中小学信息科技课程标准》[50],进行了本土化修订与前测,最终形成了由 60 个题项构成的初始问卷框架,对于中国的中小学生有很高的贴合度。每个题项均采用李克特五级量表。除数字技能五个维度的题项,问卷里还包括关于智能手机和电脑(笔记本电脑、或 iPad/Surface 等平板电脑)的接触渠道、使用时长、使用频率和使用经历。

在正式发放问卷之前,为提升量表编制的质量,研究人员于 2018 年 11 月邀请了 15 位四年级小学生和 15 位初中生进行了深度访谈。通过深度挖掘被访者的回答,系统提出了调查问题的方法。30 位被访者首先对问卷进行了预填写,随后研究者询问了他们对题项的理解、作答逻辑和意见。根据访谈结果修改了部分题项,保证了题项表达的清晰性、准确性和中立性,也确保了被访者能够根据题项填写对应答案。

(二)数据收集

本节研究选择了上海作为调研地区。上海是我国经济水平和教育水平十分发达的国际大都市,上海中小学生的数字技能水平亦在全国处于领先水平,对于高阶数字技能的掌握处于上游。因此,选择上海作为进行数字技能量表构建的调研地区,对中国其他省份具有良好的可推广性和借鉴意义。

在数据采集中,本次调研涵盖了上海城区和郊区,因此研究样本对于全国城乡的中小学生总体具有很好的代表性。本节研究对象为上海三年级以上的小学生和初中生。上海共包含 16 个行政区划(黄浦、徐汇、长宁、静安、普陀、虹口、杨浦、闵行、宝山、嘉定、浦东、金山、松江、青浦、奉贤、崇明)。根据上海统计局公布的《2018上海统计年鉴》所披露的不同区域在校学生数量[51],本节研究对浦东和闵行两区的抽样数量进行了加权,按其他区样本数的两倍来进行抽取。此外,本节研究将浦东划分为外环(郊县)和内中环(城区)两个区域进行抽样。

本节研究采用了多阶段整群随机抽样的方式。首先,在全市 14 个区(除闵行和浦东外)中各随机抽取 2 所初中和 2 所小学,在闵行、浦东外环外、浦东内中环各随机抽取 4 所初中和 4 所小学,由此共抽取了 40 所小学和 40 所初中。其次,按照抽样要求,研究人员在每所学校随机抽取符合年级要求的 1 个班级进行调研,总共抽出 80 个班级。最后,在获得上海市教委和被抽取学校管理部门的同意后,由访员前往被抽中的样本学校和班级,针对该班全体同学执行问卷发放、现场调研和问卷回收工作。

上海某综合大学的 58 名本科生在接受调研方法的专业培训后,担任了本次调查的访员,于 2018 年 12 月 4 日—12 月 25 日在全市被抽中的学校和班级里实施了问卷调研。调研累计回收问卷 3325 份,剔除了异常值和缺失值过多(超过总题项的 10%)的个案后,最终获得有效问卷 3217 份,有效回收率 96.75%。由于本节研究的多阶段抽样过程严格遵循了随机原则,因此样本具有良好的外在效度,能够代表上海中小学生总体,亦能较好地推广到全国中小学生总体。

(三)样本构成

本节研究的样本结构如表 6-4 所示。样本在性别、区域、年级等关键指标上的分布都较为均衡。男生 1689 名,占比 52.5%,女生 1528 名,占比 47.5%。市区学生 1389 名,占比 43.2%,郊区学生 1828 名,占比 56.8%。小学生 1438 名,占44.7%,初中生 1779 名,占比 55.3%。年龄层面,被访者的年龄均值为 11.63 岁,众数为 10 岁,标准差为 1.857 岁,所有学生都可被看作是数字原住民。父母学历较高,均以本科学历占比最多,父亲学历本科及以上合计占 51%,母亲学历本科及以上合计占 45.9%。

表 6-4　上海中小学生调研样本结构(N=3217)

变量	属性	人次	百分比(%)
性别	男	1689	52.5
	女	1528	47.5
区域 *	市区	1389	43.2
	郊区	1828	56.8
年级	四年级	733	22.8
	五年级	705	21.9
	六年级(预初)	369	11.5
	七年级(初一)	496	15.4
	八年级(初二)	366	11.4
	九年级(初三)	548	17

（续表）

变量	属性	人次	百分比(%)
父亲学历	初中及以下	340	10.6
	高中或中专	634	19.7
	大专	605	18.8
	本科	1134	35.3
	硕士	357	11.1
	博士	147	4.6
母亲学历	初中及以下	394	12.2
	高中或中专	653	20.3
	大专	693	21.5
	本科	1110	34.5
	硕士	289	9
	博士	78	2.4

注:本节研究市区/郊区的划分方式如下所述,黄浦、浦东(内中环)、徐汇、长宁、静安、普陀、虹口、杨浦等 8 个区界定为市区;浦东(外环外)、闵行、宝山、嘉定、金山、松江、青浦、奉贤、崇明等 9 个区为郊区。

(四)统计方法

为了形成数字技能测量量表并检验其信度和效度,本节研究将 3217 份答卷按区域平均分成两部分。每部分数据均有 14 个区(除闵行和浦东)的 1 所初中和 1 所小学以及闵行和浦东的 2 所初中和 2 所小学。针对其中一部分的 1636 份数据(样本 A),利用 SPSS 22.0 进行探索性因子分析(EFA),探索数字技能的主要维度;针对另一部分 1581 份数据(样本 B),则利用 AMOS 24.0 开展验证性因子分析(CFA)和测量等价性检验,验证数字技能量表结构的效度、合理性和稳定性。

三、数据分析结果

(一)探索性因子分析

量表的 KMO 值为 0.973,巴特利(Bartlett)球形检验达到显著性水平($p = 0.000$)。说明量表数据适合进行探索性因子分析。初次探索性因子分析在不限定因子数目的情况下,采用最大似然法并配合 Promax 斜交转轴法,提取出特征值大于 1 的共同因子 6 个,累积方差解释率为 56.3%。根据题项间相关性、因子负荷量等对各题项进行检查,重新进行探索性因子分析,最终保留了 33 个题项,提取了

5 个共同因子,共解释 58.6% 的方差(Chi-square = 2019.156,$df = 373$,$p <$ 0.001)。探索性因子分析后的因子构成与之前的理论框架略有不同。信息技能和操作技能的题项落在了同一个因子。移动设备使用相关的题项则单独落在了一个因子。因此,研究者将信息技能和操作技能合并为同一维度,结合题项内容,命名为"操作技能"。将移动设备使用相关的题项命名为"移动技能"。最终确定了数字技能框架的五个维度:操作技能、移动技能、社交技能、创造技能和安全技能。五个维度的 *Cronbach's α* 系数在 0.819~0.929 之间,内部信度理想。

(二)数字技能维度结构分析

本节研究运用样本 B 的数据进行验证性因子分析,对探索性因子分析形成的数字技能的五个因子进行进一步的检验,并检验了量表的收敛效度、区分效度和外部效度。研究还将样本 B 分为市区/郊区两个群组进行交叉效度检验,验证该模型在不同群组间的测量等价性,确保该模型可以用来解释调查的总体数据。

1. 验证性因子分析

本节研究在探索性因子分析的基础上进行了验证性因子分析,验证模型结构是否与实际数据适配。为了验证模型的结构效度,研究者进行了收敛效度和区分效度的计算。在依据指标删除了部分题项后,根据组合信度(composite reliability,CR)、平均方差抽取量(average variance,AVE)和最大共享方差(maximum shared variance,MSV)的数据显示,五个因子的组合信度均大于 0.7,平均方差抽取量均大于 0.5,具有较好的收敛效度;同时,五个因子的最大共享方差(MSV)均小于平均方差抽取量(AVE),且 AVE 的根号值均大于该因子与其他因子的相关系数,表明模型有较好的区分效度。此外,根据修正指标进行模型调整后,模型整体的适配度良好。$\chi^2(178) = 618.079$,$\chi^2/df = 3.472$;$CFI = 0.981$;$RMSEA = 0.04$(ci. 0.036~0.043);$SRMR = 0.028$;$AIC = 768.079$,各项指标均在标准之上(见表 6-5)。

表 6-5　各因子的收敛效度和区别效度

	题项数	CR	AVE	MSV	操作技能	移动技能	创造技能	社交技能	安全技能
操作技能	5	0.906	0.660	0.632	0.811	—	—	—	—
移动技能	3	0.882	0.715	0.486	0.697	0.846	—	—	—

（续表）

	题项数	CR	AVE	MSV	操作技能	移动技能	创造技能	社交技能	安全技能
创造技能	5	0.881	0.600	0.455	0.622	0.456	0.775	—	—
社交技能	4	0.870	0.626	0.602	0.673	0.570	0.640	0.792	—
安全技能	5	0.902	0.647	0.632	0.795	0.670	0.675	0.776	0.805

2. 模型交叉效度检验

为了探究测量模型的稳定性，我们将样本 B 分为市区和郊区两部分，使用 AMOS 24.0 来验证结构不变性、弱不变性、强不变性和严格不变性。在验证测量等价性时，一般参考标准是卡方差异的显著性。然而，卡方对大样本中不重要的小偏差非常敏感，所以本节研究采用 CFI 增量来检验模型之间的差异，并参考 RMSEA 和 SRMR 的变化量。即 $|\Delta CFI| \leqslant 0.01$、$|\Delta RMSEA| \leqslant 0.15$ 和 $|\Delta SRMR| \leqslant 0.030$（针对弱不变性）或 0.015（针对强不变性或严格不变性）表示两模型之间的差异未达到显著水平[52]。如表 6-2 所示，模型的结构不变性、弱不变性、强不变性和严格不变性均具有跨群组效度，即两群组等价，模型具有稳定性，可以支持进一步的分析（见表 6-6）。

表 6-6　群组不变性比较摘要表（$N = 1581$）

	χ^2	df	χ^2/df	SRMR	CFI	RMSEA	ci.（90%）		PCLOSE	AIC
结构不变性	915.37	354	2.59	0.0326	0.976	0.032	0.029	0.034	1.00	1219.37
弱不变性	1075.86	376	2.86	0.0493	0.970	0.034	0.032	0.037	1.00	1335.86
强不变性	1182.56	398	2.97	0.0499	0.967	0.035	0.033	0.038	1.00	1486.56
严格不变性	1246.53	430	2.90	0.0597	0.966	0.035	0.032	0.037	1.00	1398.55

注：所有的卡方值均为显著 $p < 0.001$，是因为样本较大。

3. 外部效度

为了验证模型对于不同人口学特征的调查对象的结果差异是否与以往研究一致，本节研究采用了独立样本 t 检验来验证。在数字技能的研究中，一些关键的因素(如年龄、性别、居住区域)被证实可以预测个人的数字技能水平[30]。独立样本 t 检验表明,市区和郊区的中小学生在操作、社交、创造、安全技能上并无显著差异,但在移动技能方面差异显著[$t(1579)=1.000$, $p<0.05$],郊区儿童的移动技能($M=4.56$, $SD=0.762$)显著高于市区儿童($M=4.39$, $SD=1.053$)。这个结果与前人研究中郊区学生的数字技能低于市区学生的结果略有不同[21]。本节研究结果可能意味着上海市区与郊区之间中小学生的数字鸿沟正在缩小。有研究发现与市区学生相比,郊区学生从老师那里学到的信息技能知识更多[32]。这种数字鸿沟的缩小可能源自郊区学校信息技术教育水平的提升。小学生和中学生在五个维度的数字技能上均存在显著差异,初中生对自己数字技能的评估高于小学生。独立 t 检验还显示,男生与女生在操作技能上存在显著差异[$t(1579)=-2.652$, $p<0.05$],男生的操作技能($M=3.97$, $SD=1.075$)显著高于女生($M=3.83$, $SD=1.084$)。年龄和性别之间的差异与前人研究一致。年龄大的儿童比年龄小的儿童更自信,男孩比女孩更自信[32-33][38]。总体而言,该量表与以往关于数字技能和人口特征之间的研究结果是一致的。

四、结论与建议

数字技能是中小学生在学习和日常生活中必不可少的能力。信息技术的学习内容、学习方式和教学方式是今后中小学发展数字技术的前提和影响因素。在此背景下,中小学生数字技能的分析和测评对于教育信息化改革十分重要。本节研究构建了数字技能测评框架并编制了相应问卷。通过对现有国内外文献进行批判性的梳理,并基于两个理论框架构建了本节研究的初步测评指标。研究还借鉴了《上海市中小学信息科技课程标准》,确保所有题项均反映了典型的实际数字化使用。在框架构建的过程中,本节研究运用了深度访谈、探索性和验证性因子分析、交叉效度检验等多种方法。经过一系列科学严谨的修正,最后开发出了合理全面、具有良好信度效度和测量等价性的中小学生数字技能的测量框架,可为今后的数字技能实证研究提供支持(见表6-7),也在一定程度上填补了国内本领域的研究空白。

安全技能是本数字技能框架中的五个测量指标之一,也被研究者认为是中小学生群体数字技能研究中最需关注的指标。随着网络环境变得越来越复杂,安全技能对于中小学生来说至关重要。为了上网安全,限制儿童上网是下策,提高儿童的安全技能是上策。中小学生的安全技能可帮助他们规避网络风险,充分利用互联网来提升自己。在后续的研究中,还可以进一步细化安全技能的测量维度,纳入如网络消费安全、网络儿童犯罪[43]、不良网络内容(色情、暴力)的规避[44]等题项。值得一提的还有创造技能的题项。本节研究根据《上海市中小学信息科技课程标准》的相关内容,进行了较大改动,经过检验后,该测量指标具有良好的信度和效度,这也是本节研究的一大贡献。信息技能虽在本节研究中与操作技能合并,但研究者仍然认为这是一个重要指标,在后续研究中,可考虑作为一个单独指标加入。

表 6-7　中小学生数字技能测评框架及指标

维度	定义	二级指标	题项	因子负荷
操作技能	使用数字设备和软件完成实用性操作的技能	基本操作	O1 我知道如何使用快捷键[例如,CTRL+V(粘贴)等]	0.687
		信息管理	O2 我知道如何下载和保存网上找到的资料(如图片、文档、音乐等)	0.717
			O3 我知道如何在浏览器里收藏一个网页	0.788
		信息导航	O4 我知道如何在浏览器里打开新的窗口	0.786
			O5 我知道如何点击链接访问新的网页	0.830
移动技能	使用移动数字设备的能力	软件操作	M1 我知道如何在手机或平板上安装软件(App)	0.745
			M2 我知道如何在手机或平板上卸载软件	0.864
		设备应用	M3 我知道如何用手机、平板等设备拍摄照片	0.543
创造技能	使用互联网或软件创造新内容的能力	内容创建	C1 我知道如何设计网页	0.555
			C2 我知道如何制作思维导图	0.503
			C3 我知道如何制作多媒体展示(包含声音、图片或者视频)	0.588
		内容整合	C4 我知道如何用视频编辑软件给视频添加字幕	0.864
			C5 我知道如何将两段音频在音频编辑软件中合并为一段音频	0.881
社交技能	互联网上与他人进行清晰有效的沟通和良好合作的能力	社交分享	So1 我会在网站上发布言论	0.815
			So2 会在网上创造一个角色或者宠物	0.696
		社交互动	So3 我会访问别人的社交主页(比如微博等)	0.627
			So4 我会和朋友在线一起玩游戏	0.575

（续表）

维度	定义	二级指标	题项	因子负荷
安全技能	安全使用互联网并保护隐私的技能	隐私保护	Sa1 我知道如何清除自己的网页访问记录	0.744
			Sa2 我知道如何屏蔽不想要的网络广告或者垃圾邮件	0.860
		风险防护	Sa3 我知道如何寻找如何安全使用网络的信息	0.696
			Sa4 我知道如何使用杀毒软件杀毒	0.546
			Sa5 我知道从什么渠道下软件会比较安全	0.629

　　此外，调查数据显示，上海中小学生数字技能五个维度差异较大（如表 6-8 所示）。其中移动技能（$M=4.49$）最高，这和国外操作技能和社交技能较高的结论不同[53]。这种差异可能与智能手机在中国的高普及率有关。我国网民使用手机上网的比例高达 99.3％，而使用台式电脑上网、笔记本电脑上网的比例分别为 42.7％和 35.1％[54]。由此可见，智能手机已成为国内最主流的上网设备，移动技能应该得到进一步的研究和扩展。在五个维度中，创造技能（$M=2.90$）最低，这和前人研究一致[53]。这意味着，虽然创造技能已在课程标准列出，但实际教学效果相对其他维度而言，并不理想。移动技能的掌握和教授仍是信息技术教育的难点，也是日后中国学龄儿童能否在全球信息时代竞争中占领优势的关键所在。政府、学校和教师应加大对中小学生数字创造技能的教学力度。哪些因素阻碍了创造技能的发展，以及该采用什么方法来引导中小学生发展该技能，值得未来进一步研究。

　　总体来看，上海中小学生的数字技能水平已经略高于欧洲同年龄段儿童的数字技能平均水平，与挪威、葡萄牙等国处于同一水平[53]。这说明中国一线城市的信息技术教育水平已与世界发达国家持平。未来，该测量框架也可以在中国其他区域进行调研，进一步检验量表的外在效度。同时探究中国不同发展程度地区学龄儿童的数字技能水平，对比差距，针对性地制订教学方案。

表 6 - 8　指标维度统计数据

	平均值	标准差	方差	α
操作技能	3.90	1.081	1.169	0.905
移动技能	4.49	0.904	0.818	0.861
创作技能	2.90	1.223	1.497	0.864
社交技能	3.47	1.332	1.775	0.863
安全技能	3.80	1.231	1.515	0.904

本节研究提出的中小学生数字技能测评框架——操作技能(包括基本操作、信息管理、信息导航)、移动技能(包括软件操作、设备应用)、社交技能(包括社交分享、社交互动)、创造技能(包括内容创建、内容整合)和安全技能(包括隐私保护、风险防护),对于数字技能领域的实证研究做出了原创性贡献。本框架专门为我国的中小学生设计,在教育领域有很好的现实意义。对于测评学龄儿童的数字化能力、评估教育项目的产出、衡量教育系统的进展以及进行系统间的比较等,都有实际应用价值,也为进一步的学术研究、教学实践和政策制定提供了有力支持。

本章参考文献

[1] 中国互联网络信息中心. 第 47 次《中国互联网络发展状况统计报告》[EB/OL]. (2021 - 02 - 03)[2022 - 03 - 23]. http://www.cac.gov.cn/2021 - 02/03/c_1613923423079314.htm.

[2] Strömbäck J, Tsfati Y, Boomgaarden H, et al. News media trust and its impact on media use: Toward a framework for future research[J]. Annals of the international communication association 2020, 44(2):139 - 156.

[3] 刘双庆.网络传播环境下媒介使用的变化与启示[J].中国出版,2018(10):32 - 35.

[4] 王倩,李颖异.冲突与和解:关系视阈下流动儿童媒介素养构建研究[J].现代传播(中国传媒大学学报),2018,40(1):163 - 168.

[5] Mascheroni G, Olafsson K. The mobile Internet: access, use, opportunities and divides among European children[J]. New media & society, 2016, 15(8): 1657 - 1679.

[6] Lauricella A R, Cingel D P, Blackwell C, et al. The mobile generation:youth and adolescent ownership and use of new media[J]. Communication research reports, 2014, 31(4): 357 -364.

[7] Edmonds F, Rachinger C, Waycott J L, et al. Keeping intouchable: a community report on the use of mobile phones and social networking by young aboriginal people in Victoria[EB/

OL].(2018 - 05 - 14)[2022 - 03 - 22]. http://apo.org.au/node/32140.

[8] Rideout V. Measuring time spent with media: the common sense census of media use by US 8 to 18-year-olds[J]. Journal of children and media, 2016, 10(1):138 - 144.

[9] Tang S, Patrick M E. Technology and interactive social media use among 8th and 10th graders in the U. S. and associations with homework and school grades[J]. Computers in human behavior, 2018, 86(4): 34 - 44.

[10] 王蔚辉,刘晓巍.中小学生使用手机的实证研究[J].教育探索,2018(1):23 - 27.

[11] 魏南江.手机媒介传播形态及其使用现状的万人调查:以江苏省17所中小学父母学生、教师为例[J].现代传播(中国传媒大学学报),2011(1):116 - 120.

[12] 苑立新.儿童蓝皮书:中国儿童发展报告(2020)[M].北京:社会科学文献出版社,2020.

[13] Leung L. Linking psychological attributes to addiction and improper use of the mobile phone among adolescents in Hong Kong[J]. Journal of children and media, 2008, 2(2):93 - 113.

[14] Sundar S S, Marathe S S. Personalization versus customization: the importance of agency, privacy, and power usage[J]. Human communication research, 2010, 36(3):298 - 322.

[15] Bollen K A, Stine R A. Bootstrapping Goodness-of-Fit measures in structural equation models[J]. Sociological methods research, 1992, 21(2):205 - 229.

[16] 王伟,雷雳.青少年移动社交媒介使用行为的结构及特点[J].心理研究,2015,8(5):57 - 63.

[17] Eshet Y. Digital literacy: a conceptual framework for survival skills in the digital era[J]. Journal of educational multimedia and hypermedia, 2004, 13(1):93 - 106.

[18] 任友群,冯仰存,等.融合创新,智能引领,迎接教育信息化新时代[J].中国电化教育,2018(1):7 - 14,34.

[19] 庄榕霞,杨俊锋,等.中小学生数字化学习能力测评框架研究[J].中国电化教育,2018(12):1 -10,24.

[20] 李晓静,郑琳.中小学生的智能媒体使用及其对课外阅读影响的实证研究[J].中国电化教育,2018(12):104 - 112.

[21] OECD. Students computers and learning making the connection [R]. Paris: OECD Publishing, 2015.

[22] 任友群,随晓筱,等.欧盟数字素养框架研究[J].现代远程教育研究,2014(5):3 - 12.

[23] 许欢,尚闻一.美国、欧洲、日本、中国数字素养培养模式发展述评[J].图书情报工作,2017,61(16):98 - 106.

[24] 李艳,赵乾翔,等.城乡中学生网络不平等现象探析:以南通市为例[J].中国电化教育,2012(9):117 - 123.

[25] 李晓静.知沟视域中农村基础教育信息化的现状与建议:基于河南修武中国完小的质化研究[J].中国电化教育,2017(12):53 - 58,74.

[26] 李晓静.数字鸿沟的新变:多元使用、内在动机与数字技能:基于豫沪学龄儿童的田野调查[J].现代传播(中国传媒大学学报),2019,41(8):12-19.

[27] Ala-Mutka K. Mapping digital competence: towards a conceptual understanding[R]. Luxembourg: Publications Office of the European Union, 2011.

[28] Margaryan A, Littlejohn A, Vojt G. Are digital natives a myth or reality? university students' use of digital technologies[J]. Computers & education, 2011, 56(2):429-440.

[29] Lee S-J, Chae Y-G. Balancing participation and risks in children's internet use: the role of internet literacy and parental mediation [J]. Cyberpsychology, behavior and social networking, 2012, 15(5):257-262.

[30] Litt E. Measuring users' internet skills: a review of past assessments and a look toward the future[J]. New media & society, 2013, 15(4):612-630.

[31] van Deursen A J A M, van Dijk J A G M. Measuring internet skills[J]. International journal of human-computer interaction, 2010, 26(10):891-916.

[32] Perez-Escoda A, Castro-Zubizarreta A, Fandos-Igado M. Digital skills in the Z Generation: key questions for a curricular introduction in primary school[J]. Comunicar, 2016, (49): 71-79.

[33] Gui M, Argentin G. Digital skills of internet natives: different forms of digital literacy in a random sample of northern Italian high school students[J]. New media & society, 2011, 13(6): 963-980.

[34] van Dijk J A G M, van Deursen A J A M. Digital skills, unlocking the information society[M]. New York: Palgrave Macmillan, 2014.

[35] 朱莎,石映辉,等.中学生信息素养水平评估工具的开发与应用研究[J].中国电化教育,2018(8):78-85.

[36] 施歌.中小学生数字素养的内涵构成与培养途径[J].课程教材教法,2016,36(7):69-75.

[37] Ng W. Can we teach digital natives digital literacy? [J]. Computers & education, 2012, 59(3):1065-1078.

[38] Sonck N, Livingstone S, Kuiper E, et al. Digital literacy and safety skills[R]. London: London School of Economics & Political Science, 2011.

[39] Claro M, Preiss D D, Martín E S, et al. Assessment of 21st century ICT skills in Chile: test design and results from high school level students[J]. Computers & education, 2012, 59(3):1042-1053.

[40] van Deursen A J A M, Helsper E J, Eynon R. Development and validation of the Internet Skills Scale (ISS)[J]. Information, communication & society, 2016, 19(6):804-823.

[41] 张恩铭,盛群力.培育学习者的数字素养:联合国教科文组织《全球数字素养框架》及其评估

建议报告的解读与启示[J].开放教育研究,2019,25(6):58-65.

[42] Hatlevik O E, Ottestad G, Throndsen I. Predictors of digital competence in 7th grade: a multilevel analysis[J]. Journal of computer assisted learning, 2015, 31(3):220-231.

[43] 佟丽华.儿童网络安全风险、网络保护的国际发展及其启示[J].中国青年社会科学,2018,37(1):129-135.

[44] Petranova D, Hossova M, Velicky P. Current development trends of media literacy in European Union coutries[J]. Communication today, 2017, 8(1):52-64.

[45] 吴砥,许林,等.信息时代的中小学生信息素养评价研究[J].中国电化教育,2018(8):54-59.

[46] 张艳英,刘昆,等.基于《高等教育信息素养框架》的信息素养教育创新实践[J].情报科学,2018,36(9):62-67.

[47] 何高大."美国高等教育信息素养能力标准"及其启示[J].现代教育技术,2002(3):24-29,78.

[48] 张辉蓉,杨欣,等.初中生信息技术素养测评模型构建研究[J].中国电化教育,2017(9):33-38.

[49] Zhong Z-J. From access to usage:the divide of self-reported digital skills among adolescents [J]. Computers & education, 2011, 56(3):736-746.

[50] 上海市中小学(幼儿园)课程改革委员会.上海市中小学生信息科技课程标准解读[M].上海:华东师范大学出版社,2006.

[51] 上海市统计局,国家统计局上海调查总队.2018 上海统计年鉴[M].北京:中国统计出版社,2019.

[52] Chen F F. Sensitivity of goodness of fit indexes to lack of measurement invariance[J]. Structural equation modeling:a multidisciplinary journal, 2007, 14(3):464-504.

[53] Smahel D, Machackova H, Mascheroni G, et al. EU kids online 2020:survey results from 19 countries[R]. London: EU Kids Online, 2020.

[54] 中国互联网络信息中心.第 45 次中国互联网网络状况发展报告[EB/OL].(2020-04-2)[2020-05-16]. http://www. cnnic. cn/gywm/xwzx/rdxw/20172017_7057/202004/t20200427_70973.htm.

第七章　我国城乡儿童间的数字鸿沟

数字鸿沟,作为一个探讨信息技术富有者与贫困者之间不平等的概念,在过去20多年里一直受到传播学、社会学、政治学、管理学等诸多领域学者及业界的关注,甚至成为社会政策和政治经济主张中的一种关怀[1]。学者们对数字鸿沟的本质、成因和社会后果等方面,都进行了大量富有成效的探讨,从不同视角推进了该领域研究走向深化和多元[2]。

纵观该议题的已有文献可发现,从研究范围而言,既有的数字鸿沟成果集中在对"全球数字鸿沟"(尤其是发达国家与发展中国家之间)和"国内数字鸿沟"(尤其发达国家内部)的探讨。前者关注世界各国、各地区之间存在的信息化差距,后者则对一个国家或地区内部存在的数字沟及成因进行探讨。从研究取向来看,学者们关注数字鸿沟的本质究竟是什么、哪些因素导致了数字鸿沟、数字鸿沟会带来怎样的社会影响这三方面的议题,其中前两个取向尤其受到传播学界的重视。从研究方法来看,多数研究采用量化设计。

这些成果为推进学者们探讨和尝试解决数字鸿沟问题做出了巨大贡献,但也存在一些局限。首先,从研究视角和范围而言,多数文献从宏观视角探讨和比较接入沟,而对于微观个体层面的使用沟较少研究;聚焦全球范围或发达国家内部的研究多,深入考察发展中国家和落后地区(如中国乡村)的研究少。其次,从研究方法来看,多数研究以定量分析展开,固然精确客观,但缺乏对研究对象的深描,不利于学界深入、丰富地考察数字鸿沟境况。此外,从研究对象而言,探讨不同阶层成年人的研究居多,而数字鸿沟作为最早在儿童教育领域展开的研究,已有成果少有探究儿童和学生,尤其是乡村小学生新媒体使用的研究。基于此,本章拟从微观个体层面,以质化研究方法专门考察中国城乡小学的数字鸿沟问题,尤其聚焦乡村小学生在新媒体使用层面存在的差距,以期为本领域贡献更多元的研究视角和更丰富的研究资料。

一、数字鸿沟理论回顾

(一)数字鸿沟与教育

数字鸿沟发端于知沟理论,探讨的是不同社会经济地位的群体在获取信息和知识方面所存在的差距。20世纪90年代以来,伴随信息技术的快速发展,由大众传播所导致的知识沟逐渐转向新媒体技术扩散所产生的信息沟,即信息技术富有者与贫困者之间存在的不平等。国际电信联盟(ITU)、经合组织(OECD)、英国《时代教育专刊》等机构和不少学者均以"数字鸿沟"来命名这种由新兴信息技术接入、使用的不均衡所造成的信息资源和知识水平方面的两极分化现象。中国的祝建华、金兼斌、胡鞍钢、柯惠新等学者也分别从社会各阶层在使用互联网上的差别、不同地区信息化发展程度的差距等视角来界定数字鸿沟[3-6]。

　　知沟理论从诞生之初,就十分关注儿童教育、学习能力与媒体之间的关联。自20世纪六七十年代儿童电视教育节目《芝麻街》的系列研究以来,学者们已发现,媒体接触与使用、技术素养、获取信息的动机兴趣等媒介相关因素对儿童的知识建构、学习能力、社会认知及参与等方面有着显著影响。新近的大量研究也探讨了数字鸿沟与儿童学习及教育之间的关联,并发现了不少富有社会意义的结论。比如,信息传播技术的接入与可获得性会正向影响儿童的学业表现和考试成绩、主动学习和人际互动能力、批判性思考和质疑能力等;多模态、高频率地使用新媒介技术会使儿童在学业考试等各方面表现更好,而信息技术弱势的学生,其成绩会落后;信息技术的使用对儿童和学生的个人发展,包括智力发育、自我效能感、社会化程度及领导力形成等都有着积极影响[7]。

　　这些发现凸显了媒介技术对于教育和学习的重要性,也支撑了本章研究从媒介技术的接入、使用等层面来深描中国城乡儿童数字鸿沟的必要性。

　　(二)数字鸿沟的三个层面

　　数字鸿沟的本质究竟是什么? 应该如何对其进行测量? 这是各学科都很关注的议题。早期的研究者多从电脑、互联网等接入层面来探讨不同地区、不同阶层之间存在的信息化差距,被学界认为是"第一道数字鸿沟",大批成果也佐证了国家的经济发展、文化教育与数字技术接入之间的紧密关联。2000年后,越来越多的数字鸿沟研究开始超越接入沟,转向对媒介使用的关注,考察人们在互联网的使用、技能、兴趣动机等方面的差距,被称为"第二道数字鸿沟",该领域诞生了大量传播学研究成果。由于信息和知识会转化为社会资源,在使用沟之后,不少学者又开始关注"第三道数字鸿沟",即由于新媒体技术接入和使用上的差距所导致的知识沟[8]。以下从三个层面对数字鸿沟相关文献做简要梳理。

　　1. 接入沟

　　1995年和1998年,美国电信信息管理局(NTIA)发布 *Falling Through the*

Net 的研究报告,针对美国农村和城市地区公民所拥有的电话、电脑的接入情况及其相关影响因素进行调研,使得数字鸿沟的概念开始流行。阿特韦尔将接入沟定义为人们在电脑和互联网接入上存在的差距,并视其为第一道数字鸿沟。保罗·迪马乔(Paul DiMaggio)等人从上网技术设备的不平等分布来界定接入沟。E.黛安·卢克(E. Dianne Looker)等认为接入程度是指儿童所在的家庭拥有的电脑数量。简·范·迪克(Jan van Dijk)则指出接入包括四重含义:一是精神接入,意指由于缺少兴趣、电脑焦虑和新技术缺乏吸引力而导致的基本的数字经验的匮乏;二是物质接入,指没有电脑和互联网连接;三是技能接入,意指由于技术界面不够友好、教育和社会支持不足而导致数字技能的缺乏;四是使用接入,指使用机会的缺乏或分布不均[9]。这种界定是对接入沟概括较全面的一种。蒂娜·霍尔菲尔德(Tina Hohlfeld)等人进一步指出,互联网的接入不仅应包括网络设备硬件,还要包括学校使用的媒介类型[10]。总体而言,前人主要从技术设备的拥有和网络连接可获得性两个维度来界定接入沟,本章将从上述两个指标来解析接入沟。

2. 使用沟

2000 年以后,越来越多的学者倡议要超越接入沟,考察第二道数字鸿沟——使用沟。迪马乔等人认为除了设备分布不均外,数字鸿沟还应包括数字技术的自主使用、技能、社会支持及网络使用动机等维度[11]。范·德乌森等所做的系列数字鸿沟研究,都从接入转向了使用维度的考察,发现人们在媒介使用时间、使用类型和使用内容上的差异亦会导致数字差距[12]。一些学者根据媒介使用时间、类型和动机的不同,将用户进行了区分,以此考察彼此间的数字鸿沟。比如比安卡·赖斯多夫(Bianca Reisdorf)等根据上网时间和网络行为类型的差异,将网络用户分为非用户、低度用户、规则用户、广度用户四种类型[13]。总之,使用沟的测量可归纳为五个指标,包括:媒介技术的自主使用、使用差异、使用动机和兴趣、使用技能、可获得的社会支持。本章将从这五个指标来分析使用沟。

3. 知识沟

媒介技术在接入和使用上的差异,如何影响着不同地区、不同阶层人们的知识获取和社会生活?继接入沟和使用沟之后,学者们开始探讨由新技术接入和使用的差异所带来的知识沟,包括在政治经济、文化教育等层面。韦路和张明新利用美国皮尤研究中心的政治传播研究数据,考察了美国公众的互联网接入与使用对其政治知识获取的影响,并发现互联网使用的预测效应更显著。丁未和张国良从网民和非网民的信息落差和知识区隔的角度,考察了中国网络传播中的知识沟现象,认为互联网加剧了中国网民和非网民在信息知晓、知识获取与理解等方面的差距[14]。休斯敦·赫夫林（Houston Heflin）等人发现移动技术对学生的合作式学习、参与度、批判性思考及写作有显著影响，并建议在教学与合作式学习中组合使用不同的媒介技术与沟通工具[15]。综上，已有对知识沟的测量聚焦于知识获取、学习表现和个人发展等指标，本章也将从这些方面来考察中国城乡儿童的知识沟。

二、研究设计

（一）研究问题

（1）从接入层面看，中国城乡小学的信息技术设备和网络连接的可获得性现状如何？

（2）从使用层面看，城乡儿童在课内外自主使用新媒体技术的情况如何？他们使用什么终端、什么内容、什么功能的新媒体技术？使用信息技术来学习的方式和过程如何？他们从什么渠道、如何获知教育信息资源？城乡学生对信息技术的使用动机、兴趣和需求如何？使用新媒体的素养和技能如何？课内外接受信息技术培训和社会支持的情况如何？若他们不使用新媒体技术，原因何在？

（3）从知沟层面看，接触和使用新媒体给乡村儿童获取知识带去了怎样的影响？对他们的学习和社会化发展产生了怎样的作用？与城市学生有何差距？

（二）研究方法

以往有关数字鸿沟的研究多采用量化方法（如问卷调查）进行，优点是规模大、数据客观且结构化设计便于比较，但并不适合对研究对象进行深描。对一些需要深入、丰富描述和解释的问题，采用质化方法更为合宜。本章的研究目标是解析中国城乡儿童数字鸿沟的现况和问题，故设计了质化方案。为回答前述研究问题，研究者分别于 2016 年 7—8 月在河南省修武县七贤镇申国村某完全小学、2016 年 11 月在上海中心城区虹口区某公办小学进行了为期 3 个月的田野调查，通过参与观察、深度访谈结合问卷调研的方法采集了原始素材。

修武县位于河南省西北部，与山西省接壤，属于焦作市。本章考察的申国村小学位处该县七贤镇申国村村口，是一所典型的中国乡村小学。学校由 5 排小平房和 1 个水泥铺成的活动场组成，其中 4 排小平房是各个年级的教室、1 间远程多媒体教室以及 1 间电脑机房，末排是校长室、会议室、体育器材室和 1 个小型图书馆。目前该校在读学生总数为 247 人，教师 14 人，师资整体比较薄弱，12 位教师为当地的初中毕业生，并且人员流动性较大。

上海作为中国的一线中心城市，其城区公办小学的硬软件水平和师生素质能较好体现当今中国城市小学的发展现况。本章实地调查的虹口区某公立小学,办学历史近60年,学校由1栋5层的教学办公楼、1栋4层的多功能楼(内含室内体育馆、多功能厅、电脑室、美术室、音乐厅、图书馆、阅览室、网络中心等)和1个200米塑胶跑道操场构成。学校共设5个年级,每个年级设4~5个教学班,目前该校在读学生总数为938人,教师75人,大专以上学历的教师占比86%。

　　针对研究问题(1),本章使用参与观察结合深度访谈来获知学校和家里的信息技术设备和网络接入情况;针对研究问题(2)和(3),本章采用深度访谈结合问卷调研来获知两地儿童在家/校使用信息技术的情况及知识沟现况。表7-1呈现了访谈编码方案:

表7-1　深度访谈编码设计

数字鸿沟维度	编码指标	问项数目	问项描述
接入沟	技术设备的拥有	4	家里是否有电脑?是台式机、笔记本电脑或平板电脑?
			在家是否有自己的手机?或父母会给你手机用吗?
			在学校每个同学都有电脑可用吗?
			教室是否有多媒体设备如投影、音响等可用?
	网络连接的可获得性	2	家里是否能上网?如可,网速如何?
			教室是否能上网?如可,网速如何?
使用沟	媒介技术的自主使用	2	在家做作业和学习时,自主使用过新媒体技术(如手机、电脑)吗?请举例。
			在校课堂能自主使用电脑和多媒体技术吗?试举例。
	使用差异	6	在家和课外,你通常上网做什么?
			在课内,老师通常用教室的电脑做什么?
			新媒体技术通常用于你的哪些课程和学习内容中(如课外阅读、查阅资料、做作业等)?试举例。
			请列举5项你用过的App或网站或相关教育资源。
			如学习遇到难题,你通常从什么渠道获取教学资源?
			简单描述你使用新媒体来学习的过程、步骤。

（续表）

数字鸿沟维度	编码指标	问项数目	问项描述
使用沟	使用动机和兴趣	4	你在家和课外主要是为了什么而使用电脑或手机(如学习还是娱乐)？
			课后不用电脑或手机的同学,为何不用？
			喜欢老师上课用多媒体教学吗？为什么？喜欢老师用它教什么？为什么？试举例。
			用信息技术学习和用书本学习相比,你更喜欢哪种方式,为什么？和老师上课相比,你更喜欢哪种方式学习？为什么？
	使用技能	2	用1～5分打分,你觉得自己用电脑来学习的水平如何？为何这样觉得？
			用1～5分打分,你觉得自己用手机来进行课外学习的水平如何？为何这样觉得？
	可获得的社会支持	2	学校有专门的信息技术课程吗？是什么课？一周几次？你参加过技术培训课吗？谁主办的？
			学校有专门的信息技术老师辅导你们新媒体学习和操作吗？你感觉得到的帮助程度如何？
知识沟	知识获取	1	新媒体技术如何影响你获取知识？举例说明。
	个人发展	1	手机、电脑、互联网等信息技术对你的学习、个人发展、连接社会等方面重要吗？为什么？

本章研究在豫北申国村小随机抽取了30名小学生,在上海虹口区某小学抽取了41名小学生作为研究样本,此外还在两所学校各访谈了3位在职教师作为补充。表7-2为学生样本结构。

表7-2　深度访谈学生样本构成

变量	属性	申国村小	上海小学	变量	属性	申国村小	上海小学
性别	男	9人	22人	年级	三年级	7人	6人
					四年级	6人	11人
	女	21人	19人		五年级	7人	24人
					六年级	10人	0人＊

（续表）

变量	属性	申国村小	上海小学	变量	属性	申国村小	上海小学
父母最高学历	初中及以下	21人	0人	家庭年收入	20000元以下	16人	0人
	高中或中专	8人	4人		20000～30000元	6人	0人
	大专	1人	8人		30001～40000元	3人	2人
	本科及以上	0人	29人		40000元以上	5人	39人

＊注：上海普通公办小学实行五年学制，不设六年级，而将初中设为四年学制，初一为预备班。

三、研究发现

（一）接入层面

田野调查发现，申国村小（以下简称村小）的信息化设备和网络接入基本能满足日常教学需求。该校设 6 个年级，共 12 间教室，每个年级配 1 套班班通设备（电脑＋投影），全校共 6 套。每间教室均接入中国联通 100M 光纤互联网，教室都配有笔记本电脑。学校有 1 间电脑机房，配备了 30 台学生电脑，班级轮流使用基本能实现每个同学 1 台电脑，还配有 1 台打印机、1 台相机和 1 部 DV。学校还有1间远程多媒体教室，属于河南省农村中小学远程多媒体工程，内配 1 台电脑、2 台电视机，但由于学校懂得操作的老师较少，校方担心先进设备被破坏，教室极少启用。在本章研究观察期间，校方没使用过此远程教室。据访谈教师介绍，该教室平均1.5个月使用 1 次。

上海虹口区某小学（以下简称沪小）的硬件接入则更为全面。该校 5 个年级共 22 个教学班，每个班级都配有全套多媒体设备（电脑＋投影＋幕布＋音响系统）。每间教室均接入中国电信 200M 光纤互联网，教室都配有笔记本电脑。学校共有 2 间电脑机房，每间机房配 50 台电脑，供学生轮流上课使用。每个年级的教师办公室和行政办公室均配有复印/打印/扫描一体机、摄影/摄像机等。学校还有专门的小型演播室、多功能厅、网络管理中心等新型媒体场所。值得一提的是，该校已开始试用先进的智能媒体技术，如电信教育云平台提供的电子书包业务、智媒化校园监控、校园实时视频等。

本章研究通过深度访谈法来获知两校学生在家中的信息技术及网络接入情况。村小的 30 位受访学生中,28 人的家中都有电脑,其中 21 人有台式电脑,3 人有笔记本电脑,还有 4 人同时拥有台式机、笔记本电脑和平板电脑。30 位受访学生在家都有手机可用,其中 13 人有自己的手机,但不能在学校使用手机。沪小的 41 位受访学生家中都有电脑,其中 3 人为台式机,20 人有笔记本电脑,还有 18 人同时拥有笔记本电脑和平板电脑。28 位受访学生拥有自己的手机,也不能在学校使用,其余 13 位学生表示可偶尔使用父母的手机。对于家中和学校的网速,两所小学的受访同学都表示很快、很满意。

可见,尽管村小和沪小在技术设备接入上尚存一定差距,但总体而言,目前乡村学校的硬件及网络接入情况已有很大改善,电脑、多媒体、网络配备等基本能满足课堂教学需求,大部分村小学生在家中也有电脑、手机与网络接入,与城市学生相比的接入沟已大幅缩小。当前城乡小学在技术接入上的差距,更多体现在智能媒体技术上,包括校园智媒硬软件,以及学生在家中智能端(如笔记本电脑、平板电脑)的接入上。

(二)使用层面

1. 媒介技术的自主使用

村小 19 位学生表示,在家不曾主动使用电脑或手机学习,被父母要求完成作业后可偶尔用电脑或手机打游戏、聊天等。校内的信息技术,受访学生也表示以观摩为主,未能自主使用。WHY 提到,"上课时从来没有自己操作过电脑和其他多媒体技术,只能观看老师操作,课后也不使用电脑和网络提交作业或和老师互动。挺想在上课时能和老师同步操作电脑"。可见村小学生在家/校虽都有新技术设备和网络,但并不自主使用,父母和教师也并不鼓励孩子自主用新技术来学习。

沪小的 41 位受访学生则表示,自己每天都要在家借助电脑或手机完成作业。因为老师会将每天的各科作业布置在校园网上,学生要用自己的账号密码登录到个人空间去查阅并完成作业。在日常教学中,学生自主使用媒介技术的机会不多,以观摩多媒体投影为主,但在自然课、信息课、小演播室及课外活动中,老师会协助学生尝试和使用新技术。可见无论在家还是在校,沪小学生都有充分的机会自主使用新媒介技术。

2. 使用差异

媒介技术使用的多样性、差异性(包括在使用渠道、内容、类型和方式的差异),是考察媒介使用沟的核心指标。从课堂使用的媒介渠道来看,目前村小教学设备由修武县教育局统一采购安装。在教学中,老师用台式电脑和投影呈现教学课件。沪小除了在课堂使用由虹口区教育局统一安装的多媒体设备外,还为师生搭建了校园云平台和电子书包服务,师生均可登录个人空间,实现学校通知、教学内容、课后作业、课外活动等信息的传递与互动。被访教师 LYW 表示,"学校正试图引进交互白板和 VR 辅助教学设备,有望于明年进入部分拓展课课堂"。可见村小与沪小的渠道差距主要在于课内外智能教育应用。

在课内使用的媒介内容上,村小没有购买专门的成品教学资源,教师用学校统一安装的东方中原触屏软件系统,自行制作和展示课本相关的 PPT。参与观察发现,PPT 内容很简单,基本是书本内容的再现,缺乏互动和拓展思维元素。沪小则购买了牛津英语动画视频、新课标等配套的多媒体教学资源,供课堂教学使用。沪小教师设计的课堂 PPT 并不再现教材内容,而以多媒体结合情境教学,启发学生思考、提问和互动,并由此引导他们进行媒体内容的再创造,如重编故事结局、自创角色扮演等。可见,是否拥有优质成品教学资源、是否包含拓展和创新的教学内容设计,是村小和沪小在媒介使用内容上的差距。

在网络行为类型上,本章研究通过深度访谈结合 5 级量表打分来考察两校学生在家中使用新媒体的具体行为。村小学生在家使用电脑频率最高的 3 种类型是打网络游戏($M=2.79$,$SD=1.5$)、听网络音乐($M=2.76$,$SD=1.43$)和查资料($M=2.75$,$SD=1.18$),使用手机频率最高的 3 种应用是听网络音乐($M=2.87$,$SD=1.55$)、打网络游戏($M=2.77$,$SD=1.7$)和网络聊天($M=2.67$,$SD=1.56$)。换言之,村小学生主要使用电脑、手机等新媒体技术的游戏和娱乐功能,而很少使用学习功能。

村小受访者 WJX 说,"我在家经常用电脑边听歌边打游戏,不用电脑学习,不知可以用它来学什么。如果学习,就自己看书或写作业,偶尔有不会的就用百度搜一下。手机用来玩小游戏很方便"。

沪小学生在家使用电脑频率最高的 3 种功能是学习与做作业($M=3.64$,$SD=1.29$)、查资料($M=3.48$,$SD=1.42$)和听网络音乐($M=3.32$,$SD=1.49$),使用手机频率最高的 3 种应用是查资料($M=3.44$,$SD=1.31$)、网络聊天($M=3.29$,$SD=1.49$)和听网络音乐($M=3.27$,$SD=1.50$)。一方面,总体上沪小学生的新媒体使用频率高于村小学生;另一方面,沪小学生主要用电脑和手机来学习和查资料等,使用较少娱乐功能。

在网络使用方式上,本章重点考察了受访学生如何使用新媒体技术学习,包括学习内容、应用、获取教育资源的渠道等。在村小访谈中,11 位受访学生表示曾用电脑、手机进行课后学习,主要是用来辅助完成语文和数学作业,被提及最多的应用是作业盒子、米学父母和作业帮,老师推荐和网络广告是他们下载学习软件的主要信息渠道。此外,百度是他们在搜索课业相关信息的最常用渠道,但对于复杂的学习任务和深度信息需求,受访学生多表示要问老师、父母或通过看书来获得帮助。受访者 LT 说:

"做作业时,我经常用百度查我不会的内容,但上面常常只有答案,没有讲解,如果我想更深入地学一些难题,我会问老师,或者找习题书来看。"

可见,搜索引擎对于村小的学生来说,更多是一种满足简单信息需求的工具,而深度学习更多还是依赖传统媒体和面对面的教学。而对于城市小学生使用较多的文体类、科技类智慧学习软件,受访者表示从未听说或用过,应用新媒体进行再创造的学习实践几近空白。受访者 LLJ 说道:

"米学父母是语文老师要求安装的,是老师发通知、父母聊天以及老师和父母之间的沟通工具,我用得少。作业帮是我在爸爸手机广告里看到的,觉得对做作业有用,就下载了一个。遇到不会的题目,我就用手机拍下来传到作业帮上,很快就会有人给我答案。除了做题,手机对我其他方面的学习没什么帮助。"

相比之下,沪小受访学生则全部用过电脑和手机 App 进行课外学习。一是用新媒体技术辅助语数英复习或作业,被提及最多的应用包括《纳米盒》《一起作业》《小恐龙英语》《学而思网校》等;二是将新技术用于拓展型、再创造型 STEAM 学习,包括文体艺术、信息科技等的学习,被提及最多的包括《嗨皮皮》《乐高编程》《儿童五子棋》等。父母、老师和同学推荐是他们获知这些学习软件的主要信息渠道,受访者 SLT 讲道:

"我 iPad 上有很多好玩的东西,是爸爸帮我安好的,他有空会带我一起学,我学会了就自己用。我喜欢用《嗨皮皮》来画画,能随意画我喜欢的东西,又不浪费纸笔。周末我有时用 iPad 下五子棋,感觉对学数学有帮助。"

可见,两地学生在新媒体使用方式上的差异,一是在课内学习中,沪小学生除了语文数学,还很重视英语类软件的使用;二是在应用新媒体进行再创造的 STEAM 学习实践上,沪小学生远胜于村小;三是在获取学习资源的渠道上,沪小学生的父母发挥了巨大作用,而村小学生全靠老师和广告。

3. 使用动机和兴趣

媒介使用动机被越来越多的研究者认为是预测数字鸿沟的最有用因素,当用户有足够强烈的动机使用新媒体技术来寻求信息和获取知识,则可能有效缩小数字鸿沟,而娱乐动机并不能。村小 20 位受访学生表示他们使用电脑、手机等主要为了玩游戏、聊天和听音乐,10 位学生除了用手机和电脑放松娱乐外,有时会用电脑查不会的题目,也会用手机查作业。可见,村小学生使用新媒体的主要动机是娱乐休闲或完成任务,而非获取知识。WHY 提到,"爸妈不让我用手机,怕我玩游戏。对我来说,在学校上课、回家写作业已经够了,我也不晓得用手机电脑能学什么"。

沪小的 31 位学生提到他们用电脑、手机是为了做作业和查资料,6 位学生主要为了打游戏、聊天、音乐等,还有 4 位是为了学编程、绘画、下棋等。换言之,八成多的沪小受访者是为了课内外学习、获取知识而使用新媒体。

对比电脑、手机等新媒体学习方式和书本及面对面的学习方式,本章研究发现,无论村小或沪小学生,都对使用新媒体来学习抱有浓厚兴趣,直观和方便是最吸引他们喜爱新媒体学习的因素。在日常学习实践中,新媒体是传统学习方式的补充形态,学生的深层学习需求则主要依赖教师和书本知识。村小受访者 ZFM 谈道:

"老师用投影上课比较好玩,我们能看到图片、听到声音,比光看板书有意思;而且很方便,鼠标一点就换一幅图,很省时间。在家时,我有时会用手机做速算盒子里的算术题,很方便,不费墨水……但学习内容还是老师讲得更清楚些,如果有些知识我想学得更深入,我肯定会去问老师,或者在书上查,不会在网上弄。"

可见,如何将乡村学生对使用新媒体来学习的强烈兴趣转换为内在动机,引导他们以获取知识、深度学习为目的去使用新媒体,或许是缩小城乡数字鸿沟的一种可能途径。

4. 使用技能

数字媒体使用技能是考察使用沟的另一重要指标。以 5 分为满分,让受访学生自我报告使用电脑、手机来学习的技能如何,研究发现村小学生普遍对自己使用电脑、手机进行学习的技能水平评价偏低($M_{电脑}=2.73$,$SD_{电脑}=1.28$;$M_{手机}=2.67$,$SD_{手机}=1.44$),研究者向他们展示了部分城市小学生常用的 App 如《纳米盒》《学而思网校》《乐高编程》等,都表示未曾看过。沪小学生则普遍对自己用新媒体来学习的水平评价较高($M_{电脑}=4.05$,$SD_{电脑}=1.26$;$M_{手机}=3.93$,$SD_{手机}=1.31$)。进一步追问村小学生为何自评技能低下,WJX 说道:

"我只会用手机和电脑听音乐和玩游戏,学习就是靠课堂和老师啊。遇到了难题,我不会用电脑和手机解决,应该怎么用它们学呢? 能学什么呢? 我不知道,也没人教我。"

WZH补充道,"如果5分是满分,我给自己的电脑(手机)学习技能打2分,因为除了偶尔用它们完成老师布置的作业,我不晓得自己还要学什么、该学什么,也不知道什么技术能教我做题。你刚才给我看的那些软件,我都没听说过(难过状)"。

换言之,乡村学生对手机、电脑的使用技能停留在社交和娱乐方面,很少用于学习;除了作业之外,他们并不知自己还需要和应该获知什么学习信息,也不知用什么技术能满足自己的学习需求;学习资源囿于有限的课堂传授,课外或网络学习资源稀缺,他们不会使用拓展类学习软件,也缺乏外部支持,这是与城市学生的显著区别。

5. 可获得的社会支持

来自社会、老师、家庭层面的技术培训和支持,被已有研究证实为使用沟的重要测量维度。本章研究考察了两地学生参加的信息技术课、培训课及得到的师资帮助情况。参与观察和访谈发现,目前村小14位教师中,仅有1位数学教师兼任该校四到六年级的计算机课老师,且该教师未曾参与过任何信息化教学的专门培训。受访学生表示,他们在四到六年级每周有两节计算机课,由前面提到的数学兼课教师讲授电脑的基本操作常识,在机房可对电脑进行简单操作。如遇到问题,没有专门的技术老师进行辅导,也从未参加过任何信息技术培训,他们所感知的可获得社会支持程度较低($M=2.27$,$SD=1.34$)。

沪小则有5位信息科技课教师,均为电子信息工程相关专业本科及以上学历,每位老师负责2~3个班级的信息课教学。学生们在三到五年级每周有两节信息科技课、两节科技活动课,前者由老师讲授计算机操作、信息检索导航、多媒体使用等基础知识,后者由学生根据主题自行设计创作信息产品并上传云平台或在线分享,由信息课教师提供辅助和指导。此外,学校每个月会有信息科技主题讲座、课外活动等,由学校邀请的校外信息科技专家与同学们分享前沿科技知识如3D打印、虚拟现实等。受访学生对可获得的社会支持评价较高($M=3.85$,$SD=1.37$)。可见,沪小学生在信息技术课程、师资、课外培训等可获得的社会支持层面,明显高于村小学生。

(三)知识沟层面

已有文献表明,信息技术接入与使用的差距,会导致不同地区、不同阶层的学生在知识获取、学习能力、社会参与、个人发展等方面出现知识沟。从知识获取来看,新媒体技术对村小学生影响很有限,19 位受访学生表示他们主要是在社交和娱乐层面使用信息技术,而不是用来学习和获取知识,如同 WJX 所说:

"电脑、手机很好玩,对我来说就是游戏王,但对学习没用处啊,爸妈总批评我玩游戏太多,所以成绩不好⋯⋯网络上没啥对我学习有帮助的信息,只让我更贪玩。"

沪小则有不少学生提到新媒体技术对学习各门科目的具体帮助,包括帮助课外阅读、可随时查阅资料、提升英语词汇量等。ZYF 表示,"我挺喜欢用《纳米盒》来学习,有时老师上课讲的内容一晃就过去了,而《纳米盒》可以回放。而且(它)里面还有很多课外书,感觉对提高词汇量和写作文有用"。

本章研究又考察了新媒体技术对学生个人发展的影响。从访谈结果来看,村小和沪小学生都很肯定信息技术在自己生活中的重要性。14 位村小受访者表示信息技术对自己的生活和成长很重要,当进一步追问原因时,4 位学生给出了与受访者 LLJ 相似的解释:"因为我觉得互联网就像一个新鲜的小伙伴,我可以用它聊天、玩游戏、听音乐,遇到不懂的东西可以用百度搜,太有用啦!"

然而,当研究者从社会认知、观念建构、社会参与等维度去界定个人发展,进一步追问被访学生对于用电脑、网络等新技术浏览新闻、表达自我、参与讨论、连接社会等方面的评价时,村小学生表示并不重要:"这些方面用得很少,没有它(手机、电脑)我还是一样过啊⋯⋯不觉得网络改变了我的想法,或者发展了我什么。"

沪小学生对此的回答则显然有别,凸显了新技术对他们表达自我和社会参与的影响,LCY 说道:

"我喜欢用校网上的个人成长空间,周末我会把自己一周里最有意思的事写到日志栏和同学分享,收到同学和老师的网上评语是我最开心的事啦!品德老师每周二和周四会布置评新闻的课堂讨论,所以我有时看腾讯新闻,在家也会和爸爸妈妈讨论,为上课做准备。如果没有电脑和网络,很不方便啊!"

可见,信息技术对村小学生的影响更多是在生活、娱乐与社交方面,而在知识获取、视野开阔、观念建构、社会参与、个人发展等方面的效果很有限,与同龄城市学生会使用新技术拓展知识面、表达观念、参与社会互动等相比,存在显著差距。

四、结论与讨论

信息是一种资源。信息技术接入、使用上的不均会导致人们在政治、经济、文化、教育等各领域中社会参与机会、权利和能力的不等。大量研究已从宏观层面和量化视角考察了全球不同地区或发达国家内部的数字鸿沟状况,包括接入和使用层面的数字鸿沟和社会后果等。本章则聚焦微观个体层面,以质化方法深描中国城乡学校之间的数字鸿沟境况,研究对象由过往研究中的成年人,回到知沟理论的起点,专门从教育和学习的角度考察作为儿童的城乡小学生在新媒体接触和使用上的差距和知沟效应。无论在研究范围或视角,还是研究对象和方法上,本章研究都有助于推进和深化数字鸿沟的相关研究,尤其在使用沟层面,本章的田野调查为后续研究者提供了较为丰富、深入的研究素材。本章的发现表明:

第一,城乡儿童间的接入沟在缩小,硬件接入差距主要体现在智能媒体技术的普及上。在《教育信息化"十三五"规划》不断推进的背景下,目前中国乡村学校的技术设备和网络接入已有很大改善。本章的田野调查显示,村小与沪小在基础信息设施上差别不大,两地接入沟主要体现在智能媒体上,如学校的校园云平台、电子书包等教学设备,以及家中的平板电脑、手机等移动智能端。

第二,使用沟才是城乡儿童间关键的数字鸿沟,包括对媒介技术的自主使用及多元使用上的差距等。田野调查显示,村小学生虽已接入电脑、手机和网络,但他们并不能自主使用,父母和教师也并不鼓励和帮助他们自主使用新媒体来学习;沪小学生无论在家或在校,则都有充足的机会自主使用各种技术进行学习和探索。在媒介使用的多样性上,村小学生在校使用的多媒体仅是书本内容的再现,在家中的网络行为以游戏娱乐为主,偶有使用新媒体学习的方式仅限于完成作业,信息渠道受限于老师和百度。无论在使用的内容和渠道,还是使用类型和方式上,乡村学生的媒介使用比城市学生要明显狭隘和单一,总体使用频率也更为低下。按照布迪厄的观点,不同的场域和惯习,会产生不同的行为方式和文化资本。被动、狭窄、娱乐型的媒介使用习惯,会造成乡村儿童与城市儿童在资源获取上的根本差异,进而加剧他们之间的数字鸿沟。

第三,使用动机和兴趣是导致城乡儿童数字鸿沟的关键内因。与沪小学生为了学习获知而使用新媒体不同,村小学生使用新技术的主要动机是游戏娱乐或完成任务,动机层面与沪小学生存在显著差距。然而在兴趣层面,他们和城市学生一样喜爱新媒体的生动、方便和有趣,对使用新媒体来学习抱有强烈的兴趣。这与西方的数字鸿沟研究相比,也许是一个更为乐观的发现,如何将乡村儿童对新媒体学习的强烈兴趣,转换为其内在动机,引导他们以获知、学习为目的去使用新媒体,或是缩小城乡数字鸿沟的一种有效途径。

第四,数字技能和可获得的社会支持是造成城乡儿童使用沟的核心变量。西方大量研究已发现,接入差距往往相对短暂且容易弥补,真正的鸿沟来自心理、文化和社会的障碍,使用者的技术效能感正向影响着他们的媒介使用,进而成为数字鸿沟的心理动因。本章发现村小学生对数字技术的自我效能感显著低于沪小学生。一方面,他们并不知自己需要和应该获知什么学习信息;另一方面,学校无专门技术师资,父母学历低下,整体社会情境并不鼓励和支持村小学生的新媒体使用,加深了城乡儿童的媒介使用沟。研究发现提供了两个解决思路:一是在村小父母学历普遍低下、沪小父母学历普遍偏高的背景下,启发、培育乡村父母支持子女自主使用新媒体学习的理念和技能显得尤为必要;二是包括政府、新媒体产业、教育机构等在内的教育场域应为乡村师生提供技术培训的整体社会支持,培养他们的新媒体使用惯习和技能,使其将技术融为日常学习与生活的一部分。

第五,与已有知识沟研究相似,本章同样发现信息技术使用的差距会造成城乡儿童在知识获取、社会参与和个人发展上的鸿沟。沪小学生会使用新媒体拓展知识面、表达自我和连接社会,村小学生仅在娱乐生活层面使用新媒体,学习能力明显低于沪小学生。作为结构性社会不平等的典型表现,信息时代的"第三道数字鸿沟"——知识沟,直接与教育机会均等及其他社会公平问题相关联,得到了传播学、政治学、经济学、社会学等各门学科的普遍关注。本章从教育视角和儿童层面为技术使用所导致的知识沟提供了进一步的经验支持,有助于后续研究从教育和学习的维度更深入地考察使用沟对知识沟的影响。

关于发展中国家的数字鸿沟问题,未来研究可望在以下几个方向有所作为。

首先,新媒体的多元化使用,以及使用兴趣向内在动机的转化值得深入研究。本章发现,中国城乡儿童的硬件接入沟已逐步缩小,考察乡村儿童接入网络后究竟用什么、怎么用、有什么后果,则是更为重要的研究议题。本章从使用渠道、使用内容、网络行为类型和使用方式四个维度定性剖析了中国城乡儿童的新媒体使用差异,后续研究可考虑在此基础上以量化方法对发展中国家儿童的使用沟进行更全面、客观的揭示。此外,如何引导乡村儿童对使用新媒体的强烈兴趣向获取信息和知识的内在动机转化,是一个极富实践意义和应用价值的研究课题。自我决定理论已发现,人类行为的动机是由无动机、外部动机和内部动机构成的有机连续体,其中,内部动机的自我决定程度最高、最能预测自主学习。乡村学生对信息技术有强兴趣而无获知动机,是其尚未认识到媒介使用行为与结果之间关联的体现。未来研究可考虑设计心理实验,观察怎样的内/外刺激能激发乡村儿童自主用技术来学习的动机和行为,进而引导他们从对新媒体学习的无动机向内部动机转化。

其次,本章发现数字技能是使用动机之外另一个造成城乡儿童使用沟的关键变量,后续研究可针对发展中国家的儿童构建数字技能(尤其是使用数字技术来学习的技能)量表,并用量表对城乡儿童的数字技能进行系统、客观的测量,这将有助于客观揭示乡村儿童的数字技能究竟弱在哪里、应该如何弥补。

最后,中国乡村教育场域的整体社会支持系统亟待深入考察和建立机制。本章已发现,可获得的社会支持严重不足,是导致村小学生数字使用动机和技能低下的重要因素。一方面,家庭所传输的文化资本具有世袭性,在乡村儿童父母普遍学历低下的背景下,考察他们怎样管理儿童的新媒体使用、父母的中介效应如何,就显得尤为必要。另一方面,如何从政策和制度层面为乡村师生建立来自政府、企业和学校的技术培训支持体系,并建立培训绩效评估标准,是一个更富现实意义的研究课题。

本章参考文献

[1] 金兼斌.数字鸿沟的概念辨析[J].新闻与传播研究,2003,10(1):75-79.

[2] van Dijk J A. The deepening divide: inequality in the information society[M]. London: Sage Publications, 2005.

[3] 祝建华.数码沟指数之操作定义和初步检验[M]//吴信训,王军,林爱君.走向21世纪的新闻传播学研究.汕头:汕头大学出版社,2001:203-211.

[4] 金兼斌.数字鸿沟的概念辨析[J].新闻与传播研究,2003,10(1):75-79.

[5] 胡鞍钢,周绍杰.新的全球贫富差距:日益扩大的"数字鸿沟"[J].中国社会科学,2002(3):34-48.

[6] 柯惠新,王锡苓.亚太五国/地区数字鸿沟及其影响因素分析[J].现代传播,2005(4):88-94.

[7] Paino M, Renzulli L A. Digital dimension of cultural capital: the (in) visible advantages for students who exhibit computer skills[J]. Sociology of education, 2013, 86(2):24-138.

[8] 韦路,张明新.第三道数字鸿沟:互联网上的知识沟[J].新闻与传播研究,2006(4):43-53+95.

[9] Van Dijk, J. A. A framework for digital divide research [J]. Electronic journal of communication, 2002,12(1-2):1-7.

[10] Hohlfeld T N, Ritzhaupt A D, Barron A E. Connecting schools, community, and family with ICT: four-year trends related to school level and SES of public schools in Florida[J]. Computers & education,2010,55(1):391-405.

[11] DiMaggio P, Hargittai E, Celeste C, et al. Digital inequality: from unequal access to differentiated use [M]//Neekerman K M. Social inequality. New York: Russell Sage

Foundation，2004:355 - 400.

[12] van Deursen A J A M，van Dijk J A G M. The digital divide shifts to differences in usage [J]. New media & society,2014,16(3):507 - 526.

[13] Reisdorf B C，Groselj D. Internet (non-) use types and motivational access: implications for digital inequalities research[J]. New media & society, 2017,19(8):1157 - 1176.

[14] 丁未,张国良.网络传播中的"知沟"现象研究[J].现代传播,2001(6):11 - 16.

[15] Heflin H，Shewmaker J，Nguyen J. Impact of mobile technology on student attitudes，engagement，and learning[J]. Computers & education,2017, 107(2):91 - 99.

第八章 智能手机使用与我国青少年的睡眠及记忆

　　我国青少年手机用户规模快速扩大,2020年,我国的未成年网民规模已达1.83亿,近2/3的青少年拥有自己的手机作为上网设备[1]。智能手机的普及使青少年有更多机会获取在线教育资源[2],但手机成瘾对青少年身心健康的负面影响也引发了各界担忧,适度使用手机至关重要。研究表明,长时间使用手机会导致青少年运动和睡眠时间减少,而睡前使用手机更容易导致失眠,进而引发生物钟紊乱,白天状态不佳[3-4]。新近研究关注到青少年手机使用引发的心理健康问题,如焦虑不安的情绪,影响现实情感体验等[5]。

　　现有研究较多关注程度较严重的青少年手机成瘾行为,对手机成瘾的原因和干预效果等进行探讨,聚焦特定年龄段或某个地区的青少年,并且部分研究之间的结论存在出入,尚缺乏整体性、大规模考察正常的手机使用和依赖对青少年健康影响的研究。

　　事实上,未发展为手机成瘾的手机依赖状况,在青少年群体中更具普遍性,已成为一种惯常行为。手机依赖如何影响青少年的健康,尤其对青少年身心发展中至关重要的睡眠和记忆会带来怎样的风险,亟须得到学界关注。本章研究受媒介系统依赖理论(media system dependency theory)与社会学习理论启发,通过对全国青少年的随机抽样调查,聚焦手机依赖这一普遍现象,考察我国不同年龄段青少年的手机依赖水平,以及对睡眠、记忆的风险和作用机制,进而建立手机使用、手机依赖与其对睡眠记忆影响的整合模型,有助于为青少年的合理手机使用提供建设性建议。

一、理论与问题

(一)青少年的手机使用与手机依赖

　　手机已在青少年群体中快速扩散和普及,为他们的生活与学习带去了便利和新兴社会资源[6]。同时,手机使用也带来了不少问题和风险。相比其他电子设备,手机的便携性与移动性使得用户能随时随地触网,这也埋下了滥用手机的巨大隐患,这种对手机的习惯性依赖已成为当今社会的普遍现象[7]。

媒介系统依赖理论认为,个体越依赖于媒介资源来满足个人需求并实现个人目标,那么媒介在其生活中扮演的角色就越重要,媒介对其的影响力也就越大[8]。在新媒介环境下,个体对媒介实用性和精神性的依赖得以延续并加深,易于形成惯性使用,构成心理学意义上的新媒体依赖心理与行为[9]。在新媒体时代,青少年使用手机与亲友保持必要联系,并满足获取学习资源或休闲娱乐的需求,实现他们的日常人际沟通、信息获取、自我表达、社会参与等目标,由此形成对手机的依赖关系[10]。相比病理性的手机成瘾,手机依赖在青少年群体中的存在更为普遍。多项荟萃研究发现,仅有不到四分之一(23%)的儿童和青少年表现出手机成瘾[11]。而与之相对,七至八成的大学生和青少年存在手机依赖现象[7]。

就具体表现而言,手机依赖通常表现为个体对手机强烈、持续且无法自控的依赖倾向[12],行为上频繁、重复地使用手机,导致心理上产生强烈而持续性的需求感和依赖感。在此状态下,有意识地自我控制或自我调节变得不那么有效,对时间的感知也随之消失,从而产生频繁且长时间使用手机的行为。正如媒介系统依赖理论所指出,手机能帮助实现个体的娱乐、理解与趋向目标,从而产生愉悦感,致使个体会将工作与学习的时间用于使用手机,以维持该状态。因此,使用时长和频率被认为是习惯性手机依赖的预测因素,并受到学生年龄或性别的影响[7]。

(二)手机效能感对手机依赖的影响

研究发现个体认知因素对青少年的网络媒介使用产生影响。根据社会学习理论,个人认知与社会环境共同塑造和控制人类行为,个体内部因素在其中调节知识与行为之间的联系[13]。在调节系统中,个体对自身能力的判断起到主要作用,由此提出了自我效能感的概念。自我效能感是指导个体行为的重要因素,它是指个体对完成特定任务以实现特定目标能力的信心和信念,对个体的思维过程、情感过程、行为选择均产生影响[13]。

自我效能感作为个体内部因素,针对不同情况往往有特定的指向性,需根据具体领域与问题有针对性地分析方能产生意义。现有相关研究多集中于教育、政治等领域,在新媒体领域中有网络效能感等[14],但目前还没有针对手机使用的效能感研究。相关成果发现,网络使用效能感较高的个体,更容易感受到网络的便利与优势,亦对自身使用网络的状态与效果更有信心,会更多地使用网络及其相关设备,参与在线虚拟活动,进而更易形成依赖[15]。此外,也有研究表明,手机效能感有助于个体抵御手机的诱惑,从而有助于降低其手机依赖的风险[16]。由于现有研究结论并不一致,而厘清青少年的手机依赖成因,不应忽视个体能动性因素,本章尝试从手机效能感的角度,进一步明晰它对青少年手机依赖的影响。

(三)手机依赖对睡眠和记忆的风险

已有研究考察了手机依赖对成年人身心健康的负面影响,如导致睡眠质量差[17]或记忆力变差[18]。手机依赖不仅剥夺人们的体育运动时间,导致睡眠不佳,而且挤占睡眠时间,易引发抑郁症等精神健康问题。我国青少年的睡眠不足问题突出,95.5%的小学生、90.8%的初中生和84.1%的高中生睡眠时长未达标[19]。晚睡与睡眠不足易导致抑郁症等精神健康疾病,神经生物学的实验数据表明,长期手机依赖会使大脑结构改变,与大脑前扣带回和右侧梭状回的灰质体积呈负相关,可能导致情绪相关脑区的灰质体积异常[20],使个体易于产生焦虑情绪,进而影响睡眠质量。

青少年在睡前使用手机的情况尤其值得关注。部分研究发现,睡前使用手机时间的增加,不仅可能导致睡眠不足,还可能增加睡眠障碍的概率。手机屏幕的光线抑制松果体分泌褪黑素,延长入睡时间[21]。手机上的蓝光影响神经回路,还可能增加抑郁症状的风险,干扰青少年的睡眠周期[22]。

对青少年而言,睡眠过程中大脑的活动促进记忆的形成、储存与巩固[18],而手机依赖导致的睡眠减少,将影响这一过程,从而降低其日常记忆水平。此外,对于许多学生来说,手机依赖还可能造成长期的负面影响,手机可以视作扩展存储器,也是记录事实与信息的便捷存储设备,因此,过度依赖手机可能降低个体的认知能力。

综上,本章将在此前研究基础上,以大规模量化数据,全面考察青少年的手机依赖对其睡眠、记忆的风险和作用机制,并建立整合模型。

(四)研究问题与研究框架

习惯性的手机依赖对青少年身心健康的影响被学界低估,并未得到充分研究,已有研究的局限性可总结如下。首先,对导致手机依赖的成因,以及如何影响睡眠质量和日常记忆的机制知之甚少。过往研究多关注手机成瘾,而忽略了更为普遍的手机依赖影响。其次,少有研究采用理论模型考察青少年的手机使用和手机依赖的关联,对睡眠、记忆的负面风险多为局部探究,缺乏对手机使用与身心健康关联复杂性与系统性的考察。最后,多数研究采用便利抽样的方法选取成年人或大学生样本,而缺少针对全国青少年的随机抽样调查。

为尝试解决先前研究的局限性,更好地理解手机对我国青少年的身心健康风险,本章重点考察青少年的手机使用与手机依赖的关联,系统探讨手机依赖对青少年睡眠质量和日常记忆的风险及作用机制。结合现有文献基础,本章提出以下问题。

研究问题1:青少年的手机使用行为(时长与频率)与手机依赖程度是否相关?

研究问题2:青少年的手机效能感与手机依赖程度是否相关?

研究问题3:手机依赖是否对青少年的睡眠质量产生负向风险?

研究问题3.1:青少年的睡前手机使用是否在手机依赖水平和睡眠质量之间起调节作用?

研究问题4:手机依赖是否对青少年的日常记忆产生负面风险?

研究问题4.1:青少年的睡眠质量是否影响日常记忆?

本章的整体框架如图8-1所示。

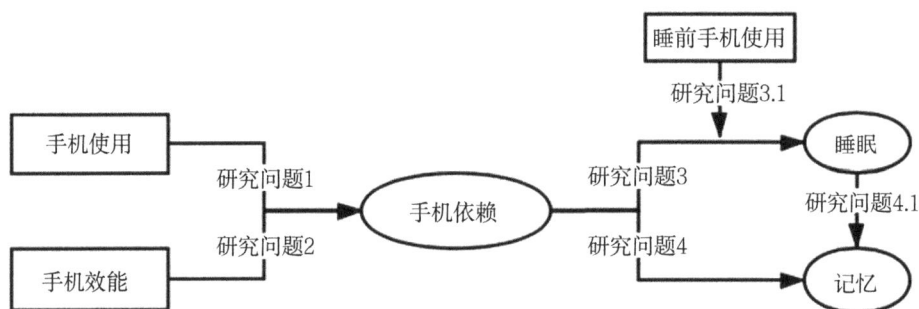

图8-1 本章研究的整体模型图

二、研究设计

(一)程序与抽样

为探索上述问题,本章针对全国青少年,采取分层结合整群抽样的方式进行问卷调查。在正式调查前,研究人员开展了系统性文献回顾与小型预调查,以确保问卷的信度与效度。预调查邀请了30组学生和父母(小学、初中和高中各10组),在参与者填写问卷后,以焦点小组访谈的形式收集他们的意见和建议,并根据反馈修订相应项目,以提高问卷表述的准确性与易读性。在获得学校、教师和参与者的知情同意后,研究者向中国七大行政区域的63所中小学的2918名参与学生发放了纸质问卷,受访者在其学校教室接受匿名调查。填写问卷的时长约为20分钟,访员在需要时提供详细的指导与说明。样本均匀覆盖了全国范围内来自城市与乡村地区的小学生、初中生与高中生,抽样过程控制了地区与年级比例。最终回收的有效问卷数为 2298 份,有效回收率为 78.75%。

(二)变量测量

1. 手机使用及依赖

本章研究测量了手机使用时长、使用频率、手机依赖水平与睡前手机使用,以检视受访者的手机使用情况。

手机使用时长:通过问项"在过去的一星期,你平均每天使用手机(自己的或父母的)大约多久"来测量,受访者作答范围由 1~6(1=从不,2=不到半小时,3=0.5~1 小时,4=1~2 小时,5=2~4 小时,6=4 小时以上)。

手机使用频率:通过单一问项测量,受访者按自身情况回答"在过去的一星期,你大约使用了手机多少次(1=没用过,2=1 次,3=2~3 次,4=4~5 次,5=每天用一次,6=每天用多次)?"

手机依赖水平:采用手机成瘾指数量表(mobile phone addiction index,MPAI)[23],包含"有人说过我在手机上面花了太多时间"等 17 个题项,以五级李克特量表测量,加总后取均值计为手机依赖指数(Cronbach's α=0.92)。

睡前手机使用:通过三个问项("在过去的一周内,你上床后花费多长时间看手机""你睡前关机的情况如何?""通常,如果你睡眠中途醒来,会看几次手机?"),以五级李克特量表进行测量,将受访者的回答加总后取平均值得到睡前手机使用指数。数值越大,表示睡前手机使用越多。

2. 手机效能感

参考使用效能感量表和信息与通信技术量表,按比例进行修订,采用六个问项测量青少年的手机效能感,包括"我能使用手机上的大部分功能""使用任何手机对我来说都很容易""使用手机更容易搜索信息和寻找朋友""使用手机让我更能掌控自己的生活""我觉得手机是我日常生活的一部分"等。受访者在 1(完全不符合)~5(完全符合)范围内作答,加总取均值后得到手机效能感指数(Cronbach's α=0.80)。数值越大,表示受访者的手机效能感越强。

3. 睡眠质量

选取匹兹堡睡眠质量量表(Pittsburgh sleep quality index,PSQI)检测睡眠质量[24]。基于焦点小组访谈的反馈,删除了药物催眠这一与青少年不太相关的问项,最后共选取其中 19 项组成睡眠质量量表,以四级李克特量表测量,包含睡眠质量、入睡时间、睡眠时间、睡眠效率、睡眠障碍和日间功能障碍等六个维度,各占 3 分,加总后得出睡眠质量指数(M=5.12,SD=2.31,Cronbach's α=0.77)。总分范围为 0～18 分,分值越高,意味着睡眠质量越差。

4. 日常记忆

针对日常记忆的测量,基于日常记忆问卷修订版(everyday memory questionnaire-revised,EMQ-R)[25],采用 13 个描述日常活动的问项测量个体对日常生活中记忆表现的评估,例如,"我会忘记一些事情是什么时候发生的""读完一本书后,我会想不起来书的内容"等,作答范围为 1(0 次)～5(30 次以上/月)。取 13 个项目均值得到日常记忆的指数($M=2.19,SD=0.88$,Cronbach's $\alpha=0.90$),数值越大,表示日常记忆越差。

(三)统计方法

本章研究采用 SPSS 24.0 进行描述性统计,以 AMOS 25.0 进行验证性因素分析和调节效应分析。研究通过以下四个指标考察模型拟合程度:①拟合优度的卡方检验(χ^2/df)在 1～3 之间,说明模型拟合度良好;②拟合优度指数(GFI)与矫正拟合优度指数(AGFI)的理想范围为 0.95～1.00;③近似误差均方根(RESMA)小于0.05显示模型接近拟合。研究通过结构方程模型进行分析,因为当所有外生变量均为潜在变量并由多个指标衡量时,该方法能有效分析变量间的交互效应。此外,研究运用潜在变量的交互效应模型验证调节效应,该模型已被证明是衡量潜在变量交互效应的有效途径[26]。

三、数据分析

(一)样本概况

本章的调查样本在性别、年级与地域分布上都较为均衡:共 1180 位女生和 1108 位男生(另有 10 名参与者未报告性别)参与调查,受访者年龄范围为 6～18 岁($M=13.30,SD=2.385$)。其中,小学生 748 人($37.5\%,M=10.75,SD=1.069$),初中生 787 人($32.0\%,M=13.22,SD=1.267$),高中生 763 人($30.5\%,M=15.96,SD=0.950$)。样本的地域分布包括:华中地区($14.5\%,n=333$)、华北地区($15.1\%,n=347$)、华东地区($14.2\%,n=326$)、华南地区($12.8\%,n=294$)、西南地区($16.0\%,n=368$)、西北地区($14.7\%,n=338$)和东北地区($12.7\%,n=292$)。

(二)手机使用与手机依赖

如表 8-1 所示,我国青少年平均每天使用手机 0.5～2 小时,平均使用频率为每周 2～5 次,总体的手机使用频率较低,且时长较短。青少年总体的手机依赖程度较低($M=1.87,SD=0.80$),未达到成瘾程度,睡前手机使用行为较少($M=2.20,SD=0.88$),青少年的手机效能感相对较高,均值为 3.25。

表 8-1 手机使用及依赖的总体描述及性别差异

变量	范围	总体 ($N=2298$)		女生 ($n=1180$)		男生 ($n=1108$)		t
		M	SD	M	SD	M	SD	
使用时长	1~6	3.05	1.42	2.99	1.40	3.11	1.44	−2.061*
使用频率	1~6	3.57	1.47	3.53	1.45	3.61	1.51	−1.243
手机依赖	1~5	1.87	0.80	1.84	0.79	1.91	0.81	−2.158 *
睡前使用	1~5	2.20	0.88	2.23	0.89	2.16	0.87	2.061 *
手机效能感	1~5	3.25	1.11	3.12	1.11	3.38	1.10	−5.707 ***

注：* $p<0.05$；*** $p<0.001$。10位参与者没有报告自己的性别。

在手机使用和手机依赖上，男生和女生呈现出一定的性别差异。男生($M=3.11,SD=1.44$)比女生($M=2.99,SD=1.40$)花费更多时间使用手机，男生的手机依赖水平($M=1.91,SD=0.81$)和手机效能感($M=3.38,SD=1.10$)均显著高于女生($M=1.84,SD=0.79；M=3.12,SD=1.11$)。而女生在睡前使用手机的行为($M=2.23,SD=0.89$)显著多于男生($M=2.16,SD=0.87$)。就手机的使用频率而言，男生和女生间并无显著差异($p>0.05$)。

在不同年级的比较上，如表 8-2 所示，小学生、初中生和高中生的手机依赖程度和手机效能感差异显著($F=53.114,p<0.001；F=83.288,p<0.001$)。高中生手机依赖水平($M=2.07,SD=0.86$)和手机效能感($M=3.56,SD=1.01$)均显著高于初中生($M=1.87,SD=0.76；M=3.34,SD=1.03$)和小学生($M=1.66,SD=0.70；M=2.83,SD=1.16$)。在手机使用时长和使用频率上，则以初中生使用最多($M=3.19,SD=1.38$)、最频繁($M=3.74,SD=1.42$)，显著高于高中生($M=3.01,SD=1.52；M=3.42,SD=1.63$)和小学生($M=2.95,SD=1.34；M=3.56,SD=1.37$)。

表 8-2 手机使用及依赖的年级差异

变量	小学生($n=748$) $M(SD)$	初中生($n=787$) $M(SD)$	高中生($n=763$) $M(SD)$	F
使用时长	2.95(1.34)	3.19 (1.38)	3.01 (1.52)	5.588 ***
使用频率	3.56 (1.37)	3.74 (1.42)	3.42 (1.63)	9.219 ***

（续表）

变量	小学生(n=748)	初中生(n=787)	高中生(n=763)	F
	$M(SD)$	$M(SD)$	$M(SD)$	
手机依赖	1.66（0.70）	1.87（0.76）	2.07（0.86）	53.114 ***
睡前使用	1.93（0.78）	2.20（0.86）	2.45（0.90）	68.264 ***
手机效能感	2.83（1.16）	3.34（1.03）	3.56（1.01）	83.288 ***

注：*** $p<0.001$。

为回答研究问题1和2，本章使用了多元回归模型来分析手机使用时长、频率和手机效能感对青少年手机依赖的影响。如表8-3所示，手机使用时长（$\beta=0.323$，$SE=0.196$，$p<0.001$）与使用频率（$\beta=0.075$，$SE=0.187$，$p<0.001$）均与青少年手机依赖显著正相关，回应了研究问题1，即青少年使用手机的时间越长、次数越多，则对手机的依赖程度越深。手机效能感（$\beta=0.243$，$SE=0.044$，$p<0.001$）与手机依赖同样呈显著正相关，这也回应并验证了研究问题2，即青少年的手机效能感越强，其手机依赖程度也越高。

表8-3　手机依赖的标准化回归系数

	β	SE	t
使用时长	0.323	0.196	15.721***
使用频率	0.075	0.187	3.657***
手机效能感	0.243	0.044	9.587***

注：*** $p<0.001$。

（三）手机依赖、睡前手机使用对睡眠质量的影响

在青少年手机依赖与睡眠的关系方面，由表8-4可知，手机依赖对受访者的睡眠质量有显著负面风险（$\beta=0.329$，$SE=0.008$，$p<0.001$），针对研究问题3的数据分析显示，手机依赖水平较高的青少年，睡眠质量更差。

调节效应分析发现，睡前手机使用调节了手机依赖和睡眠质量之间的关系，研究问题3.1得到回应。Bootstrap分析的结果显示，手机依赖和睡前手机使用的交互效应对睡眠质量有显著影响（$\beta=0.648$，$SE=0.025$，$p<0.001$）。睡前使用手机越多，可能会增强手机依赖，对入睡时长和睡眠效率带来不利影响，导致睡眠质量

下降。

表 8-4 睡前手机使用对手机依赖和睡眠质量的调节作用

	睡眠质量		
	β	SE	t
手机依赖	0.329***	0.008	6.792
睡前手机使用	−0.373***	0.062	−4.955
手机依赖×睡前手机使用	0.648***	0.025	3.701
影响路径	标准化回归权重	β	下限	上限
手机依赖—睡眠质量	$M-1SD$	−0.463*	−1.098	−0.049
	M	0.338***	0.232	0.445
	$M+1SD$	1.138***	0.676	1.802

注:基于5000次 Bootstrap 结果。*$p<0.05$;***$p<0.001$。睡眠质量分值越高,表示睡眠质量越差。

具体而言,根据简单斜率分析(见图8-2),对睡前使用手机多的青少年而言,手机依赖对睡眠质量的影响更大;而睡前使用手机少的青少年,手机依赖对睡眠质量的影响相对较小。因此,睡前手机使用在手机依赖和睡眠质量之间的关系起到了调节作用。

(四)手机依赖对记忆的影响

表8-5进一步展示了手机依赖影响日常记忆的回归系数。手机依赖水平较高的青少年,表现出较低的日常记忆水平($\beta=0.332$,$SE=0.051$,$p<0.001$),研究问题4得到回应。此外,数据显示睡眠质量与日常记忆在 0.001 水平上显著正相关($\beta=0.429$,$SE=0.396$,$p<0.001$),对应研究问题4.1,青少年的手机依赖导致睡眠质量降低,进而影响日常记忆水平,睡眠是手机依赖影响日常记忆的间接因素。

表 8-5 手机依赖对睡眠、记忆的风险

	手机依赖			睡眠质量		
	β	SE	t	β	SE	t
睡眠质量	0.575***	0.013	12.636			
日常记忆	0.332***	0.051	10.142	0.429***	0.396	14.076

注:*** $p<0.001$。睡眠质量与日常记忆的分数越高,则代表睡眠质量与日常记忆越差。

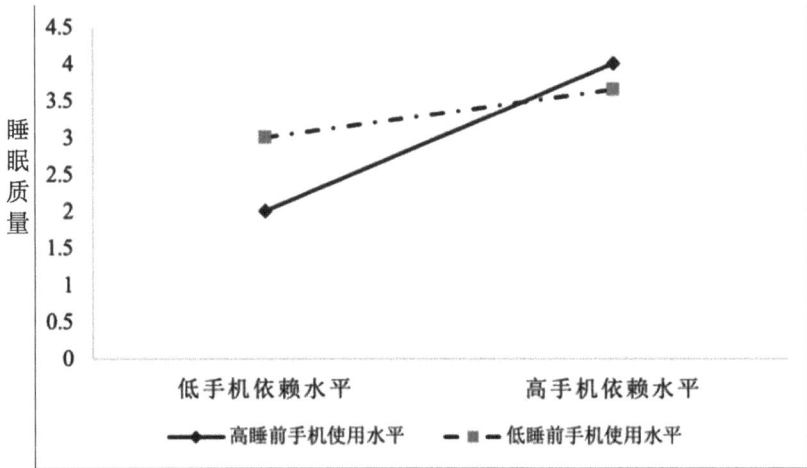

图 8 - 2   睡前手机使用调节手机依赖和睡眠质量之间的关系

注:睡眠质量分值越高,表示睡眠质量越差。

（五）模型检验

如图 8 - 3 和图 8 - 4 所示,本章建立了青少年的手机使用和手机依赖对睡眠的风险模型($\chi^2/df=2.714, GFI=0.982, AGFI=0.973, RMSEA=0.027$),也建立了手机依赖对睡眠、记忆的风险预测模型($\chi^2/df=2.895, GFI=0.992, AGFI=0.982, RMSEA=0.027$),数据分析结果表现出理想的拟合度,$\chi^2/df$ 属于 1～3 范围内,GFI 与 $AGFI$ 指标均大于 0.95,且 $RMSEA$ 值小于 0.05。

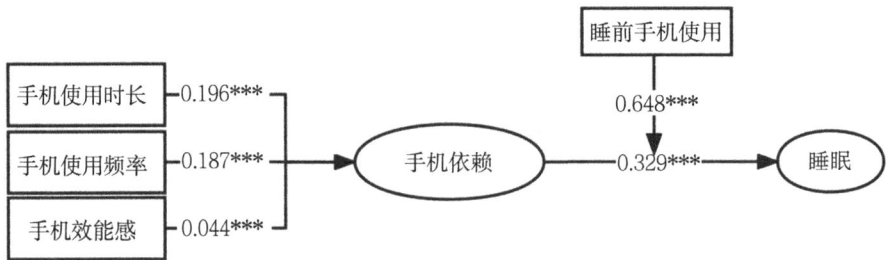

图 8 - 3   手机使用和手机依赖对睡眠的影响系数

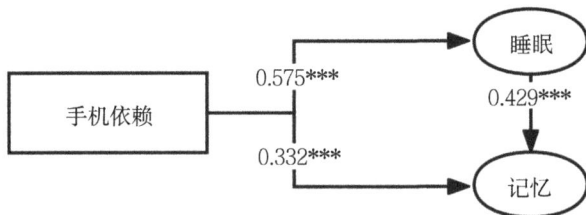

图 8 - 4   手机依赖对睡眠与记忆的风险预测系数

四、结论与讨论

(一)主要结论

本章研究受媒介系统依赖理论与社会学习理论启发,基于全国范围分层随机抽样的调查数据,考察我国青少年的手机使用和手机依赖情况,以及对睡眠、记忆的风险和作用机制。研究发现:①我国青少年的总体手机依赖程度较轻,但也对睡眠和记忆产生显著的负面影响,是影响青少年健康发展的风险因素;②青少年的手机使用和手机依赖存在性别和年级差异,男生比女生、高年级比低年级更易依赖手机,女生比男生睡前使用手机更多;③手机使用时长、频率与手机效能感是导致手机依赖的影响因素;④睡前手机使用正向调节着手机依赖对睡眠质量的风险。

(二)理论价值与现实意义

本章建立了青少年的手机依赖对睡眠、记忆风险的预测模型,拟合度理想,有助于更好地理解手机对青少年的影响,能够为新媒体时代的青少年发展和媒介使用提供理论与实践参考。

首先,本章为洞察我国青少年的手机使用与依赖现状提供了客观、全面的一手资料。相比前人研究,本章调查数据显示,我国青少年的总体手机使用和手机依赖程度较轻,八成青少年并未表现出手机成瘾。一方面,可能由于我国大部分中小学对学生使用手机采取了严格的限制措施,另一方面,父母的干预可能在青少年的手机使用中发挥了重要作用,由于学校繁重的课业和激烈的学业竞争,大多数中国父母倾向于限制孩子使用智能手机。这说明,家校应加强青少年的手机引导教育,培养青少年面向未来的新媒介素养。

其次,本研究分别考察了手机使用、手机依赖与睡眠和记忆之间的关系,建立了青少年手机依赖对睡眠和记忆风险的整合模型,拓展了此前研究主要基于成年人或大学生样本的发现[5],增加了手机依赖对青少年睡眠质量和日常记忆负面风险的经验证据。对此有两种可能的解释:第一,因他们害怕错过社交媒体消息、手机成瘾等不健康的心理状态致使难以入睡或睡眠质量降低;第二,根据时间替代假说,使用手机挤占了睡眠、学习与运动等其他活动的时间,导致睡眠与记忆不佳。这对于父母和教育工作者而言,是一个有力的提醒——即使我国青少年的总体手机依赖程度较轻,它也是影响青少年身心健康发展的风险因素,需要重视手机依赖对青少年健康的影响,及时防控潜在风险。

再次,本章关注特定的手机使用场景,发现青少年的睡前手机使用正向调节着手机依赖对睡眠质量的风险,为特定情境下的手机使用提供了新的解读,也说明睡前手机接触行为值得被进一步研究。由于学校与父母对青少年的手机使用采取较为严格的控制措施,许多青少年只有在睡前才能不受监管地使用手机,表现出较高的睡前手机使用水平。而数据显示,这一场景下使用手机将加重手机依赖对睡眠质量的负面效应。一方面,屏幕照射出的短波长的光会影响荷尔蒙分泌、体温调节、睡眠和警觉性,另一方面,睡前使用手机抑制了褪黑素的分泌,也会影响次日早晨的警觉度,进而影响青少年的健康、表现和安全。因此,引导青少年减少睡前使用手机,是有助于摆脱手机依赖、提升睡眠质量的可行路径。

最后,本章为手机依赖对日常记忆的影响提供了新的证据。手机依赖程度越深的青少年,日常记忆表现更差,这可能是由于智能手机替代了部分人脑的记忆功能而造成认知和记忆能力的下降。同时,智能手机承载的各项社交、娱乐等功能可能会占据青少年大量时间和精力,导致其学习效率低下甚至荒废学业,长此以往也对个体记忆水平产生损害。特别是当青少年习惯于长期接触网络碎片化信息后,其整体学习、记忆能力也会受到影响。手机依赖导致睡眠减少,质量降低,将影响睡眠过程中记忆的储存与巩固,从而降低日常记忆水平。值得注意的是,睡眠和记忆水平的下降又会导致青少年产生焦虑甚至抑郁的情绪和心理问题,严重则危害精神健康,因此尤其需要得到重视。

(三)研究展望

本章研究也存在一定局限性。首先,本章研究采用的手机依赖测量标准源自MPAI 量表,该量表具体测量的是手机成瘾程度,与手机依赖变量有一定差异。其次,由于研究采用横断面设计,无法检验手机使用、手机依赖和睡眠、记忆风险的长期因果关联。再次,部分结论可能并不适用于其他国家的青少年,研究结果的可推广性有限,在对数据进行讨论时,需考虑中国特有的文化与社会特征。最后,本研究未考察青少年使用手机的具体内容和方式,出于不同目的使用手机会存在一定差异,对手机依赖的影响或有不同,导致的睡眠和记忆风险也未必一致。

未来研究可考虑从以下方面展开。第一,建立明确的手机依赖衡量标准,现有研究常将手机成瘾与手机依赖的测量指标混用。第二,可考虑以固定样本组的研究设计,长期追踪青少年的智能手机使用和依赖情况,探究其对青少年身心健康发展造成的长远影响。第三,可对比不同地区、不同文化背景下青少年的手机使用及其影响的异同。第四,可针对青少年的手机使用内容、使用方式进行具体分类,以考察效果差异,拓展与丰富本研究的研究结论。

在新媒体环境中成长的青少年是家国的未来。因此,在理论研究指导下,密切关注手机等新媒介对青少年身心健康的风险和影响,引导其合理使用手机以实现自身的可持续发展,势在必行。

本章参考文献

[1] 2020 年全国未成年人互联网使用情况研究报告[R/ OL].(2021 - 07 - 20)[2021 - 07 - 22]. http://www.cnnic.net.cn/hlwfzyj/hlwxzbg/qsnbg/202107/P020210720571098696248.pdf.

[2] 刘天元.社交媒体对农村青少年学业影响分析:以关中平原 X 村的经验为例[J].中国青年研究,2018(9):70 - 77+30.

[3] Höhn C, Schmid S R, Plamberger C P, et al. Preliminary results: the impact of smartphone use and short-wavelength light during the evening on circadian rhythm, sleep and alertness [J]. Clocks & sleep, 2021, 3(1): 66 - 86.

[4] 赵霞,孙宏艳,张旭东.我国城市青少年健康生活方式的发展趋势与改进[J].中国青年研究,2019(4):61 - 66.

[5] Pera A. The psychology of addictive smartphone behavior in young adults: problematic use, social anxiety, and depressive stress[J]. Frontiers in psychiatry, 2020, 11:article 573473.

[6] 李晓静,郑琳.中小学生的智能媒体使用及其对课外阅读影响的实证研究[J].中国电化教育,2018(12):104 - 112.

[7] 荣婷.手机依赖强度对大学生身心健康、人际关系、学习状态的影响研究:基于全国 2240 所高校调查的实证分析[J].黑龙江高教研究,2018,36(6):114 - 118.

[8] Ball-Rokeach S. Theories of mass communication[M]. New York: D. McKay Company, 1975.

[9] 许颖,苏少冰,林丹华.父母因素、抵制效能感与青少年新媒介依赖行为的关系[J].心理发展与教育,2012,28(4):421 - 427.

[10] 李晓静.数字鸿沟的新变:多元使用、内在动机与数字技能:基于豫沪学龄儿童的田野调查[J].现代传播(中国传媒大学学报),2019,41(8):12 - 19.

[11] Sohn S, Rees P, Wildridge B, et al. Prevalence of problematic smartphone usage and associated mental health outcomes amongst children and young people: a systematic review, meta-analysis and GRADE of the evidence[J]. BMC psychiatry, 2019, 19(1): 1 -10.

[12] Elhai J D, Tiamiyu M F, Weeks J W, et al. Depression and emotion regulation predict objective smartphone use measured over one week [J]. Personality and individual differences, 2018, 133: 21 - 28.

[13] Bandura A. Social cognitive theory of self-regulation[J]. Organizational behavior and human decision processes, 1991, 50(2): 248 - 287.

[14] 申琦,廖圣清.网络接触、自我效能与网络内容生产:网络使用影响上海市大学生网络内容生产的实证研究[J].新闻与传播研究,2012,19(2):35－44,110.

[15] 曲垠姣,杨峰.青年融入网络群体的交往效能研究[J].中国青年研究,2021(3):96－102.

[16] 闫志明,郭喜莲,胡玫君,滕娇娇.手机依赖对中职学生学业自我效能感影响研究[J].中国特殊教育,2018(11):58－63.

[17] 于增艳,刘文.智能手机使用与焦虑、抑郁和睡眠质量关系的 meta 分析[J].中国心理卫生杂志,2019,33(12):938－943.

[18] Ward A F, Duke K, Gneezy A, et al. Brain drain: the mere presence of one's own smartphone reduces available cognitive capacity[J]. Journal of the association for consumer research, 2017, 2(2): 140－154.

[19] 傅小兰,张侃.中国国民心理健康发展报告(2019—2020)[M].北京:社会科学文献出版社,2019.

[20] 邹立巍,伍晓艳,陶舒曼,等.大学新生手机依赖与大脑灰质体积的关系[J].中国学校卫生,2020,41(11):1614－1616,1620.

[21] 方乐琴,许晓珩,林晓敏,等.手机依赖性使用与睡眠和饮食行为相关:基于 2122 名大学生问卷调查[J].南方医科大学学报,2019,39(12):1500－1505.

[22] 王连稹,孙奎立.晚睡对儿童身心发育影响的研究进展[J].中国学校卫生,2021,42(6):944－949.

[23] Leung L. Leisure boredom, sensation seeking, self-esteem, and addiction: symptoms and patterns of cell phone use[M]. New York: Routledge, 2008.

[24] Buysse D J, Reynolds III C F, Monk T H, et al. The Pittsburgh Sleep Quality Index: a new instrument for psychiatric practice and research[J]. Psychiatry research, 1989, 28(2): 193－213.

[25] Royle J, Lincoln N B. The everyday memory questionnaire-revised: development of a 13-item scale[J]. Disability and rehabilitation, 2008, 30(2): 114－121.

[26] Saris W E, Batista-Foguet J M, Coenders G. Selection of indicators for the interaction term in structural equation models with interaction[J]. Quality & quantity, 2007, 41(1): 55－72.

第九章　我国儿童的智能媒体使用及其对
课外阅读的影响

　　阅读在学龄儿童的认知发育和学习成长等方面具有重要作用,大量阅读是基础教育的起点[1]。已有研究表明,课外阅读不仅能显著提高儿童的语言能力[2-3],而且对于其课内学习成绩和学业表现至关重要[4]。课外阅读数量和阅读广度能够正向预测儿童的世界知识水平和社会参与行为[5],深度阅读则对儿童的推理、批判性思考和洞察力有着促进作用[6]。

　　随着智能媒体技术的大规模兴起,儿童使用智能手机、平板电脑等智能端的人数迅速增加,且日益走向低龄化。中国互联网络信息中心第41次《中国互联网络发展状况统计报告》显示,截至2017年12月,我国手机网民规模达7.53亿,其中未成年人群体占比22.9%,10岁以下的儿童已增至3.3%[7]。相对于以往儿童常用的纸媒、电视等传统媒体形态,智能媒体呈现出许多新的技术特性。比如,渠道终端的移动化,使得儿童可不受时空限制、能随时随地使用媒体;信息内容的碎片化、个性化、娱乐化,使得儿童用户十分容易沉迷其中;信息形态的多元化,视频、音频、图文等各种形态的融合化趋势,打破了以往传统媒体单一形态的界限;VR、AR等虚拟仿真技术在智能端的嵌入应用,则使得儿童用户更容易沉浸于这种强烈的在场感、交互化体验中[8-9]。长此以往,智能媒体的大规模普及或对儿童的阅读习惯、阅读时间、注意力等方面造成巨大影响。

　　在此背景下,有两个问题很值得学界关注:一是当前的学龄儿童究竟如何使用智能媒体?二是使用智能媒体对他们的课外阅读究竟造成怎样的影响?由此,学界该如何建议儿童合理地使用智能媒体?在这方面,西方学界已有少数成果,但较为零散和琐碎,且多研究大学生。国内文献则更多关注儿童在智能媒体上的阅读方式改变,却很少探讨使用智能媒体本身对课外纸质阅读的影响。因此,本章将以学龄儿童(中小学生)为研究对象,考察他们的智能媒体使用现况,以及使用智能媒体对他们的课外阅读所造成的效应。

一、文献回顾与研究问题

(一)智能媒体使用与阅读

以往大部分研究发现,使用智能媒体会对阅读产生负面影响。例如,劳拉·莱文(Laura Levine)等人研究了即时聊天软件和纸质阅读对青少年学业分心程度的影响,发现使用聊天软件越多,就越容易导致在完成学习任务(如学术阅读)时的注意力分散,而纸质阅读时长则与学业分心呈显著负相关[10]。齐皮·霍洛维茨-克劳斯(Tzipi Horowitz-Kraus)等人以屏幕时间和读书时间作为预测因子,对19名8~12岁儿童的脑功能连接进行磁共振成像分析,考察其大脑的种子区域和左侧视觉词形成区、视觉及认知控制区域之间的连接状态[11]。研究发现,阅读时长有助于形成大脑中上述功能区域的连接,而使用电子屏幕的时长则会降低种子区域和语言及认知控制区域的功能连接。该研究强调了儿童阅读能够支持健康的大脑发育和读写能力,也指出了限制屏幕时间的重要性。穆希纳特·贝洛(Muhinat Bello)等人对2019名尼日利亚学生进行了问卷调查,发现66.7%的学生偏向使用平板电脑阅读电子文本,而不是阅读印刷文本,平板电脑对他们的阅读活动产生了重要影响,95%的学生会规律地用平板电脑进行休闲或学术阅读[12]。穆罕默德·奥贝杜拉(Muhammad Obaidullah)等通过对孟加拉国两所学校的个案分析发现,媒介技术的大规模普及,使得学生在互联网和社交媒体上花费的时间显著高于阅读,他们主要靠网络来获取信息和休闲娱乐,在阅读上投入的时间越来越少,也渐渐失去了兴趣,甚至读书也只是为了应付考试[13]。米歇尔·奥乌苏-阿乔(Micheal Owusu-Acheaw)探讨了社交媒体的使用对阅读习惯的影响,66.78%的受访学生表示,使用社交媒体对其阅读习惯造成负面影响,社交媒体的持续使用会导致阅读习惯改变[14]。

也有少数研究发现,使用智能媒体对阅读没有负面影响,甚至可促进阅读行为。比如,库伊德·莫赫塔里(Kouider Mokhtari)等人用时间日志调查法,对539名大学生的休闲阅读、学术阅读、网络使用和看电视等行为进行追踪分析,从每日的使用时长、使用时间段、使用内容、使用地点等维度进行细致调研[15]。研究发现,大学生每日使用网络的时间最长,但并未取代或干扰他们的学术阅读和休闲阅读。相反,网络使用与其阅读能力和学术阅读时长呈显著正相关。乔·弗莱彻(Jo Fletcher)等通过对新西兰6所学校11~13岁学生的定性研究,发现使用智能媒体可以激发和促进儿童的阅读行为。在阅读过程中增加iPad和笔记本电脑的使用,作为帮助理解上下文情境的辅助工具,可以提升儿童的阅读兴趣,促进其阅读参与程度[16]。

国内的研究则较多探讨新媒体时代阅读方式的变化。新媒体时代,儿童和青少年的阅读偏好逐渐转向数字化阅读[17]。伴随智能媒体技术的迅猛发展,网站的个性化推荐、搜索引擎的自主获取、移动终端的便捷性和可移动性,以及网络社群的共享性将成为青少年用户在当下获取信息和进行阅读的主要背景[18]。电子书包等新兴媒体形式,越来越多地出现在儿童的阅读和学习情境中[19],影响着儿童的阅读兴趣和阅读深度及广度[20]。

（二）本章研究问题

由文献回顾可知,目前已有中小学生使用智能媒体及其对阅读影响的相关研究,然而,一方面,国内对中小学生的智能媒体使用现况少有深入、系统和全面的调研,并且缺乏对智能端拥有情况和使用内容的考察;另一方面,在智能媒体对阅读影响的问题上,主要由西方国家开展了研究,且结论不一,国内则较为缺乏相关实证检验。因此,在前人研究的基础上,本章针对当前学生使用的主流智能媒体——智能手机和平板电脑,提出如下研究问题:

（1）当前中小学生拥有智能媒体（智能手机、平板电脑）的情况如何?

（2）中小学生如何使用智能媒体? 他们的使用时长、使用频率、使用经历以及使用内容等情况如何?

（3）使用智能媒体对中小学生的阅读兴趣、课外阅读频率及阅读时长等有何影响?

二、研究方法

（一）调研对象及流程

本章研究的调研范围为上海市,研究对象为上海市小学生（四、五年级）和初中生（六到九年级）,抽样方式是在全市 16 个区（黄浦、徐汇、长宁、静安、普陀、虹口、杨浦、闵行、宝山、嘉定、浦东、金山、松江、青浦、奉贤、崇明）执行多阶段整群随机抽样。首先,在全市 16 个区中各随机抽取 1 所公办初中和 1 所公办小学,由此抽取了 16 所小学和 16 所初中。其次,按照研究者需求,在每所学校随机抽取符合年级要求的 1 个班级,共抽出 32 个班级。最后,在获得上海市教委批准和被抽取学校校办部门的同意后,由访员前往被抽中的样本班级,针对该班全班同学执行问卷发放、现场调研和问卷回收工作。

上海某重点大学的 30 名本科生在接受市场调研方法的专业培训后,担任了本次调查的访问员,于 2017 年 12 月 4 日—2018 年 1 月 8 日在全市被抽中的中小学班级里展开了问卷调研。最终,本次调研累计发放问卷 1280 份,共回收有效问卷 1169 份,有效问卷回收率为 91.33%。由于本章研究的多阶段抽样过程严格遵循了随机原则,因此该样本具有良好的可推广性,能够代表上海中小学生总体。

（二）变量设计

本章研究有关智能媒体使用的变量包括:智能手机和平板电脑的使用时长、使用频率、使用经历和使用内容。使用时长为每天使用手机/平板电脑的时间长度，让受访者在 1—5 上进行选择(1＝没用过,2＝每天用 15 分钟以下,3＝每天用 15～30 分钟,4＝每天用 31～60 分钟,5＝每天用 60 分钟以上)。使用频率为每周使用手机/平板电脑的频次,受访者在 1—6 上进行勾选(1＝没用过,2＝每周用 1 次,3＝每周用 2～3 次,4＝每周用 4～5 次,5＝每天用 1 次,6＝每天用数次)。使用经历指使用手机/平板电脑的年数,要求受访者填写具体数值。使用内容为使用手机/平板电脑的具体功能,要求被访者在从 1(从不做)到 5(每天做)的 5 级量表上,针对 8 个测量条目进行相应选择,问项包括:用手机/平板电脑看新闻;用手机/平板电脑查资料、查信息等;用手机/平板电脑做作业、补习语数外;用手机/平板电脑看课外书、编程等;用手机/平板电脑聊天交友;用手机/平板电脑看视频;用手机/平板电脑听音乐;用手机/平板电脑玩游戏。这些条目基本涵盖了当前中小学生使用手机/平板电脑的主要内容。

本章研究关于课外阅读的变量包括:阅读兴趣、阅读频率和阅读时长。在前人阅读兴趣、主动阅读等量表的基础上,结合深度访谈,本章构建了测量中小学生课外阅读兴趣的量表,如表 9-1 所示。阅读频率用"过去的一周内看课外书的次数"来测量,阅读时长用"过去的一周平均每天约看课外书多久"来测量,由被访者根据实际阅读情况选择作答。

表 9-1 阅读兴趣测量问项及参考文献

变量	测量问项	信度系数	参考文献
阅读兴趣	1.我喜欢阅读 2.我觉得阅读很有趣 3.我在阅读时感到快乐 4.通过阅读,我能学到很多东西 5.在将来,我愿意继续通过阅读来学习 6.我会主动在家阅读课外书 7.我会主动在空闲时间阅读课外书 8.我会主动在假期阅读课外书 9.我会选择阅读课外书而不是玩 10.我喜欢阅读不同种类的课外书	$\alpha=0.955$	Malloy J A, Marinak B A, & Gambrell, 2013[21]; Mckenna & Kear, 1990[22]

（三）样本构成

本章研究的原始样本结构如表 9-2 所示（$N=1169$），在性别、区域、年级等关键指标上的分布都较均衡。男生 557 名，占比 47.6%，女生 612 名，占比 52.4%，且在小学生和初中生内部的性别比例也近乎持平。区域分布均匀，市区学生 571 名，占比 48.8%，郊区学生 598 名，占比 51.2%。小学生 507 名，占比 43.4%，初中生662 名，占比 56.6%。年龄层面，调研样本的年龄均值为 11.43 岁，众数为 13 岁，标准差为 1.811 岁。父母学历较高，均以本科学历占比最多，父亲学历本科及以上合计占 45.0%，母亲学历本科及以上合计占 44.1%。

表 9-2　上海中小学生调研样本结构（$N=1169$）

变量	属性	小学生（$N=507$）		初中生（$N=662$）		小学生/初中生合计人次（百分比）
		人次	百分比	人次	百分比	
性别	男	248	48.9%	309	46.7%	557（47.6%）
	女	259	51.1%	353	53.3%	612（52.4%）
区域*	市区	217	42.8%	354	53.5%	571（48.8%）
	郊区	290	57.2%	308	46.5%	598（51.2%）
年级	四年级	326	64.3%			326（27.9%）
	五年级	181	35.7%			181（15.5%）
	六年级（预初）			172	26.0%	172（14.7%）
	七年级（初一）			89	13.4%	89（7.6%）
	八年级（初二）			350	52.9%	350（29.9%）
	九年级（初三）			51	7.7%	51（4.4%）
父亲学历	初中及以下	25	4.9%	89	13.4%	114（9.8%）
	高中或中专	92	18.1%	179	27.0%	271（23.2%）
	大专	100	19.7%	123	18.6%	223（19.1%）
	本科	177	34.9%	197	29.8%	374（32.0%）
	硕士	60	11.8%	47	7.1%	107（9.2%）
	博士	27	5.3%	18	2.7%	45（3.8%）
母亲学历	初中及以下	36	7.1%	86	13.0%	122（10.4%）
	高中或中专	89	17.6%	184	27.8%	273（23.4%）
	大专	98	19.3%	130	19.6%	228（19.5%）

（续表）

变量	属性	小学生（N＝507）		初中生（N＝662）		小学生/初中生
		人次	百分比	人次	百分比	合计人次（百分比）
母亲学历	本科	201	39.6%	214	32.3%	415（35.5%）
	硕士	45	8.9%	31	4.7%	76（6.5%）
	博士	17	3.4%	8	1.2%	25（2.1%）

注：＊ 本研究市区/郊区的划分方式为：黄浦、浦东（本调研为浦东内环内区域）、徐汇、长宁、静安、普陀、虹口、杨浦等 8 个区界定为市区；闵行、宝山、嘉定、金山、松江、青浦、奉贤、崇明等 8 个区为郊区。父亲学历与母亲学历还有其他未尽的情况，故加总不及 100%。

三、数据分析

（一）中小学生的智能媒体拥有情况

对样本的总体分析表明，69.4% 的上海中小学生拥有自己的智能手机（N＝1166），85.1% 拥有自己的平板电脑（N＝1167），可见上海学龄儿童的智能媒体拥有率较高，占比七八成。

进一步针对不同年级、不同区域和不同性别的统计分析显示（见表 9-3），小学生和初中生（$\chi^2＝121.77, p＜0.001$），郊区生和市区生（$\chi^2＝27.85, p＜0.001$），女生和男生（$\chi^2＝5.29, p＜0.05$）在智能手机的拥有情况上存在显著差异。具体而言，82.4% 的初中生拥有自己的智能手机，拥有比例显著高于小学生的 52.4%；市区生的拥有比例（76.7%）也显著高于郊区生（62.4%）；女生的拥有比例（72.3%）显著高于男生（66.1%）。平板电脑的拥有情况则略有不同，区域上虽还是市区生的拥有比例显著高于郊区生（$\chi^2＝3.98, p＜0.05$），但是男生和女生则无显著差异，小学生的平板电脑拥有率（87.4%）反而略高于初中生（83.3%）（$\chi^2＝3.7, p＜0.1$）。这说明，在探讨智能媒体对中小学生阅读和学业影响的问题时，有必要将智能媒体细分，比如手机和平板电脑，其拥有和使用情况或有明显不同，不能一概而论。

表9-3　上海中小学生拥有移动智能端的交叉表及卡方检验结果

变量	属性	有自己的智能手机				有自己的平板电脑			
		没有	有	合计	皮尔逊(Pearson)卡方值	没有	有	合计	皮尔逊(Pearson)卡方值
年级	小学生	241	265(52.4%)	506	$\chi^2(1, N=1166)=121.77^{***}$	64	443(87.4%)	507	$\chi^2(1, N=1167)=3.7^{\#}$
	初中生	116	544(82.4%)	660		110	550(83.3%)	660	
区域	郊区生	224	372(62.4%)	596	$\chi^2(1, N=1166)=27.85^{***}$	101	495(83.1%)	596	$\chi^2(1, N=1167)=3.98^*$
	市区生	133	437(76.7%)	570		73	498(87.2%)	571	
性别	女生	169	442(72.3%)	611	$\chi^2(1, N=1166)=5.29^*$	85	527(86.1%)	612	$\chi^2(1, N=1167)=1.06$
	男生	188	367(66.1%)	555		89	466(84%)	555	

注:$^{\#}<0.1$，$^*p<0.05$，$^{**}p<0.01$，$^{***}p<0.001$。

(二)中小学生的智能媒体使用行为分析

1. 智能媒体的使用时长

由图9-1可见,中小学生每天使用智能手机和平板电脑的时间都不算太长。六成左右的小学生每天使用智能手机和平板电脑都在15分钟以下,其中21.5%的小学生每天不用智能手机、33.7%的小学生不用平板电脑。初中生则使用智能手机较多,每日使用时长在31～60分钟和60分钟以上的均超过20%,而初中生使用平板电脑很少,高达44.4%的初中生过去一周没有用过平板电脑,每天使用时长在15分钟以下的占比近两成。

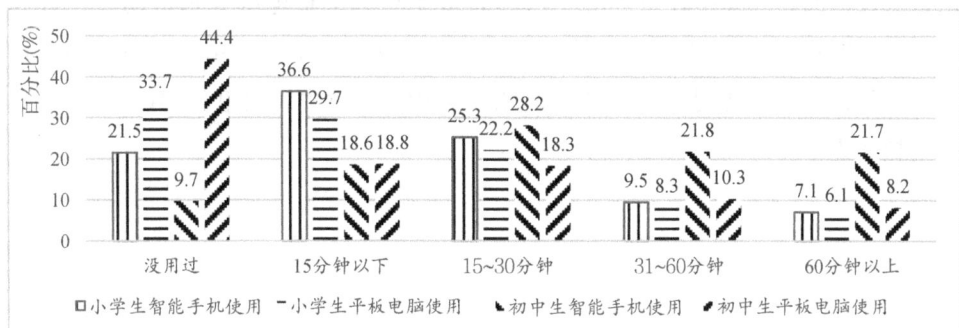

图9-1　上海中小学生每天使用智能媒体的时长

进一步针对不同年级、不同区域和不同性别学生的使用时长做独立样本 t 检验分析(见表9-4),可发现,在每天使用智能手机的时长上,初中生显著多于小学生($t=-11.626$,$p<0.001$),市区生显著多于郊区生($t=-3.264$,$p<0.001$),而男女生之间并无显著差异。在使用平板电脑的时长上,市区生也较郊区生更多($t=-2.557$,$p<0.05$),而不同性别和年级的学生则无明显区别。这说明,总体上市区学生比郊区学生每天使用智能媒体的时间更多,初中生比小学生用智能手机更久。

表9-4 智能媒体使用时长的独立样本 t 检验结果

变量	属性	使用智能手机					使用平板电脑				
		样本量	样本均值	标准差	标准误	t 值	样本量	样本均值	标准差	标准误	t 值
使用时长	年级 小学生	506	2.44	1.139	0.051	-11.626***	505	2.24	1.179	0.052	0.609
	年级 初中生	660	3.27	1.260	0.049		660	2.19	1.320	0.051	
	区域 郊区生	596	2.79	1.249	0.051	-3.264***	594	2.12	1.222	0.050	-2.557*
	区域 市区生	570	3.04	1.294	0.054		571	2.31	1.293	0.054	
	性别 男	555	2.91	1.255	0.053	0.115	553	2.27	1.323	0.056	-1.608
	性别 女	611	2.91	1.297	0.052		612	2.15	1.200	0.048	

注:* $p<0.05$,*** $p<0.001$。

2. 智能媒体的使用频率

如图9-2所示,小学生使用智能手机和平板电脑的频率都不算太高。四至五成左右的小学生每周使用智能手机和平板电脑在1次及以下,其中24.5%的小学生在过去的一周里没用过智能手机、35.1%的小学生没用过平板电脑。小学生使用智能媒体的频率集中在每周2~3次,智能手机和平板电脑分别占比31.4%和22.4%。初中生则更为频繁地使用智能手机,近五成学生每天用1次或更多。初中生对平板电脑的使用频率则偏低,近五成初中生在过去一周里没用过平板电脑,使用频率集中在每周2~3次,占比20.8%。

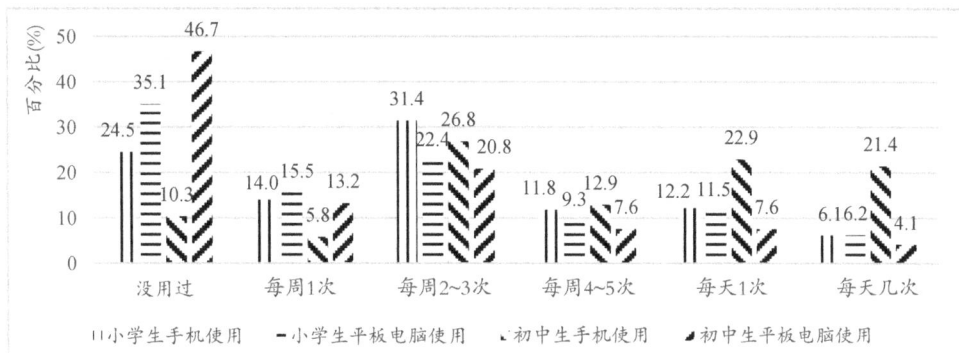

图 9 - 2 上海中小学生使用智能媒体的频率

针对不同年级、区域、性别学生的智能媒体使用频率做独立样本 t 检验发现（见表 9-5），中小学生在智能媒体的使用频率上明显有别。初中生使用智能手机的频率显著高于小学生（$t = -11.493$，$p < 0.001$），而小学生使用平板电脑则明显比初中生更频繁（$t = 4.025$，$p < 0.001$）。就不同区域的学生而言，无论智能手机还是平板电脑，市区生的使用频率都显著高于郊区生，而男女生之间并无显著差异。这说明，总体上市区学生比郊区学生使用智能媒体更频繁，初中生比小学生用手机的次数更频繁，小学生用平板电脑比初中生更频繁。

表 9 - 5 智能媒体使用频率的独立样本 t 检验结果

变量	属性	使用智能手机					使用平板电脑				
		样本量	样本均值	标准差	标准误	t 值	样本量	样本均值	标准差	标准误	t 值
使用频率	年级 小学生	507	2.92	1.508	0.067	$-11.493***$	504	2.65	1.597	0.071	$4.025***$
	年级 初中生	660	3.96	1.585	0.062		659	2.28	1.497	0.058	
	区域 郊区生	596	3.30	1.555	0.064	$-4.444***$	593	2.37	1.467	0.060	$-1.684^{\#}$
	区域 市区生	571	3.73	1.690	0.071		570	2.52	1.631	0.068	
	性别 男	555	3.45	1.597	0.068	1.239	552	3.57	1.597	0.068	-1.119
	性别 女	612	3.62	1.659	0.067		611	3.45	1.669	0.061	

注：$^{\#} < 0.1$，$*** \ p < 0.001$。

3. 使用经历

上海中小学生使用智能手机的年数均值为 2.69 年（$SD = 2.068$），使用平板电脑的年数均值为 3.19 年（$SD = 2.299$）。结合样本年龄均值 11.43 岁可知，2006 年前后出生的上海中小学生平均从 8.74 岁开始使用智能手机、从 8.24 岁开始使用平板电脑。再针对不同年级、区域和性别的学生比较分析(见表 9 - 6),笔者发现,无论是智能手机还是平板电脑,初中生的使用经历都显著多于小学生,市区生显著多于郊区生,男生显著多于女生。

表 9 - 6　智能媒体使用经历的独立样本 t 检验结果

			使用智能手机				使用平板电脑				
变量	属性	样本量	样本均值	标准差	标准误	t 值	样本量	样本均值	标准差	标准误	t 值
使用经历	年级	小学生	475	2.20	1.82	0.084	-6.965^{***}	479	2.47	1.96	0.090	-9.859^{***}
		初中生	652	3.05	2.16	0.085		615	3.76	2.38	0.096	
	区域	郊区生	578	2.48	1.93	0.080	-3.533^{***}	556	2.88	2.15	0.091	-4.577^{***}
		市区生	549	2.91	2.18	0.093		549	3.51	2.40	0.104	
	性别	男	540	2.89	2.09	0.090	-3.161^{**}	523	3.33	2.37	0.104	$-1.915^{\#}$
		女	587	2.50	2.03	0.084		571	3.07	2.22	0.093	

注:$^{\#}<0.1$, ** $p<0.01$, *** $p<0.001$。

4. 使用内容

如图 9 - 3 可见,总体上他们使用最多的 3 个功能分别是查资料和信息($M=3.29,SD=1.259$)、听音乐($M=3.15,SD=1.336$)和聊天交友($M=3.04,SD=1.489$)。但小学生和初中生又有所不同,小学生更偏好用智能手机和平板电脑来查资料和信息($M=3.14,SD=1.331$)、做作业和补习语数外($M=2.84,SD=1.578$)等,更多使用学习型的内容;初中生则更多用智能媒体来听音乐($M=3.53,SD=1.349$)、聊天交友($M=3.47,SD=1.361$)等,偏好使用娱乐型内容。

本章进一步针对不同年级、区域和性别的学生在 8 项具体使用内容上的差异进行了 t 检验(篇幅所限,此处不再列表),结果发现:年级方面,除了在做作业、补习语数外上,小学生显然比初中生用得更多($M_{小学生}=2.84$, $M_{初中生}=2.41$, $t=4.979,p<0.001$),在其他 7 项内容包括看新闻、查资料、查信息、看课外书、编程、聊天交友,看视频,听音乐和玩游戏上,初中生的使用都显著高于小学生;性别方面,男生显然比女生更多用智能媒体来玩游戏($M_{男}=2.89$, $M_{女}=2.12$, $t=-9.586,p<0.001$),但是女生在用智能媒体查资料、查信息、看课外书、编程,聊天交友和听音乐等方面显著多于男生,不同的智媒使用内容或许也会对他们的课外

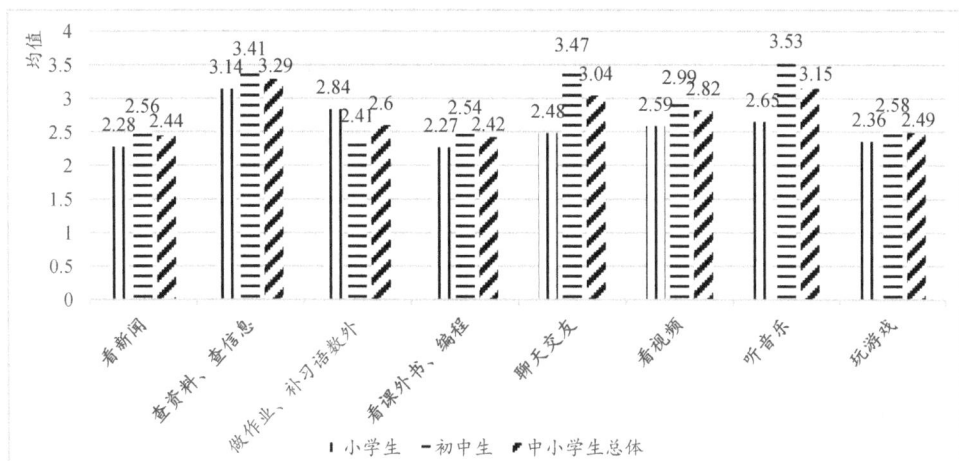

图 9 - 3　上海中小学生的智能媒体使用内容

阅读造成不同影响;区域比较上,市区生在使用智能媒体来查资料、查信息,看课外书、编程、聊天交友和听音乐等方面,都显著多于郊区生,这体现出市区生在使用智能媒体进行学习、社交等方面,都比郊区生更为多元和开放。

(三)智能媒体使用对课外阅读的影响

使用智能媒体对中小学生的阅读兴趣、课外阅读频率及阅读时间等方面有何影响? 在回答该问题之前,有必要先对当前中小学生的课外阅读情况进行客观的描述分析。

由图 9 - 4、图 9 - 5 可发现,上海中小学生平均每天阅读课外书的时间较多,阅读频率也较高。调研样本中,每天课外阅读 15~30 分钟的占比 41.8%,且 46.6% 的学生每天看 30 分钟及以上,换言之,近九成上海中小学生每天课外阅读 15 分钟及以上。阅读频率上,每天看几次的学生占比最多,达 30.4%,每天看 1 次及以上的学生总共占比近六成。阅读兴趣方面,对李克特量表的统计数据显示,上海中小学生的总体阅读兴趣很高($M=4.16, SD=0.967$),并且在 10 个测量条目上的得分都在 4 以上,这表明上海中小学生的课外阅读兴趣浓厚。

进一步,本章还针对年级、区域、性别三个变量进行了阅读情况的对比分析,以检验这三个变量是否会影响到上海中小学生的课外阅读。如表 9 - 7 所示,在阅读兴趣上,小学生显著高于初中生,郊区生显著高于市区生,女生显著高于男生。课外阅读频率和阅读时长上,同样也是小学生显著高于初中生,郊区生显著高于市区生,不同性别的学生在阅读频率和时长上没有显著差异。由数据可见,总体上小学生的阅读兴趣、阅读频率和阅读时长都高于初中生,郊区生都高于市区生,而性别只对阅读兴趣有影响,男女生在课外阅读频率和时长上无显著差异。

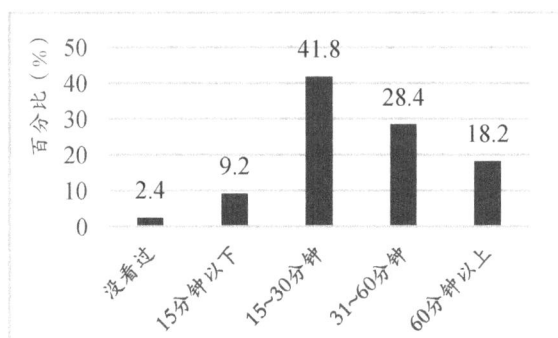

图 9-4　上海中小学生每天阅读课外书的时长

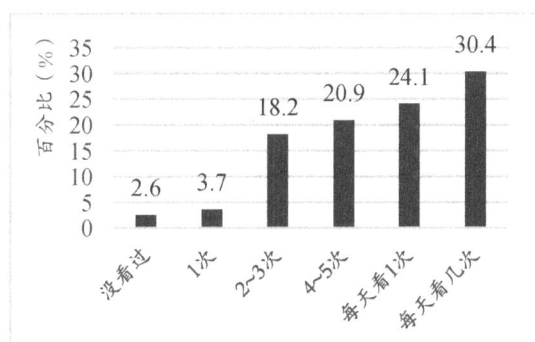

图 9-5　上海中小学生一周阅读课外书的频率

表 9-7　课外阅读兴趣、阅读频率、阅读时长的独立样本 t 检验结果

	变量	属性	样本量	样本均值	标准差	标准误	t 值
阅读兴趣	年级	小学生	500	4.33	0.971	0.043	5.340***
		初中生	655	4.02	0.944	0.036	
	区域	郊区生	593	4.24	0.899	0.037	2.732**
		市区生	562	4.08	1.029	0.043	
	性别	男	548	3.94	1.074	0.046	7.167***
		女	607	4.35	0.813	0.033	

（续表）

变量	属性	样本量	样本均值	标准差	标准误	t 值
阅读频率	年级 小学生	502	4.91	1.205	0.054	9.265***
	初中生	655	4.21	1.336	0.052	
	区域 郊区生	592	4.65	1.259	0.052	3.605***
	市区生	565	4.37	1.380	0.058	
	性别 男	549	4.47	1.365	0.058	1.190
	女	608	4.56	1.290	0.052	
阅读时长	年级 小学生	500	3.63	0.967	0.043	3.695***
	初中生	654	3.42	0.966	0.038	
	区域 郊区生	590	3.58	0.930	0.038	2.637**
	市区生	564	3.43	1.008	0.042	
	性别 男	546	3.50	1.014	0.043	0.197
	女	608	3.51	0.933	0.038	

注：** $p<0.01$，*** $p<0.001$。

那么，除了年级、区域、性别等人口学因素外，中小学生的智能媒体使用是否对课外阅读造成影响、有何影响呢？为了深入挖掘两者之间的关联，本章采用普通最小二乘估计回归法（OLSE）来分析，4 个智能媒体使用变量都进入回归方程进行统计。

如表 9-8 所示，从智能媒体的使用时长和使用频率来看，两者确实对中小学生的课外阅读造成一定负面影响。但是，一则影响程度较弱，二则智能手机和平板电脑存在较大区别。中小学生的智能媒体使用对阅读兴趣、课外阅读频率和阅读时长分别可解释 8.8%、8.2% 和 4.7% 的变异，换言之，总体影响并不大。具体而言，手机的使用时长对阅读兴趣（$\beta=-0.097$，$p<0.01$）和阅读频率（$\beta=-0.126$，$p<0.01$）有显著负向作用，智能手机使用频率对课外阅读时长有明显负向作用（$\beta=-0.053$，$p<0.05$）。意即，中小学生使用智能手机时间越久、越频繁，越有可能降低阅读兴趣、减少课外阅读频率和时间。平板电脑则不同，除了在使用频率方面对课外阅读时长有轻微负面影响（$\beta=-0.053$，$p<0.05$），在其他方面并未对课外阅读造成负作用，甚至平板的使用时长能正向预测课外阅读时长（$\beta=0.113$，$p<0.01$）。

表9-8　中小学生使用智能媒体对课外阅读影响的回归系数

预测变量	阅读兴趣(β_1)	阅读频率(β_2)	阅读时长(β_3)
使用时长			
智能手机每天使用时长	−0.097**	−0.126**	0.009
平板每天使用时长	0.014	0.034	0.113**
使用频率			
智能手机每周使用频率	−0.017	0.015	−0.053*
平板每周使用频率	−0.041	−0.001	−0.053*
使用经历			
使用智能手机的年数	−0.029#	−0.053*	−0.02
使用平板电脑的年数	−0.02	−0.046*	−0.012
使用内容			
用智能手机/平板电脑看新闻	0.001	0.06#	0.023
用智能手机/平板电脑查资料、信息等	0.068*	0.047	0.006
用智能手机/平板电脑做作业、补习语数外	0.013	−0.01	0.029
用智能手机/平板电脑看课外书、学科技等	0.102***	0.128***	0.103***
用智能手机/平板电脑聊天交友	0.001	−0.125***	−0.044#
用智能手机/平板电脑看视频	−0.076**	−0.08*	−0.084**
用智能手机/平板电脑听音乐	0.018	−0.03	0.015
用智能手机/平板电脑玩游戏	−0.069**	0.033	0.001
调整的 R^2(%)	8.8 ($N=1045$)	8.2 ($N=1047$)	4.7 ($N=1045$)

注：# <0.1，* $p<0.05$，** $p<0.01$，*** $p<0.001$。

　　从智能媒体的使用经历来看,也在一定程度上体现出对课外阅读的负向作用。智能手机的使用年数越久,越有可能对中小学生的课外阅读兴趣($\beta=-0.029$, $p<0.10$)和阅读频率($\beta=-0.053$, $p<0.05$)产生消极影响。平板电脑使用经历越久,越有可能降低中小学生的课外阅读频率($\beta=-0.046$, $p<0.05$)。

　　此外,智能媒体的使用内容对课外阅读的影响耐人寻味,值得重视和细读。表9-7体现出,中小学生用智能手机和平板电脑进行看课外书、学科技、查资料信息、看新闻等学习相关的活动,会显著增进他们的阅读兴趣,提升其课外阅读频率和阅读时长。尤其是用智能手机、平板电脑来看课外书、学科技,对中小学生的阅读兴趣($\beta=0.102$，$p<0.001$)、课外阅读频率($\beta=0.128$，$p<0.001$)和阅读时长($\beta=0.103$，$p<0.001$)都有显著的积极影响。同时，数据也显示出，中小学生用智能手机和平板电脑进行聊天交友、看视频、玩游戏等娱乐型活动，则会显著削弱他们的阅读兴趣，降低其课外阅读频率和阅读时长。最明显的是用智能媒体看视频，对中小学生的阅读兴趣($\beta=-0.076$，$p<0.01$)、课外阅读频率($\beta=-0.08$，$p<0.05$)和阅读时长($\beta=-0.084$，$p<0.01$)都有显著的负向作用。可见，分析中小学生究竟用智能媒体来做什么十分重要，使用学习型内容还是娱乐型内容，对其课外阅读的影响明显不同。

四、结论与建议

伴随互联网与人工智能技术的快速发展，学龄儿童所遭遇的媒介生态已发生了巨变。智能媒体已逐步超越大众传媒，在中小学生的学习和生活中占据越来越重要的位置，逐渐改变甚至重构着他们认知世界的方式和体验。在此背景下，探讨中小学生如何使用智能媒体、使用智媒对他们的阅读产生怎样的影响，具有十分重要的现实意义。本章正是立足于这种研究视角，针对上海中小学生进行整群随机抽样调研，考察他们对智能手机和平板电脑的拥有情况和使用行为，及其在当前的课外阅读兴趣、阅读频率和时长，并探讨了使用智能媒体究竟对课外阅读有何影响，也得出了一些有原创价值的新发现。

首先，与欧美学者研究的结论相近，智能媒体的拥有和使用情况在不同年级、区域和性别的中小学生中存在明显差异。总体来看，上海中小学生的智能媒体拥有率较高。对比西方学者的结论，本章同样发现智能媒体已充分融入中小学生的生活，智能手机的拥有和使用随着年龄的增长而增多，且逐渐走向娱乐型使用。本章还发现，和智能手机相反，平板电脑的拥有和使用恰好随年龄的增加而减少，且小学生更多将平板电脑用于学习。此外，市区和郊区学生的比较结论也是本章研究的独特发现，市区生在智媒使用的时间、频次和内容上，都比郊区生更为丰富和多元。

其次，上海中小学生的总体课外阅读情况良好，智能媒体对阅读的影响有限，并非洪水猛兽，阅读受到更多其他因素的影响。与当前主流报道对智能媒体的质疑和痛诉不同，本章的数据分析表明，总体上智能媒体对中小学生的阅读兴趣、阅读频率、阅读时长的影响占比都在9%以下，十分有限。从随机抽样数据来看，上海学龄儿童的阅读兴趣浓厚，每天读课外书的时间和阅读频次也较多。可见，中小学生良好的课外阅读习惯，受到更多其他方面因素的作用，比如地区、家庭、学校等,这些角色应承担更重要的职责。

再次,就智能媒体使用本身而言,确实对中小学生的课外阅读有一定负面影响,但智能手机和平板电脑有显著差异。西方大部分研究发现,使用智能媒体会对阅读产生负面影响[10-14]。本章同样发现,中小学生使用手机时间越久、越频繁,越有可能减弱阅读兴趣、降低课外阅读频率和减少阅读时间。本章还发现,平板电脑和智能手机明显不同,前者并未对课外阅读造成负向作用,甚至其使用时长能正向预测课外阅读时长。这或许与智能手机更多被用于聊天、游戏等娱乐功能,而平板电脑更多被用于学习用途有关。该结论启示后续研究,在探讨智能媒体对学龄儿童阅读影响的问题时,很有必要将智能媒体细分(如智能手机和平板电脑),不能一概而论。平板电脑在学龄儿童学习和认知发展中的作用,值得未来进一步研究。

最后,考察中小学生的智能媒体使用内容、究竟用它来做什么十分必要。本章的一个重要发现是,智能媒体被用于看课外书、学科技、查资料、看新闻等学习型内容时,对中小学生的纸质课外阅读有显著的促进作用,而被用于聊天、看视频、玩游戏等娱乐型内容,则对阅读有负向作用。这表明,智能媒体的使用内容是重要研究变量。反观西方有关智能媒体使用对阅读影响的各种相悖结论,关键在于在不同研究中,学者们对智媒使用内容的研究取向不同。凡是发现智能媒体可促进阅读和学习的研究[15-16],多聚焦于智能媒体的学习型内容。

针对以上发现,本章对未来该领域的研究以及学龄儿童的智能媒体应用实践,给出如下建议:第一,考察智能媒体对阅读影响的问题,不能一概而论,须针对媒体类型(如智能手机、平板电脑)进行细分,平板电脑对阅读和学习的效应是值得深入的方向;第二,使用智能媒体(尤其智能手机)对学龄儿童的阅读会有一定负面作用,但并不如新闻报道的那样可怕,培养良好的阅读习惯更有赖于家庭、学校、社会等各方努力;第三,智能媒体的使用内容十分关键,与其视之洪水猛兽,不如顺势而为,引导中小学生将其用于学习、阅读等方面,充分发挥智能媒体生动有趣、交互性强的优势,促进学生的学业和认知发展,严格管控娱乐化使用,乃是上策;第四,市区生和郊区生拥有及使用智能媒体的差异体现出区域数字鸿沟,如何提升落后地区儿童的智媒使用技能、促进其多元化媒介使用,尚需学界和社会的共同努力[23]。

本章参考文献

[1] 李家同.大量阅读的重要性[M].北京:中国人民大学出版社,2012.

[2] 克拉生.阅读的力量[M].李玉梅,译.乌鲁木齐:新疆青少年出版社,2012.

［3］ CArrell P L. Metacognitive awareness and second language reading［J］. The modern language journal，1989，73(2)：121－134.

［4］ Krashen S D. The power of reading：insights from the research［M］. Connecticut：Libraries Unlimited，2004.

［5］ Wigfield A，Guthrie J T. Relations of children's motivation for reading to the amount and breadth or their reading［J］. Journal of educational psychology，1997，89(89)：420－432.

［6］ Wolf M，Barzillai M. The importance of deep reading［J］. Educational leadership，2009，66(6)：32－37.

［7］ 中国互联网络信息中心.第41次中国互联网络发展状况统计报告［EB/OL］.［2018－4－28］. http://cnnic.cn/gywm/xwzx/rdxw/201801/t20180131_70188.htm.

［8］ 殷乐.智能技术与媒体进化：国外相关实践探索与思考［J］.新闻与写作,2016(2):20－24.

［9］ 弗洛里迪.第四次革命：人工智能如何重塑人类现实［M］.王文革,译.杭州:浙江人民出版社,2016.

［10］ Levine L E，Waite B M，Bowman L L. Electronic media use，reading，and academic distractibility in college youth［J］. Cyberpsychology & behavior，2007，10(4):560－566.

［11］ Horowitz-Kraus K T，Hutton J S. Brain connectivity in children is increased by the time they spend reading books and decreased by the length of exposure to screen-based media［J］. Acta paediatrica，2018，107(4)：685－693.

［12］ Bello M B，Daramola D S，Yusuf A，et al. Access to tablet portable computers and undergraduates reading culture：the experience of a Nigerian University［J］. Human & social studies，2015，4(3)：42－51.

［13］ Obaidullah M，Rahman M A. The impact of internet and social media on the habit of reading books：a case study in the southern region of Bangladesh［J］. Studies in English language and education，2018，5(1)：25－39.

［14］ Owusu Acheaw M O. Social media usage and its impact on reading habits：a study of Koforidua Polytechnic students［J］. International journal of social media and interactive learning environments，2016，4(3)：211－215.

［15］ Mokhtari K，Reichard C A，Gardner A. The impact of internet and television use on the reading habits and practices of college students［J］. Journal of adolescent & adult literacy，2009，52(7)：609－619.

［16］ Fletcher J，Nicholas K. Reading for 11-13-year-old students in the digital age：New Zealand case studies［J］. Education，2016，46(1)：37－48.

［17］ 赵霞.新媒体对青少年阅读的影响研究［J］.中国青年研究,2014(2):21－26.

［18］ 尚珊,阴晓慧.新时代用户阅读行为变化研究［J］.图书馆,2016,261(6):18－22.

［19］樊敏生,武法提,王瑜.基于电子书包的混合学习模式研究［J］.中国电化教育,2017(10)：
    109 -117.

［20］谢幼如,吴利红,黎慧娟,等.智慧学习环境下小学语文阅读课生成性教学路径的探究［J］.中
    国电化教育,2016(6)：36 - 42.

［21］Malloy J A, Marinak B A, Gambrell L B, et al. Assessing motivation to read：the
    motivation to read profile-revised［J］.The reading teacher，2013，67(4)：273 - 282.

［22］Mckenna M C, Kear D J. Measuring attitude toward reading：a new tool for teachers［J］.
    The reading teacher，1990，43(9)：626 - 639.

［23］李晓静.知沟视域中农村基础教育信息化的现状与建议：基于河南修武申国完小的质化研
    究［J］.中国电化教育，2017(12)：53 - 58.

第十章 VR 媒体对青少年情绪、认知及行为意愿的传播效果

在媒介融合发展的情境中，基于虚拟现实(VR)技术的沉浸式媒体越来越普遍，不断延伸着受众的感知与行为系统。沉浸式媒体指的是使用 VR、增强现实(AR)、360°视频等技术，在将观众与现实世界隔离的同时，又以三维虚拟环境的方式呈现真实[1]。这是一种以沉浸感和存在感为特征的媒体类型[2]。VR 技术的三大核心特征为沉浸、互动、想象[3]，它具有虚实结合、实时交互、三维配准的优势[4]。沉浸式媒体的关键特点是在排除或融合物理现实的同时，提供高保真度，延伸用户的感官功能和认知空间，并具有以更丰富的媒介形态唤起深度内容沉浸感知、促进用户主动参与的能力。在新闻领域，VR 新闻区别于传统新闻的最大特点在于重塑用户体验。借助特殊设备，用户由新闻阅读者转变为现场体验者，能捕捉并获知到更多新闻细节，从而增强在新闻过程中形成的现场感受。

南加州大学交互媒体实验室、美国《纽约时报》NYT VR 等是沉浸式新闻探索的先锋。在国内，2016 年是 VR 技术元年，由此产生了多样的沉浸式新闻尝试。比如，2016 年全国"两会"采取了图片式的全景场景呈现形式，2018 年《AR 看两会|政府工作报告中的民生福利》利用 AR 增强互动。"两会"之外，具有代表性的是灾难性的周年策划，如 2017 年新华社《云南鲁甸地震三周年》全景报道，2018 年四川在线、视觉四川《汶川十年蝶变》三维场景与全景 VR 等。虽然现在的新闻中常常出现"沉浸式新闻"概念，但严格意义上运用沉浸式技术生成的成熟新闻作品有限，这也为 VR 媒体的相关研究带来了前瞻性的空间。

认知、情感、态度和行为是传播学效果研究的重要问题。通过操纵媒体和信息，获得受众反馈，以判断媒介对个体的影响，是传播领域常见的研究范式。传播学中的劝服研究、第三人效果、框架理论、媒介可信度研究等，大多属于此范畴[5]。纵观国内外研究，有关 VR 新闻和沉浸式媒体的已有成果表明：

(1)VR 媒体对于受众的情绪/情感具有显著影响，体现在接受媒介信息后的反应变化、情绪/情感强度等方面。艾丽斯·基里科(Alice Chirico)等人研究了沉浸式视频诱导敬畏的效果，考察被试对包括敬畏在内的 10 种情绪(如愤怒、娱乐、

厌恶、快乐等)的感知水平,并予以中性情绪控制,测量心脏搏动间隔、皮肤电导响应等6种心理生理学变量。研究发现,沉浸式视频条件会增加体验敬畏的强度,令人敬畏内容的沉浸式视频也能提高副交感神经的激活程度[6]。朱莉娅·弗劳斯蒂诺(Julia Fraustind)等人研究了基于空间存在和灾害报道媒体介入的中介/调节作用的360°全景视频对传播态度的影响,发现360°视频增强了人们对内容有益影响的态度,中介分析表明,这些影响的基础是空间存在感,参与类似的灾难媒体报道(间接经验)削弱了空间存在的中介作用[7]。

(2)VR媒体具有呈现身临其境感、交互感等特点,与传统媒体相比,对受众认知产生不同的影响。孙达尔等人探究了沉浸式新闻的存在感对受众心理的影响,发现使用VR和360°视频体验新闻故事的参与者比使用图片文本阅读相同故事的参与者表现得更好,这不仅体现在存在感、互动感和真实性等与呈现相关的结果上,还体现在感知到的来源可信度、分享故事的意图和同情心上。存在感、互动感和现实主义感在媒体和感知可信度、故事回忆和故事分享意图之间起着介导作用[8]。贾森·杰拉尔德(Jason Jerald)提出了一个关于沉浸式体验中情感的关键论点,他认为VR体验结束后,情感联系往往体现在被记住的内容[9]。周勇等人考察了"沉浸式新闻"的传播效果,发现在相同信息接触中,受众在沉浸式VR环境中对于新闻信息的掌握程度低于文字阅读,但具有更高的情感强度和信任度[10]。贾内尔·比德尔(Janelle Beadle)等发现VR内容激发同理心,让人们更理解他人。同理心可以帮助结合虚拟现实和物理现实,从而产生更高的可信度[11]。

(3)VR媒体带来了新的信息传播模式,对于受众的行为表现、态度意愿具有重要影响和塑造作用。琳达·德内尔(Linda Durnell)发现VR/360°危机视频带来的身临其境的体验有助于增加移情反应,并通过间接行动,促使他人体验身临其境的信息,以预测行为的改变[12]。费尔南达·埃雷拉(Fernanda Herrera)等人研究了传统媒体和VR接触对于建立长期同理心的影响,发现被试在VR条件下接触无家可归者信息时有更强烈和持久的同理心,并且更易付诸签署支持帮助提案的意见书[1]。

基于VR新闻和沉浸式媒体的发展前景,以及学界在该领域的已有成果,本章将针对国内已有的VR新闻素材进行传播效果研究,考察相对于传统的图文、视频媒体,VR媒体对于受众的情绪、认知及行为意愿产生怎样的影响。

一、理论与问题

（一）媒介丰富性理论

理查德·达夫特（Richard Daft）等提出了媒介丰富性理论（media richness theory）[13]。早在1984年，达夫特等首先提出了信息丰富性（information richness）的概念。该理论认为，不同的媒介具有不同的信息传播能力。在传播过程中，若媒介可以承载更大的信息量和更高质量的内容传输，就可以更好地促进受众对于信息的正确理解与认知。媒介的丰富性涵盖了如下四个方面：①获得即时反馈的能力，即能够使得问题被提出、被回答；②多样化线索的使用，比如声音反射、物理呈现、身体语言、词汇、图表和数字等；③自然语言的使用，能够被用于传递对一般观念的理解；④对个性化的关注情况。媒介丰富性理论认为，一个媒介越具有以上特征，它的信息传播就越丰富，对受众认知更能起到积极作用。该理论为本章比较传统媒体和VR媒体的传播效果，提供了坚实依据。

（二）多媒体学习认知情感理论

理查德·马耶尔（Richard Mayer）以双重编码处理理论为基础，基于双通道理论、主动加工、有限容量三个基本假设，扩充、提出了著名的多媒体学习认知理论[14]。罗宾·纳比（Robin Nabi）提出的认知功能模型（CFM）同时认为信息媒体可以诱发分立情绪，这种情绪被激发后所产生的说服力会影响个体的信息处理。情绪的强度、种类会紧随其后地影响信息处理的深度和方向[15]。

罗克萨娜·莫雷诺（Roxana Moreno）将情感因素引入多媒体学习认知理论中，提出了多媒体学习的认知—情感模型[16]，认为学习者通过多媒体获得的信息进入工作记忆之后，形成的是多重表征并建立心理模型；认知过程受到经验、情感、动机等因素的影响。模型包括四个认知假设：①语言和非语言信息处理存在相对独立的渠道；②工作记忆的容量有限，长期记忆的容量无限；③通过双重编码来增强学习；④学习者需要积极处理信息来构建意义。另外，该模型还基于Mayer的多媒体学习认知理论，补充了三个新假设：⑤情感中介假设，它表明情感动机因素通过增加或减少认知参与来影响学习；⑥元认知中介假设，认为元认知因素通过影响认知和情感过程来影响学习；⑦个体差异假设，表明学习者在先验知识、认知风格和能力等方面的差异会影响学习效率。

扬·普拉斯（Jan Plass）等在马耶尔多媒体认知学习理论的基础上，提出了多媒体学习认知情感整合模型（ICALM）。该模型认为，情感过程与认知过程相互交织，不可分割。多媒体刺激的认知—情感处理，涉及对认知资源产生需求的情感过程。多媒体环境诱发情感反应,称之为"核心情感"[17]。当学习者从环境中感知到了其中的听觉和视觉信息时,就会体验到这种核心影响。不同的心理表征的整合,传统上只涉及口头和视觉的心理表征,也包括经验的影响,形成情感模式,存储为长期记忆。根据学习者处理的信息类型,这可以是语义记忆,也可以是情景记忆。这一模型可用于解释 VR 媒体环境中,受众的认知处理过程及情感因素的重要作用(见图 10-1)。

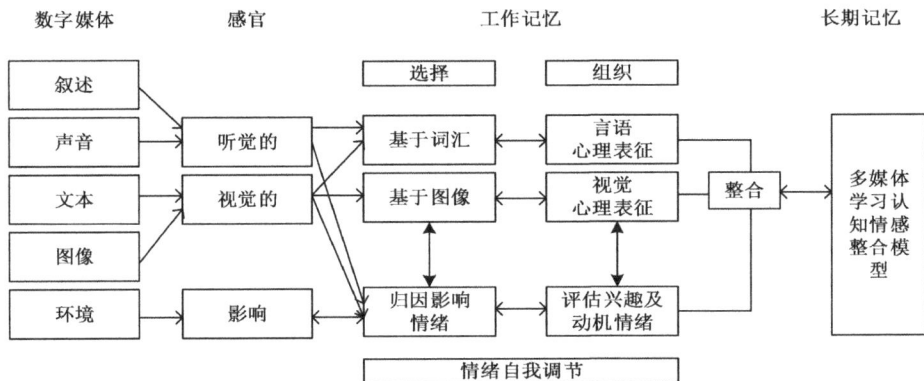

图 10-1　多媒体学习认知情感整合模型(ICALM)

(三)MAIN 模型

孙达尔提出了可信度评估的 MAIN 模型,指出媒介技术承载力包括形态(modality),即信息呈现的方式,如文字、图片、视频等;媒介(agency),即信息的内容及界面,如用户获得信息所使用的电脑、手机、信息所在网站等;互动性(interactivity),即用户与信息之间的互动,是数字媒体中最鲜明的特点;导航性(navigability),即界面特点,与网站中的链接有关[18]。MAIN 模型可用于解释受众在数字媒体环境下对可信度进行认知启发式的提示与帮助,体现出媒体不同形态对于效果有显著的影响。

(四)移情、认知与行为意愿

对于沉浸式媒体环境而言,"存在感"是已有研究考察的关键因素,继而引发对于"移情"(empathy)的关注和讨论。马克·戴维斯(Mark Davis)认为,移情包括认知和情感两个方面,他将移情划分为四个维度:"移情关注""观点采择""想象""个人忧伤"。前两者属于认知移情范围,后两者属于情感移情范围[19]。认知移情是"在不实际经历他人情感时对他人条件或者思维状态的理解",情感移情是"对他人情感经历的积极响应"。张凯等指出,移情包含认知成分和情绪成分,两者互为基础,互为条件,认知水平和情绪共同决定着移情的性质、强度、方式和内容[20],这一融合观点得到越来越多的研究者认同。刘俊升等特别强调了情绪因素的移情定义,即仅仅对他人内心状态的认知察觉不等于能够体验到他人的感受,只有在真正体验到他人的感受后,真正的移情才会发生[21]。表10-1是移情文献中常用术语的定义,这些术语有时可互换使用,有时映射不同,但包含最常见的意义。

表 10-1 移情常用术语定义

英文术语	中文术语	定义	同义词
cognitive empathy	认知移情	通过努力、自上而下的过程,来理解对方。	透视,心智理论,自上而下地模拟
emotional contagion	情绪感染	主观地与他人感受相同的情绪或状态,通常指强烈情绪状态。	个人痛苦、替代情感、情感转移、情感共鸣
empathy	同理心	与他人共鸣的感觉状态总称,可以发生在任何层次——从神经到现象学,从概念到情感。	
sympathy	同情	温柔的心充满同情的关怀,感受到难过的对方。	同情、移情关心、移情
true empathy	"真正的移情"	一种同理性的、以他人为中心的状态,需要在观察者中区分自我和他人。	同理心、情感上的共鸣

研究已表明,沉浸式媒体信息接触发挥着产生一系列情绪反应和行为变化的作用。情绪作为沉浸式媒体"诱导"的产生,对于受众的认知行为具有重要作用。结合沉浸式媒体与受众"身临其境"的特点,在信息媒体的刺激下,个体会产生情绪中"移情"的感染共鸣,并且对个体的信息处理产生影响,这种情绪具有同理心的特点。

现有的沉浸式媒体研究大多选用空间存在感作为中介变量。沉浸式媒体可以增强受众的空间存在感,是由技术特征所产生的主观的"身临其境"感受[22],但是移情尚未被作为中介变量加以考察,可信度、喜爱度等认知维度变量成为重要的因变量。那么在新闻传播中,VR沉浸式媒体相较于传统媒体,对于受众的认知、移情、传播行为意愿产生怎样的影响? 移情在其中是否起到中介作用? 借助已有文

献,本章提出了研究问题,将认知分为感知可信度、喜爱度、记忆程度三个维度,并建构研究模型如图 10-2 所示:

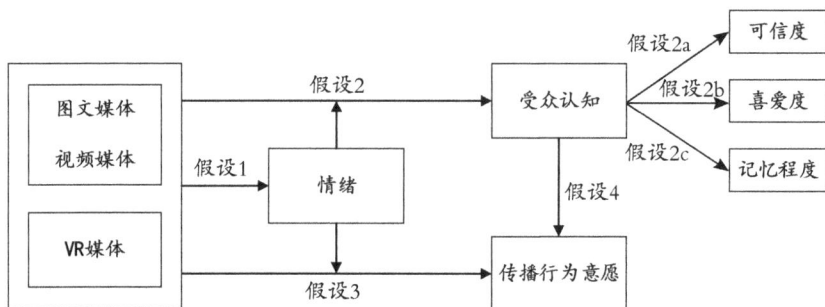

图 10-2　本章研究模型图

假设 1:VR 沉浸式媒体对受众产生的移情效应,显著强于图文媒体和视频媒体。

假设 2:VR 沉浸式媒体对受众产生的认知效果(假设 2a 可信度,假设 2b 喜爱度,假设 2c 记忆程度),显著强于图文媒体和视频媒体,且情绪起到中介作用。

假设 3:VR 沉浸式媒体对受众产生的传播意愿效果,显著强于图文媒体和视频媒体,且情绪起到中介作用。

假设 4:受众认知对传播行为意愿产生显著的正向影响。

二、研究方法

(一)实验设计与程序

本章采用实验法来回答研究问题与研究假设。VR 沉浸式媒体及视频/图文媒介形态为自变量,移情、认知(感知可信度、喜爱度、记忆程度)、传播行为意愿为因变量,并考察移情作为中介变量的假设检验。实验选择了网易新闻原创素材《不要惊慌 没有辐射》,在对被试进行访谈后,完善了问卷设计,采取组间实验法,分为图文组、视频组、VR 沉浸式媒体组展开实验。

VR 实验设备为中国台湾 HTC 公司所生产的 VR 一体机 Vive Focus Plus。该一体机具有六自由度大空间追踪技术、高精度九轴传感器、距离传感器,屏幕为 3K 有源矩阵有机发光二极体面板(AMOLED),分辨率为 2880×1600,刷新率为 75Hz,视场角为 110 度,支持瞳距调节,内置麦克风与立体声耳机插座,能带来更具沉浸感的使用体验。Vive Focus Plus 操控手柄融合了 CHIRP 超声波与惯性测量单元的追踪技术,具有良好的操控感。实验材料通过电脑连接后内置于头盔设备中,支持佩戴眼镜,被试可以在脱离电脑及电源的情况下体验 VR 媒体内容。为了避免影响测试结果,前一位被试在实验时,后一位被试无法知晓实验情况。

（二）被试

本实验首先招募了 10 位同学进行预测试,以判断问卷题目设计的合适性。正式实验中,通过线上、线下相结合的方式拟招募 200 名被试,最终又从上海某综合性大学招募了 180 名合格被试,并随机分配入图文组、视频组、沉浸式媒体组中进行实验。其中,男生 102 人,女生 78 人,年龄分布在 18～20 岁之间,专业背景多为工科。为了防止专业特点带来的实验误差,排除了对 VR 新闻体验具有专业敏感性的媒体类、新闻类、传播类专业的学生。实验总共持续了 10 天,每位被试均为自愿参加者,并都签署了实验知情协议书。在实验结束后,每位被试均获赠一个 20元小礼品,作为对参与实验的感谢与奖励（见图 10-3）。

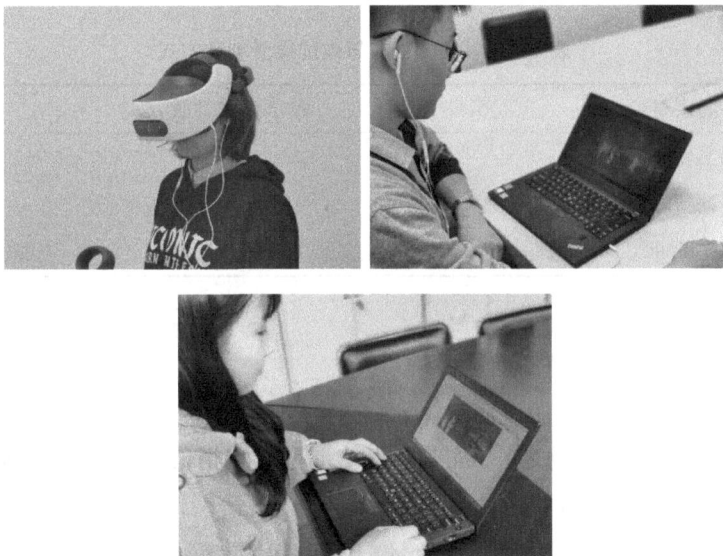

图 10-3　实验现场图

（三）实验材料

从国内外的新闻实践来看,VR 媒体在灾难新闻题材中的应用更为普遍。在我国,受到技术条件、资金成本等因素的制约,目前 VR 新闻的三维虚拟环境仍不够精细,直播拍摄和虚拟建构无法实现同步进行,VR 新闻能提供体验,但难以深度描述新闻事件。为了更有针对性地展开研究,并在更大程度上为国内的新闻实践提供借鉴,本次实验素材最终选择了由网易新闻团队原创制作的 VR 新闻故事《不要惊慌 没有辐射》。2016 年正值切尔诺贝利核事故 30 周年,网易原创团队踏上去乌克兰采访的征程,耗时两个月。这一新闻故事以救援人员瓦西里的叙述层层展开,具有较好的新闻深度。技术方面,网易团队使用 INSTA 360 全景相机拍摄,可在封锁区有限的拍摄时间内当场查看拍摄效果。硬件支持方面,之前国内媒体做的 VR 和全景仅支持 iOS,该网易 VR 报道同时支持 iOS 系统和安卓 4.2 以上版本,可在 Chrome 浏览器里观看。720 云根据摄像机和地面的高度进行模拟,将实景现场和模拟空间完美匹配。

通过与网易公司取得联系,研究人员获得了网易新闻提供的 2D 视频版与 VR 新闻的原素材,并且按照原来的故事内容形态转换制作了图文素材版本。由此,研究按照图文形式、视频形式和 VR 沉浸式媒体形式三种实验素材,让被试分组获得不同的信息刺激(见表 10 - 2)。

表 10 - 2　实验素材与被试接受刺激方式

实验素材	被试接受刺激方式
图文新闻	读信息
视频新闻	看信息、听信息
VR 新闻	体验信息

(四)变量测量

1. 移情

本章研究的核心问题之一,是考察媒体形态对移情的影响。戴维斯对移情个体差异进行了研究,运用了四种量表测量,包括:共情关怀量表(empathic concern scale),询问受访者对他人的温暖、同情和关心的感受;个人苦恼量表(personal distress scale),测量个人对他人负面经历的焦虑和不安的感受;换位思考量表(perspective-taking Items),评估自发尝试采用他人观点和从他人观点看问题的项目;幻想量表(fantasy Items),衡量人们对电影、小说、戏剧和其他虚构场景中人物的认同倾向[19]。其中,换位思考量表和共情关怀量表属于认知移情的维度,而个人苦恼量表和幻想量表属于情感移情的范畴。由于本章对移情的研究从情绪出发,因此以情感移情为核心,结合实验材料内容,本章从个人苦恼量表的不安、崩溃,与幻想量表的主角幻想、事件投射维度进行设计,要求被试在从 1(不同意)到 5

(同意)的李克特量表上进行选择,评价自己接受不同媒体形态刺激后的情绪情况。

2. 可信度

可信度测量应用最为广泛的是菲利普·迈耶(Phillip Meyer)提出的五维度指标:公平(fair)、无偏见(unbiased)、报道完整(tell the whole story)、准确(accurate)、能被信任(can be trusted),信度系数($α$ 值)高达 0.83[23]。迈耶的五维度指标是经验证后信度与效度最高的,它被证实可以精准地测量媒介可信度,即便在不同环境下,仍可以由不同研究者得到类似的结果。李晓静、张国良指出,社会化媒体的兴起,为媒介可信度研究又增添了新的内容[24]。李晓静对新媒体时代的媒介可信度含义进行了归纳——媒介可信度是指媒介机构/从业者、媒介渠道和传播内容被受众所信赖的程度。媒介可信度研究包含了三个维度,分别是:①信源可信度,指传播者包括媒介机构和传播者个体的可信度;②信息可信度,指媒介传播的内容尤其是新闻信息的可信度;③渠道可信度,指信息传播渠道的可信度[5]。本章将结合迈耶和李晓静等人的研究成果予以设计,在信息可信度方面从公平客观、无偏见/中立、信息完整、值得信任、专业性强、准确无误、总体可信度高等维度,要求被访者在从 1(不同意)到 5(同意)的 5 级李克特量表上进行评估;在媒体渠道可信度方面,比较 VR 媒体和图文、视频媒体,将运用绝对可信度提问法,要求被访者在从 1(最不可信)到 5(最可信)的 5 级量表上,对媒介渠道的可信度分别进行评价。

3. 喜爱度

萨尼耶·托克尔(Saniye Tokel)等认为,感知喜爱是指发现愉快、有趣和享受的程度[25]。翁诺·马修斯(Onno Maathuis)等指出,享受状态有时属于认知因素,有时属于情感因素[26]。本章对于喜爱度的考察界定为认知层面,即受众通过 VR 媒体与传统媒体获取信息后,对于接收信息的认知喜爱程度,包括感知享受的传播载体维度,以及通过不同媒体接收到的信息内容的喜爱度。因此,喜爱度将结合托克尔等的量表与对素材内容的喜好进行设计,从感知吸引度、感知有趣度、感知喜悦度展开,依据 5 级李克特量表进行评估。

4. 记忆程度

受众选择性机制理论表明,在媒介信息接触中,受众会根据自身需求与喜好进行选择性的注意、理解与记忆。选择性注意是产生记忆的基础条件,情绪也起到重要的作用。有学者指出,学者们通常采用行为实验和脑电实验两种技术路线测量记忆。行为实验是记忆效果研究中测量回忆结果的一种基本方法。通过被试的自由回忆或线索回忆,可以测量受众的记忆量、正确率等行为指标,从而探究受众的记忆效果[27]。该方法成本较低,可操作性强,学者们经常在传播效果研究中采用这一技术路线,在行为层面上测量受众认知、情感态度以及行为的变化。本章重点在于探究 VR 媒体对受众记忆程度的影响,本章将从新闻材料出发,测试受众对该新闻故事的六要素信息内容的记忆准确性如何。

5. 传播行为意愿

瞿旭晟[28]、郝永华等[29]在研究中国媒体传播力及新闻信息分享形态时已指出,对信息的传播意愿由弱到强包括阅读、点赞、评论、转发、"评论＋转发"等形式。孙达尔等针对故事的分享意愿,提出了若干测量条目,比如:我会把这个故事告诉我的朋友和家人;我会让校园里的其他同学知道这个故事等。因此,本章的传播行为意愿将按照分享、转发、评论、点赞四个维度来进行李克特五级量表测量。

6. 其他控制变量

其他控制变量包括被试的性别(女＝0,男＝1)、年龄、学历(本科生＝0,研究生＝1)、成绩(60 分以下＝1,60～69 分＝2,70～79 分＝3,80～89 分＝4,90 分及以上＝5)等。

三、研究发现

(一)操纵检验

在对假设进行验证之前,首先需要确保在实验中对图文媒体、视频媒体、VR沉浸式媒体自变量的操纵是有效的。在正式实验开始前,研究人员提前召集了 12位被试展开预测试,每组为 4 位同学。单因素方差分析结果显示,VR 沉浸式媒体相较于图文、视频媒体,对受众感知可信度($Sig.＝0.000＜0.05$,$Sig.＝0.042＜0.05$)、喜爱度($Sig.＝0.000＜0.05$,$Sig.＝0.004＜0.05$)、记忆正确度($Sig.＝0.001＜0.05$,$Sig.＝0.000＜0.05$)、传播行为意愿($Sig.＝0.006＜0.05$,$Sig.＝0.046＜0.05$)等方面的差异呈现出显著性,因此得出结论,本章研究的媒介素材形态分组是合理的,操纵检验成功。

(二)信度与效度

信度所指的是经过重复测量后,量表所产生一致性结果的程度。通过Cronbach's α 值作为信度分析的依据,测量情绪变量、可信度变量、喜爱度变量、传播行为意愿变量的 Cronbach's α 值分别为 0.819、0.866、0.863、0.869,都在 0.8 以上,信度较好。记忆程度作为分类变量无须进行信度检验。效度方面,由于本章经过大量的文献梳理,选取了国内外学者多次使用的、检验效果良好的量表,具有良好的理论支持,故而满足对于效度的基本要求,无须再进行检验。

（三）不同媒介形态对受众移情的影响

如表10-3所示,通过单因素方差分析,VR媒体($M=3.2250$)对受众产生的移情显著强于视频媒体($M=2.8792,Sig.=0.045<0.05$);VR媒体对受众产生的移情与图文媒体($M=2.9333$)相比未呈现出显著影响($Sig.=0.091>0.05$);图文组和视频组对于受众产生的移情没有呈现出显著差异($Sig.=0.752>0.05$),假设1得到部分支持。

表10-3　三种媒介形态对应受众移情的均值及显著性检验

(I) 媒介组别	(J) 媒介组别	均值差 (I−J)	标准误	显著性	95% 置信区间	
					下限	上限
图文组	视频组	0.05417	0.17147	0.752	−0.2842	0.3926
	VR组	−0.29167	0.17147	0.091	−0.6301	0.0467
视频组	图文组	−0.05417	0.17147	0.752	−0.3926	0.2842
	VR组	−0.34583*	0.17147	0.045	−0.6842	−0.0074
VR组	图文组	0.29167	0.17147	0.091	−0.0467	0.6301
	视频组	0.34583*	0.17147	0.045	0.0074	0.6842

注:* 均值差的显著性水平为0.05。

（四）不同媒介形态对受众认知的影响

如表10-4所示,通过单因素方差分析,VR媒体($M=3.4028$)对受众产生的可信度影响显著强于图文媒体($M=2.7000,Sig.=0.000<0.05$);VR媒体对受众产生的可信度影响显著强于视频媒体($M=2.9444,Sig.=0.001<0.05$)。VR媒体($M=3.8750$)对受众产生的喜爱度影响显著强于图文媒体($M=3.3583,Sig.=0.004<0.05$);VR媒体对受众产生的喜爱度影响显著强于视频媒体($M=3.1542,Sig.=0.000<0.05$)。VR媒体($M=8.6000$)对受众产生的记忆正确度显著强于图文媒体($M=7.97,Sig.=0.033<0.05$);沉浸式媒体对受众产生的记忆正确度显著强于视频媒体($M=7.2500,Sig.=0.000<0.05$)。

因此,VR媒体对受众产生的认知效果,显著强于图文媒体和视频媒体。假设2能够成立。

表 10 - 4　三种媒介形态对应受众认知的均值及显著性检验

因变量	(I) 媒介组别	(J) 媒介组别	均值差（I－J）	标准误	显著性	95% 置信区间	
						下限	上限
可信度	VR组	图文组	0.70278*	0.13174	0.000	0.4428	0.9628
		视频组	0.45833*	0.13174	0.001	0.1984	0.7183
喜爱度	VR组	图文组	0.51667*	0.17460	0.004	0.1721	0.8612
		视频组	0.72083*	0.17460	0.000	0.3763	1.0654
记忆	VR组	图文组	0.63300*	0.29400	0.033	0.0500	1.2100
正确度		视频组	1.35000*	0.29400	0.000	0.7700	1.9300

注：* 均值差的显著性水平为 0.05。

（五）不同媒介形态对受众传播行为意愿的影响

如表 10 - 5 所示，VR 媒体（$M=3.5567$）对受众产生的传播行为意愿影响显著强于图文媒体（$M=3.0367$，$Sig.=0.002<0.05$）和视频媒体（$M=3.0667$，$Sig.=0.004<0.05$）。可见，VR 媒体对受众产生的传播行为意愿影响，显著强于图文媒体和视频媒体，假设 3 得到支持。

表 10 - 5　三种媒介形态对应受众传播行为意愿的均值及显著性检验

(I) 媒介组别	(J) 媒介组别	均值差（I－J）	标准误	显著性	95% 置信区间	
					下限	上限
VR组	图文组	0.52000*	0.16871	0.002	0.1871	0.8529
	视频组	0.49000*	0.16871	0.004	0.1571	0.8229

注：* 均值差的显著性水平为 0.05。

（六）受众认知对于传播行为意愿的影响

为了探究受众认知（可信度、喜爱度、记忆正确度）对于传播行为意愿的影响，本章首先将三个认知维度的变量与传播行为意愿进行了皮尔逊相关性分析（见表 10 - 6），并在具有显著相关性的基础上展开进一步的回归分析。由表 10 - 7 可知，受众感知可信度对于传播行为意愿有显著的正向影响（$B=0.298$，$Sig.=0.000<0.05$）；受众喜爱度对于传播行为意愿有显著的正向影响（$B=0.370$，$Sig.=0.000<0.05$）；受众的记忆正确程度与传播行为意愿之间未呈现显著影响（$B=0.068$，

$Sig.$＝0.275＞0.05）。因此，假设4得到部分支持。

表 10-6　受众认知(可信度、喜爱度、记忆正确度)与传播行为意愿的相关性分析

		可信度	喜爱度	记忆正确度
传播行为意愿	皮尔逊相关性	0.476**	0.537**	0.211**
	显著性(双侧)	0.000	0.000	0.004
	N	180	180	180

注：** 在0.01 水平(双侧)上显著相关。

表 10-7　受众认知(可信度、喜爱度、记忆正确度)与传播行为意愿的回归模型

模型	非标准化系数		标准系数	t	$Sig.$
	B	标准误差	试用版		
性别	−0.352	0.130	−0.175	−2.704	0.008
年龄	−0.002	0.049	−0.004	−0.042	0.966
学历	−0.052	0.202	−0.025	−0.256	0.799
成绩均分	−0.096	0.108	−0.056	−0.889	0.375
可信度	0.298	0.069	0.298	4.308	0.000
喜爱度	0.370	0.068	0.370	5.406	0.000
记忆正确度	0.068	0.062	0.068	1.096	0.275

a. 因变量：传播行为意愿

注：模型中各连续变量均经过标准化处理之后代入回归方程。

(七)移情的中介效应探究与模型检验

由前述假设检验所述，VR媒体对受众产生的移情效应显著强于视频媒体，但是与图文媒体相比未呈现出显著影响。与此同时，通过组间分析还发现，图文组和视频组对于受众产生的移情没有呈现出显著差异，即传统媒体之间是具有相似性的。为了更好地展开移情对于认知范畴的可信度、喜爱度、记忆正确度，以及传播行为意愿的影响，本章将图文组与视频组合并为传统媒体组，并与VR媒体组进行对照分析。结果发现，VR媒体组与传统媒体组对于移情的影响差异显著，$Sig.$＝0.033＜0.05，因此可以通过VR媒体组与传统媒体组的分组方式展开模型检验(见表 10-8 和表 10-9)。

表 10 - 8　VR 媒体组与传统媒体组对受众移情的影响

	平方和	df	均方	F	显著性
组间	4.064	1	4.064	4.631	0.033
组内	156.220	178	0.878		
总数	160.284	179			

表 10 - 9　相关性分析

		VR 媒体组与传统媒体组别	移情	可信度	喜爱度	记忆正确度	传播行为意愿
VR 媒体组与传统媒体组别	皮尔逊相关性	1	0.159*	0.354**	0.293**	0.277**	0.251**
	显著性（双侧）		0.033	0.000	0.000	0.000	0.001
	N	180	180	180	180	180	180
移情	皮尔逊相关性	0.159*	1	0.362**	0.390**	0.240**	0.557**
	显著性（双侧）	0.033		0.000	0.000	0.001	0.000
	N	180	180	180	180	180	180

注:* 在 0.05 水平（双侧）上显著相关;** 在0.01 水平（双侧）上显著相关。

　　路径分析是对回归分析的进一步深化和补充。自变量 VR/传统媒体组对于因变量可信度、喜爱度、记忆正确度、传播行为意愿具有显著相关性,自变量 VR/传统媒体组对于中介变量移情具有显著相关性,中介变量移情对于因变量可信度、喜爱度、记忆正确度、传播行为意愿具有显著相关性。根据路径分析的原理,在控制性别、年龄、学历、成绩水平的情况下,据此展开复回归分析,得到中介效应的路径系数。媒体组别对于移情的正向影响显著($B=0.249, Sig.=0.003<0.05$);VR 媒体相较于传统媒体对于可信度正向影响显著($B=0.324, Sig.=0.000<0.05$),加入移情中介后($B=0.327, Sig.=0.000<0.05$),媒体组别($B=0.242, Sig.=0.002<0.05$)对于可信度的正向影响显著;VR 媒体相较于传统媒体对于喜爱度正向影响显著($B=0.370, Sig.=0.000<0.05$),加入移情中介后($B=0.318, Sig.=$

0.000＜0.05），媒体组别（$B=0.291$，$Sig.=0.000＜0.05$）对于喜爱度的正向影响显著；VR媒体相较于传统媒体对于记忆正确度正向影响显著（$B=0.303$，$Sig.=0.000＜0.05$），加入移情中介（$B=0.161$，$Sig.=0.031＜0.05$），媒体组别（$B=0.263$，$Sig.=0.002＜0.05$）对于记忆正确度的正向影响显著；VR媒体相较于传统媒体对于传播行为意愿正向影响显著（$B=0.319$，$Sig.=0.000＜0.05$），加入移情中介（$B=0.511$，$Sig.=0.000＜0.05$），媒体组别（$B=0.192$，$Sig.=0.007＜0.05$）对于传播行为意愿的正向影响显著。移情在VR媒体对可信度、喜爱度、记忆正确度、传播行为意愿影响中的中介效应值分别为0.1723、0.1674、0.0846、0.2691，假设2与假设3得到进一步验证。

基于此，将本研究所有的回归系数置入研究模型图，绘制的模型假设检验图如图10-4所示。

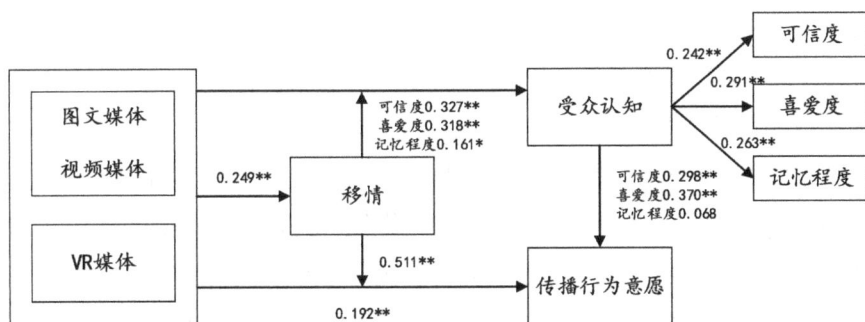

图 10-4　研究模型验证图

注：** 在0.01水平（双侧）上显著相关。

四、结论与讨论

VR沉浸式媒体的产生与发展，对于受众接触新闻信息的情绪、认知、传播行为意愿产生了重要的影响。经过实验研究，本章得出如下结论。

第一，VR媒体相较于传统媒体，对受众的认知（感知可信度、喜爱度、记忆正确度）产生显著的正向影响。这一结论符合以往的传播学理论研究和多媒体认知学习的相关理论。孙达尔等人的可信度评估MAIN模型已表明，丰富的信息呈现方式能帮助用户在数字媒体环境下更好地感知可信度，进行认知启发式的提示。沉浸式媒体具有更丰富的媒介形态，更多样化的呈现形式，以其充实的新闻体验方式和呈现内容，获得了受众的喜爱。认知过程受到情感等因素的中介影响，VR新闻能够赋予众多信息点的多形态表达,更加有效地调动起受众的多维感官和认知加工系统,从而增强了记忆程度。虽然VR新闻是较为前沿的新闻形态,其接触新鲜感有助于调动起精神兴奋,并刺激注意力从而提升记忆,但从实验操纵来看,安静的实验环境和细致的说明讲解在一定程度上保证了被试者状态的平复,VR媒体、图文媒体、视频媒体三组间的差异性也较多地彰显出VR身临其境、叙事形态丰富的技术特性所产生的影响。

第二,VR媒体相较于传统媒体对受众的移情产生显著的正向影响。多媒体学习认知情感整合模型指出,多媒体环境容易诱发情绪反应,在丰富多媒体的环境刺激下,情绪的强烈程度会更高。VR媒介环境所营造出的"空间感",更容易对新闻受众产生移情效应。

第三,VR媒体相较于传统媒体对受众的传播行为意愿产生显著的正向影响。这一结论符合以往的传播相关研究。德内尔发现,相对于普通的媒介形态,VR/360°危机视频有助于改变他人的行为上[12]。在与被试的交流中,本章发现,在信息碎片化的时代,新闻深度是预测传统媒体信息传播意愿的因素,而在沉浸式媒体环境中,好的、新的形态则更容易引发传播热度。

第四,受众的感知可信度与喜爱度对传播行为意愿变量产生显著的正向影响,而记忆正确程度则未产生显著影响。沉浸式媒体所具有的丰富性提升了受众的感知可信度,感知到的趣味产生了更强的喜爱度,促进了传播意愿。从媒体实践来看,对于信息的记忆程度更高,代表个体对于信息的理解、加工更为深刻,但是传播意愿则是一个由个体延伸至他人的扩散过程,故而两者之间不具有显著的关联。

第五,移情对于受众认知和传播行为意愿起到部分中介作用。在VR媒体/传统媒体对受众认知和传播行为意愿的影响过程中,一部分是通过中介变量移情实现的,另一部分是VR媒体/传统媒体直接对受众认知和传播行为意愿产生的影响关系。多媒体学习认知情感整合模型(ICALM)指出,情感过程与认知过程相互交织,不可分割,并且指出了情绪在其中的介导性。本章研究的发现印证了西方学者的结论。

与其他学者采用西方VR新闻素材进行研究不同,本章以国内网易公司原创的VR新闻素材作为研究对象,立足于本土新闻传媒实践,对于我国VR新闻媒体的效果研究具有借鉴意义。此外,本章综合了传播学理论媒体丰富性理论、多媒体学习认知情感模型、MAIN模型等理论工具,从情绪、认知、传播意愿等多维度展开效果研究,构建了研究模型并成功验证了相关假设,具有理论上的创新意义。

有关 VR 新闻、沉浸式媒体和受众情绪、认知、行为意愿等领域,未来的研究可考虑从如下方面深刻展开:一是实验材料可进一步由新闻素材推广到其他内容领域,如教育学习领域,进一步考察沉浸式媒介形态对受众认知层面的深刻影响,包括长期记忆、注意、想象创造等维度。如在实践中,AR 等沉浸式媒介形态被普遍应用于儿童出版物中,对认知加工产生影响[30]。二是须关注人口学变量对于 VR 媒体/传统媒体环境的影响,比如性别、年龄、学历等因素在其中的影响权重如何。三是效果测量可由本章研究的一次性短期效果测量,延伸到长期效果测量,如通过田野调查探究媒介环境中的多元使用、内在动机等[31],技术幻象营造的"拟态环境"对置身其中的受众的自我意识影响等[30],进一步考察沉浸式媒体形态是否或如何长远地影响着人类的感知与认知系统。四是在 VR 技术发展更为成熟和普及后,可进行相关重复实验,排除因技术产品的新鲜度而导致的外生变量干扰,可关注机器的程式化互动与人的共情性交流在传播中的互动效果等[31],进一步聚焦考察媒介技术特性对受众的影响。

本章参考文献

[1] Herrera F, Bailenson J, Weisz E, et al. Building long-term empathy: a large-scale comparison of traditional and virtual reality perspective-taking[J]. PLoS One, 2018, 13(10): e0204494.

[2] Isgro F, Trucco E, Kauff P, et al. Three-dimensional image processing in the future of immersive media[J]. IEEE transactions on circuits and systems for video technology, 2004, 14(3): 288 - 303.

[3] 史安斌,张耀钟.虚拟/增强现实技术的兴起与传统新闻业的转向[J].新闻记者,2016(1): 34 - 41.

[4] 蒋中望.增强现实教育游戏的开发[D].上海:华东师范大学,2012.

[5] 李晓静.社交媒体用户的信息加工与信任判断:基于眼动追踪的实验研究[J].新闻与传播研究,2017,24(10):49 - 67,127 - 128.

[6] Chirico A, Cipresso P, Yaden D B, et al. Effectiveness of immersive videos in inducing awe: an experimental study[J]. Scientific reports, 2017, 7: article 1218.

[7] Fraustino J D, Lee J Y, Lee S Y, et al. Effects of 360° video on attitudes toward disaster communication: mediating and moderating roles of spatial presence and prior disaster media involvement[J]. Public relations review, 2018,44(3):331 - 341.

[8] Sundar S S, Kang J, Oprean D. Being there in the midst of the story: how immersive

journalism affects our perceptions and cognitions[J]. Cyber psychology, behavior & social networking, 2017,20(11):672 - 682.

[9] Jerald, J. The VR book: human-centered design for virtual reality[M]. New York: Morgan & Claypool Publishers,2016.

[10] 周勇,倪乐融,李潇潇."沉浸式新闻"传播效果的实证研究:基于信息认知、情感感知与态度意向的实验[J].现代传播(中国传媒大学学报),2018,40(5):31 - 36.

[11] Beadle J, Brown V, Keady B, et al. Trait empathy as a predictor of individual differences in perceived loneliness[J]. Psychological reports, 2012,110(1):3 - 15.

[12] Durnell L A. Emotional reaction of experiencing crisis in virtual reality (VR)/360°[D]. Santa Barbara:Fielding Graduate University, 2018.

[13] Daft R, Lengel R H. Organizational information requirements, media richness and structural design[J]. Management science, 1986,32(5):554 - 571.

[14] Mayer R E. Multimedia Learning[M].Cambridge: Cambridge University Press.2001.

[15] Nabi R L. A cognitive functional model for the effects of discrete negative emotions on information processing, attitude change and recall[J]. Communication theory,1999,9 (3): 292 - 320.

[16] Moreno R, Mayer R. Interactive multimodal learning environments [J]. Educational psychology review,2007,19(3):309 - 326.

[17] Plass J L, Kaplan U. Emotional design in digital media for learning[M]// Tettegah S Y, Gartmeier M. Emotions, technology, design, and learning. Cambridge: Academic Press, 2016:131 - 161.

[18] Sundar S S. The MAIN model: a heuristic approach to understanding technology effects on credibility [C]//Metzger M J, Flanagin A J. Digital media, youth, and credibility. Cambridge: The MIT Press, 2008:73 - 100.

[19] Davis M H. A multidimensional approach to individual differences in empathy[J]. Journal of personality and social psychology,1983,44(1):113 - 126.

[20] 张凯,杨立强.国内外关于移情的研究综述[J].社会心理科学,2007(Z3):161 - 165.

[21] 刘俊升,周颖.移情的心理机制及其影响因素概述[J].心理科学,2008(4):917 - 921.

[22] Vettehen P H, Wiltink D,Huiskamp M, et al. Taking the full view: how viewers respond to 360-degree video news[J]. Computers in human behavior,2019, 91: 24 - 32.

[23] Meyer P. Defining and measuring credibility of newspapers: developing an index[J]. Journalism & mass communication quarterly, 1988,65(3):567 - 574.

[24] 李晓静,张国良.社会化媒体可信度研究:理论探讨与实证分析[J].新闻大学,2012(6): 105 -114.

［25］Tokel S T，isler V. Acceptance of virtual worlds as learning space［J］. Innovations in education and teaching international,2015，52(3):254－264.

［26］Maathuis O，Rodenburg J，Sikkel D. Credibility，emotion or reason? ［J］Corporate reputation review,2004，6(4):333－345.

［27］喻国明,韩婷.用户在传播认知中记忆效果的测量:研究框架与技术路线［J］.出版发行研究, 2019(2):56－61.

［28］瞿旭晟.数据入侵:"538"博客的实践与启示［J］.新闻记者,2013(6):37－42.

［29］郝永华,闻睿悦.移动新闻的社交媒体传播力研究:基于微信订阅号"长江云"数据的分析 ［J］.新闻记者,2016(2):40－47.

［30］喻国明,耿晓梦.试论人工智能时代虚拟偶像的技术赋能与拟象解构［J］.上海交通大学学报 (哲学社会科学版),2020,28(1):23－30.

［31］彭兰.智媒趋势下内容生产中的人机关系［J］.上海交通大学学报(哲学社会科学版),2020, 28(1):31－40.

第十一章　智能媒体对儿童饮食失调及心理健康的影响

近年来,智能手机在包括中国在内的全球范围迅速普及[1],从相关学科来看,手机使用与儿童健康的研究在多学科中均有不同展开。在医学、精神病理学等科学领域,新近研究发现,屏幕媒介的使用对学龄前儿童的脑白质系统的微观完整性有负面影响,尤其妨碍其语言功能的发育[2]。一些研究验证了儿童的功能失调(如注意力分散、药物滥用、自责情绪等)、焦虑、抑郁等精神症状与过度的智能手机使用密切相关[3]。在发展心理学和教育心理学领域,学者们对儿童的手机使用进行了深入探讨。发展心理学的文献显示,儿童接触手机有助于培养积极开放的心态;教育心理学则强调了家庭互动和父母教养方式作为塑造儿童理解和解释媒体内容的关键因素的必要性[4-6]。在社会学领域,罗伯特·克劳特(Robert Kraut)等从互联网与社会资本的关系中提出了"时间替代假说",即人们使用互联网的时间,不仅是花在特定网络活动上的时间,而且可能是远离其他社会活动的时间[7]。诺曼·涅(Norman Nie)等在社会文化理论的语境下,以儿童为研究对象,对"时间替代假说"进行理论扩展,认为以智能手机为代表的新媒体使用,占据了儿童读书、体育运动以及与家人朋友交谈的时间[8]。

近年来,传播学科也开始日渐关注智能手机使用与学龄儿童的议题,主要理论视角关注学龄儿童在使用手机、社交媒体等新兴媒体时,其使用量(如使用时长、频率)、使用背景(如家庭情况、使用目的)及使用效果(尤其是使用内容层面的效应)等,但对于智能手机在各年龄段学龄儿童的健康效应方面,目前国内研究较少。西方国家有部分成果,但与中国本土背景有所不同,且研究取向多就学龄儿童健康的某一方面进行探索(如围绕手机依赖与焦虑、抑郁等精神病症状的相关性展开),缺乏对手机与学龄儿童身心健康系统性的研究。此外,上述研究的样本多为某一固定年龄段的学龄儿童,缺乏打通各年龄段的大样本整体视角。

鉴于此,受时间替代假说和已有研究成果的启发,本章拟从手机使用的不同维度,考察我国学龄儿童的智能手机使用与手机依赖的影响因素,并进一步全面探讨手机对学龄儿童的睡眠、饮食、抑郁等各方面身心健康的影响,以期从传播学视角推进手机使用与学龄儿童健康这一跨学科研究热点的进一步深入,并为提升学龄儿童的媒介素养、保护学龄儿童健康等方面提供一些现实参考。

一、文献综述与研究问题

(一)新媒体与学龄儿童健康

媒介使用作为传播学研究的核心议题,一直备受学界关注。早期的媒介使用研究以使用与满足、选择性接触等理论视角为主,针对印刷媒介、广播、电视等的媒介效果(佩恩基金会对于电影暴力的研究)和媒介使用的动机及满足(如赫佐格对日间广播剧听众的研究)等取向展开深入探讨。随着移动互联网的兴起,以手机为首的新媒体迅速渗透各类人群包括学龄儿童的媒介消费,并得到传播学界的广泛关注。

手机使用与学龄儿童健康的关系,也就成为许多学科的关切。对于多数学龄儿童而言,智能手机通信是他们维护社会关系的重要方式,已经成为他们生活中重要的一部分[9]。从手机使用时长、频率的角度出发,现有研究表明,较长的智能手机屏幕浏览时间与较差的心理健康状况有关,涉及学龄儿童注意力不集中、多动、自卑以及行为问题等多种症状[10]。手机使用与手机依赖的关系,因此得到传播学界的重视。

手机的过度使用导致的手机依赖,可被视为一种"行为依赖",又被称为智能手机的过度使用、智能手机成瘾、手机过度使用或手机依赖症。近年来,手机依赖现象出现了向学龄儿童渗透的低龄化趋势[11]。自20世纪90年代中期以来,各种形式的科技上瘾就被认为是一种疾病[12]。据现有研究,"手机依赖"作为"数字上瘾"或"数字依赖"的一个子集,反映了科技设备用户强迫行为的不断增加趋势[13]。学龄儿童手机依赖者与非手机依赖者在生活事件、学业水平和心理健康上呈现出显著差异[14]。然而,现有研究多集中在学龄儿童的心理健康状况的比较,且没有得出一致的结论。囊括小学生、初中生、高中生的大样本学龄儿童手机使用与手机依赖及身心健康关联的实证研究较少。

在传统媒体的使用研究中,对时间的测量一直是学者们关注的重心,有关手机使用的研究也因袭了这一传统,大量成果从不同视角涉及了对手机使用时长和频率的测量[15]。

此外,手机媒介中不同内容类型的使用业已得到广泛探讨[16]。还有研究者还进一步考察了受众在使用手机不同内容类型之间的时间(或注意力)分配,涉及的内容类型涵盖信息、教育、娱乐和通信等方面[17—18]。现有研究已探讨了人们对信息(如新闻)、娱乐(如音乐、视频)和社交(如短信、社交媒体)等内容类型的手机使用[19],但目前尚未有研究比较各类内容对手机依赖的相对影响效力。在传统媒体使用的研究中,学者们已发现,相较于以获取信息为目的(如看教育类节目)的儿童,以娱乐游戏为目的(如看动画片)使用媒体的儿童更容易出现媒介依赖或成瘾[20]。因此,本章考虑将学龄儿童的手机使用划分为学习型(信息、学习等)和娱乐型(娱乐、社交等)两类,以期考察不同类型的手机使用对手机依赖的不同影响。

综上,本章提出如下研究问题与研究假设:

研究问题1:学龄儿童的手机使用是否影响其手机依赖?

假设1a:学龄儿童的智能手机使用时长与手机依赖呈正相关。

假设1b:学龄儿童的智能手机使用频率与手机依赖呈正相关。

假设1c:学龄儿童的娱乐型手机使用与手机依赖呈正相关。

研究问题1.1:学龄儿童的学习型手机使用是否与手机依赖相关?

(二)手机使用与失眠、抑郁

已有研究表明,失眠、抑郁作为学龄儿童的常见心理健康问题,与智能手机的过度使用密切相关[21]。智能手机依赖容易诱发抑郁和焦虑的精神病症[22]。随着智能手机的普及和用户数量的攀升,手机使用与焦虑抑郁的相关程度越来越高,且智能手机相关的问题行为发生率不断增加,从而诱导出焦虑、抑郁等一系列负性情绪[23]。此外,大量研究已就失眠与抑郁之间的关联进行论述,并得出结论:睡眠时段开始后仍使用高水平的技术将预示着睡眠质量的恶化,进而预示了抑郁和焦虑的症状[24]。

然而,一个值得思考的问题是,对手机自控能力不同的用户,其健康层面受到的影响会否因此而不同?社会学习理论指出,个人的部分知识获取直接与在社会互动、经验和外部媒体影响的背景下观察他人有关,人类行为受到个人认知和环境因素的双重影响[25]。其中,自我效能感是影响个人行为的主要认知力量,它是个体对控制自身动机、行为和环境的信心。已有学者将自我效能感扩充到媒介技术情境中,并提出了技术效能感的概念。比如,有研究发现,大学生的手机效能感与手机依赖呈负相关关系。毋庸置疑,自我效能感反映个体能否合理运用智能设备的自信程度,已成为影响手机依赖发生、发展的一个重要人格因素[26]。手机内容的共享性、使用的便携性、交流的及时性等功能,或将成为个体心理需求满足的重要渠道,进而增加个体因手机依赖而影响心理健康、进而产生失眠症状的风险。然而,现有研究以探讨大学生和成年人为主,主要在心理学、医学领域展开,鲜有针对学龄儿童群体手机效能感研究的成果。

已有研究根据"时间替代假说"进一步发掘了学龄儿童的新媒体使用与其基本时间分配之间的关系,但不同研究得到的结论却不尽相同。有的研究发现,使用互联网使学龄儿童在物理上远离人际交往等活动,但有的研究却否认了手机使用时长与身体活动时间的关联[27-28]。在手机效能感的研究层面,随着社会和信息通信技术的发展,用户使用移动互联网技术的自我效能感存在显著差异。在关于创新用户或重度用户的信息通信技术用户研究中也已出现了"高使用效能感者"的概念[29-30]。目前已有研究发现,较低的自我效能感导致更高的手机依赖风险[16]。手机自控能力较弱的群体,即低使用效能感者,他们在睡前容易过度使用手机,这加剧了睡眠质量的恶化,进而成为抑郁和焦虑症状的先兆,增加其出现精神问题的风险[31-32]。

综上,本章提出如下研究问题和研究假设:

研究问题 2:学龄儿童的手机依赖是否导致失眠、抑郁?

假设 2a:学龄儿童的智能手机依赖程度与失眠状况呈正相关。

假设 2b:学龄儿童的失眠状况与抑郁程度呈正相关。

研究问题 3:失眠在学龄儿童的手机依赖和抑郁之间是否起到中介作用?

假设 3:失眠在学龄儿童的手机依赖与抑郁之间起中介作用。

研究问题 4:手机效能感在手机依赖与失眠之间是否发挥调节效应?

假设 4:手机效能感负向调节智能手机依赖与失眠状况的关联。

(三)手机使用与饮食失调

饮食失调与生物、心理和社会文化因素有关。在移动互联网时代,也有研究发现,它与智能手机依赖也存在着一定关联。手机依赖作为一种体现身体和心理症状的心理障碍,导致使用者往往较少进行身体活动,忽视自身健康,影响其进食模式,因而更容易出现不规律的饮食等生活习惯,进而造成饮食失调[33-34]。在学龄儿童媒介接触与饮食失调的关联研究中,学界主要探讨互联网和电视广告对青少年饮食习惯的影响[35-36],侧重关注诱发形成饮食障碍的网站[37],而针对智能手机对学龄儿童饮食失调影响的研究则较为少见。重度使用智能手机与互联网,将导致长期患有饮食障碍或引起饮食障碍相关疾病的恶化。有研究指出,互联网和手机应用程序的使用与饮食失调疾病的严重程度相关,因而该方面的干预也应作为饮食失调治疗的一部分[38]。在现有手机使用与饮食失调的研究文献中,研究对象主要为成年人,特别是成年女性因过度手机使用和媒介接触而产生的饮食失调症状。针对学龄儿童饮食失调和手机使用的研究,国内外都较为稀缺。因此,本章拟探究学龄儿童的手机依赖与饮食失调之间的关联,考察手机使用是否影响学龄儿童的饮食健康,并将从饮食态度和饮食行为两个维度测量饮食失调。

综上,本章提出如下研究问题和假设。

研究问题 5:学龄儿童的手机依赖是否影响其饮食态度和饮食行为?

假设 5a:学龄儿童的智能手机依赖程度与饮食态度呈正相关关系。

假设 5b:学龄儿童的智能手机依赖程度与饮食行为呈正相关关系。

本章构建了学龄儿童手机使用量、使用类型、使用效能感及手机使用的潜在影响的综合研究模型(如图 11-1 所示),并对这些假设进行检验。

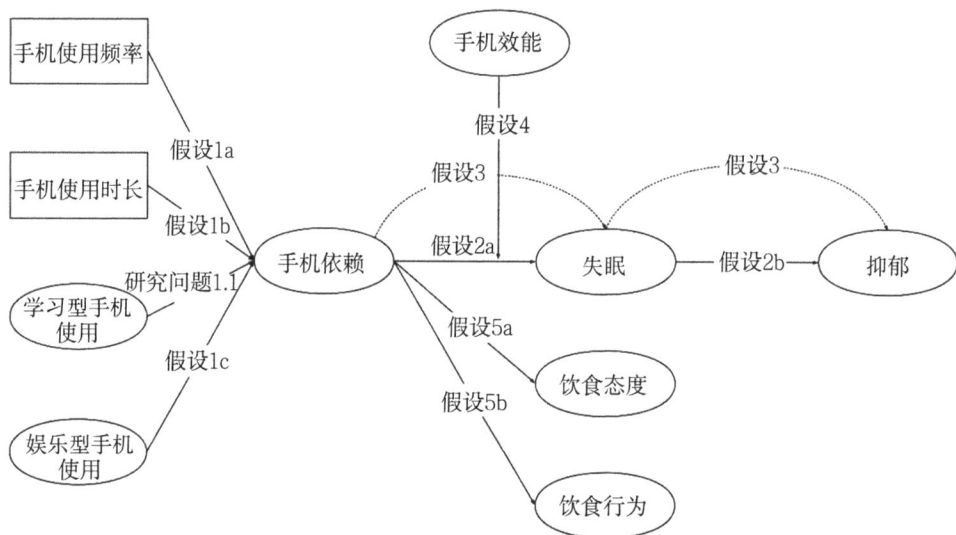

图 11-1　本章研究模型

二、研究方法

(一)数据来源

本章研究的调查对象为全国学龄儿童,包括所有在读的小学生、初中生和高中生(年龄段为 6~18 岁)。研究采用了分层结合整群的随机抽样方法,具体而言,自 2019 年 10 月—2020 年 1 月,先对中国七大行政区域(即华中地区、华北地区、华东地区、华南地区、西南地区、西北地区和东北地区)进行分层随机抽样,在每个区域中随机选择三个省份,然后在每个省份整群随机抽取小学、初中、高中各一所,并对每个学校以班级为单位进行抽样,发放纸质问卷进行现场调研。研究共抽取了 21 所小学、21 所初中和 21 所高中,共计 63 所学校。在此之前,我们还邀请小学、初中、高中阶段的各 10 名学龄儿童进行了预测试,确保被访者能够理解和应答问卷内容,并基于预测试结果,对问卷进行了优化和改善。

调研总共回收问卷 2918 份,其中有效问卷 2298 份,有效回收率约为 78.75%。受访者年龄分布为 6~18 岁($M=13.33$,$SD=2.34$),小学($N=748$)、初中($N=787$)和高中($N=763$)的受访者比例接近 1∶1∶1,样本在性别、区域、年级等指标上的分布都较为均衡。近 70% 的受访学生拥有或近期使用过父母的智能手机,受访者平均使用手机的年限为 3.55 年。为确保本章研究的受访者能够代表我国学龄儿童的一般情况,研究将调研样本($N=2298$)的描述性统计数值与《中国儿童年度发展报告》(以下简称《报告》)的样本($N=14874$)进行了对比(如表 11-1 所示)。不难发现,本章研究的样本在性别、年级、所在地区等方面,与《报告》样本基本一致[39]。因此,研究结果能够反映出我国学龄儿童的手机使用及相关身心健康的一般概貌。在开展调研过程中,受访者本人、老师和所在学校均签署了知情同意书,符合知情同意、隐私保密等学术伦理规范。

表 11-1　本章研究与《中国儿童年度发展报告》的样本比较

		本章研究样本 ($N=2298$)		《中国儿童年度发展报告》样本 ($N=14874$)
性别	女性	51.60%	女性	51.00%
	男性	48.40%	男性	49.00%
年级	小学	32.60%	幼儿园	26.60%
	初中	34.20%	小学	42.80%
	高中	33.20%	中学	30.60%
地区	华中地区	14.50%	华中地区	26.90%
	华北地区	15.10%	华北地区	36.50%
	华东地区	14.20%	华东地区	15.50%
	华南地区	12.80%	华南地区	7.80%
	西南地区	16.00%	西部地区	13.30%
	西北地区	14.70%		
	东北地区	12.60%		

		本章研究样本 （$N=2298$）		《中国儿童年度发展报告》样本 （$N=14874$）	
母亲受 教育水平	初中及以下		30.60%	初中及以下	38.79%
	高中		29.10%	高中	23.27%
	大专		13.30%	大专	14.94%
	本科		20.00%	本科	18.34%
	研究生及以上		7.00%	研究生及以上	4.65%
父亲受 教育水平	初中及以下		28.20%	初中及以下	37.78%
	高中		27.90%	高中	23.31%
	大专		14.20%	大专	14.20%
	本科		22.10%	本科	19.37%
	研究生及以上		7.60%	研究生及以上	5.35%

（二）变量测量

本章研究通过李克特量表来测试受访者的智能手机使用行为（包括使用时间和使用类型）、手机依赖程度、失眠程度、抑郁程度以及饮食失调程度（包括饮食态度和饮食行为）。文中涉及的各变量及测量方式如下文所述。

智能手机使用行为：对于"手机使用频率"的测量，本章研究采用了"在过去的一星期，你大约使用了手机多少次"的问项，并用 1 表示没用过，用 2 表示一周 1 次，用 3 表示一周 2～3 次，用 4 表示一周 4～5 次，用 5 表示每天 1 次，用 6 表示每天用多次，要求受访者在六级李克特量表上根据自身实际情况进行打分，作为手机使用频率得分。对于"手机使用时长"的测量，本章研究采用了"在过去的一星期，你平均每天使用手机（自己的或父母的）大约多久"的问项，并用 1 表示没用过，用 2 表示半小时内，用 3 表示 0.5～1 小时，用 4 表示 1～2 小时，用 5 表示 2～4 小时，用 6 表示 4 小时以上，要求受访学龄儿童根据自身实际情况对该问项进行打分，作为手机使用时长得分。对于"学习型手机使用"，本章根据相关研究文献，从"使用手机看新闻""使用手机查资料、查信息等""使用手机做作业、补习语数外""使用手机看课外书、编程"等四个维度进行测量，并让受访者根据自己的实际使用情况在从 1（没用过）到 5（每天多次）的五级李克特量表上进行打分，然后分别加总取均值，作为学习型手机使用变量的测量值（$Cronbach's\ \alpha=0.649$）。对于"娱乐型手机使用"，本章根据相关研究文献，从"使用手机聊天交友""使用手机看视频""使用手听音乐""使用手机玩游戏"等四个维度进行测量,并让受访者根据自己的实际使用情况在从1(没用过)到5(每天多次)的五级李克特量表上进行打分,然后分别加总取均值,作为娱乐型手机使用变量的测量值(*Cronbach's* **α**=0.819)。

手机依赖:本章采用智能手机成瘾量表来测量受访者的手机依赖水平,该量表由梁志强设计,主要从失控、退却、逃避和低效率四个方面,共17个条目来测试受访者的手机依赖程度[40]。采用诸如"有人说过我在手机上花了太多时间""我曾因为使用手机而晚睡""我很难做到关机"等17个陈述,让受访者在从1(不符合)到5(很符合)之间做出选择,然后将17个条目的得分相加取均值,作为手机依赖程度变量的测量值(*Cronbach's* **α**=0.923)。

手机效能感:本章采用手机使用效能感量表来测量受访者的手机效能感,该量表是孙达尔等于2010年设计的一种李克特量表[29],受试者要针对"我可以使用智能手机上的大部分功能""使用任何手机对我来说都很容易"等五项系列陈述,根据自身的实际情况,在从1(不符合)到5(很符合)之间进行打分,然后加总取均值,作为手机效能感得分(*Cronbach's* **α**=0.824)。

失眠和抑郁:本章采用失眠严重程度指数来测量受访者的失眠程度[41],该量表包括了"入睡困难""夜间易醒或早醒"等七个维度,受试者需要在从1(没有)到5(非常严重)的五级李克特量表上进行打分,然后加总取均值,作为失眠变量的测量值(*Cronbach's* **α**=0.802)。本章使用儿童抑郁量表来测量学龄儿童的抑郁程度[42],该量表包括了如"我偶尔不高兴/我经常不高兴/我总是不高兴""我偶尔想哭/我过几天就想哭/我每天想哭"等七个问项,每个问项依次赋值为1～3,要求受访者从每个问项的三个描述中,选择最符合自身近一个月心理状况的数字,然后全部加总取均值,得出受访者抑郁程度的测量值(*Cronbach's* **α**=0.862)。

饮食失调(饮食态度和饮食行为):本章使用了大卫·加纳(David Garner)的饮食态度测试量表来测量饮食态度,还改进了塔季扬娜·范·斯特里恩(Tatjana van Strien)等人的荷兰饮食行为问卷中的6项来测量饮食行为[43-44]。在这两个量表中,受访学龄儿童需要根据自身实际经历,对"我想要变瘦""我会花很多时间与心思在食物上"等饮食态度问项(*Cronbach's* **α**=0.617),以及"我会故意少吃东西""我曾经暴饮暴食"等饮食行为问项(*Cronbach's* **α**=0.642)的陈述,在从1(不符合)到5(很符合)的五级李克特量表上进行打分,然后分别加总取均值,作为饮食态度和饮食行为的测量方式。值得注意的是,饮食态度和饮食行为变量测量所获分值越高,表明受访学龄儿童饮食失调情况越严重。

本章使用的各量表的信度都符合预期,其信度系数均在 0.60~0.95,说明所有变量测量的内部信度理想。

(三)数据分析方法

本章使用 AMOS 和 SPSS 对所得数据进行分析。其中 AMOS 用于检验模型中的研究假设,探究变量间可能存在的交互作用,验证中介与调节效应以及评价模型的配适度;SPSS 用于检验量表信度和效度以及验证变量间的相关关系。在评估模型配适度时,由于样本量较大,本章研究参考了博伦等在 1992 年提出的模型拟合度修正方法,对模型结果进行了进一步优化[45]。

三、研究发现

(一)描述统计分析

表 11-2 展示了本章研究的主要变量的均值、标准差以及相关系数情况。不难发现,学龄儿童平均智能手机使用频率为每周 2~5 次,平均每天使用 0.5~2 小时,总体表现为使用频率较低且时长较短。学习型使用与娱乐型使用相当,均值分别为 2.223 和 2.563。我国学龄儿童的手机依赖程度低,均值为 1.883,手机效能感相对较高,均值为 3.253。他们的失眠和抑郁情况并不严重,均值分别为 1.835 和 1.455;饮食态度和饮食行为失调的情况也较少,均值分别为 2.19 和 2.312。

表 11-2　变量均值、标准差与相关关系

	均值	标准差	1.	2.	3.	4.
1. 使用频率	3.838	1.281	—			
2. 使用时长	3.206	1.339	0.484***	—		
3. 学习型手机使用	2.223	0.793	0.379***	0.310***	—	
4. 娱乐型手机使用	2.563	1.092	0.438***	0.537***	0.459***	—
5. 手机效能感	3.253	1.107	0.205***	0.222***	0.225***	0.371***
6. 手机依赖	1.883	0.788	0.291***	0.426***	0.327***	0.623***
7. 失眠	1.835	0.798	0.037	0.089***	0.117***	0.179***
8. 抑郁	1.455	0.366	0.074***	0.115***	0.083***	0.185***
9. 饮食态度	2.190	0.737	0.082***	0.084***	0.159***	0.209***
10.饮食行为	2.312	0.870	0.028	0.069**	0.083***	0.188***

（续表）

	5.	6.	7.	8.	9.	10.
5. 手机效能感	—					
6. 手机依赖	0.388***	—				
7. 失眠	0.206***	0.361***	—			
8. 抑郁	0.149***	0.351***	0.443***	—		
9. 饮食态度	0.253***	0.304***	0.275***	0.270***	—	
10. 饮食行为	0.228***	0.293***	0.270***	0.252***	0.539***	—

注:**$p<0.01$;***$p<0.001$。

（二）使用频率、时长、类型对手机依赖的预测作用

本章使用 AMOS 检验各主要变量之间的关系,模型拟合度理想,χ^2/df 值为 1.2172,同时 CFI、GFI、AGFI 指标分别为 0.9917、0.9555、0.9503,均大于 0.9,而 RMSEA 值小于 0.01。

图 11-2 展示了本研究使用 AMOS 检验的模型各路径的标准化系数。在手机依赖的预测变量方面,本章发现,更长的使用时间($\beta=0.068$,$SE=0.037$,$p<0.01$)和更高的使用频率($\beta=0.061$,$SE=0.007$,$p<0.05$)会显著影响学龄儿童的手机依赖症状,因而假设 1a、1b 成立;更多的娱乐型使用也会导致手机依赖($\beta=0.692$,$SE=0.028$,$p<0.001$),因而假设 1c 亦成立;而学习型使用则与手机依赖之间并没有显著的相关关系。

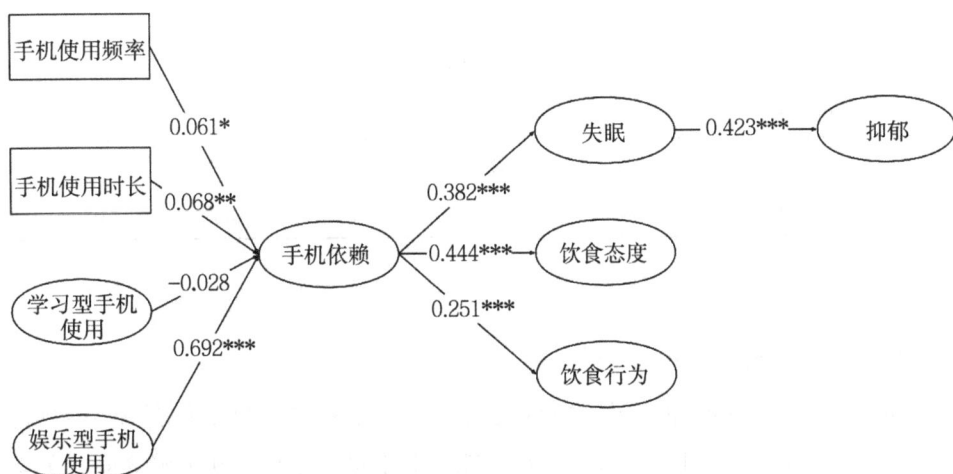

图 11-2　研究模型的标准化路径系数

注: * $p<0.05$; * * $p<0.01$; * * * $p<0.001$。

（三）手机依赖对失眠、抑郁、饮食失调的影响

在学龄儿童智能手机依赖对其身心健康的影响方面，AMOS结果表明（见图11-2），手机依赖显著影响儿童的失眠状况（$\beta=0.382$, $SE=0.026$, $p<0.001$），因此假设2a成立；与此同时，容易失眠的学龄儿童也更容易产生抑郁（$\beta=0.423$, $SE=0.021$, $p<0.001$），因此假设2b成立；手机依赖同样也会显著影响学龄儿童的饮食失调态度（$\beta=0.444$, $SE=0.052$, $p<0.001$）和饮食失调行为（$\beta=0.251$, $SE=0.051$, $p<0.001$），因此假设5a和5b亦成立。

（四）失眠的中介效应

本章探究了失眠对手机依赖与抑郁的中介效应。表11-3展示了2000次Bootstrap的标准化系数值，结果表明手机依赖与抑郁的直接效应和间接效益都显著，因而失眠在手机依赖和抑郁之间的关系起到了部分中介作用（直接效应值＝0.213, $SE=0.032$, 95% $CI=0.149\sim0.276$；间接效应值＝0.162, $SE=0.019$, 95% $CI=0.127\sim0.202$），从而验证了假设3。

表 11-3　失眠在手机依赖和抑郁之间的中介效应

路径	路径效应	标准误差	偏差校正 95% CI	
			下限	上限
总效应				
手机依赖→抑郁	0.375	0.027	0.323	0.427
间接效应				
手机依赖→抑郁	0.162	0.019	0.127	0.202
直接效应				
手机依赖→抑郁	0.213	0.032	0.149	0.276

注：基于2000次Bootstrap结果。

（五）手机效能感的调节作用

如前所述，本章还探究了手机效能感对手机依赖与失眠之间的调节效应。AMOS分析结果如表11-4所示，手机效能感对手机依赖程度和失眠之间的关系具有显著的负向调节作用（$\beta=-0.068$, $SE=0.010$, $p<0.05$），因此假设4成立。换言之，对于较高手机效能感的儿童来说，同等程度的智能手机依赖会导致较少的

失眠程度增加;对于那些较低手机效能感的学龄儿童而言,他们更可能由于智能手机依赖导致失眠。

表 11-4　手机效能感对手机依赖和失眠关系的调节作用

	标准化系数值	标准误差	$C.R.$	P
手机依赖→失眠	0.382	0.026	12.216	***
手机效能感→失眠	0.092	0.013	3.547	***
交互项→失眠	−0.068	0.010	−2.466	0.014

四、结论与讨论

(一)研究结论与创新

本章通过对全国范围的学龄儿童进行大样本随机抽样调研,揭示了我国学龄儿童的智能手机使用行为特征,并进一步探讨了手机依赖的影响因素及其对其身心健康可能带来的影响。研究的主要贡献与创新在于以下方面。

一是拓宽了儿童媒介使用的研究取向。过往研究较多关注媒介使用的时长和内容,本章则在使用时间基础上,引入了手机使用类型(包括学习型使用、娱乐型使用)和使用效能感的维度,对我国学龄儿童的智能手机使用进行测量和因果研究,并考察了手机效能感对手机依赖和失眠的调节效应,拓展了过往手机使用的研究视角。

二是全面揭示了手机使用对我国各年龄段学龄儿童身心健康的影响机制。学龄儿童的媒介使用对其身心健康的影响是健康传播领域的重要议题,本章通过对中国不同地区、不同年龄段的学龄儿童的手机使用、手机依赖、失眠、抑郁、饮食失调等各方面的系统研究,改进了既有研究侧重大学生、青年人群体或某年龄段儿童的研究局限。在媒介依赖理论的视野下,针对学龄儿童作为受众的媒介依赖研究进行了拓展,丰富并完善了该研究议题,也为国际学界贡献了中国本土的原创结论。

本章的研究样本涵盖了中国七大行政区划的 63 所小学、初中或高中,有效样本量接近 3000 人,研究结果具有良好的外部效度。本研究的主要研究结论如下。

首先,我国学龄儿童智能手机接触率高,依赖程度相对较低,与之相关的各种身心健康问题相对较少。本章中,有近七成的受访者拥有自己的智能手机,或在短期内使用过父母或者朋友的智能手机,这反映了智能手机在我国学龄儿童群体中的高普及率与高接触率。然而,本章也发现,他们使用智能手机的频率和时长均偏低,这或许与我国大部分小学、初中、高中对在校使用智能手机的严格限制有关,使得他们更多时候只在放学后使用智能手机进行写作业、社交等活动,用于娱乐和学习的程度相当。被访者的手机效能感较高,反映了学龄儿童对于智能手机各种功能的良好使用能力以及自信心,也提示研究者有必要对于学龄儿童的手机效能感开展进一步研究。此外,被访者的手机依赖程度相对较低,而与手机依赖有关的学龄儿童身心健康问题也相对较少出现,总体失眠和抑郁程度低,而在饮食失调方面则相对更高。同时,本章也发现,学龄儿童的手机依赖程度呈现出个体差异,相对于女生和中小学生,男生和高中生有显著更高的手机依赖状况。

其次,学龄儿童的手机依赖受到使用时长、使用类型等多种因素的影响,娱乐型使用更容易导致手机依赖。与此前研究相仿,本章也发现,学龄儿童使用智能手机的频率和时间与手机依赖密切相关。在使用类别方面,已有研究较多探讨了网络游戏、电视等娱乐型媒体对学龄儿童媒介依赖的影响[46]。本章则从手机使用类型的角度,发现娱乐型手机使用会对智能手机依赖程度产生正向影响,而学习型使用则未见显著关联。这也启发后续研究,应考虑将手机使用类型纳入学龄儿童手机依赖及其影响的研究框架。

再次,学龄儿童的手机依赖对其失眠、抑郁和饮食失调有显著的系统影响。手机依赖显著影响儿童的失眠状况,并进一步导致其抑郁程度加深。学龄儿童在使用智能手机,尤其是娱乐型使用的时候往往会产生较强沉浸感,而这些使用也更多地发生在睡前使用手机的场景下,因而恶化其失眠程度。学龄儿童抑郁是近年来备受关注的现象,本章表明学龄儿童失眠会进一步引发抑郁,有睡眠问题的儿童更有可能出现低水平的学业表现,而这些问题会最终导致他们出现诸如焦虑、抑郁等心理健康问题。手机依赖对饮食失调也有显著的正向影响,反映在学龄儿童的饮食态度和饮食行为上。受到手机依赖困扰的儿童,会更倾向于不健康的饮食习惯,也往往会由于焦虑或在意自己的身材而采取更极端的饮食策略。

最后,学龄儿童的手机效能感在手机依赖与失眠之间发挥调节作用。本章创新性地引入了手机效能感这一概念作为手机依赖与失眠的调节变量,旨在揭示手机效能感对学龄儿童健康产生的影响。数据表明,手机效能感能够负向调节手机依赖与失眠之间的相关关系,即手机效能感更低的学龄儿童更容易通过手机依赖导致失眠。随着智能手机等智能媒体的普及,学龄儿童越来越多地接触并使用这些设备,手机依赖也渐渐进入公众视野,尽管本章研究表明我国学龄儿童的手机依赖程度总体并不高,但手机依赖以及由此导致的身心健康问题在学龄儿童中并不鲜见。因此,未来可从管控手机使用量、限制娱乐型使用、提升手机效能感等方面来引导学龄儿童合理地使用智能手机。此外,还须关注手机依赖可能给学龄儿童带来的诸如失眠、抑郁和饮食失调等身心健康问题,对于低手机效能感的学龄儿童,尤其要防范手机依赖导致的健康问题。

(二)对策与建议

时至今日,数字媒介已经与人类的社会生活深度融合,"青少年是否应当上网"已成为不值一顾的过时论题。如何让学龄儿童安全、科学地使用互联网和手机,才是我们应当关注的核心问题。据联合国儿童基金会发布的《2017 年世界儿童状况:数字时代的儿童》报告显示,全球的互联网用户中,约三分之一为 18 岁以下的儿童与青少年,每日新增逾 17.5 万名儿童网民。不可否认的是,本章所涉及的学龄儿童群体已经成为网民增长的主体,而其中大部分均通过以智能手机为代表的移动端接入互联网。

基于本章研究结论,从学龄儿童网络保护角度出发,笔者期望:①国家层面继续出台相关政策与规划,努力完善对学龄儿童网络新媒体使用时长、内容和类型的保护机制,鼓励相关主体开发针对青少年学习的应用程序和内容产品;②立法确保媒体科技公司强化其在线平台的安全和保护措施,并让这些措施对教师、父母和儿童来说清楚明了、方便易用;③增加对安全技术和优质青少年电子内容的投资与支持,以帮助儿童接受优质教育、发展自身技能,切实提升青少年手机使用能力与手机效能感,以裨益其未来的互联网生活。

(三)未来研究方向

本研究以基于全国学龄儿童的横剖调研数据,探究了我国学龄儿童手机依赖的影响因素及其对身心健康的效应,未来研究可考虑以固定样本组的方式,长期追踪学龄儿童的智能手机使用,探究其对儿童健康发展造成的长远影响,并可对比不同区域、不同文化背景儿童的智能手机使用及其影响。

一方面,虽然中国学生拥有智能手机的比例很高,但他们实际使用手机的时间并不多,因而事实上达到手机依赖标准的学龄儿童比例相对较少。囿于问卷调研的限制,对于具有较高依赖程度的学龄儿童的进一步研究有待继续。未来研究可针对高手机依赖的学龄儿童,长期追踪其手机使用内容和习惯,进而深入探究智能手机使用对学龄儿童身心发展的长期影响机制。另一方面,未来研究可对不同群体的样本开展比较研究,例如,针对学龄儿童与成年人、中国和西方国家的儿童群体进行对比,以期丰富和拓展本研究的结论及外在效度。

本章参考文献

[1] 邹军.移动传播研究:概念澄清与核心议题[J].新闻大学,2014(6):71-76+81.

[2] Hutton J S, Dudley J, Horowitz-Kraus T, et al. Associations between screen-based media use and brain white matter integrity in preschool-aged children[J]. JAMA pediatrics, 2020, 174(1) e193869-e193869.

[3] Elhai J D, Dvorak R D, Levine J C, et al. Problematic smartphone use: a conceptual overview and systematic review of relations with anxiety and depression psychopathology[J]. Journal of affective disorders, 2017m207:251-259.

[4] 丁未.社会结构与媒介效果:"知沟"现象研究[M].上海:复旦大学出版社,2003.

[5] 王迪.儿童对电视广告中健康信息认知的"知沟"研究[J].新闻大学,2010(1):101-105.

[6] Giles D. Media psychology[M].Mahwah: Lawrence Erlbaum Associates, 2003.

[7] Kraut R, Patterson M, Lundmark V, et al. Internet paradox: a social technology that reduces social involvement and psychological well-being? [J]. American psychologist, 1998, 53(9): 1017-1013.

[8] Nie N H, Hillygus D S, Erbring L. Internet use, interpersonal relations, and sociability: findings from a detailed time diary study[M]//Wellman B, Haythornthwaite C. New York: The internet in everyday life.2002:215-243.

[9] 江林新,廖圣清,张星,申琦.上海市少年儿童媒介接触和使用:二〇一〇年调查报告辑要[J].新闻记者,2010(9):18-22.

[10] Stiglic N, Viner R M. Effects of screentime on the health and well-being of children and adolescents: a systematic review of reviews[J]. BMJ open, 2019,9(1):e023191.

[11] 陈青文.新媒体儿童与忧虑的父母:上海儿童的新媒体使用与父母介入访谈报告[J].新闻记者,2019(8):15-25.

[12] Young K S. Caught in the net: how to recognize the signs of internet addiction—and a winning strategy for recovery[M]. New Jersey: John Wiley & Sons, 1998.

[13] De-Sola Gutiérrez J, de Fonseca F R, Rubio, G. Cell-phone addiction: a review[J/OL]. Frontiers in psychiatry,2016,7:175.doi: 10.3389/fpsyt.2016.00175.

[14] 何安明,万娇娇,惠秋平.青少年手机依赖者的心理健康状况及与生活事件、学业倦怠的关系[J].中国临床心理学杂志,2019,27(2):410-413.

[15] Boase J, Ling R. Measuring mobile phone use: self-report versus log data[J]. Journal of

computer-mediated communication,2013,18(4):508-519.

[16] van Deursen A J, Bolle C L, Hegner S M,et al.Modeling habitual and addictive smartphone behavior: the role of smartphone usage types, emotional intelligence, social stress, self-regulation, age, and gender[J].Computers in human behavior,2015,45:411-420.

[17] Jeong S-H, Kim H J, Yum J-Y,et al.What type of content are smartphone users addicted to?: SNS vs. Games[J].Computers in human behavior, 2016,54(2):10-17.

[18] 李晓静,郑琳.中小学生的智能媒体使用及其对课外阅读影响的实证研究[J].中国电化教育,2018(12):104-112.

[19] Rosen L D, Whaling K, Carrier L M, et al.The media and technology usage and attitudes scale: an empirical investigation[J].Computers in human behavior, 2013,29(6):2501-2511.

[20] 卜卫.大众媒介对儿童的影响[M].北京:新华出版社,2001.

[21] Tymofiyeva O, Yuan J P, Kidambi R, et al.Neural correlates of smartphone dependence in adolescents[J/OL]. Frontiers in human neuroscience, 2020, 14: 564629. doi: 10.3389/fnhum.2020.564629.

[22] Kuss D J, Kanjo E, Crook-Rumsey M, et al.Problematic mobile phone use and addiction across generations: the roles of psychopathological symptoms and smartphone use[J]. Journal of technology in behavioral science,2018, 3(3):141-149.

[23] 张斌,熊思成,徐依,等.手机使用与焦虑、抑郁的关系:一项元分析[J].中国临床心理学杂志,2019,27(6):1144-1150.

[24] Adams S K, Kisler T S. Sleep quality as a mediator between technology-related sleep quality, depression, and anxiety[J].Cyberpsychology, behavior, and social networking, 2013,16(1):25-30.

[25] Bandura A. Health promotion by social cognitive means[J].Health education & behavior, 2004,31(2):143-164.

[26] 陈玉娟,李立,胡艳华,等.河北省大学生亲子沟通与网络成瘾的关系[J].中国学校卫生,2016,37(2):221-223.

[27] Siraj A. Impact of internet use on social capital: testing Putnam's theory of time displacement in urban Pakistan[J].The journal of social media in society,2018,7(1):456-468.

[28] Lee W, Kuo E C.Internet and displacement effect: children's media use and activities in Singapore[J/OL].Journal of computer-mediated communication, 2002,7(2):JCMC729. https://doi.org/10.1111/j.1083-6101.2002.tb00143.x.

[29] Sundar S S, Marathe S S. Personalization versus customization: the importance of agency, privacy, and power usage[J].Human communication research,2010,36(3):298-322.

[30] Zhong B, Appelman A J.How college students read and write on the web: the role of ICT

use in processing online information[J].Computers in human behavior,2014,38:201-207.

[31] Fossum I N, Nordnes L T, Storemark S S, et al.The association between use of electronic media in bed before going to sleep and insomnia symptoms, daytime sleepiness, morningness, and chronotype[J].Behavioral sleep medicine,2014,12(5):343-357.

[32] 李晓静.数字鸿沟的新变:多元使用、内在动机与数字技能:基于豫沪学龄儿童的田野调查[J].现代传播(中国传媒大学学报),2019,41(8):12-19.

[33] Wang P Y, Chen K L, Yang S Y, et al.Relationship of sleep quality, smartphone dependence, and health-related behaviors in female junior college students[J].PloS one, 2019,14(4):e0214769.

[34] Kim H.Exercise rehabilitation for smartphone addiction[J].Journal of exercise rehabilitation, 2013,9(6):500-505.

[35] Borzekowski D L, Schenk S, Wilson J L,et al. e-Ana and e-Mia: a content analysis of pro-eating disorder web sites[J].American journal of public health,2010,100(8):1526-1534.

[36] 王晶.儿童健康与各国政府对垃圾食品广告的管理[J].新闻大学,2011(1):136-142.

[37] Salafia E H B, Jones M E., Haugen E C, et al. Perceptions of the causes of eating disorders:a comparison of individuals with and without eating disorders[J/OL].Journal of eating disorders,2015,3:32.doi:10.1186/s40337-015-0069-8.

[38] Tan T, Kuek A, Goh S E, et al. Internet and smartphone application usage in eating disorders:a descriptive study in Singapore[J].Asian journal of psychiatry,2016,19:50-55.

[39] 苑立新.儿童蓝皮书:中国儿童发展报告(2020)[M].北京:社会科学文献出版社,2020.

[40] Leung L. Linking psychological attributes to addiction and improper use of the mobile phone among adolescents in Hong Kong[J]. Journal of children and media,2008,2(2):93-113.

[41] Bastien C H, Vallières A, Morin C M.Validation of the Insomnia Severity Index as an outcome measure for insomnia research[J].Sleep medicine, 2001,2(4):297-307.

[42] Chen X, Rubin K H, Li Z Y. Social functioning and adjustment in Chinese children: a longitudinal study[J].Developmental psychology, 1995,31(4):531-539.

[43] Garner D M,Garfinkel P E.The eating attitudes test:an index of the symptoms of anorexia nervosa[J].Psychological medicine,1979,9(2):273-279.

[44] van Strien T, Frijters J E, Bergers G P, et al.The Dutch Eating Behavior Questionnaire (DEBQ) for assessment of restrained, emotional, and external eating behavior [J]. International journal of eating disorders,1986,5(2):295-315.

[45] Bollen K A, Stine R A.Bootstrapping Goodness-of-Fit measures in structural equation models[J].Sociological methods research,1992, 21(2):205-229.

[46] 王伟,雷雳.青少年移动社交媒介使用行为的结构及特点[J].心理研究,2015,8(5):57-63.

第十二章　智媒阅读与父母介入对儿童语言交流的影响

本章先对相关理论进行概述。

一、理论综述

(一)家庭传播视域下的父母介入理论

家庭传播是家庭成员之间的言语和非言语信息交换[1]。言语是家庭传播活动的基本工具,但家庭传播并不局限于家庭成员之间的语言交流,也包括传播主体所表现出的手势、面部表情、身体姿势等非语言因素。家庭传播不仅对于数字媒体的实践和效果发挥具有约束意义,更对数字化生存下的儿童产生了潜移默化的深刻影响。作为家庭传播领域最突出的理论成果之一,父母介入理论植根于媒体效果传统和信息处理理论,关注家庭中父母与子女之间的信息传播过程,强调父母与子女之间人际交流的重要性。父母介入理论指出,父母通过使用不同的人际沟通策略参与到儿童的媒体使用行为之中以减轻媒体对于儿童的负面影响[2]。虽然父母介入理论源于对媒体负面影响的兴趣,然而随着数字媒体低龄化和学习化的倾向,越来越多的研究者基于父母介入的框架试图探索父母和数字媒体交互作用下促进儿童发展的积极方式。父母介入的本质是以传递感受、态度、信念和看法为主要特征的社会互动过程,本章以父母介入理论为主要理论框架,试图在家庭传播的视域下探讨影响儿童阅读和语言交流发展的因素。

(二)社会学习理论

社会学习理论(简称 SCT)由美国心理学家班杜拉提出,由个人主体因素(认知、情感和自我)、行为因素和外部环境三个核心因素构成。这三者既相互独立,又相互作用。根据社会学习理论:①人的认知、意念、感情、态度等主体因素对人的行为起决定作用,而行为所产生的结果也会反之影响人的认知、情绪或意念;②作为外部因素,环境可能制约或影响人的行为模式,而行为也可能反过来促进环境的改变;③个体主观认知和外部环境相互作用、互相约束[3]。

个体认知、行为以及环境的三项交互决定论为我们理解媒介对社会环境中个体认知、情感和行为的影响提供了适宜的理论框架。参照社会学习理论,在本章中,儿童个人的数字媒体阅读行为是个体行为因素;父母的介入是社会环境因素,而儿童的阅读和语言交流能力则是个体主体因素。本章基于社会学习理论的基本概念和观点讨论这三者之间的彼此影响,即父母介入下的儿童数字媒体阅读行为对其阅读和语言交流能力的具体影响路径和发生机制。

(三)符号互动理论

作为人际传播学领域颇具影响力的一种学说,符号互动理论指出,社会个体的自我意识、对社会的认识以及自身心理变化都是通过社会互动而实现的,个体只有在与他者或社会的互动中才能体现鲜明的"主我"色彩[4],而符号则是人际互动的基石。符号是有意义的象征符,包括书面语言、口头语言以及表情、动作、手势、身体接触和共同遵守的规则等等[5]。根据符号互动理论,父母介入是人际互动行为的产物,借由符号,父母向子代传递知识、规范和能力等,引导儿童实现由自然人向社会人的转变。在儿童阶段,个体已经具备了识别和运用外来符号并对他人行为做出反馈性调整的能力。在使用数字媒体阅读的过程中,儿童观察到父母对自己的态度、评价和角色期待并通过与父母的社会化互动和意义交换(即传播)完成对自我的审视和构建。父母介入儿童数字阅读的效果可以分为暗示、模仿和感染三种,暗示即儿童对于父母所传达的信息无对抗和无批判地加以吸收和内化;模仿指的是儿童在有意或无意中对父母的某种刺激所产生的类似行为反应;感染表示父母通过传递情感或引起共鸣的方式来改变儿童的情绪和行为[6]。针对儿童使用数字媒体阅读的行为,父母以不同的方式介入其中,由此施加不同程度和不同效果的暗示、模仿或感染影响,进而作用于儿童的语言交流能力,完成"自我"的重构和再造。

二、文献回顾

(一)智媒阅读与儿童发展的相关研究

在《理解媒介:论人的延伸》中,加拿大传播学者麦克卢汉提到,社会的形成在更大程度上取决于人们交流时所使用的传播媒介的性质,而非传播的内容[7]。这一论断启迪着人们对于媒介形态或信息载体的关注,即相同的媒介内容会以不同的媒介形态加以呈现,由此促成语言的彻底重构[8]。根据罗杰·菲德勒(Roger Fidler),媒介形态的演进大致可以划分为三个阶段:口头语言和无线电波技术所催生的早期广播阶段、书面语言和印刷技术所催生的纸媒阶段以及数字语言和智能技术所催生的数字媒体阶段[9]。每一次媒介技术的变革带来新一轮传播媒介形态演化的同时,也改变着人们获取信息和认知世界的方式,不断延伸着受众的感知与行为系统。

随着电脑、手机、iPad 等数字媒体的出现和普及,儿童除了阅读课本、图画书等纸媒之外,也开始越来越多地使用数字媒体来开展学习和娱乐活动。数字媒体时代,儿童文学打破了以往以文字符号印刷为媒介的局限,而日益呈现出音像化、图像化和视像化的发展趋势。根据媒介环境学派的观点,媒介技术不同,其所承载的文化与思维方式也不同,对于受众的影响自然也有所差异。数字媒体阅读行为的普及加速了有关数字媒体阅读之于儿童发展意义的探索。

1. 儿童数字媒体阅读行为研究

数字媒体阅读包含两方面含义:一方面是指阅读内容的数字化,如网络小说、电子书等等;另一方面是指阅读工具的数字化,即使用手机、iPad 等电子设备进行阅读[10]。作为一个复杂的认知过程,数字媒体阅读涉及感知、关心、预测、推论等诸多行为因素。广泛意义上的"行为"囊括内在的、外在的、意识的与潜意识的一切活动。与此相对应,数字媒体阅读行为也包括内在的数字媒体阅读行为和外显的数字媒体阅读行为两个层面,其中内在的数字媒体阅读行为指个体对于数字媒体阅读的喜爱、享受和专注程度,而外在的数字媒体阅读行为则表示个体参与阅读活动所表现出来的一切行为和策略[11]。聚焦于国内本土情境,大多数研究着重探讨了外在的数字媒体阅读行为,如杨燕月等人将数字媒体阅读行为划分为阅读数量和阅读时间两个维度[12],欧继花等人则从阅读场合、阅读工具、阅读特征和阅读内容等四个维度来展开讨论数字媒体行为的个体差异[13]。这些研究仅关注了个体外在行为层面上的外显因素,而忽略了更具核心意义上的个体内在心理因素,因此研究结论大多流于现象描述,而缺乏更深度和完整的本质剖析。鉴于此,本章整合了数字媒体内在行为和数字媒体外在行为两个层面,综合儿童在数字媒体阅读上的阅读参与、阅读兴趣和阅读信息加工三个维度全面探析当代儿童数字媒体阅读的现状。

阅读参与反映的是儿童参与数字媒体阅读的深度和广度,可以从阅读时间、阅读频率和阅读内容三个方面加以衡量;阅读兴趣则指的是儿童对于阅读活动的感兴趣程度和情感依托以及情绪反应程度,包括阅读动机和阅读态度两个方面;阅读信息加工表明儿童对于深度学习和自我调节策略的使用以及对于更复杂概念的更高层次理解程度,可以细分为信息的记忆、监控和精细化三个方面[14]。

2. 数字媒体阅读对儿童阅读能力的影响研究

作为儿童获取信息、了解世界、掌握知识和交流情感的重要手段[15],阅读是以读者为主导,通过字词识别、句法分析、含义理解、推理判断等交替进行的一系列认知理解活动,对阅读材料进行复杂信息加工的过程[16]。在阅读过程中,读者通过视觉识别文本信息的编码特征,将之转换为具体形象、语义或命题,保存在大脑中,形成认知。无论阅读的内容,也不论阅读的形态,阅读过程总是一致的,可分为认读阶段、理解阶段和评析三个阶段(见图 12 - 1)。由此,阅读能力结构可对应地分解为认读能力、理解能力和评析能力三个部分。

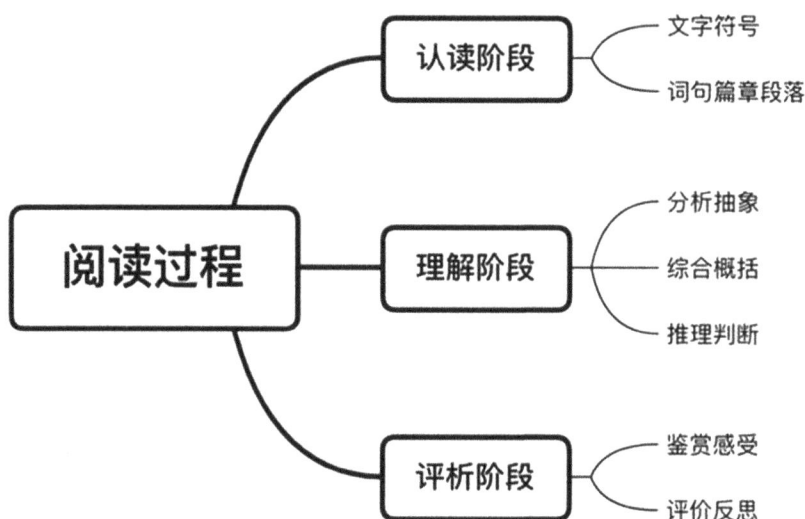

图 12 - 1　阅读过程结构图

认读能力指词句理解、语境理解与连贯性推理的能力。理解能力分为结构性阅读能力和信息性阅读能力。结构性阅读能力包括内容布局、创作意图和表现手法理解能力,信息性阅读能力包括重点信息的把握、潜在信息的推论、整体信息的组织与建构能力。迁移能力则指的是对阅读材料的评价与鉴赏能力[17]。

根据社会学习理论,学习的过程受到个体与环境要素的共同影响。儿童的阅读能力发展既脱离不了复杂的社会文化情境,又依托于个人层面的特质和投入。作为一项复杂的认知任务,阅读活动需要个体同时提取和建构意义以积极参与文本。高水平的读者往往具备高参与、强动机和多策略三方面特征,在阅读过程中通过调用各种认知技巧和阅读策略将文本内容与先验知识相连接,既有助于对文本的理解与吸收,也对语言的储备和激活大有裨益。被国际学生评估项目(PISA)界定为"与阅读成绩有最大相关的学生特征"[18],阅读行为对于儿童阅读能力的预测作用在大量研究中得到了证实。通过对三个年龄段儿童(9岁、13岁和17岁)的调查,杰伊·坎贝尔(Jay Campbell)等发现,那些拥有强烈内在阅读动机、广泛参与各类阅读活动并积极运用特定阅读策略的儿童,往往能够在阅读上取得更好的成绩[19]。高水平的阅读行为甚至能够弥补低家庭收入和低家庭文化资本所带来的阅读基础短板[20]。即使在控制了性别、年龄等干扰因素之后,阅读行为对于儿童个体阅读能力的解释力也能够达到23%[21]。

不同的载体形式对于读者的阅读行为会带来显著的影响[22]。选择什么样的载体形式不仅取决于特定的生存情境和现实要求,更与个体受众自身的认知结构密切相关,只有具有一定阅读能力的受众才能运用视觉对文字进行辨认和解读[23]。因而对于儿童来说,阅读能力既是学习知识的基础,也是一种必不可少的信息技能。随着数字技术日渐被普遍用于儿童出版物中,数字媒体不仅给儿童带来了全新的阅读体验和认知方式,还对于儿童的阅读能力具有重塑意义[24]。因此,本章聚焦儿童的数字媒体行为,结合前人的研究发现,提出以下假设。

假设1:儿童的数字媒体阅读行为对其阅读能力具有正向影响。

假设1a:儿童在数字媒体上的阅读参与对其阅读能力具有正向影响。

假设1b:儿童在数字媒体上的阅读兴趣对其阅读能力具有正向影响。

假设1c:儿童在数字媒体上的阅读信息加工对其阅读能力具有正向影响。

3. 数字媒体阅读对儿童语言交流的影响研究

良好的语言素养也是儿童基础教育所要实现的关键性目标之一。作为人类所特有的高级认知功能,语言是人们用于交流的最重要符号系统。处于个体成长萌芽阶段的儿童,掌握基础的语言知识和储备良好的语言能力对于其日后的发展起着无可替代的奠基作用。语言交流指的是语言的输出,集中反映在口语表达和交际技巧层面[25]。语言交流能力通常可以从对语言知识运用的熟练性、表达的流畅性和条理性、表达的准确性和要点明确性、词汇的生动性和丰富性、肢体语言的配合性这五个维度来加以考察[26]。

儿童语言交流能力包括儿童对于语言的感知和运用两个层面,其中语言感知指的是儿童对语音、词汇以及语法的领会,而语言运用则指的是儿童的词汇表达以及叙事技巧等超越语义层面的口语技能[27]。语言交流能力的提升是儿童阶段重要的发展里程碑。现有研究表明,在儿童阶段,语言的技能水平存在着巨大的个体差异,同时早期的语言技能能够稳定预测儿童未来的学业成绩和认知表现[28]。鉴于早期语言技能的个体差异性和相对稳定性,厘清作用于儿童语言能力的近端和远端环境因素是至关重要的。

作为作用于儿童语言发展的重要远端环境因素,媒体对于儿童语言习得和口语表达的影响一直是传播学学者研究的一个重点议题。在一项关于电视的追踪研究中,研究者控制了父母受教育程度、家庭收入和幼儿个人参与程度等干扰性因素,通过定期记录幼儿电视接触和语言发展的情况,发现观看《蓝色斑点狗》和《爱探险的朵拉》等益智节目与幼儿的词汇和语言表现呈正相关关系。该项研究表明,适当的电视接触一方面可以引导幼儿关注语言的语法呈现和语言背后所传达的情绪,另一方面可以增强幼儿的语言模仿和学习能力,激励幼儿更多地进行发声练习以提高自身的语言反应水平[29]。

基于数字媒体的研究得到了类似的发现。数字媒体所呈现出的知觉显著特征既有助于儿童标记内容以供进一步处理,也为儿童提供了可以用来描述内容的视觉和语言模式[30-31]。通过与数字媒体的互动,儿童掌握了更高水平的主动认知参与,得以将具体的学习转化到更加普遍性的语言准备中,同时表现出较强的叙述能力[32]。

聚焦于阅读行为,现有研究表明大量的阅读活动不仅可以正向预测儿童的阅读能力,还能够提升儿童的语言技能。在闲暇时间阅读更多的儿童往往在各种语言任务上表现得更好,具备更出色的口语能力[33]。当儿童变成一个高投入的阅读者时,自我产生式(self-generated)的学习机会就得以创造,而这种学习机会等价于数年的语言教育[20],能够极大地改善儿童的词汇运用技能。在儿童以一种全神贯注的状态投入于阅读中时,儿童对于词汇、语法、语句的精细化加工会达到最大限度的激发,由此作用于儿童未来更高水平的语言表达。结合数字媒体的特性和关于纸媒阅读行为的发现,笔者推测,数字媒体阅读也能够为儿童提供发展语言流畅性的更多可能,由此提出以下假设。

假设2:儿童的数字媒体阅读行为对其语言能力具有正向影响。

假设2a:儿童在数字媒体上的阅读参与对其语言交流能力具有正向影响。

假设2b:儿童在数字媒体上的阅读兴趣对其语言交流能力具有正向影响。

假设2c:儿童在数字媒体上的阅读信息加工对其语言交流能力具有正向影响。

4. 儿童阅读能力与儿童语言交流发展相关研究

作为主体和客体相互作用的产物,语言交流能力的习得具有相当的复杂性,既需要充分的词汇或音素储备[34],也需要发散的逻辑和思维发展[35],这都离不开阅读能力的支持。已有相当多的证据表明,优秀的读者在词语解码和输出方面有着更出色的表现,高技能的读者往往具备更丰富的词汇量和更卓越的口头推理能力[36]。

阅读能力是儿童学习和智力操作的基础,为儿童提供了发展语言流畅性和更复杂的发散性思维的基本机会[37]。良好的阅读技能意味着更高水平的认读感知、推理解释和评价鉴赏能力,反映出个体更具广度(词汇数量)和深度(理解程度)的词汇知识,能够在很大程度上弥补语言能力的缺陷,进而支撑更高阶的口语技能与叙事技巧能力发展。基于现有研究发现,儿童数字媒体阅读行为显著影响儿童的阅读能力,而儿童的阅读能力又进一步强有力地预测了儿童个体表达性词汇的储存量和输出效果,满足考察中介变量的条件[38],所以笔者推测阅读能力是儿童数字媒体阅读行为及其语言交流能力之间的中介变量。据此,本章提出以下研究假设。

假设3:阅读能力在儿童数字媒体阅读行为和儿童语言交流能力之间起正向中介作用。

(二)父母介入及其效果研究

1. 父母介入方式的相关研究

传统媒体时代,父母介入主要被区分为三大基本类型:一是限制型介入,即通过制定规则对儿童所观看的时长和内容进行限制;二是积极型介入又称启发型介入,指父母针对媒介内容,向子女进行解释,并且传递教育性、批判性的看法和意见;三是共同使用,指亲子共同使用媒介,观看电视、电影等[39-40]。

进入新媒体时代,利文斯通和艾伦·J.赫尔斯伯(Allen J. Helsper)基于数字媒体特性将父母的介入策略进一步拓展至四类:①积极的共同使用——亲子共同使用的同时,针对媒介展开讨论;②对互动的限制——父母对子女使用数字媒体互动功能(如收发邮件、在线游戏、在线社交等)的限制;③对科技的限制——利用科技软件控制子女使用媒介的时长和内容;④监看——利用工具监看子女的媒介使用行为[41]。希瑟·C.伍兹(Heather C. Woods)等人则以平板电脑为载体,通过为父母提供12个与阅读有关的 App,让他们与孩子一起探索,结果发现父母的介入策略包括①言语的(如:重复或澄清游戏说明,举例和提示等);②情感—言语的(如:表扬与鼓励等);③身体的(如:握住平板电脑以及调整平板电脑供孩子使用、手把手帮助孩子触摸特定区域等);④情感—身体的(如:击掌、亲吻孩子、拨弄孩子的头发或拍他们的后背等)四个方面[42]。聚焦于国内研究,赖泽栋将父母的介入方式大致分为四类:①限制式,父母制定规则限制子女的媒介使用;②启发式,父母与子女共同讨论媒介的特定内容;③放任式,父母毫无目的或不介入;④共同观看式,父母一起观看节目内容。限制式更多强调的是父母对子女媒介使用的监督与限制,而启发式与共同观看式则强调父母对子女媒介使用的指导与引导[43]。

一方面,研究表明,传统的父母介入方式确实适用于数字媒体;另一方面,也有研究发现,与使用传统媒体相比,使用数字媒体涉及儿童与设备之间更高层次的互动,由此也衍生出新的父母介入方式如技术限制使用和在线活动监控等[44]。随着数字媒体的家庭化和阅读材料的数字化,越来越多的儿童使用数字媒体进行阅读,然而关于父母是如何介入儿童的数字媒体阅读体验之中的,我们仍然知之甚少。由此,本章提出以下研究问题。

研究问题4:对于儿童的数字媒体阅读行为,父母会采取哪些介入方式?

2. 父母介入效果的相关研究

对于不同介入方式的有效性,已有研究进行了细化的相关性分析。部分研究表明,父母对儿童数字媒体使用的消极性介入可以有效降低互联网所带来的在线风险(比如色情淫秽、网络欺凌、陌生社交等等),然而也有研究发现父母一味地监控和消极干预对儿童的数字媒体体验无益。对于这种不一致研究发现的合理解释是,父母对于儿童数字媒体使用的过度管控可能会导致儿童产生心理抗拒,即感知到自由剥夺和规则束缚所带来的厌恶情感反应[45]。儿童发展的一个基础特征是拒绝父母和其他权威人物的意见以努力获得独立[46],因此强调服从和约束的消极干预极易触发儿童潜在的抵抗效应。与此相对,如果父母介入以一种开放和支持自主的方式发生时,儿童的抵抗效应可以被最小化甚至避免。

已有研究普遍证实了当父母以共同使用或共同讨论等积极主动的方法介入子女的媒体实践时,可以有效规避媒体对于子女的负面影响[41][47],如促进儿童对媒介内容的理解以提升其学习效果[48];提升儿童的注意力和唤醒水平以促进记忆的效果[35];帮助儿童区分媒介内容与现实世界的差异以发展其批判思维和迁移能力[49]。

具体到数字媒体阅读介入层面,由于儿童独立阅读的能力尚在培养之中,阅读材料本身所蕴含的深刻内涵需要父母有效的挖掘与开发才能更好地被儿童加以吸收和利用。根据现有研究记录,对于幼龄儿童,父母在培养阅读习惯和发展阅读技能方面扮演着至关重要的角色。通过有组织的阅读介入活动,一方面可以增强幼儿的阅读兴趣[50],鼓励幼儿更多地投身于阅读活动之中;另一方面在阅读准备、阅读示范和阅读互动的基础之上,父母可以以朗读、讲述、表演、解释、提问和推测等介入方式引导幼儿思考,从而促进幼儿对语句篇章的理解与语法规则的掌握[51]。在儿童使用数字媒体阅读的过程中,父母有针对性地介入突出了阅读的重点,有利于儿童形成科学的阅读策略,从而提升自身的独立阅读能力。

儿童的语言技能是在个人能力与所处文化背景之间的相互交流中发展起来的,而家庭则为儿童的成长和发展提供了最重要的互动土壤。大量实证性研究表明,在积极的介入方式下,父母与儿童之间的对话式阅读为儿童提供了接触新词汇的机会[52],同时介入的频率和丰富性也能够有效地预测儿童的早期语言表现,如平均句长增加、句式种类丰富、词汇运用深化等[53]。父母作为儿童最亲密的语言伙伴,如果采用"鼓励"的介入方式,引导儿童讨论故事人物的情绪、思想和意图,既有利于儿童习得并储存听觉词汇,提高语言表达的流畅性,也能够促进儿童对语言的组织和归纳,增强语言表达的规范性[54]。

亲子间有品质的陪伴是形塑好父母的必要条件之一。现有研究虽然在父母介入效果研究方面取得了一定的成果,仍然留有两个空白需要填补。首先,大多数关于父母介入有效性的研究都是在幼儿群体中进行的。儿童群体研究相对稀缺的一个可能原因是研究者认为父母在孩子进入学龄期后就失去了对其的影响力,然而这一判断与中国现实并不相符。其次,现有研究仅探讨了父母介入对儿童数字媒体一般性使用的影响,尚无研究讨论父母对于儿童数字阅读介入的意义和效果,并且对于不同的介入方式也未进行更加精细的区别和分类,使现有结论更多地停留在学理层面,而在现实层面,实际的指导意义和操作可行性不强。因此,有必要对父母介入方式进行细分,并在本土环境下对其之于儿童阅读能力和语言交流水平的效果加以检验,为所谓"品质的陪伴"提供真正可供实践的建议和参考。

3. 父母介入的调节效应研究

根据生态系统理论和社会学习理论,环境因素可以通过人的内部因素影响人的行为表现[55]。当父母对于儿童使用数字媒体阅读的行为采取积极的支持态度时,儿童会表现出更高水平的阅读投入,而这又会进一步影响儿童的阅读能力和语言交流。父母介入影响儿童阅读和语言交流能力发展的路径不是单一的,它依赖和融合着儿童个体的阅读行为直接或间接作用于儿童的阅读水平和语言技能[56-57]。

父母在培养儿童阅读兴趣和习惯方面依旧发挥着至关重要的作用,通过父母对于儿童数字媒体阅读的适当介入,儿童的阅读兴趣和行为能够得到有效的提高[58]。同时,随着儿童年龄的增长,儿童自主独立阅读的习惯和水平逐渐形成,父母能够通过引导儿童更多地接触阅读材料进而间接地作用于儿童的阅读能力[25]。与父母无介入的儿童相比,受到更多父母影响的儿童更熟悉适合他们年龄段的书籍,这反过来又预测了儿童的阅读能力。那些父母积极介入的儿童更有可能进入一个积极的阅读螺旋,从而掌握了更多的听说读写知识,因此会容易培养良好的阅读和语言技能[59]。

父母对于儿童阅读学习的带动和引导意义无可替代,当父母以一种温和启发的方式介入儿童的数字媒体阅读体验中时,儿童的阅读兴趣被得到了最大限度的激发,从而更有可能享受阅读的乐趣和益处,将个体的阅读行为与更高水平的阅读和语言能力进行更有效的连接[60]。父母介入在一定程度上约束或者支持着儿童数字媒体阅读行为对其阅读以及语言交流能力的效应发挥。据此,本章提出以下研究假设。

假设5:父母介入在儿童数字媒体阅读行为与儿童阅读能力之间起调节作用;

假设6:父母介入在儿童数字媒体阅读行为与儿童语言交流能力之间起调节作用。

综上,基于前人的文献回顾,本章建立儿童数字媒体阅读影响语言交流能力的有调节的中介模型(见图12-2)。其中,儿童数字媒体阅读行为是自变量,儿童的语言交流能力是因变量,儿童的阅读能力是中介变量,父母介入是调节变量。具体而言,儿童阅读能力在儿童数字媒体阅读行为及其语言交流能力之间具有中介作用,父母介入在儿童数字媒体阅读行为及其阅读能力之间具有调节作用,父母介入在儿童数字媒体阅读行为及其语言交流能力之间也具有调节作用。

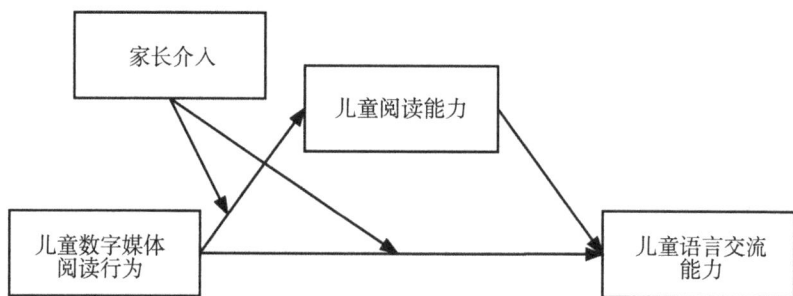

图 12-2　研究框架图

三、研究设计

(一)研究问题

作为个体和家庭生活的重要组成部分,媒介在家庭生命周期中的各个发展阶段中始终扮演着不可或缺的作用。随着媒介形态的更替和儿童阅读习惯的改变，一方面，已有关于儿童阅读行为及其效果的结论还需要结合当下情境得到更多的扩展和完善；另一方面，数字媒体所独有的多媒体性、交互性和共享性等特征也给父母介入方式和效果带来了相当的机遇和挑战。在儿童广泛使用数字媒体用于阅读的时代背景下，数字媒体阅读会对儿童的语言交流产生怎样的影响？哪些内部和外部因素会作用于这一影响机制？父母如何介入能更好地实现教化的效果，这是本章试图回答的问题。具体而言，本章的研究问题分为以下四个方面：

（1）针对儿童使用数字媒体阅读的行为，父母是如何介入其中的？存在哪些介入方式？

（2）儿童数字媒体阅读行为对其阅读和语言交流能力有何影响？

（3）儿童数字阅读行为对其语言交流的影响是否以儿童的阅读能力为中介？

（4）不同的父母介入方式下，儿童数字媒体阅读行为对其阅读和语言交流能力的影响是否有所差异？

基于对以上四方面问题的调查，本章试图探讨父母应该如何介入儿童的数字媒体阅读，从而更有助于提升儿童的阅读能力和语言交流表现，在此基础上，结合儿童个体的数字媒体阅读表现，为父母提供切实可行且有效的介入对策。

（二）研究程序

本章的研究问题可以分为两个面向，分别是描述性质的（研究问题1）和验证性质的（研究问题2、研究问题3和研究问题4），与其相对应的，本章拟综合采用定性和定量的研究方法，结合焦点小组访谈法和问卷调查法。

对于研究问题1，本章采用焦点小组访谈的方式，对儿童进行半结构式小组访谈。与结构化访谈相比，半结构化焦点小组访谈更加弹性和更为自由，既可以依据提前设计好的访谈提纲灵活发问，也可以与被访儿童在互动中挖掘和讨论新问题，以便深入了解一个个鲜活而具体的父母介入场景，探究在父母介入的背景下，儿童的数字阅读是如何发起、如何推进以及如何结束的，阅读过程中父母是如何指导、如何展开互动和交流的以及儿童对于父母介入的感受与效果感知等等。

在焦点小组访谈结果的基础之上，本章归纳和细化出当代父母对于儿童使用数字媒体阅读行为的介入方式，由此对于研究问题2、研究问题3和研究问题4，本章采用了问卷调查的方式以验证儿童数字媒体阅读行为对其阅读和语言交流能力的影响、阅读能力的中介效应以及不同父母介入方式的调节效应。

（三）焦点小组访谈

1. 访谈对象

根据皮亚杰所划分的儿童认知发展阶段,在具体运算阶段(7～12岁),儿童的逻辑思维能力开始显现,同时口语技能也开始趋于稳定[60]。因此,为了更加准确地考察父母介入对儿童阅读能力和语言能力的影响,本章将目标儿童的年龄范围确定在7～12岁之间。

在明确了父母会对被访儿童的数字媒体阅读行为加以介入的前提下,为避免儿童性别、年龄和父母受教育水平等因素的干扰,本章分别在武汉市两所小学的四个年级的四个班级中,共选取了16名家庭教育背景不同的儿童,其中男生8人,女生8人。16名受访儿童构成了两个焦点访谈小组,每组均为4名男生和4名女生,其中第一组由二年级和三年级的儿童组成,年龄在7～9岁之间,构成低年级儿童组;第二组由四年级和五年级的儿童组成,年龄在9～11岁之间,构成高年级儿童组。受访儿童的父母教育程度以大学本科为多数(父亲5位,母亲5位),其次是研究生(父亲2位,母亲3位)、大专(父亲1位,母亲4位)、高中(父亲3位、母亲2位),再次是中专(父亲3位)、初中(父亲2位,母亲1位),博士占比最低(母亲1位)。所有访谈对象均无语言和听力障碍,智力正常。

本章的两次焦点小组访谈均在线下进行,访谈时间为2021年6月,访谈地点为被访儿童所在学校的会议室,在征求了被访儿童和被访儿童老师的录音许可之后,两次焦点小组访谈过程均由录音笔加以记录,每组访谈时间均为1.5小时左右。焦点小组访谈样本的构成如表12-1所示。

表12-1 焦点小组样本情况

组别	编号	性别	年龄	父亲受教育水平	母亲受教育水平
	1	男生	8岁	本科	大专
	2	男生	8岁	中专	大专
	3	男生	8岁	本科	研究生
低年级	4	男生	7岁	中专	高中
儿童组	5	女生	7岁	高中	本科
	6	女生	7岁	研究生	博士
	7	女生	8岁	高中	大专
	8	女生	8岁	研究生	研究生

（续表）

组别	编号	性别	年龄	父亲受教育水平	母亲受教育水平
	9	男生	9 岁	初中	高中
	10	男生	10 岁	大专	本科
	11	男生	10 岁	本科	本科
高年级	12	男生	11 岁	高中	本科
儿童组	13	女生	9 岁	中专	大专
	14	女生	10 岁	初中	初中
	15	女生	11 岁	本科	本科
	16	女生	11 岁	本科	研究生

2. 访谈设计

基于研究问题和焦点小组访谈目的，访谈提纲分为父母介入情况、父母介入对儿童阅读能力的影响、父母介入对儿童语言交流能力的影响以及对父母介入的总体评价四个部分，其中父母介入情况包括 9 个问项，父母介入对儿童阅读能力的影响包括 3 个问项、父母介入对儿童语言交流能力的影响包括 3 个问项、对父母介入的总体评价包括 2 个问项，具体问项如表 12 - 2 所示。

表 12 - 2　焦点小组访谈的设计及具体问项

考察维度	问项数目	问项描述
父母介入情况	9	1. 每次阅读是怎么发起和结束的？简单描述一下场景。阅读内容是怎么选择的？ 2. 爸爸妈妈会以什么样的方式陪你使用数字媒体阅读？ 3. 不会操作数字媒体的时候，怎么办？爸爸妈妈给予了哪些帮助？ 4. 阅读走神的时候，爸爸妈妈会怎样提醒你？ 5. 每当你在阅读过程中表现出开心、愤怒或者感动等情绪时，爸爸妈妈会怎么办？请举例。 6. 阅读过程中，爸爸妈妈会在什么时候给你提问？都问了哪些问题？请举例。 7. 一般情况下，这些问题你都答得上来吗？无论是答对了、答错了还是没有答出来，爸爸妈妈会怎么回答你？请举例。

（续表）

考察维度	问项数目	问项描述
父母介入情况	9	8. 和爸爸妈妈除了对话之外,在阅读过程中,和爸爸妈妈会有哪些肢体上的互动? 9. 阅读时遇到困难或者不理解的地方,你会怎么办? 爸爸妈妈会怎么帮助你? 请举例。
父母介入对儿童阅读能力的影响	3	10. 你觉得爸爸妈妈介入你的阅读和你自己阅读哪个更好? 为什么? 11. 你觉得爸爸妈妈的介入,给你的阅读带来了哪些帮助? 有了哪些收获? 12. 你觉得爸爸妈妈介入你的阅读之后,自己的阅读能力有了哪些提升? 举例说明。
父母介入对儿童语言交流能力的影响	3	13. 对于爸爸妈妈在阅读过程中的提问,你有哪些感受? 14. 在阅读完之后,爸爸妈妈会让你做什么? 举例说明。 15. 你对自己复述阅读材料的感觉是怎样的? 为什么?
对父母介入的总体评价	2	16. 如果用1~5分打分,你会给爸爸妈妈阅读时的帮助打几分? 为何这样觉得? 17. 你最喜欢爸爸妈妈在阅读的时候怎样帮助你? 为什么?

3. 访谈结论

通过焦点小组访谈,本章发现消极介入、积极辅助介入和积极启发介入是父母介入儿童数字媒体阅读的最常见方式。

1) 父母消极介入

在问到每次阅读是如何发起和结束时,编号5(女生,7岁)说道:"我们家有规定的使用 iPad 看书的时间,就是在晚饭后的半小时,我妈妈会陪我一起用 iPad 看书。"

编号1(男生,8岁)则表示:"我会在一个叫作喜马拉雅的地方听书,我都是找自己原来听的故事直接点进去听,不需要爸爸妈妈在旁边,但是我需要先去找我妈妈要手机,她把手机给我让我听我才能听。"

编号7(女生,8岁)在编号1回答基础上补充道:"我跟他不一样,我是在手机浏览器上面搜书看,但是我不是自己就去拿手机看,我也是要跟我妈妈说,我妈妈同意了我才能拿手机看书,我也是需要妈妈同意了才能看。"

编号 6(女生,7 岁)说:"我也不是用那个喜马拉雅听,我妈妈会在微信里面用'小丽妈妈讲故事'挑古诗文给我听,里面还有一些睡前故事,我妈差不多每天晚上都会挑一个出来给我听。"

关于阅读内容的选择,编号 11(男生,10 岁)说:"我都是自己选的,有时候看到一个好看的我就会继续看下去,但有的时候我爸如果在我旁边,就会看我在看什么东西,有的时候还会检查我看了哪些书。"

编号 14(女生,10 岁)表示喜欢用软件看小说:"但是我妈妈不允许看小说,认为小说不适合我这个年龄看,所以我总是躲着偷偷地看,后来被我妈抓到几次之后,每次我说要手机看书的时候,我妈都会问我要看什么书。"

编号 8(女生,8 岁)表示妈妈给自己列了一个读书清单,每天完成读书任务之后会在清单上面做相应的标记。清单里面的书目有一些是妈妈选出来的,还有一些是老师推荐阅读的,也有一些是身边同学在看并且自己也感兴趣的书,在和妈妈说完之后,妈妈也会筛选出一些列入清单之内。

小结论:对于儿童在数字媒体上阅读的行为,有的父母不会在旁边陪同一起阅读,但会通过限制儿童阅读的时间、内容,通过儿童征求许可、提前检查阅读内容、阅后查看阅读记录的方式来加以干预。

2) 父母积极辅助介入

在回忆第一次使用数字媒体进行阅读的经历时,编号 2(男生,8 岁)说:"我刚开始使用手机阅读的时候,爸爸妈妈先是告诉我在哪个软件里面,然后教我该怎么点到故事里面,就是把看书的步骤告诉我了。"

编号 5(女生,7 岁)表示第一次是使用 iPad 看书的,"当时妈妈拿着 iPad 教我怎么在屏幕上点击,告诉我可以通过触摸屏幕来做标注或者点击某个字来听他的读音"。

在编号 5(女生,7 岁)的回答基础上,编号 8(女生,8 岁)附和道:"我也是用 iPad 来看书的,我妈妈有的时候会帮我拿着 iPad,因此我自己拿的时候我妈总是说我拿得太近了伤眼睛,所以有的时候也会把 iPad 放在桌子上立起来,让我坐远一点看。"

关于阅读时爸爸妈妈对自己的关注问题,编号 10(男生,10 岁)说,妈妈会在自己阅读的时候观察自己有没有走神,如果发现自己不专注,妈妈就会提醒一下。

针对阅读走神的问题,编号 4(男生,7 岁)表示妈妈也会提醒自己:"我是用学习机,学习机上面有个摄像头,它如果检查到我走神,它就会响一个声音,我妈妈听到那个声音就会拍一下我,让我继续看。"

除了走神时的提醒,编号6(女生,7岁)说:"如果我看得很融入,我妈妈会摸摸我的头,有的时候还会亲我的额头。"

编号6(女生,7岁)附和道:"我妈妈也喜欢在我看书的时候拨弄我的头发,尤其在我表现出情绪的时候。每当我开心的时候,我妈妈会和我击掌,就那种拳头对拳头碰一下,我觉得很好玩。"

综上,父母在陪伴儿童数字媒体阅读的过程中,一方面会帮助孩子调整电子设备的位置以供孩子更好地使用,另一方面也会给孩子提供技术指导,引导孩子使用划线、批注、语音朗读等交互功能。除物理层面上的设备支持以外,父母也会在孩子走神的时候进行提醒,与孩子进行肢体上的亲密互动。

3) 父母积极启发介入

当阅读走神时,编号13(女生,9岁)表示妈妈会向自己提问,"妈妈会考一考我有没有读懂书中的关键知识和要点、能不能掌握以及能不能把这个故事概括出来"。

关于提问的内容,编号3(男生,8岁)说:"我看《三国演义》的时候,我的爸妈会问我故事里面有什么人物,比如说张飞、诸葛亮,还会问我人物的性格特点以及我喜欢哪个人物。"

编号6(女生,7岁)说:"我最近在看沈石溪的《白天鹅红珊瑚》,我妈妈会问我故事里面讲了哪些内容,还会问我里面有什么好词好句。"

编号15(女生,11岁)表示,妈妈会在重要情节的时候提问,"在一些故事的关键地方,我妈妈会问我这个角色为什么要这么做,他是好人还是坏人"。

除了阅读过程中的提问之外,父母也会在孩子阅读结束后抛出问题,如编号14(女生,10岁)谈到,"有的时候我看完了,我爸爸会问我书的中心思想和主旨以及我有什么收获"。

对于父母的提问,每当回答不上来或者回答错误的时候,编号8(女生,8岁)表示:"我爸爸是不会直接告诉我答案的,一般都是会引导我,给我提供一些线索启发我。"

编号10(男生,10岁)则表示,"我妈妈会让我再把这本书看一遍,有的时候会提示我在哪个地方可以找到答案,或者通过问其他的问题一步步引导我得出问题的答案"。

在故事的理解方面,编码 1(男生,8 岁)表示爸妈会联系过往的生活经验来帮助自己更好地理解。编码 7(女生,8 岁)谈道:"我在看《笑猫日记》的时候,书最后总结了四条道理,我妈妈就结合具体的例子给我解释了,还告诉我可以将这四个道理用在写作文里面。"

编码 11(男生,10 岁)则表示:"我妈妈会鼓励我表达自己的想法和观点,然后和我一起讨论,我妈妈也会表达她的看法,我觉得这样的交流就有助于我理解。"

编码 13(女生,9 岁)补充道,"我妈妈还会让我想象会不会有其他的结局,或者如果故事的人物没有这样做的话会怎么样,这样有的时候我就知道了人物为什么会有这样的行为"。

综上,在孩子使用数字媒体阅读的过程中,除了身体上的互动以外,父母还会和孩子进行语言上的互动,通过向孩子提问、给予启发、联系生活实际和鼓励表达想法、改编故事的方式来参与到儿童的数字媒体阅读体验之中。

4) 父母介入对阅读能力的影响

与独自使用数字媒体进行阅读相比,大部分受访者表示更喜欢和父母一起阅读。编号 4(男生,7 岁)表示,"自己读的时候会有的句子读不连贯,有的字也不认识,但是如果我妈妈在旁边的话,我就可以随时问我妈妈"。

编号 7(女生,8 岁)补充说道:"而且我不理解的东西,爸妈就可以帮我给我讲解。"编号 2(男生,8 岁)认为在爸爸妈妈的帮助下,自己在看书的时候更能抓住重点,也能注意到更多的细节。

编号 14(女生,10 岁)则感叹道,"爸爸妈妈陪自己看书之后,我的阅读速度都变快了,做阅读题的正确率也变高了"。

编号 13(女生,9 岁)表示:"我用手机看书的时候总会掉字,我妈在我旁边的时候,就会给我提出来,让我重新读一遍,所以我妈妈陪我一起看书的时候,我会更仔细。"

编码 16(女生,11 岁)认为父母对自己的最大帮助是启发自己更多地思考,"在爸爸妈妈的启发下,我能够对书中内容有一个更完整和整体的认识,就知道怎么去更好地评价这本书了"。

综上,父母介入对于儿童阅读能力的影响不仅体现在阅读速度、阅读成绩等外在表现层面,还体现在认读、理解和评析等内在能力方面。

5) 父母介入对语言交流能力的影响

在语言方面,编号 5(女生,7 岁)谈道:"妈妈会在阅读完之后,让我把故事复述一遍,通过很多次的复述练习,我发现我说得越来越清楚了。"

编号9(男生,9岁)有同样的感受:"我妈妈在阅读过程中,经常鼓励我表达我自己的观点,最开始我不喜欢说,后来慢慢地习惯了,表达也变得更加准确和流畅。"

编号16(女生,11岁)表示妈妈会在自己复述之后,先给予评价,然后演示一遍复述:"我妈妈有的时候会纠正我的措辞,有的时候也会自己说一遍,让我模仿她再复述一遍。在我妈妈的要求下,我会越来越注重复述的条理性,说得不再那么啰唆和找不到重点了。"

编号6(女生,7岁)表示自己有个专门的本子用以记录阅读时看到的好词好句:"我妈会让我在阅读的时候把好词好句画出来,阅读完之后我就把这些好词好句抄在本子上,现在已经记录半个本子了。"

综上,与独自阅读相比,父母介入有助于儿童提升表达的准确性、条理性和流畅性,同时对于词汇的储备和运用也大有裨益。

基于对焦点小组访谈结果的分析,当代父母对儿童数字媒体阅读的介入方式大致可分为三类。

(1)消极介入:父母制定规则,限制儿童使用数字媒体阅读的自由、时间和内容。

(2)积极辅助介入:儿童个人体验为主,父母介入为辅,包括设备调试、技术支持、注意引导、身体互动、情感关怀等一切非内容层面、非启发意义的辅助式介入。

(3)积极引导介入:儿童个人体验与父母介入两相结合,包括主动发问、给予启发、联系实际、鼓励表达、双向互动等一切内容层面、具有启发意义的引导式介入。

同时,焦点小组访谈的结果也进一步明确了父母介入对于儿童阅读能力和语言交流能力的影响,那么不同的父母介入方式是否会带来不同的影响? 这一问题本章通过问卷调查的方式再加以检验。

(四)问卷调查

1. 数据采集

本章研究于2021年7月—9月期间,在我国中部地区新一线城市武汉进行了大规模的整群随机分层抽样调研。作为中部地区的中心城市,武汉的经济发展水平和教育实力在我国处于中等水平。现有的儿童数字媒体阅读和父母介入研究多集中在北京、上海等一线城市,新一线城市作为中国发展的中流砥柱,对于中国的人口来说更具代表性。同时相对于北京、上海等一线城市学生的阅读卷入水平,武汉学生的使用数字媒体阅读的时间、频率、类型等在全国处于中等位置,能够更加真实地反映出当代中国儿童使用数字媒体阅读的现状,因此将武汉市作为本章研究的调研地区是适当而合理的。

基于全面而深入的文献综述,本章研究验证了所使用测量量表的适用性和可靠性,并通过 30 个亲子小组的前测验证了量表在儿童中的有效性。研究分别邀请了来自低年级(1—3 年级)和高年级(4—6 年级)的 30 名学生以及他们的父母之一参加前测,在其填写问卷后,研究者组织了焦点小组访谈以收集意见和建议。根据反馈,一些有问题的题项进行了相应的修订,问项的准确性和简洁性得到了提高,基于此确定了本章研究最终的量表。

在正式的调研过程中,本章研究通过整群随机分层抽样的方式分别选取了办学条件较好、办学条件一般和办学条件有待改善三类小学,共计 6 所小学。在获得学校、教师和受试者的知情同意后,本章研究以班级为单位在学校展开调研。受试学生在学校的教室内进行了问卷填写,在问卷发放之前,研究者向受试学生细致地讲解了调研目的、问卷内容、填写步骤以及每道题的填写说明,随后全程参与受试学生填写问卷的过程,并为受试学生提供详尽的指导。每个班级的调研过程大约1 个小时。

2. 样本构成

本章研究累计发出 1310 份问卷,成功回收 1282 份,废卷 28 份,回收率为97.86%。按照阅读能力测试卷答题数低于 50%、阅读问卷填写选项相同数高于90%、关键数据缺失为标准剔除无效问卷,最终得到有效问卷 1096 份,有效率为85.49%。由于本章研究前提要求儿童有过使用数字媒体阅读的经历,因此在 1096份有效问卷的基础上,295 个被试者由于未使用过数字媒体进行阅读而被剔除,剩下的 801 个被试者构成了本章研究统计分析的样本($N=801$)。

样本在性别、年龄等关键指标上的分布都较为均衡。总计 801 名小学生被试,其中男性 415 名,占比 51.8%,女性 386 名,占比 48.2%。年龄层面,年龄范围在6～13 岁之间,均值为 9.14 岁,标准差为 1.99 岁,其中低年级(一至三年级)学生419 名,占比 52.3%,高年级(四至五年级)学生 382 名,占比 47.7%。父母层面,父母受教育程度水平以大专或本科为主,其中学历为大专或本科的父亲 367 名,占比45.8%;学历为大专或本科的母亲 351 名,占比 43.8%。具体的样本结构如表 12 - 3

所示。

表 12-3 本研究样本的人口特征（$N=801$）

		频数（人）	百分比（%）
性别	女性	386	48.2
	男性	415	51.8
年龄	6 岁	84	10.5
	7 岁	127	15.9
	8 岁	148	18.5
	9 岁	83	10.4
	10 岁	53	6.6
	11 岁	208	26.0
	12 岁	96	12.0
	13 岁	2	0.2
年级	一年级	133	16.6
	二年级	123	15.4
	三年级	163	20.3
	四年级	56	7.0
	五年级	37	4.6
	六年级	289	36.1
母亲受教育水平	初中及以下	151	18.9
	中专或高中	258	32.2
	大专或本科	351	43.8
	研究生及以上	41	5.1
父亲受教育水平	初中及以下	126	15.7
	中专或高中	258	32.2
	大专或本科	367	45.8
	研究生及以上	50	6.2

（续表）

	频数（人）	百分比（%）
母亲职业 企事业单位领导	38	4.7
企事业单位员工	143	17.9
工人	40	5.0
个体经营业主	116	14.5
专业技术人员	100	12.5
公务员	13	1.6
农业劳动者	6	0.7
服务业人员	118	14.7
无工作	116	14.5
其他	111	13.9
父亲职业 企事业单位领导	74	9.2
企事业单位员工	158	19.7
工人	151	18.9
个体经营业主	143	17.9
专业技术人员	95	11.9
公务员	9	1.1
农业劳动者	20	2.5
服务业人员	54	6.7
无工作	8	1.0
其他	89	11.1

注：由于四舍五入，有些题项的百分比加总未正好等于100%。

3. 变量测量

本章研究量表共有五个部分。

第一部分是对儿童数字媒体阅读行为的测量。借鉴国际学生评估项目的测量方法，儿童数字媒体阅读行为问卷分为阅读参与、阅读兴趣和阅读信息加工三个部分，共14项测试题目构成[61]。

阅读参与包括阅读频率、阅读时长与阅读内容多样性，主要采用选择题的形式来调查。数字媒体阅读时间越长、阅读频率越高、阅读内容越丰富表示受试者在数字媒体上的阅读参与水平越高。对于"阅读频率"的测量，采用"在过去的一星期，你大约使用了多少次数字媒体进行阅读？"的问项，并用1表示没用过，用2表示一周 1 次,用 3 表示一周 2～5 次,用 4 表示每天 1 次,用 5 表示每天用多次,要求受试者在五级李克特量表上根据自身实际情况进行打分,对该问项的所有得分加总取均值后,作为数字媒体阅读频率得分。对于"阅读时长"的测量,本章研究采用了"在过去的一星期,你平均每天使用数字媒体阅读大约多长时间?"的问项,并用 1 表示小于 15 分钟,用 2 表示 15～30 分钟,用 3 表示 30～60 分钟,用 4 表示 1～2 小时,用 5 表示 2 小时以上,要求受访儿童根据自身实际情况对该问项进行打分,然后相加取均值,作为数字媒体阅读时长得分。对于"阅读内容多样性"的测量,采用"在过去的一星期,你在数字媒体上阅读以下内容的频率是多少?"问题包括课本/辅导书、世界名著、启蒙认知读物、卡通动漫、童话、小说、古典文学/诗词共七类内容,采用李克特五级量表,要求受试者从"1＝从不"到"5＝总是"进行评分,所有内容题项评分加总取均值作为阅读内容多样性得分。

阅读兴趣包括 5 个题项,所有题项采用李克特五级量表,受访者的评分范围为"1＝完全不符合"到"5＝完全符合"。累计总分越高,代表受试者对于数字媒体的阅读兴趣越高。

阅读信息加工指在数字媒体上的阅读策略,包含记忆(2 个题项)、监控(2 个题项)和精细化(2 个题项)三个维度。所有题项采用李克特五级量表,受访者的评分范围为"1＝完全不符合"到"5＝完全符合"。累计总分越高,代表受试者在数字媒体上的阅读信息加工水平越高。儿童数字媒体阅读行为的具体题项如表 12 - 4 所示。

表 12 - 4　儿童数字媒体阅读行为的操作化测量

测量内容	测量维度	维度含义	题项
阅读参与	阅读频率	每周在数字媒体上阅读的频率	1. 在过去的一星期,你大约使用了多少次数字媒体进行阅读?
	阅读时长	每天在数字媒体上阅读的时长	2. 在过去的一星期,你平均每天使用数字媒体阅读大约多长时间?
	阅读内容多样性	在数字媒体上阅读内容的丰富程度	3. 在过去的一星期,你在数字媒体上阅读课本等内容的频率是多少?

（续表）

测量内容	测量维度	维度含义	题项
阅读兴趣	阅读兴趣	对数字媒体阅读的喜爱、享受和专注程度	4. 在数字媒体上阅读能引发我思考 5. 在数字媒体上阅读时我能全神贯注 6. 我喜欢在数字媒体上阅读 7. 我想在数字媒体阅读上投入更多的时间和精力
阅读信息加工	记忆	通过对信息的进一步加工以储备从数字媒体阅读中获得到的新知识	8. 使用数字媒体阅读能够让我学到很多东西 9. 我尝试记忆在数字媒体上阅读的所有内容 10. 我会在数字阅读过程中尽量多地记住一些细节
	监控	确保达到了学习目标,检查已学习任务和待学习内容以适应任务需要	11. 我会检查我是否看懂了我在数字媒体上阅读的内容 12. 我不会跳过数字阅读过程中看不懂的内容,会寻找其他补充信息来帮助理解
	精细化	将数字媒体阅读中所学到的知识和其他知识以及生活经验联系起来以获得更深入的理解	13. 我会将从数字阅读中学到的新知识与以前学过的知识联系起来 14. 我会将从数字阅读中获得的收获运用到生活中

4. 数据质量

克龙巴赫系数是目前最常用的信度测量方法,通常用来测量量表内部的一致性程度,它的取值在 $0 \sim 1$ 之间,如果 Cronbach's α 系数大于 0.8,我们就可以判定该量表具有较好的信度。利用 IBM SPSS Statistics 26.0 对各变量的 Cronbach's α 系数进行测量,结果如表 12-5 所示,所有结果均在 0.8 以上,各个变量题项的信度良好。

表 12-5　各变量的 Cronbach's α 系数

变量名称	儿童数字媒体阅读行为	父母介入	儿童阅读能力	儿童语言交流能力
Cronbach's α 系数	0.980	0.970	0.813(低年级版)/ 0.809(高年级版)	0.812(低年级版)/ 0.851(高年级版)

KMO是用于比较变量间简单相关系数和偏相关系数的指标,取值范围在0~1之间,其值越接近于1,意味着变量间的相关性越强,原有变量越适合进行因子分析。利用IBM SPSS Statistics 26.0对各变量的KMO进行测量,结果如表12-6所示,各个变量的KMO值全部在0.8以上,巴特利球形检验显著性为0.000,符合分析要求,说明问卷的效度良好。

表12-6 各变量的KMO指标值

变量名称	儿童数字媒体阅读行为	父母介入	儿童阅读能力	儿童语言交流能力
KMO 指标	0.873	0.964	0.817(低年级版)/ 0.814(高年级版)	0.829(低年级版)/ 0.865(高年级版)
巴特利特球形度检验	0.000	0.000	0.000	0.000

共同方差偏差指的是由于相同的数据来源、测量环境、项目语境等因素所导致的预测变量与效标变量之间人为的共变[62]。为控制共同方法偏差,本章采取了匿名测量、部分项目反向、从不同来源测量等措施。通过哈曼(Harman)单因素检验,得到了15个特征值大于1的因子,最大因子方差解释率为17.90%,低于40%的临界标准,说明本章数据不存在严重的共同方差偏差。

四、数据分析

(一)各变量描述性分析

1. 父母介入描述性统计

儿童在父母介入的三个维度:消极介入、积极辅助介入和积极启发介入的均值和标准差如表12-7所示。本章所采用的父母介入量表为李克特五级量表,数值越大代表着父母介入的水平越高,5级量表的中位数"3"作为参照值用以判断父母对于儿童数字媒体阅读的介入程度。

表12-7 儿童数字媒体阅读父母介入的描述统计值及方差分析($M \pm SD$)

	总体 $M \pm SD$	性别			年龄		
		女 $M \pm SD$	男 $M \pm SD$	t 检验	低年级 $M \pm SD$	高年级 $M \pm SD$	t 检验
父母介入	3.42±0.82	3.51±0.80	3.34±0.84	2.208*	3.59±0.71	3.27±0.89	4.302***

（续表）

	总体 M±SD	性别			年龄		
		女 M±SD	男 M±SD	t 检验	低年级 M±SD	高年级 M±SD	t 检验
消极介入	3.55±1.02	3.55±0.98	3.55±1.06	0.046	3.69±0.94	3.41±1.07	2.928**
积极辅助介入	3.04±1.12	3.21±1.08	2.87±1.13	3.290***	3.29±0.97	2.81±1.20	4.625***
积极启发介入	3.68±1.08	3.77±1.03	3.60±1.09	1.636	3.80±0.89	3.58±1.20	2.247*

注：* $p < 0.05$，** $p < 0.01$，*** $p < 0.001$。

从表 12－7 中我们可以看出，父母对于儿童使用数字媒体进行阅读的行为保持着较高的介入水平，均值为 3.42，消极介入的均值为 3.55，积极辅助介入的均值为 3.04，积极启发介入的均值为 3.68，由此说明父母更多地采用积极启发的方式介入儿童的数字媒体阅读，而积极辅助式介入则较少。在性别层面，父母对于女孩的介入水平要显著高于男孩，其中在积极辅助方式上父母介入水平的差异最为显著。在年龄层面，相对于高年级孩子而言，父母对于低年级孩子的总体介入水平、消极介入、积极辅助介入和积极启发介入水平均显著更高。

2. 儿童数字媒体阅读行为描述统计

儿童在数字媒体阅读行为上的三方面表现：阅读参与、阅读兴趣和阅读信息加工的均值和标准差如表 12－8 所示。本章所采用的儿童数字媒体阅读行为量表为李克特五级量表，选项程度的递增表示受试者在测试题项上的同意程度或行为频率的递增，代表着更高水平的阅读行为投入。为了方便比较，本章选取 5 级量表的中位数"3"作为参照值判断儿童的数字媒体阅读行为水平。

表 12－8 儿童数字媒体阅读行为的描述统计值及方差分析（M±SD）

	总体 M±SD	性别			年龄		
		女 M±SD	男 M±SD	t 检验	低年级 M±SD	高年级 M±SD	t 检验
数字媒体阅读行为	3.42±0.64	3.49±0.64	3.35±0.64	2.431*	3.29±0.63	3.54±0.63	−4.525***

（续表）

	总体	性别			年龄		
	$M\pm SD$	女 $M\pm SD$	男 $M\pm SD$	t 检验	低年级 $M\pm SD$	高年级 $M\pm SD$	t 检验
数字媒体阅读参与	2.72 ± 0.89	2.81 ± 0.86	2.63 ± 0.92	$2.363*$	2.62 ± 0.88	2.82 ± 0.90	$-2.417*$
数字媒体阅读兴趣	3.74 ± 0.83	3.78 ± 0.82	3.71 ± 0.85	0.934	3.65 ± 0.81	3.83 ± 0.85	$-2.596**$
数字媒体阅读信息加工	3.80 ± 0.92	3.89 ± 0.91	3.73 ± 0.93	$1.990*$	3.61 ± 0.87	3.98 ± 0.94	$-4.756***$

注：$* p<0.05, ** p<0.01, *** p<0.001$。

从表 12-8 呈现的数据可以看出，儿童的数字媒体阅读行为均值为 3.42，阅读参与均值为 2.72，阅读兴趣均值为 3.74，阅读兴趣加工均值为 3.80，除阅读参与以外，均超过 5 级量表的参照值 3，由此说明儿童在数字媒体阅读行为方面总体处于较高水平，在阅读兴趣和阅读信息加工方面都有着较好的表现，但在阅读参与上稍有不足。

同时，独立样本 t 检验的结果表明，儿童在数字媒体阅读参与、阅读习惯以及阅读信息加工上均存在着显著的性别和年龄差异。在性别层面，女生在总体阅读行为水平、阅读参与和阅读信息加工上均显著高于男生，值得注意的是，女生和男生在阅读兴趣方面并未表现出明显的差异。在年龄层面，本章将受试者区分为低年级段（一至三年级）和高年级段（四至六年级）两类以便探讨不同年龄儿童的表现差异。结果表明，与低年级儿童相比，高年级儿童在数字媒体阅读行为以及各维度上均具有显著的更好表现。

3. 儿童阅读能力描述统计

儿童在阅读能力的三个维度：认读能力、理解能力和评析能力的均值和标准差如表 12-9 所示。阅读能力及三个分维度的取值均在 0～7 之间，数值越大代表能力越高。本章选取 7 级量表的中位数"4"作为参照值判断儿童的阅读能力。

表 12 - 9　儿童阅读能力的描述统计值及方差分析（$M \pm SD$）

	总体 $M \pm SD$	性别			年龄		
		女 $M \pm SD$	男 $M \pm SD$	t 检验	低年级 $M \pm SD$	高年级 $M \pm SD$	t 检验
阅读能力	4.77 ± 1.32	4.87 ± 1.29	4.67 ± 1.33	1.729	4.14 ± 1.01	5.33 ± 1.31	$-11.979{***}$
认读能力	5.07 ± 1.62	5.19 ± 1.56	4.96 ± 1.68	1.597	4.42 ± 1.58	5.66 ± 1.43	$-9.629{***}$
理解能力	4.79 ± 1.49	4.93 ± 1.51	4.65 ± 1.47	$2.161{***}$	4.21 ± 1.19	5.30 ± 1.55	$-9.311{***}$
评析能力	4.45 ± 1.63	4.49 ± 1.61	4.40 ± 1.66	0.617	3.79 ± 1.39	5.03 ± 1.61	$-9.650{***}$

注：$* p < 0.05, ** p < 0.01, *** p < 0.001$。

通过表 12 - 9 可以看出，儿童的整体阅读能力较好，均值为 4.77，认读能力均值为 5.07，理解能力均值为 4.79，评析能力为 4.45，均高于参照值"4"，其中儿童在认读方面的表现最佳，而在评析方面表现稍逊。在年龄层面，女生在理解能力上的表现均显著优于男生，而在总体阅读水平、认读能力和评析能力上并未体现出显著优势。在性别层面，与低年级儿童的相比，高年级儿童在认读等各方面的阅读表现均有明显提升。

4. 儿童语言交流能力描述统计

对于语言交流能力的测量，本章采用了李克特五级量表，数值越大代表受试者语言交流水平越高。5 级量表的中位数"3"作为参照值用以判断儿童的语言交流能力，具体的均值和标准差如表 12 - 10 所示。

表 12 - 10　儿童语言交流能力的描述统计值及方差分析（M $\pm$ SD）

	总体 $M \pm SD$	性别			年龄		
		女 $M \pm SD$	男 $M \pm SD$	t 检验	低年级 $M \pm SD$	高年级 $M \pm SD$	t 检验
语言能力	4.03 ± 0.62	4.14 ± 0.56	3.93 ± 0.65	$2.973{**}$	3.92 ± 0.60	4.10 ± 0.62	$-2.570*$

注：$* p < 0.05, ** p < 0.01$。

如表 12 - 10 所示，儿童整体表现出较好的语言能力，均值为 4.03。性别层面，女生的语言能力显著高于男生。年龄层面，相比于低年级儿童，高年级儿童表现出更高的语言能力。

(二)相关分析

两个变量之间的关系密切程度可以通过相关分析来加以判断,因此本章采用皮尔逊相关关系来考察不同父母介入方式、儿童数字媒体阅读行为、儿童的阅读能力以及语言交流能力之间的相关性是否显著。相关分析的结果如表12-11所示。

表12-11 各观测变量之间的相关矩阵

变量	父母消极介入	积极辅助介入	积极启发介入	儿童数字媒体阅读行为	儿童阅读能力	儿童语言交流能力
消极介入	1					
积极辅助介入	0.415**	1				
积极启发介入	0.313**	0.400**	1			
儿童数字媒体阅读行为	0.033	0.144*	0.245**	1		
儿童阅读能力	0.071	0.020	0.224**	0.189**	1	
儿童语言交流能力	0.068	0.074	0.353**	0.334**	0.303**	1

注：$* p < 0.05, ** p < 0.01$。

通过相关分析的结果可知,除了儿童数字媒体阅读行为和父母消极介入、阅读能力和父母消极介入、阅读能力和父母积极辅助介入、语言交流能力和父母消极介入、语言交流能力和父母积极辅助介入,其他变量两两之间均存在显著的相关关系。在明确了变量之间的相关关系之后,接下来将对本章提出的模型进行检验。

(三)回归分析

在检验中介效应之前,本章先进行了多元线性回归分析以验证儿童数字媒体阅读行为与儿童阅读能力和语言交流能力之间的关系。

1. 儿童数字媒体阅读行为与儿童阅读能力的关系

利用 IBM SPSS Statistics 26.0,我们在线性回归的第一阶层中输入"年龄""性别""父母学历"以及"父母职业"四个人口学变量作为控制变量,第二阶层中输入"儿童数字媒体阅读参与""儿童数字媒体阅读兴趣""儿童数字媒体阅读信息加工"三个变量,因变量中输入"儿童阅读能力"。多元分层线性回归的结果如表12-12所示。

表 12 - 12　儿童阅读能力多元回归分析

	调整后 R^2	阅读能力		标准化系数
		非标准化系数		
		B	标准误	β
第一步	0.082***			
儿童性别		0.705	0.345	0.091*
儿童年龄		0.299	0.048	0.279***
父母学历		0.297	0.116	0.109*
父母职业		0.006	0.091	0.003
第二步	0.083***			
儿童数字媒体阅读参与		0.791	0.316	0.171*
儿童数字媒体阅读兴趣		0.156	0.064	0.167*
儿童数字媒体阅读信息加工		0.870	0.333	0.182**
总的 R^2			0.165***	
N			801	

注：* $p<0.05$,** $p<0.01$,*** $p<0.001$。

多元线性回归的结果(见表 12 - 12)表明,人口学变量对于儿童阅读能力的解释力为 8.2％,儿童的性别、年龄和父母学历均与儿童的阅读能力具有显著的正向关系,其中年龄对于儿童阅读能力的影响最为显著($\beta=0.279$,$p<0.001$),而父母职业则不具备显著直接影响。在控制了人口学变量后,儿童数字媒体阅读行为对其阅读能力可以增加 8.3％的解释力,儿童在数字媒体上的阅读参与、阅读兴趣与阅读信息加工均可以正向作用于其阅读能力,其中数字媒体阅读信息加工对于阅读能力的提升效果最为显著($\beta=0.182$,$p<0.01$)。人口学特征和儿童数字媒体阅读投入两大要素对于儿童阅读能力的累计解释力度达到 16.5％。

2. 儿童数字媒体阅读行为与儿童语言交流能力的关系

对于儿童数字媒体阅读行为与其语言交流能力的关系,我们采取了同上的分析方式,通过多元线性回归的方式来加以验证。具体的分析结果如表 12 - 13 所示。

表 12 - 13　儿童语言交流能力多元回归分析

	调整后 R^2	阅读能力		
		非标准化系数		标准化系数
		B	标准误	β
第一步	0.034*			
儿童性别		2.129	0.725	0.172**
儿童年龄		0.910	0.376	0.142*
父母学历		0.287	0.252	0.068
父母职业		0.247	0.204	0.079
第二步	0.213***			
儿童数字媒体阅读参与		0.127	0.487	0.017
儿童数字媒体阅读兴趣		0.477	0.096	0.309***
儿童数字媒体阅读信息加工		0.816	0.109	0.453***
总的 R^2			0.247***	
N			801	

注：* $p<0.05$, ** $p<0.01$, *** $p<0.001$。

多元线性回归的结果（见表 12 - 7）表明，人口学变量可以解释儿童语言能力 3.4％的变异，其中儿童的性别（$\beta=0.172$, $p<0.01$）和年龄（$\beta=0.142$, $p<0.05$）显著影响其语言能力，而父母学历和父母职业的影响并不显著。在控制了人口学变量后，儿童数字媒体阅读行为对其语言交流能力的解释力为 21.3％，除阅读参与之外，儿童在数字媒体上的阅读兴趣和阅读信息加工均可以正向作用于其语言交流能力，其中阅读信息加工的影响最为积极（$\beta=0.453$, $p<0.001$）。人口学特征和儿童数字媒体阅读行为对于儿童语言交流能力的累计解释力度达到 24.7％。

（四）中介效应分析

参照方杰等人所提出的偏差矫正百分位 Bootstrap 法，本研究重复抽样 5000 次以检验中介效应[63]。在 Bootstrap 95％置信区间内，如果包含数字 0，说明不存在中介效应，反之如果不包含数字 0 则代表中介效应成立。在具体操作方面，本章选取了安德鲁·F.海耶斯（Andrew F. Hayes）编制的 SPSS 宏 PROCESS 插件中的 Model 4(Model 4 为简单的中介模型)[64]。

　　根据 Hayes 中介效应的检验步骤,本章在控制了儿童性别、年龄以及父母学历、职业的情况下,以儿童数字媒体阅读行为为自变量,儿童阅读能力为中介变量,儿童语言交流能力为因变量进行回归分析。

　　回归分析的结果表明(见表 12-14),儿童数字媒体阅读行为对儿童语言交流能力的预测作用显著($\beta=0.04, t=7.07, p<0.001$),且当放入中介变量儿童阅读能力后,儿童数字媒体阅读行为对于儿童语言交流能力的直接预测作用依然显著($\beta=0.03, t=3.41, p<0.001$)。儿童数字媒体阅读行为对其阅读能力的正向预测作用显著($\beta=0.10, t=2.64, p<0.01$),并且进一步儿童阅读能力对儿童语言交流能力的正向预测作用也显著($\beta=0.04, t=6.52, p<0.001$)。

表 12-14　儿童阅读能力在儿童数字媒体阅读行为与儿童语言交流能力间的中介模型检验

回归方程($N=801$)		拟合指标			系数显著性	
因变量	自变量	R	R^2	$F_{(df)}$	β	t
语言交流能力		0.45	0.20	$11.52^{***}_{(5)}$		
	儿童数字媒体阅读行为				0.04	7.07^{***}
阅读能力		0.28	0.08	$3.91^{**}_{(5)}$		
	儿童数字媒体阅读行为				0.10	2.64^{**}
语言交流能力		0.49	0.24	$11.99^{***}_{(6)}$		
	阅读能力				0.04	6.52^{***}
	儿童数字媒体阅读行为				0.03	3.41^{***}

注:$**p<0.01, ***p<0.001$。

　　中介检验的结果表明(见表 12-15),儿童数字媒体阅读行为对儿童语言交流能力影响的直接效应及儿童阅读能力的中介效应的 Bootstrap 95%置信区间的上、下限均不包含 0,表明儿童数字媒体阅读行为不仅能够直接预测儿童的语言交流能力,而且能够通过儿童阅读能力的中介作用预测儿童的语言交流能力,中介效应值为 0.003。直接效应(0.035)和中介效应(0.003)分别占总效应(0.038)的 92.1%和 7.9%。

表 12 - 15　总效应、直接效应及中介效应分解表

	效应值	Boot 标准误	Boot *CI* 下限	Boot *CI* 上限	相对 效应值
总效应	0.038	0.005	0.028	0.049	
直接效应	0.035	0.005	0.026	0.046	92.1%
阅读能力的中介效应	0.003	0.002	0.001	0.007	7.9%

综上所述,儿童数字媒体阅读行为既能直接预测儿童的语言交流能力,也能在儿童阅读能力的中介作用下间接预测儿童的语言交流能力,由此中介模型成立。中介模型的具体路径系数检验如图 12 - 3 所示。

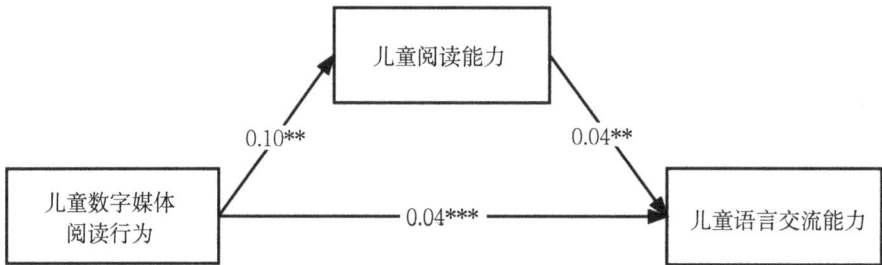

图 12 - 3　中介模型系数

(五)有调节的中介模型检验

为了进一步检验有调节的中介效应模型,本章采用了 Process 插件中的 Model 8,置信区间设定为 95%,重复抽样 5000 次。在控制了儿童性别、儿童年龄、父母学历和父母职业四个变量之后,以儿童数字媒体阅读行为为自变量,儿童的语言交流能力为因变量,儿童的阅读能力以中介变量,父母介入方式(分为积极启发介入、积极辅助介入、积极启发介入三类)为调节变量进行回归分析。

1. 父母积极启发介入的调节效应检验

如表 12 - 16 所示,将父母积极启发介入放入模型后,儿童数字媒体阅读行为与父母积极介入的乘积项对儿童阅读能力以及语言交流能力的预测作用均显著(儿童阅读能力:$\beta=0.01$,$t=2.06$,$p<0.05$;儿童语言交流能力:$\beta=0.01$,$t=2.83$,$p<0.05$),由此说明父母积极启发介入不仅能够在儿童数字媒体阅读行为及其阅读能力之间起调节作用,而且能够调节儿童数字媒体阅读行为对其语言交流能力的预测作用。

表 12-16　有调节的中介模型检验(调节变量:父母积极启发介入)

回归方程($N=801$)		拟合指标			系数显著性	
因变量	自变量	R	R^2	$F_{(df)}$	β	t
阅读能力		0.30	0.09	$3.13^{**}_{(7)}$		
	儿童数字媒体阅读行为				0.13	7.07^{***}
	积极启发介入				0.43	1.98^{*}
	交互项				0.01	2.06^{*}
语言交流能力		0.54	0.30	$11.61^{***}_{(8)}$		
	阅读能力				0.03	3.13^{**}
	儿童数字媒体阅读行为				0.08	4.28^{***}
	积极启发介入				0.62	3.51^{***}
	交互项				0.01	2.83^{*}

注:$*p<0.05,**p<0.01,***p<0.001$。

交互项:儿童数字媒体阅读行为×父母积极启发介入。

在此基础上,本章进行进一步的简单斜率分析(见图 12-4、图 12-5)。如图 12-4 所示,对于父母积极启发介入水平较低($M-1SD$)的被试者,儿童数字媒体阅读行为对儿童的语言交流能力具有显著的正向预测作用($simple\ slope=0.02$,$t=2.05$,$p<0.05$);对于家庭积极启发介入水平较高($M+1SD$)的被试者,儿童数字媒体阅读行为同样可以显著正向预测其语言交流能力,并且预测作用更大($simple\ slope=0.04$,$t=5.91$,$p<0.001$),表明随着父母积极启发介入水平的提高,儿童数字媒体阅读行为对儿童语言交流能力的预测作用呈逐渐递增趋势(见表 12-17)。

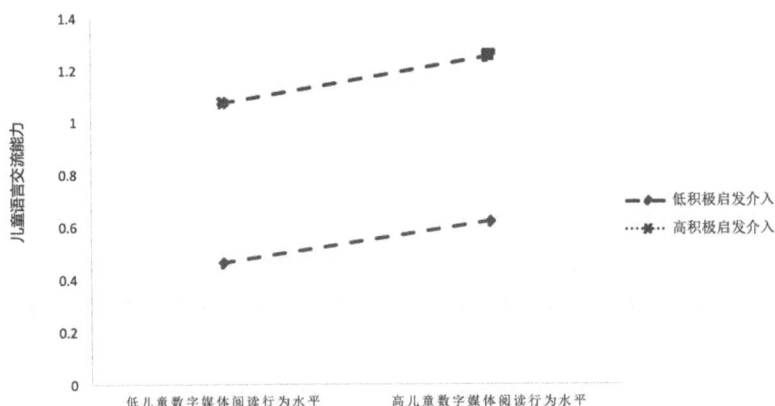

图 12-4　父母积极启发介入在儿童智媒阅读行为与语言交流能力之间关系中的调节作用

表 12 - 17　在父母积极启发介入的不同水平上的直接效应及中介效应

	父母积极启发介入	效应值	Boot 标准误	Boot CI 下限	Boot CI 上限
直接作用	1.92(M−1SD)	0.015	0.007	0.003	0.028
	3.04(M)	0.023	0.006	0.018	0.036
	4.16(M+1SD)	0.038	0.007	0.028	0.049
阅读能力的中介作用	1.92(M−1SD)	0.011	0.002	0.001	0.019
	3.04(M)	0.027	0.002	0.001	0.025
	4.16(M+1SD)	0.040	0.002	0.001	0.067

如图 12 - 5 所示,在父母积极启发介入水平较低($M-1SD$)的条件下,儿童数字媒体阅读行为对阅读能力具有显著的正向预测作用($simple\ slope=0.01,t=2.13,p<0.05$);在父母积极启发介入水平较高($M+1SD$)的条件下,儿童数字媒体阅读行为依然可以正向预测其阅读能力($simple\ slope=0.04,t=3.57,p<0.001$),并且预测作用更大,由此说明随着父母积极启发介入水平的提高,儿童数字媒体阅读行为对于儿童阅读能力的预测作用越强。

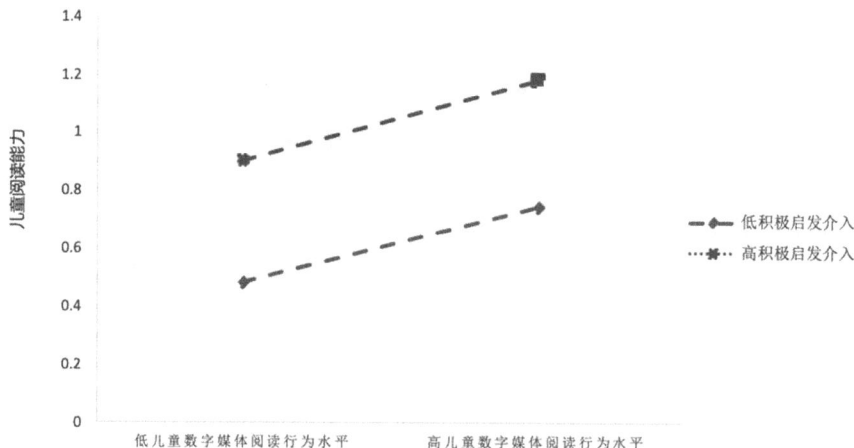

图 12 - 5　父母积极启发介入在儿童智媒阅读行为与儿童阅读能力之间关系中的调节作用

2. 父母积极辅助介入的调节效应检验

如表 12 - 18 所示,儿童数字媒体阅读行为可以显著预测儿童的阅读能力($\beta=$

$0.15, t = 2.14, p < 0.05$)和语言交流能力($\beta = 0.03, t = 2.13, p < 0.05$),然而儿童数字媒体阅读行为与父母积极辅助介入的乘积项对于儿童阅读能力以及语言能力的预测作用未能达到显著水平,由此说明父母积极辅助介入无法在儿童数字媒体阅读行为与其阅读能力、语言交流能力之间起到调节作用。

表 12 - 18　有调节的中介模型检验(调节变量:父母积极辅助介入)

回归方程($N = 801$)		拟合指标			系数显著性	
因变量	自变量	R	R^2	$F_{(df)}$	β	t
阅读能力		0.29	0.08	$2.88^{**}_{(7)}$		
	儿童数字媒体阅读行为				0.15	2.14^*
	积极辅助介入				0.36	0.29
	交互项				0.02	0.48
语言交流能力		0.50	0.25	$9.38^{***}_{(8)}$		
	阅读能力				0.03	3.48^{***}
	儿童数字媒体阅读行为				0.03	2.13^*
	积极辅助介入				0.09	0.49
	交互项				0.00	0.08

注:$* p < 0.05, ** p < 0.01, *** p < 0.001$。

交互项:儿童数字媒体阅读行为×父母积极辅助介入。

有鉴于此,本章进一步采用 Bootstrap 的方法来明确在不同的父母积极辅助介入水平下,儿童数字媒体阅读行为对其语言交流能力的直接以及间接影响是否存在差异。通过在均值的基础上分别减去和加上一个标准差的方式,本章将受试者的父母积极辅助介入水平划分为低、中、高三个层次,如表 12 - 19 所示,在较低的父母积极辅助介入水平下($M-1SD$),儿童数字媒体阅读行为对其语言能力的预测效应值为 0.032,而在较高的父母积极辅助介入水平下($M+1SD$),儿童数字媒体阅读行为对其语言能力的预测效应值提升至为 0.033,由此说明父母积极辅助介入能发挥一定程度的正向调节作用,但是整体作用较小,未能达到显著水平。

表 12‑19　在父母积极辅助介入的不同水平上的直接效应及中介效应

	父母积极辅助介入	效应值	Boot 标准误	Boot CI 下限	Boot CI 上限
直接作用	2.60(M−1SD)	0.032	0.008	0.019	0.046
	3.68(M)	0.033	0.006	0.023	0.042
	4.76(M+1SD)	0.033	0.006	0.023	0.043
阅读能力的中介作用	2.60(M−1SD)	0.003	0.002	0.001	0.007
	3.68(M)	0.003	0.002	0.001	0.007
	4.76(M+1SD)	0.004	0.002	0.001	0.008

3. 父母消极介入的调节效应检验

根据表 12‑20，儿童数字媒体阅读行为对儿童的阅读能力（$\beta=0.26$, $t=2.39$, $p<0.05$）和语言交流能力（$\beta=0.06$, $t=3.96$, $p<0.001$）具有显著的正向预测作用，然而儿童数字媒体阅读行为与父母消极介入的乘积项对儿童的阅读能力（$\beta=-0.05$, $t=-2.60$, $p<0.05$）和语言交流能力（$\beta=-0.01$, $t=2.45$, $p<0.05$）则表现出显著的负向预测作用，由此说明父母消极介入负向调节儿童数字媒体阅读行为与儿童阅读能力、语言交流能力之间的关系。

表 12‑20　有调节的中介模型检验（调节变量：父母消极介入）

因变量	自变量	R	R^2	$F_{(df)}$	β	t
阅读能力		0.30	0.09	$3.19^{**}_{(7)}$		
	儿童数字媒体阅读行为				0.26	2.39^*
	消极介入				−0.73	−0.29
	交互项				−0.05	-2.60^*
语言交流能力		0.52	0.27	$10.42^{***}_{(8)}$		
	阅读能力				0.03	3.17^{**}
	儿童数字媒体阅读行为				0.06	3.96^{***}
	消极介入				−0.37	−1.92
	交互项				−0.01	-2.45^*

注：* $p<0.05$, ** $p<0.01$, *** $p<0.001$。

交互项：儿童数字媒体阅读行为×父母消极介入。

　　在此基础上，本章进行进一步的简单斜率分析（见图 12 - 6、图 12 - 7）。如图 12 - 6 所示，在父母消极介入水平较低（$M-1SD$）的条件下，儿童数字阅读行为对儿童的语言交流能力具有显著的正向预测作用（$simple\ slope=0.039, t=6.52, p<0.001$）；在父母消极介入水平较高（$M+1SD$）的条件下，儿童数字阅读行为同样可以显著正向预测其语言交流能力，但是预测作用较小（$simple\ slope=0.024, t=3.09, p<0.01$），表明随着父母消极介入水平的提高，儿童数字媒体阅读行为对其语言交流能力的预测作用呈逐渐递减趋势（见表 12 - 21）。

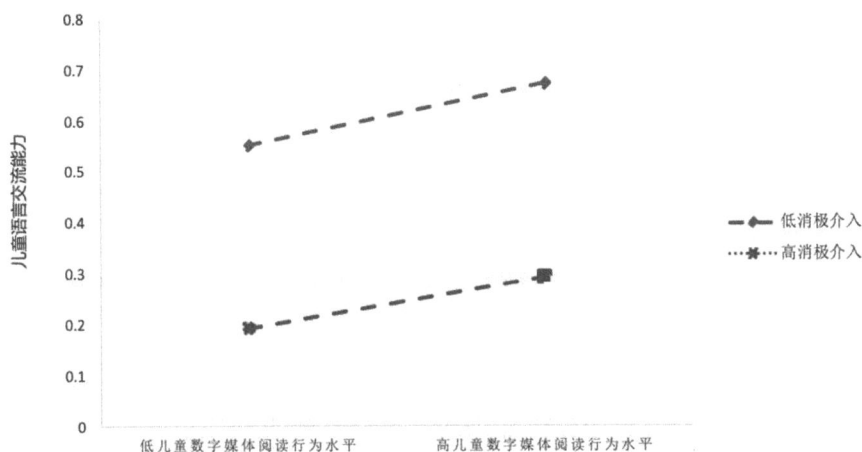

图 12 - 6　父母消极介入在儿童数字媒体阅读行为与儿童语言交流能力之间关系中的调节作用

表 12 - 21　在父母消极介入的不同水平上的直接效应及中介效应

	父母消极介入	效应值	Boot 标准误	Boot CI 下限	Boot CI 上限
	2.53（$M-1SD$）	0.039	0.006	0.029	0.049
直接作用	3.55（M）	0.031	0.006	0.022	0.040
	4.57（$M+1SD$）	0.024	0.007	0.011	0.036
	2.53（$M-1SD$）	0.004	0.002	0.001	0.007
阅读能力的中介作用	3.55（M）	0.002	0.002	0.000	0.005
	4.57（$M+1SD$）	0.001	0.002	0.001	0.004

　　如图 12 - 7 所示，对于父母消极介入水平较低（$M-1SD$）的受试者，儿童数字媒体阅读行为能够显著正向预测儿童的阅读能力（$simple\ slope=0.004, t=6.52, p$

<0.001);对于父母消极介入水平较高($M+1SD$)的受试者,儿童数字媒体阅读行为对于儿童阅读能力的正向预测作用仍然成立($simple\ slope=0.001,t=3.09,p<$0.01),由此说明父母消极介入对儿童数字媒体阅读行为与儿童阅读能力起到负向调节的作用。

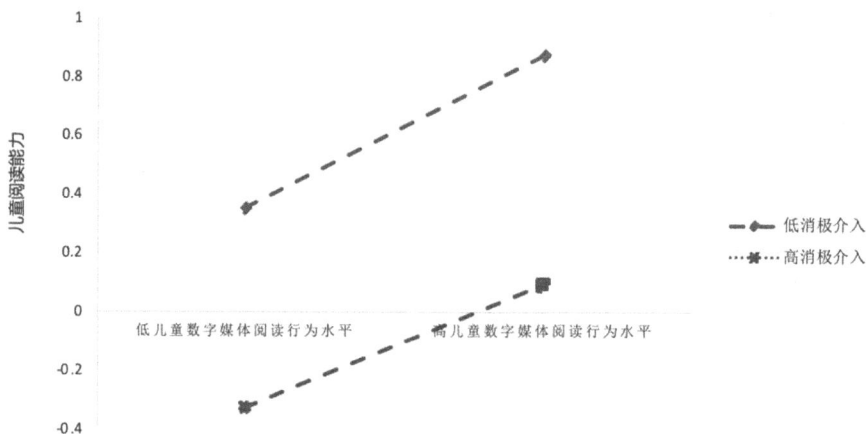

图12－7 父母消极介入在儿童数字媒体阅读行为与儿童阅读能力之间关系中的调节作用

综上所述,通过建立有调节的中介模型,本章对父母积极启发介入、积极辅助介入和消极介入的调节作用分别加以检验,结果发现,父母积极启发介入能够显著正向调节儿童数字媒体阅读行为以及儿童阅读能力和语言交流能力之间的关系,父母积极辅助介入对于儿童数字媒体阅读行为以及儿童阅读能力和语言交流能力之间关系的调节作用不显著,而父母消极介入则对儿童数字媒体阅读行为以及儿童阅读能力和语言交流能力之间关系起到显著的负向调节作用。有调节的中介模型的具体路径系数检验如图12－8、图12－9和图12－10所示。

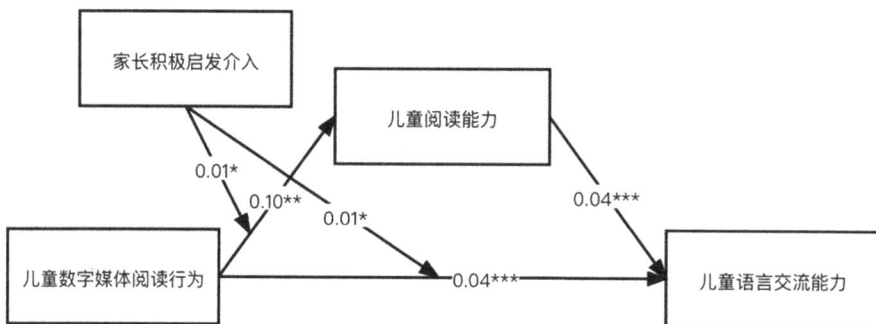

图12－8 有调节的中介模型检验路径系数图(调节变量:父母积极启发介入)

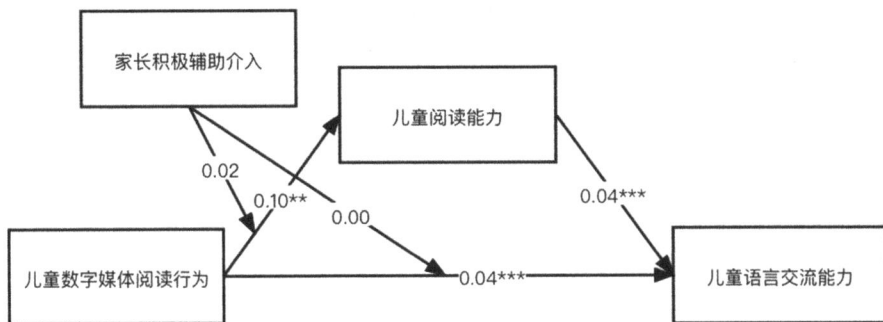

图 12 - 9　有调节的中介模型检验路径系数图(调节变量:父母积极辅助介入)

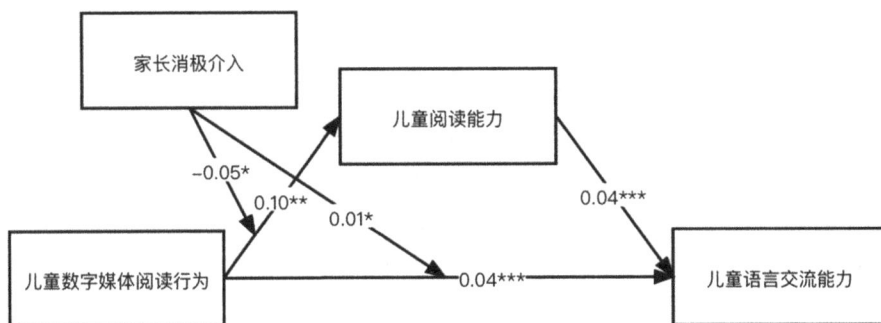

图 12 - 10　有调节的中介模型检验路径系数图(调节变量:父母消极介入)

五、结论与讨论

(一)研究结论

在儿童使用数字媒体进行阅读日益盛行的背景下,从个人主体层面来看,儿童的数字媒体阅读行为对其阅读能力和语言交流能力有何影响? 阅读能力是否能够在儿童数字媒体阅读行为与语言交流能力之间起到中介作用? 从外部环境层面来看,父母会对儿童的数字媒体阅读行为采取哪些介入方式? 不同的介入方式与儿童的阅读能力以及语言交流能力之间有什么样的关系? 由于个人主体因素和外部环境因素相互作用、互相约束,那么父母介入是否能够调节儿童数字媒体阅读行为对其阅读能力以及语言交流能力的影响? 这是本章试图回答的问题。

通过焦点小组访谈和问卷调查的方式,本章对以上问题进行了检验,数据分析得到的结果汇总如表 12 - 22 所示。

表 12-22　研究结果一览

假设及研究问题		研究结果
假设 1:儿童的数字媒体阅读行为对其阅读能力具有正向影响。	假设 1a:儿童在数字媒体上的阅读参与对其阅读能力具有正向影响。	成立
	假设 1b:儿童在数字媒体上的阅读兴趣对其阅读能力具有正向影响。	成立
	假设 1c:儿童在数字媒体上的阅读信息加工对其阅读能力具有正向影响。	成立
假设 2:儿童的数字媒体阅读行为对其语言能力具有正向影响。	假设 2a:儿童在数字媒体上的阅读参与对其语言交流能力具有正向影响。	不成立
	假设 2b:儿童在数字媒体上的阅读兴趣对其语言交流能力具有正向影响。	成立
	假设 2c:儿童在数字媒体上的阅读信息加工对其语言交流能力具有正向影响。	成立
假设 3:阅读能力在儿童数字媒体阅读行为和儿童语言交流能力之间起正向中介作用。		成立
研究问题 4:对于儿童的数字媒体阅读行为,父母会采取哪些介入方式?		消极介入;积极辅助介入;积极启发介入
假设 5:父母介入在儿童数字媒体阅读行为与儿童阅读能力之间起调节作用。	假设 5a:父母积极启发介入在儿童数字媒体阅读行为与儿童阅读能力之间起调节作用。	成立
	假设 5b:父母积极辅助介入在儿童数字媒体阅读行为与儿童阅读能力之间起调节作用。	不成立
	假设 5c:父母消极介入在儿童数字媒体阅读行为与儿童阅读能力之间起调节作用。	成立
假设 6:父母介入在儿童数字媒体阅读行为与儿童语言交流能力之间起调节作用。	假设 6a:父母积极启发介入在儿童数字媒体阅读行为与儿童语言交流能力之间起调节作用。	成立
	假设 6b:父母积极辅助介入在儿童数字媒体阅读行为与儿童语言交流能力之间起调节作用。	不成立
	假设 6c:父母消极介入在儿童数字媒体阅读行为与儿童语言交流能力之间起调节作用。	成立

（二）研究讨论

1. 父母介入儿童数字媒体阅读实践的方式

根据符号互动理论，传播体现为一系列日常行为，诸如相互交谈、传达知识、展开讨论等等[65]。基于传播过程中的符号传递和意义交流，自我得以形成。因此，自我并非是与生俱来的，而是依托于"主我"和"客我"的交互作用以及人们之间的符号互动行为，在社会经验与活动的过程中逐步发展而来。皮尔斯指出，"既然符号作为交流的媒介，那么每个行为者都必然能够成为一个符号"[66]。也就是说，个体既可以充当符号客体的解码者，也可以作为符号主体对他人自我的塑造施加影响。这些思想为父母介入提供了意义诠释和理论依据，儿童的成长离不开父母的作用，儿童正是在对家庭成员的观察和互动中完成了自我的塑造。

数字媒体时代，家庭场域的亲子传播不可避免地受到数字化情境的影响，新情境的产生也对父母介入儿童媒体使用的方式有了新的要求和期待。在电视等传统媒体背景下，父母介入的方式通常被划分为消极介入、积极介入和共同使用这三种类型[67]。与观看电视相比，儿童使用数字媒体进行阅读一方面涉及儿童与设备之间更高层次的行为互动和内容生产，另一方面承载着父母对于学习效果和发展目标更高水平的期待和评估，由此可能迫使父母放弃传统的介入方式，开始寻找或制定新的干预策略。针对这一问题，本章通过焦点小组访谈的方式对其展开了探讨，访谈的结果表明，消极介入、积极辅助介入和积极启发介入是父母介入儿童数字媒体阅读的最常见方式。

与传统媒体的干预研究结论一致，在儿童利用数字媒体开展阅读活动的情境下，父母对于数字媒体的担忧依然存在，为了调节和减轻数字媒体可能带来的负面影响（如上瘾、视力削弱、网络诈骗、网络欺凌、网络色情等）[68]，父母会通过制定规则和监控手段来控制儿童使用数字媒体阅读的时间和内容。除了施加限制之外，值得注意的是，数字媒体因其自带的交互性、移动性和参与性等特征而天生嵌入了一种介入手段，即辅助型介入。对于年幼的儿童而言，使用数字媒体阅读仍是一项具有一定操作门槛的复杂任务，需要父母提供相应的技术支持和操作引导。不同于阅读纸质书的可书写性，数字媒体上的所有操作都需要通过触摸电子屏幕或点击特定按钮来加以完成，因此在儿童的阅读过程中，父母引导其使用划线、批注、高亮、语音朗读等功能有助于儿童更好地熟悉和控制设备。除了针对数字媒体使用方面的技术辅助之外，本章还发现父母会通过一些情感和身体上的互动来辅助儿童的数字媒体阅读，如帮助孩子集中注意力、与孩子进行肢体上的亲密接触、对孩子给予情感上的关怀和鼓励等等。

积极启发式介入则是父母在参与儿童数字媒体阅读时最常用的策略。积极辅助介入主要涉及非语言交流和共存,积极启发介入则更为重视父母与子女之间的对话。父母介入理论认为,父母在参与儿童媒体体验时会使用不同的人际沟通策略,因此从某种意义上说,对话是父母介入的基础[68],这一特征在启发式介入中体现得最为显著。积极启发介入涉及儿童数字媒体阅读的整个过程,既包括阅读进行中的示范互动,也包括阅读结束后的延伸行为。由于父母启发介入意在强调以语言交流为承载的积极亲子关系,因此在通过主动发问、鼓励表达、练习复述等方式引导儿童成为一个更好独立阅读者的同时,也会借助给予启示、联系实际、双向互动的形式将自己融入儿童的数字媒体阅读体验之中。

值得一提的是,本章并没有把共同参与/陪伴阅读单独作为一类父母介入的方式,有以下两方面原因:一方面,与其他三类介入方式相比,共同参与/陪伴阅读的有效性并没有那么令人信服[39];另一方面,基于焦点小组访谈的结果,我们了解到,父母陪伴儿童数字媒体阅读的过程中不进行任何讨论的可能性较小。因此,本章认为在使用数字媒体阅读的情境下,共同参与/陪伴阅读无法被概念化和界定为一种独特的父母介入方式。

数字媒体以特有的方式呈现信息、建构社会关系,并通过传播活动形塑新的生活方式。借此背景,本章通过对儿童的深度焦点小组访谈发现,在儿童使用数字媒体阅读的过程中,父母会借助一系列语言和非语言符号介入其中,通过对符号的理解和运用,父母对儿童媒体使用的介入方式不再局限于消极介入、积极介入和共同参与,而发展成为更为细分和精确的消极介入、积极辅助介入和积极启发介入三种类型。该研究结论不仅明晰了数字媒体阅读情境下父母介入的方式,更验证了符号互动理论在家庭场域下的有效性和发展意义。

2. 儿童数字媒体阅读行为现状及影响

符号互动理论指出,符号意义的传播是一个动态开放的过程,核心环节在于解释者自身对符号意义的理解与解释,传播主体的能动性对符号意义的生产发挥着决定性的作用[66]。因此,在探讨儿童阅读和语言交流这一命题时,儿童的数字媒体阅读行为水平是一个不应被忽视的重要个体因素。从儿童数字媒体阅读行为现状来看,本章数据表明儿童在阅读参与、阅读兴趣以及阅读信息加工上均有较好的表现,然而在阅读参与方面稍显不足,这有可能与学生的课业负担以及学校和父母对数字媒体的管控有关。由于学校对数字媒体的明令禁止,儿童往往在白天无法随意地使用数字媒体,只能放学之后在家庭的环境下使用数字媒体进行阅读。然而如前文所探讨的,父母对于儿童使用数字媒体的担忧仍然普遍存在,因此儿童使用数字媒体阅读的频率、时间、内容都会受到严格的管控。

与已有研究一致,本章的结果再次表明,不同性别以及不同年龄之间的数字媒体阅读行为现状存在显著差异。具体表现为,女生和高年级儿童的数字媒体阅读行为水平要显著高于男生和低年级儿童。针对性别差异的现象,现有研究者提出,可能存在三方面原因:男女生脑结构与功能差异、性别认同以及阅读内容[18][69]。因此,父母在日常的阅读活动中应尊重男女差异,做到因材施教,选择符合性别偏好和自身认知发展需求的阅读文本以鼓励儿童更为积极和策略性地投入阅读活动之中。在年龄层面,与低年级的儿童相比,高年级儿童往往已经开始形成相对稳定的阅读兴趣和阅读策略,由此表现出较高的阅读行为水平。

关于儿童数字媒体阅读行为的影响,本章证实了数字媒体阅读参与、阅读兴趣以及阅读信息加工均能显著正向预测儿童的阅读能力。首先,在阅读参与层面,投入阅读活动的时间、频率和多样性等广泛意义上的阅读实践有助于儿童在经年累月中培养和沉淀阅读技能;其次,在阅读兴趣层面,儿童阅读的内在动机和态度在一定程度上反映了儿童对于数字媒体阅读的兴趣,根据注意与资源分配假设,兴趣会激发对目标对象的长时间注意和投入,从而正向作用于学习效果[70]。那些对数字媒体阅读感兴趣的学生,往往更容易认知到数字媒体阅读的价值,从而能够将阅读中的收获更好地落实到实际的学习活动中以取得更高的阅读成就;最后,在阅读信息加工层面,记忆、精细化加工和监控策略的综合运用,有助于儿童将已有知识和新的信息进行整合,从而实现对阅读材料的深度理解。

儿童对于数字媒体的阅读兴趣和阅读信息加工同样有助于语言交流水平的提高,值得注意的是,纯粹的阅读参与对于儿童的语言交流并不具备显著的预测作用。作为儿童语言输出的主要方式之一,表达是一种脱离语境进行有组织表述的语言能力,既需要丰富的语音、词汇和语法知识来加以支撑,也需要良好的词汇表达和叙事技巧以向外表征。在数字媒体阅读上的行为参与虽然有助于儿童习得更多的词汇量和掌握更好的语言解码能力,但在更高阶的语言交际层面,对于话语的联想力、创造力和表达力方面,阅读参与的提升效果仍不显著。因此,与阅读的数量相比,阅读的质量更为重要,即成为一名优秀的阅读者,乐于阅读仅仅是必要条件,此外还需要掌握如何进行有效的阅读。因此,无论是父母还是老师,都应注重发展儿童的阅读策略,鼓励儿童利用不同的方法参与数字媒体阅读,最终沉淀出一套适宜自己的数字媒体阅读方法论。

3. 家庭传播视域下的儿童阅读和语言交流发展

作为社会结构的基本单位,家庭既植根于广泛的社会化运动之中,又为个体生存提供了根本性的依附条件,构成了个体日常生活实践的关系基础。对于儿童而言,家庭是其最早涉入的传播空间,也是其实现信息交换和意义共享的起点。结合了大众传播和人际传播的特征,数字媒体使得家庭逐渐由封闭走向开放,为亲子互动创造了新的交流情境,重构父母介入模式的同时,也为儿童的阅读和语言交流带来了更为深刻的影响[71]。

传统上,人们倾向于重视内部个体因素而忽略外部环境因素,把儿童阅读能力和语言交流的差距归结为个体智慧和阅读实践的结果。然而根据社会学习理论,个体主体因素、行为因素和外部环境因素三者相互影响、互相约束。因此,如何整合地看待儿童数字媒体阅读时内外部因素的作用,已然作为一个重要的时代课题摆在传播学者面前。针对这一课题,本章进行了积极的尝试。

基于能动的媒体效果视角,媒体等外部环境因素可以借助内在个体因素的力量实现对个体的影响[55]。在符号互动中,媒体对个人刺激所引出的反应具有不确定性。因为人们并不是对符号本身直接做出反应,而是对符号背后所表示的意义做出反应,所以这种反应必然要视参加符号互动的人对符号意义的共同理解而定[72]。因此,从这个维度来看,儿童从数字媒体阅读中所获得发展的依赖于父母和儿童个体的交互作用。大量研究也表明,父母是连接儿童学习参与及其个人成就之间的关键组成部分。在针对儿童样本的调查中,研究者发现父母介入会影响儿童的学业参与度,而学业参与度又可以进一步预测其个人成就[73]。本章通过实证调查的方式验证了这一结论在儿童样本中的有效性。对儿童数字媒体阅读行为提供积极支持的父母往往可以激发孩子在数字媒体阅读上的热情和投入,从而能够帮助孩子达成更高的阅读和语言成就。

本章关于积极启发介入的发现与家庭传播领域的类似成果相呼应。与对话互动取向低的家庭相比,对话互动取向高的家庭在孩子的能力发展方面营造了更为积极的氛围,因而对儿童的阅读能力和语言交流也具有更好的促进作用。大量证据表明,以与孩子个性贴合、水平适宜和响应性互动为特征的启发支持型介入方式与儿童更好的阅读表现和语言技能相关[74]。具体而言,积极启发介入包括鼓励儿童主动解决问题、提供儿童想象和创造的空间、使用规范性和指导性提示来支持儿童的努力,因此当儿童被给予自主支持而不是控制监管时,他们既可以通过自我探索也能借助外部力量实现能力上的突破。

　　积极启发介入改变了家庭场域中儿童使用数字媒体阅读的方式,而这一变化的核心就在于阅读主体的改变。在典型的积极启发式介入下,父母和孩子共同成为阅读的主体。一方面,父母通过提出问题和增加信息提供社交反馈,有助于儿童深度思考阅读材料以促进理解[75];另一方面,父母与儿童之间的双向互动也可以提高儿童数字媒体阅读过程中的唤醒水平和参与度,从而实现语言交流素养提升的效果[35]。

　　现有文献记录,父母对儿童自主性和探索性的支持与儿童阅读参与度之间具有高度的相关性[76]。作为儿童个性化的行为,阅读需要儿童在主动积极的思维和情感活动中,充分调动自己的知识积累和生活经验去领悟和体会。父母积极启发介入都旨在为儿童提供开放的引导和帮助,在这样一种良好的亲子互动模式下,儿童对于阅读的热情和动力也能得到最大限度的激发,出于兴趣的阅读又会促使儿童更多地投入数字媒体阅读中去,最终发展成为一名优秀的阅读者和表达者。相比之下,父母消极介入强调对儿童自由和选择权的束缚和管控,一方面减少了儿童参与和引导自我的机会,另一方面也容易导致儿童对数字媒体阅读产生相应的心理抗拒和厌恶情感,进而无益于儿童阅读能力和语言交流的培养,在儿童数字媒体阅读行为以及阅读能力、语言交流能力之间起到了负向的调节作用。

　　从家庭传播研究的视角来看,家庭的界定是基于对最具包容性定义的偏好,即互动定义[76]。因此,家庭对于儿童能力发展的有效支持离不开传播的作用,父母需要提供双向性的讨论和高质量的反馈以支撑儿童更高层次的思考与学习。然而,在积极辅助介入方式下,父母向儿童提供的不是建议、见解或引导,而是继续阅读的指示。这样单向的指令行为既无益于儿童认读、解释和评析能力的提升,也无益于儿童语言知识和经验的扩展,所以无法显著调节儿童数字媒体阅读行为及其阅读能力、语言交流能力之间的关系。作为一项复杂的思想加工任务,阅读涉及不同的理解层面与多样的认知过程,需要儿童理性思维、先验知识和认知策略等各个方面的调动和配合。父母在介入儿童数字媒体阅读的过程中,若仅依靠于技术引导和肢体互动,并不足以对儿童的脑力活动产生激活效应,因而在提升儿童阅读和语言交流表现方面也是不够充分的。

　　家庭传播所关注的是传播在家庭中的角色和功能,其研究目标不仅在于理论构建,更在于将理论运用于日常家庭实践对话,以为现实的家庭传播实践提供更多的指导、帮助和服务。本章关于父母介入效果的探究对父母介入儿童数字媒体阅读行为的方式具有启发意义。父母在介入儿童数字媒体阅读体验时,不应仅仅提供使用规范和技术引导,而且要善于运用启发策略,充分尊重儿童作为阅读主体的自主性,从情感关怀、学习指导、能力培养等多个方面提供相应的支持。从个体发展的角度来说,儿童的学习是从依赖走向独立的过程,因此儿童的个体因素对于其学习的有效性具有重要的决定性影响。父母对于孩子使用数字媒体阅读的行为不能强调一味地管控和限制,要以表扬性和指正性为基调,利用积极引导的方式调动儿童数字媒体阅读时的主观能动性和自主学习能力,给予孩子自我展示机会的同时,更好地为孩子赋能,帮助实现阅读能力以及语言交流能力的全面发展。

(三)研究贡献与创新

从家庭传播的视角来看,传播作为家庭的核心过程,是家庭成员在交往中共同创造和协商意义、身份和关系的方式[76]。尽管许多研究以及生活观察已经表明,越来越多的儿童在家庭环境中使用数字媒体开展阅读活动,然而关于父母是如何在话语之中共同构建和协商儿童的数字媒体阅读实践,我们仍然知之甚少,本章是第一个采用实证研究的方式探讨父母介入下儿童数字媒体阅读现状及效果的研究。

首先,从研究方法来看,为数不多的关于父母介入的本土文献,大多采取引介、描摹的基础性研究范式,以思辨性探讨为主,止步于问题揭示和理论建议层面,可操作性的实证研究和本土经验十分欠缺。本章结合定性和定量的研究方法,一方面通过焦点小组访谈的方式明晰了数字媒体阅读情境下当代父母介入的方式,另一方面通过问卷调查的方法验证了不同父母介入方式对儿童阅读能力和语言交流能力的影响,为国内的父母介入研究提供了可供检验和推广的实证结论。

其次,从研究视角来看,本章是父母介入理论在国内本土情境下的首次运用。父母介入在西方已经发展成一个较为系统的研究领域,而在中国仍处于起步阶段。尽管西方已有大量研究证实了父母积极介入对于儿童阅读和语言交流的正向预测作用,然而对于"积极"的含义是什么,什么样的行为可以被定义为"积极","积极"可以细分为哪些子类,怎样的"积极"才能产生正向效果等问题,国内尚无研究给出答案。本章通过焦点小组访谈发现,积极介入可以被细分为积极辅助介入和积极启发介入两类,并以实证数据验证了积极启发式介入才是真正"有品质的陪伴"。在吸收借鉴西方家庭传播研究成果的基础上,本章建构出我国家庭传播研究的自主性,研究结论一方面促进了父母介入理论在中国的发展,丰富和拓展了现有父母介入研究的发现;另一方面体现了传播学作为一门社会学科应有的人文关怀,为父母和教育工作者提供了更具操作意义和实践价值的参考和指导。

再次,从研究对象来看,大多数关于父母介入方式和有效性的研究都是在幼儿群体中进行的,儿童群体研究相对稀缺的一个可能原因是研究者认为在孩子进入青春期之后,父母就失去了对孩子的影响力。本章以我国中部地区城市武汉为调研地点,抽取了 801 个儿童被试者($N=801$),通过实证调查发现,在儿童阶段,父母对于儿童使用数字媒体进行阅读的行为仍保持着较高的介入水平,这也为之后国内针对儿童群体的父母介入研究提供了一个新的起点。

最后,从研究框架来看,在探讨儿童个体差异时,人们倾向于重视内部个体因素而忽略外部环境因素。据此研究现状,本章将个体因素和环境因素创造性地整合在一起,首次考察了儿童数字媒体阅读行为、不同父母介入方式以及两者交互作用下对于儿童阅读和语言交流的影响。现有关于儿童数字媒体阅读行为和语言交流的探讨多从教育学的视角出发,传播学领域的进一步拓展还处在相对空白阶段。然而,在数字媒体阅读日益普及的时代背景下,儿童在数字媒体上的阅读行为及其影响成为新媒体发展及其效果研究领域的重要议题,语言交流作为传播的基础也应得到学界充分的重视。因此,本章以家庭传播为切入点,引入父母介入的研究视角,探索父母介入和儿童数字媒体阅读行为对其个体发展的循环交互作用,为数字媒体效果研究注入了新的活力。

(四)未来研究建议

本章在诸如理论整合、操作量化以及方法运用等方面有着一定程度的研究贡献与实践价值,但由于研究者自身能力的局限及研究过程中条件的匮乏,本章在调查抽样、研究方法和变量设计等方面存在着一定的提升空间。

首先,在调查抽样方面,本章以我国中心地区的中心城市武汉作为目标调研城市收集了儿童样本。然而由于中国幅员辽阔,各个地区的数字媒体阅读环境和教育政策有着很大的差异,儿童的数字媒体阅读行为和父母干预方式也可能因地区而异。后续的研究需要在不同经济水平和文化背景的地区(如一线城市和农村地区)展开调查,一方面可以在跨文化背景下对本研究结论加以检验,另一方面也可以对比不同区域之间的差异以进一步补充和更新本研究结论。

其次,在研究方法层面,本章大部分数据都是通过问卷调查的方法收集而成的,尽管研究所采用的问卷具有良好的信度和效度,但是这种自我报告式的测量方式容易导致赞许效应,导致问卷的结果与被试者实际表现存在不一致的情况,从而影响研究结果的准确性和可靠性。未来研究可参考媒体日记、电子设备屏幕时间记录功能、参与式观察等客观测量方式收集观察数据,将父母介入研究嵌入家庭日常生活中进行研究,从丰富的经验细节中探寻本土文化的独特性。

最后,在变量设计方面,本章仅考察了父母介入这一外部环境因素,然而教师作为儿童教育教学系统中的"重要他人"在儿童能力的塑造方面也发挥着不可替代的作用。未来研究可以增加对于教师层面因素的探讨,验证在父母介入视角下,教师教学实践对于儿童阅读能力和语言交流能力的影响,既可以横向对比父母介入和教师教学对儿童影响的差异,也可以纵向探究父母介入和教师教学之间是否存在循环交互作用,这将是一个极富实践意义和应用价值的长期性研究课题。

儿童是国家的未来和民族的希望。儿童的成长离不开父母的培育、学校的教导,更离不开社会层面的扶持帮护、国家的政策支持。本章以实证调研的方式揭示了我国儿童使用数字媒体开展阅读活动的现实图谱,也希望能以此为起点,为未来儿童媒介政策的出台乃至相关教育方针勾勒出行之有效的前行方向。

本章参考文献

[1] Asare M, Danquah S A. The relationship between physical activity, sedentary behaviour and mental health in Ghanaian adolescents[J/OL]. Child and adolescent psychiatry and mental health, 2015, 9(1): 1 - 8. http://dx.doi.org/10.1186/s13034-015-0043-x.

[2] 季为民.互联网媒体与青少年:基于近十年中国青少年互联网媒体使用调查的研究报告[J].青年记者,2019(25):9 - 14.

[3] 鲁洁.人对人的理解:道德教育的基础:道德教育当代转型的思考[J].教育研究,2000(7):3 - 10+54.

[4] Kirsch I, de Jong J, Lafontaine D, et al. Reading for change: performance and engagement across countries: Results of PISA 2000[R/OL].[2022 - 03 - 22]. https://www.oecd.org/education/school/programmeforinternationalstudentassessmentpisa/33690904.pdf.

[5] 李晓静,郑琳.中小学生的智能媒体使用及其对课外阅读影响的实证研究[J].中国电化教育,2018(12):104 - 112.

[6] 许明,王晞.国际阅读素养进步研究述评[J].外国教育研究,2003(12):39 - 42.

[7] 李晓静,付思琪.智能时代传播学受众与效果研究:理论、方法与展望:与香港城市大学祝建华教授、斯坦福大学杰佛瑞·汉考克教授对谈[J].国际新闻界,2020,42(3):108 - 128.

[8] Austin E W. Exploring the effects of active parental mediation of television content[J]. Journal of broadcasting & electronic media, 1993, 37(2): 147 - 158.

[9] Lin C A, Atkin D J. Parental mediation and rulemaking for adolescent use of television and VCRs[J]. Journal of broadcasting & electronic media, 1989, 33(1): 53 - 67.

[10] Epstein N B, Ryan C E, Bishop D S, et al. The McMaster model: a view of healthy family functioning[M]//Walsh F.Normal family processes: growing diversity and complexity.New York:The Guilford Press, 2003:581 - 607.

[11] 赵文军,陈焕之,蒋伟进.近 10 年来国内外数字阅读研究综述[J].图书情报工作,2017,61 (18):128 - 136.

[12] 杨燕月,王冬青,史蒙,等.小学一年级学生阅读态度与数字阅读行为的研究[J].中国教育信息化,2019(12):29 - 32.

[13] 欧继花,罗紫初,李科生.大学生数字阅读供需鸿沟探析:基于数字阅读的实证调查[J].图书馆学研究,2016(4):94 - 101.

[14] Hamedi S M, Pishghadam R, Fadardi J S. The contribution of reading emotions to reading comprehension: the mediating effect of reading engagement using a structural equation modeling approach [J]. Educational research for policy and practice, 2020, 19 (2): 211 -238.

[15] 卜卫.关于儿童媒介需要的研究:以电视、书籍、电子游戏机为例[J].新闻与传播研究,1996 (3):13 - 24.

[16] 张中隐. 阅读心理学[M].北京:北京师范大学出版社,2004.

[17] 温鸿博. 小学语文阅读能力测评量表的编制[D].广州:华南师范大学,2005.

[18] OECD. PISA data analysis manual:SPSS.second edition[M].Paris:OECD publishing,2009.

[19] Campbell J R, Voelkl K E, Donahue P L. NAEP 1996 Trends in Academic Progress[R]. Washington,D. C.:US Department of Education,1997.

[20] Wigfield A, Guthrie J T. Engagement and motivation in reading[M]// Kamil M L, Mosenthal P B, Pearson P D, et al.Handbook of reading research:volume Ⅲ.Abingdon: Routledge, 2000:403 - 422.

[21] Cunningham A E, Stanovich K E. Early reading acquisition and its relation to reading experience and ability 10 years later[J]. Developmental psychology, 1997, 33 (6): 934 -945.

[22] 李武.青少年社会化阅读动机研究:以上海初高中生微信阅读为例[J].中国图书馆学报, 2014,40(6):115 - 128.

[23] 童清艳.信息时代媒介受众的认知结构分析[J].新闻与传播研究,2000(4):75 - 82,96 - 97.

[24] 李晓静,张奕民.儿童认知机制视域下的 AR 童书出版研究[J].出版发行研究,2018(12): 46 -48,62.

[25] Boerma I E, Mol S E, Jolles J. The role of home literacy environment, mentalizing, expressive verbal ability, and print exposure in third and fourth graders' reading comprehension[J]. Scientific studies of reading, 2017, 21(3): 179 - 193.

［26］张敏. 儿童听话和说话能力的因素分析及其测评研究［J］. 教育研究，1991(6)：64－71.

［27］池瑾，冉亮. 学前儿童发展［M］. 北京：中国社会科学出版社，2007.

［28］Morrison F J, Frazier J A, Hardway C L, et al. Early literacy: the nature and sources of individual differences［R］. Manuscript in preparation，1998.

［29］Linebarger D L, Walker D. Infants' and toddlers' television viewing and language outcomes ［J］. American behavioral scientist，2005，48(5)：624－645.

［30］Anderson D R, Lorch E P, Field D E, et al. The effects of TV program comprehensibility on preschool children's visual attention to television［J］. Child development，1981，52(1)：151－157.

［31］Calvert S L, Huston A C, Watkins B A, et al. The relation between selective attention to television forms and children's comprehension of content［J］. Child development，1982，53(3)：601－610.

［32］Linebarger D L, Piotrowski J T. TV as storyteller: how exposure to television narratives impacts at-risk preschoolers' story knowledge and narrative skills［J］. British journal of developmental psychology，2009，27(1)：47－69.

［33］Schiefele U, Schaffner E, Möller J, et al. Dimensions of reading motivation and their relation to reading behavior and competence［J］. Reading research quarterly，2012，47(4)：427－463.

［34］Kuhl P K, Tsao F M, Liu H M. Foreign-language experience in infancy: effects of short-term exposure and social interaction on phonetic learning［J］. Proceedings of the National Academy of Sciences，2003，100(15)：9096－9101.

［35］Roseberry S, Hirsh-Pasek K, Parish-Morris J, et al. Live action: can young children learn verbs from video? ［J］. Child development，2009，80(5)：1360－1375.

［36］Perfetti C A. Reading ability［M］. New York: Oxford University Press，1985.

［37］Jongejan W, Verhoeven L, Siegel L S. Predictors of reading and spelling abilities in first- and second-language learners ［J］. Journal of educational psychology，2007，99 (4)：835－851.

［38］Johnson J E, Christie J F, Wardle F. Play, development, and early education［M］. Old Tappan: Pearson，2004.

［39］Nathanson A I. Identifying and explaining the relationship between parental mediation and children's aggression［J］. Communication research，1999，26(2)：124－143.

［40］刘荃. 城市青少年接触媒介行为与家庭环境的相关性研究：以江苏省为例［J］. 现代传播(中国传媒大学学报)，2015，37(6)：135－140.

［41］Livingstone S, Helsper E J. Parental mediation of children's internet use［J］. Journal of broadcasting & electronic media，2008，52(4)：581 - 599.

[42] Woods H C，Scott H. ♯ Sleepyteens：social media use in adolescence is associated with poor sleep quality，anxiety，depression and low self-esteem[J]. Journal of adolescence，2016，51：41 - 49.

[43] 赖泽栋.青少年微媒介叛逆与亲职督导[J].现代传播(中国传媒大学学报)，2018，40(6)：163 -168.

[44] Sonck N，Nikken P，De Haan J. Determinants of Internet mediation：a comparison of the reports by Dutch parents and children[J]. Journal of children and media，2013，7(1)：96 -113.

[45] Brehm S S，Brehm J W. Psychological reactance：a theory of freedom and control[M]. New York：Academic Press，2013.

[46] Smetana J G. Parenting styles and conceptions of parental authority during adolescence[J]. Child development，1995，66(2)：299 - 316.

[47] Van Petegem S，de Ferrerre E，Soenens B，et al. Parents' degree and style of restrictive mediation of young children's digital gaming：associations with parental attitudes and perceived child adjustment [J]. Journal of child and family studies，2019，28(5)：1379 -1391.

[48] 陈青文.新媒体儿童与忧虑的父母：上海儿童的新媒体使用与父母介入访谈报告[J].新闻记者，2019(8)：15 - 25.

[49] An S K，Lee D. An integrated model of parental mediation：the effect of family communication on children's perception of television reality and negative viewing effects[J]. Asian journal of communication，2010，20(4)：389 - 403.

[50] Bracken S S，Fischel J E. Family reading behavior and early literacy skills in preschool children from low-income backgrounds[J]. Early education and development，2008，19(1)：45 - 67.

[51] 朱从梅，周兢. 亲子阅读类型及其对幼儿阅读能力发展的影响[J].幼儿教育(教育科学版)，2006(Z1)：89 - 94.

[52] Sénéchal M. The differential effect of storybook reading on preschoolers' acquisition of expressive and receptive vocabulary[J]. Journal of child language，1997，24(1)：123 - 138.

[53] Lonigan C J，Whitehurst G J. Relative efficacy of parent and teacher involvement in a shared-reading intervention for preschool children from low-income backgrounds[J]. Early childhood research quarterly，1998，13(2)：263 - 290.

[54] 石雷山，陈英敏，侯秀，等.家庭社会经济地位与学习投入的关系：学业自我效能的中介作用[J].心理发展与教育，2013，29(1)：71 - 78.

[55] Bronfenbrenner U. Toward an experimental ecology of human development[J]. American psychologist，1977，32(7)：513－531.

[56] Bradley R H，Corwyn R F. Socioeconomic status and child development[J]. Annual review of psychology，2002，53(1)：371－399.

[57] 张洁.语言扶贫视域下的儿童早期语言发展干预政策及实践[J].云南师范大学学报(哲学社会科学版),2019,51(4):40－48.

[58] Calvert S L，Wilson B J. The handbook of children，media，and development[M]. Hoboken：Wiley-Blackwell,2008.

[59] Mol S E，Bus A G. To read or not to read：a meta-analysis of print exposure from infancy to early adulthood[J]. Psychological bulletin，2011，137(2)：267－296.

[60] Organisation for Economic Co-operation and Development（OECD）. PISA 2009 results：learning to learn.student engagement，strategies and practices（vol. Ⅲ）[M].Paris：OECD Publications,2010.

[61] Huitt W，Hummel J. Piaget's theory of cognitive development[J]. Educational psychology interactive，2003，3(2)：1－5.

[62] 吴明隆.问卷统计分析实务：SPSS 操作与应用[M].重庆：重庆大学出版社,2010.

[63] 方杰,张敏强,邱皓政.中介效应的检验方法和效果量测量：回顾与展望[J].心理发展与教育,2012,28(1):105－111.

[64] Hayes A F. PROCESS：a versatile computational tool for observed variable mediation，moderation，and conditional process modeling[M].New York：Guilford Press,2012.

[65] 黄旦,李洁.消失的登陆点：社会心理学视野下的符号互动论与传播研究[J].新闻与传播研究,2006(3):14－19,93.

[66] 赵星植.论皮尔斯符号学中的传播学思想[J].国际新闻界,2017,39(6):87－104.

[67] 曾秀芹,柳莹,邓雪梅.数字时代的父母媒介干预——研究综述与展望[J].新闻记者,2020(5):60－73.

[68] Livingstone S，Haddon L，Görzig A，et al. Risks and safety on the internet：the perspective of European children[R/OL].(2012－08－01)[2022－03－23]. http：//eprints.lse.ac.uk/33731/1/Risks%20and%20safety%20on%20the%20internet%28lsero%29.pdf.

[69] 丁锐,吕立杰,唐丽芳.小学生阅读环境、投入与习惯的调查研究[J].基础教育,2016,13(4):71－81.

[70] 章凯.兴趣与学习：一个正在复兴的研究领域[J].宁波大学学报(教育科学版),2000(1):27－30,33.

[71] 卡尔弗特.信息时代的儿童发展[M].张莉,杨帆,译.北京：商务印书馆,2007.

[72] 芮必峰.人类社会与人际传播：试论米德和库利对传播研究的贡献[J].新闻与传播研究,

1995(2):60-65.

[73] Eccles J S, Wigfield A. Motivational beliefs, values, and goals[J]. Annual review of psychology, 2002,53:109-132.

[74] Pettit G S, Bates J E, Dodge K A. Supportive parenting, ecological context, and children's adjustment: a seven-year longitudianl study[J]. Child development, 1997, 68(5): 908-923.

[75] Strouse G A, Troseth G L. Supporting toddlers' transfer of word learning from video[J]. Cognitive development, 2014, 30(1): 47-64.

[76] 朱秀凌.家庭传播研究的逻辑起点、历史演进和发展路径[J].国际新闻界,2018,40(9): 29-46.

第十三章　总结与建议

本书主要结合传播学、教育学、心理学、社会学、信息科学等学科在媒介与儿童领域的理论文献，全方位系统梳理和评述国际学界已有的理论成果，并综合采用社会科学和心理科学的混合研究方法，立足本土开展系列实证研究，全面考察我国儿童的智能媒体使用、数字技能和数字鸿沟现况，及其智能媒体的技术特性、使用时间、使用内容、使用模式等，对儿童的数字技能、身体健康、认知心理、教育学习等身心发展方面所带来的影响，并据此推广应用研究成果，为我国不同地区的儿童、家长、教师、学校、媒体、企业、相关教育及政府部门等，提供建设性意见、具体举措和切实的帮扶贡献。

针对本书第一章中提出的六个学术及现实问题，以下将从理论和应用两个层面进行总结，并结合研究局限对未来进行展望。

一、理论总结

（1）全面、系统地梳理国际学界在媒介与儿童领域的已有理论成果，总结其主要研究取向，包括：儿童的媒介接触与使用模式，儿童媒介使用与身体健康，媒介符号表征与儿童认知过程，新媒体与儿童情绪及心理，新媒体与儿童认知发展及教育学习，新媒体与儿童身份及社会化发展等。

（2）儿童的媒介使用：主要包括媒介接入（终端）、使用时间、使用模式、使用内容、媒介形式等维度。媒介替代模式转变成以多任务为特征的使用模式。儿童媒介使用与其年龄、性别、家庭背景等人口学变量密切相关。

（3）儿童媒介使用与身体健康：媒介是导致儿童青少年身体形象障碍和饮食失调的因素之一。媒介通过三种机制：认知过程（涵化、社会比较、"以瘦为美"理念的内化），行为过程（社会学习/建模）、情感过程（激活自我差异），实现对儿童身体形象和饮食失调的影响，但须考虑性别、年龄、社会支持等调节变量。儿童在媒介技术饱和的环境中长大，其电子媒体使用和肥胖之间的关系有三种假设机制：代谢率降低；身体活动被取代；热量摄入增加（边看边吃，或者响应电子媒介中的食品广告和食品营销）。食品广告通过"趣味"和"重复"对并不能很好理解它们的儿童造成影响（选择和增加父母购买）。新媒体与儿童肥胖之间的研究结果尚存不一，原因在于测量方法不可靠、缺乏对关键调节变量的检验、缺乏纵贯数据且对新兴媒体的研究数据不足。

（4）媒介符号表征与儿童认知过程：表征模式理论指出，不同媒介形式的符号系统影响认知技能，并发展出不同的认知技能。媒介的三种表征类型：动作的、图像的、符号的。印刷媒体使用文字符号系统的稳定，对语言表达能力有影响；广播电视以视觉图像和动作表征，对儿童的注意、记忆和运动能力有积极影响，但较少激发儿童的内部想象表征；电子游戏以动作的、图像的、空间的形式表征，发展儿童的分散注意力、图像的及空间的表征技能。媒介表征系统逐渐内化，并成为儿童智力工具，发展某种特定文化的宝贵技能。

（5）新媒体与儿童情绪及心理：习惯性观看恐怖媒介内容对儿童感知、恐惧和焦虑会带来影响，但恐怖媒介刺激及应对策略存在年龄、性别上的差异。涵化理论、社会学习理论、启动理论、信息加工理论等都表明，接触媒介中的暴力内容会影响青少年的攻击行为。暴力媒介效应包括攻击者效应、受害者恐惧效应、良知麻木效应等。

（6）新媒体与儿童认知发展及教育学习：媒介对儿童知识和学习成绩的影响主要通过内容、使用量、儿童年龄、家长教育程度等因素来调节。教育媒体对学业有正面影响，而娱乐内容则导致负面影响。教育媒体中的容量模式假设，叙事内容和教育内容将竞争儿童工作记忆中的资源，教育节目需要在各种不同情境中重复呈现出关键信息，以最大化帮助儿童实现学习的迁移。

（7）新媒体与儿童身份及社会化发展：媒介在儿童个人及社会身份认同过程中，发挥着多面作用。涵化理论、信息加工理论、性别图式理论和社会学习理论，有助于解释媒介接触如何促进青少年的社会化发展。媒介还影响着儿童的性别社会化。新媒体允许儿童体验身份构建的流动性和多元性，使其探索各种可能的身份。陪伴、社交互动是儿童发展准社会关系和线上社交关系的主要动力。

（8）我国儿童的总体智能媒体使用情况：我国儿童的智能媒体接触率和拥有率较高，总体使用量和依赖程度相对较低，且受到使用频率、使用类型等多种因素的影响。在使用类型上，主要体现为娱乐型和学习型使用，前者更容易导致智能设备依赖，而学习型使用则未见显著关联。智能媒体的拥有和使用情况，在我国不同年龄、区域和性别的儿童中存在明显差异。我国儿童的智媒技术效能感较高，但存在性别、城乡和年级的显著差异。

（9）我国儿童的数字技能测评框架：数字技能是儿童应对智媒时代挑战的关

键能力,决定着他们能否充分参与到学习、文化和社会生活中。成果开发构建并证实了我国儿童的数字技能量表,包含:操作技能(基本操作、信息管理、信息导航)、移动技能(软件操作、设备应用)、社交技能(社交分享、社交互动)、创造技能(内容创建、内容整合)和安全技能(隐私保护、风险防护),对于数字技能领域的实证研究做出了原创性贡献。相对于发达国家的测量结果,我国儿童在数字创造技能和数字安全技能上,得分较低。

(10)我国城乡儿童间的数字鸿沟:我国城乡儿童间的接入沟在缩小。使用沟才是城乡儿童间关键的数字鸿沟,包括对媒介技术的自主使用及多元使用上的差距等。使用动机和兴趣是导致城乡儿童数字鸿沟的关键内因。数字技能和可获得的社会支持是造成城乡儿童使用沟的核心变量。信息技术使用的差距会造成城乡儿童在知识获取、社会参与和个人发展上的鸿沟。

(11)智能媒体与我国儿童的身体健康:总体上,我国儿童青少年的总体手机依赖程度较轻,但也对身体健康产生显著的负面影响,是影响青少年健康发展的风险因素。智能媒体的使用量对依赖成瘾有显著的预测效应,对儿童的睡眠、饮食、记忆、健康等方面有负面风险,且呈现出个体差异。相对于女生和中小学生,男生和高年级学生有更高的手机依赖和成瘾风险,但女生比男生睡前使用手机更多,睡前手机使用对儿童健康的负面影响较大。智能媒体依赖对儿童的认知机制、身心健康和社会发展等各方面均有显著的负面影响。

(12)智能媒体与我国儿童的教育学习:智能媒体的拥有和使用在初中生/小学生、市区生/郊区生之间存在显著差异,男女生也略有不同。中小学生的课外阅读情况良好,智能媒体使用对课外阅读有一定负面影响,但较为有限。手机和平板有显著差异,手机对阅读的负向作用明显,而平板电脑对阅读和学习有一定促进作用。智能媒体的使用内容很关键,应引导学龄儿童使用学习型内容,并控制娱乐化使用。提升落后地区儿童的数字技能是未来的努力方向。

(13)智能媒体与我国儿童的认知/情绪:VR媒体相较于传统媒体,对儿童的认知(感知可信度、喜爱度、记忆)产生显著的正向影响。VR媒体能更有效地调动起儿童的多维感官和认知加工系统,从而增强了记忆程度,且对儿童的移情和行为意愿产生显著的正向影响。多媒体学习认知情感整合模型指出,多媒体环境容易诱发情绪反应,在丰富多媒体的环境刺激下,情绪的强烈程度会更高。VR媒介环境所营造出的"空间感",更容易对儿童产生移情效应和行为意愿。

(14)智能媒体与我国儿童的心理健康:手机使用量与儿童的手机依赖显著相

关,娱乐型使用会导致手机依赖,学习型使用则不然。手机依赖对儿童的失眠、抑郁、饮食等方面均有显著影响。失眠在手机依赖与抑郁之间起到部分中介作用。手机效能感在手机依赖与失眠效应之间起到负向调节作用。

（15）智能媒体与我国儿童的语言交流:儿童在智能媒体上的阅读兴趣及信息加工能够显著正向影响其语言交流能力。家长的积极启发介入在儿童智媒阅读行为与阅读能力及语言交流之间起正向调节作用,积极辅助介入作用不显著,消极介入则起负面作用。

（16）数字技能与儿童身心健康:提升儿童的数字素养和技术效能感,对其认知、记忆、健康、发展等各方面,有显著的促进作用。技术效能感在儿童的智能媒体使用与身心发展之间发挥显著的调节作用。

二、对策建议

（1）智能媒体对儿童的影响包括身心健康、认知心理、教育学习、社会发展等各方面。建议应将新媒体技术整合到儿童生活及学习中,提供技术指导和帮助,促进以儿童为中心的学习,同时高度重视并管理新兴媒体的风险。如不加管理,总体而言,智能媒体对儿童的影响弊大于利。

（2）加强媒介干预,包括媒介在内的社会多方能够采取有效的干预措施,并尽快提升包括儿童在内的全民媒介素养和数字素养教育,是减少智能媒体对儿童潜在负面影响的重要措施。

（3）不同媒介形式的表征系统（如动作的、图像的、符号的）,为儿童发展出不同的认知技能。在引导儿童的智能媒体使用时,应考虑促进不同媒介表征系统之间的平衡,在动作与图像表征占据主流的智媒时代,尤须引导和促进儿童对文字符号媒介表征（如书籍、文字阅读等）的积极使用。

（4）目前我国儿童的总体智能媒体使用情况尚可,使用量适中,未形成依赖成瘾,说明我国严格限制智能设备进校的举措有效,家校可从时间、空间层面监管儿童智能媒体的总体使用量,防止依赖成瘾,该政策可继续执行。

（5）提升我国城乡儿童的数字素养、数字技能,促进学习型使用势在必行。中国城乡儿童的硬件接入沟已逐步缩小,考察乡村儿童接入网络后究竟用什么、怎么用、技能如何,则是更为重要的研究议题。如何引导乡村儿童对使用新媒体的强烈兴趣向获取信息和知识的内在动机转化,是一个极富实践意义和应用价值的研究课题。怎样的内/外刺激能激发乡村儿童自主用技术来学习的动机和行为,进而引导他们从对新媒体学习的无动机向内部动机转化。

（6）针对本书开发的儿童数字技能量表，对我国城乡儿童的数字技能进行系统、客观的测量，帮助提升数字安全技能、数字创造技能，这将有助于提升我国儿童尤其是乡村儿童的数字技能，缩小城乡数字鸿沟。

（7）考察智能媒体对儿童影响的问题，不能一概而论，须针对媒介终端、使用内容、使用模式等维度进行细分。平板电脑、VR媒体对儿童学习和社会发展的效应是值得深入的方向。智能媒体的使用内容十分关键，引导儿童将其用于学习、阅读等方面，充分发挥智能媒体生动有趣、交互性强的优势，促进其学业和认知发展，严格管控娱乐化使用，乃是上策。应从管控手机使用量、限制娱乐型使用、提升手机效能感等方面引导儿童的合理手机使用，以裨益其身心健康发展。

（8）家长、学校及社会各界，考虑从儿童的智媒使用时间、使用内容（尤其监控媒介暴力、色情、欺凌等内容）、严格限制睡前使用、各种可用的阻断技术、媒介恐惧应对策略等方面，合理引导并管理儿童的智媒使用。

（9）在智能媒体促进儿童教育学习方面，须有效地组织教育内容和叙事内容，同时需要在各种不同情境中重复呈现关键的教育信息，以最大限度地帮助儿童实现学习的迁移。

（10）中国乡村媒介场域的整体社会支持系统亟待深入考察和建立机制。可获得的社会支持严重不足，是导致乡村儿童数字使用动机和技能低下的重要因素。一方面，家庭所传输的文化资本具有世袭性，在乡村儿童父母普遍学历低下的背景下，考察他们怎样管理儿童的新媒体使用、父母的中介效应如何，就显得尤为必要。另一方面，如何从政策和制度层面为乡村师生建立来自政府、企业和学校的技术培训支持体系，并建立培训绩效评估标准，是一个更富现实意义的研究课题。

（11）在智能媒体之外，儿童的身心发展也受到更多其他因素的作用，比如性别、年龄、地区、家庭、学校、社会支持等，考虑这些角色应承担更重要的职责。

（12）从学龄儿童网络保护角度出发可考虑如下政策：①国家层面继续出台相关政策与规划，努力完善对学龄儿童网络新媒体使用时长、内容和类型的保护机制，鼓励相关主体开发针对青少年学习的应用程序和内容产品；②立法确保媒体科技公司强化其在线平台的安全和保护措施，并将这些措施编成操作手册，对教师、父母和儿童来说清楚明了、方便易用；③增加对安全技术和青少年电子产品优质内容的投资与支持，以帮助儿童接受优质教育、发展自身技能，切实提升青少年手机使用能力与手机效能感，以裨益其未来的互联网生活。

三、研究展望

本书不足之处在于：①受制于近三年的新冠疫情影响，未能实施原计划拟开展的三地儿童固定样本组纵贯调查，以至于在智能媒体对儿童身心发展的长期效应研究上，本书存在缺失。②低估了针对儿童群体开展认知科学实验在研究伦理和实操层面的难度，原计划对智能媒体不同表征形式、细分内容及多任务处理的认知心理效果，开展儿童的脑电测量等心理生理实验研究，但在实际执行中，由于儿童被试的获取难度远超预计（如家长监护、学校管控、疫情隔离等），致使该部分研究被删减或部分替换为在线问卷调查。③关于智能媒体使用对儿童个人身份和社会化发展的长期影响的研究，因故未能执行。

未来研究可考虑在如下方面做出推进：①智能媒体的不同符号系统和表征形式及细分内容，对儿童认知心理的短期和长期效果研究。②智能媒体的多任务使用模式对儿童认知发展影响的纵贯研究。③智能媒体对儿童个人身份和社会化发展的长期影响。④智能媒体使用、数字技能对儿童身心发展影响的跨国比较研究。⑤推广并普及本书发现的理论及实践应用成果。

索　引

后记：却顾所来径，苍苍横翠微

谨以此书献给我的孩子，以及广大儿童青少年和伟大的家长们！

十四年前，我人生中第一次成为了母亲。与其他社会职业不同，为人父母既无岗前培训，亦无岗中指导，孩子一出来就得直接上岗，且无法辞职、永不退休，无论孩子表现如何，都要终身承担长辈职责，这实在是一个巨大的挑战。于是，和其他新手妈妈一样，凭着直觉感受、观察思考、祖辈经验及各种相关信息，我开始摸索怎样养育孩子。

从此以后的十多年里，家里的大半壁书柜，开始被各种育儿书籍和相关著作占领。从松田道雄《育儿百科》、蒙台梭利《童年的秘密》到史密斯《理解孩子的成长》，从尹建莉《好妈妈胜过好老师》、谢弗《儿童心理学》到《卡尔威特的教育全书》，这类和育儿相关的书籍，成了我在专业研究之外阅读最多的图书领域，我也一度被亲朋好友笑话为"照书养娃"的"书呆子妈妈"。

养育孩子是一件很累人、耗时、复杂但也很有趣的事。我自己觉得最大的收获，倒不在于孩子本身，而是能陪伴孩子一起从头开始学习很多或旧或新的东西，给了自己重活一次的机会。在这个过程中，我仿佛开启了一扇新的学海大门，对层出不穷的新问题感到好奇，也不断从书中寻求养分。比如，小乖睡着后为什么会咯咯笑？又为什么会大哭？他为什么不听话？三岁能不能看老？

印象深刻的是 2012 至 2013 年，我在美国南加州大学访学期间，和两三岁的他常常隔着时差用视频来交流。乖似乎分不清屏幕上的我与真实的我，总伸出小手来抓 iPad 上我的脸。我父母在上海帮带孩子很是劳累，因此也常常把他放在电视或手机屏幕前看动画片，先生也无法像我在家时那样天天陪他读绘本、唱童谣。于是，数字媒介成了他生活中的重要组成部分，但我逐渐怀疑，单一的媒介使用是否会阻碍孩子的语言和认知发展，比如，当我和乖提到动画片《爱冒险的朵拉》，他似乎只关注动画片里的逗乐，却记不住知识，那么动画的寓教于乐到底有没有效？自己从事的正是新媒体与传播学研究，因此从那时起，我开始主要阅读媒介与儿童领域的著述，比如卡尔弗特《信息时代的儿童发展》《儿童、媒介与发展手册》、卜卫《媒介与儿童教育》、帕特里夏·格林菲尔德（Patricia Greenfield）《思维与媒体》（*Mind* and Media）等等，希望能找到带孩子科学使用新媒体的理论证据，我亦萌生了在该领域做研究的冲动，这也成为写作本书最朴素的缘由。

另一个背景，是交大连续多年开展思源公益乡村教育项目及结对子帮扶乡村中小学的捐赠项目，这些项目面向全校招募志愿者和捐赠者。我从美国访学回国后，约在 2014 年初加入了这些项目。2016 年寒暑假，我指导学生在河南修武开展支教，帮助当地的申国村完全小学开展语文和信息科技课教学，也借此进行了数月的田野调查。最意外的收获，是改变了我对过往所谓城乡"数字鸿沟"的刻板印象。事实上，在教育信息化各项规划政策的不断推进下，目前我国乡村学校的数字设备和网络接入已有很大改善，甚至不输上海的中小学。但乡村学校和学生最缺的，是数字技能和数字素养，以及包括师资、培训等在内的各种社会支持。

于是在此后的七年多里，我围绕城乡儿童的数字使用议题，带领学生在云南、湖北、甘肃、贵州、浙江、上海等多地开展了系列调研。这也启发了我写作本书的另一个重要思考——研究新媒体与儿童，不能像西方学界那样仅限于儿童个体层面，更要融入广阔的社会化、本土化视野，纳入解决我国城乡儿童数字鸿沟问题的学术方案与应用，我也因此正式开启了新媒体与儿童研究的学术领域。自 2016 年底起，我先后获得了交大文理交叉认知专项项目、中央高校基本科研业务费资助项目、上海哲社规划一般项目，以及 2018 年获批国家社科基金重点项目，这些项目经费为本书研究提供了重要支持，其中部分项目成果已作为国家重点结项成果。

十多年后，在新兴科技飞速发展的今天，当我重新回顾过往研究和旧作，愈加发现此议题之重要。在互联网与 AI 技术不断变迁的背景下，智能媒体究竟给儿童的身心发展带来怎样的影响？是洪水猛兽还是科技赋能？如何提升我国儿童青少年的数字素养，促进合理的智媒使用，帮助缩小城乡儿童数字鸿沟？对这些问题的回答，不仅具有前瞻性、开创性、本土性的学术价值，更具利国利民的现实意义，值得我辈及后续研究者在当下及未来深入探讨。

在本书中，我尝试将十多年来在新媒体与儿童领域的研究积累进行系统梳理，期望回答三个问题：①学界在该领域已有的理论成果及贡献/局限是怎样的？②我国儿童的总体智能媒体使用情况，以及城乡儿童数字技能、数字鸿沟现况如何？③智媒使用对我国儿童青少年的身体健康、认知情绪、教育学习等身心发展方面所带来的全方位影响是怎样的？我期望能从学术层面给出本书的逻辑起点，并在此基础上，以跨学科视角、多元研究方法和立足本土的系列实证研究，对这些问题从理论和现实层面进行揭示，并据此推广、应用研究成果。

回顾全书，我想它对于从事该领域的相关研究者及家校政企等社会各界读者而言，或可提供以下几方面的参考价值：

一、学术史价值

全书在国内首次系统回顾并全面评述了新媒体与儿童领域的经典及前沿学术成果，并从儿童的新媒体接触与使用模式、儿童媒介使用与身体健康、媒介符号表征与儿童认知过程、新媒体与儿童情绪及心理、新媒体与儿童认知发展及教育学习、新媒体与儿童身份及社会化发展等六个方面，搭建了该领域的理论体系。书稿详细总结了国际学界在该领域的研究取向、核心概念、理论学说和重要发现，并从研究贡献及局限、未来研究方向、启示及应用等方面进行了综合述评。本书的"理论回顾篇"（第二到五章）为今后有志于从事该领域研究的学者，提供了学术史价值，可供后学者和相关人士借鉴。

二、创新理论价值

本书在回顾学术史的基础上，充分吸纳了传播学、教育学、心理学、社会学、信息科学等多学科的理论成果，在本土系列实证研究的基础上，提出四块原创性的理论学说——儿童智媒使用的原创综合性测量（第六到十一章）、我国城乡儿童数字鸿沟理论框架（第七章）、我国儿童数字技能测评体系（第六章）、我国儿童智能媒体使用及效应的因果机制（第八到十三章）。这从理论层面有效推进了"新媒体与儿童"这一经典传播学议题的研究进展，助力构建我国传播学的自主知识体系，为后续研究者提供了较好的学术参考和起点。

三、研究方法及资料价值

书稿在研究方案上进行了系统性设计与详细阐述，包括：在全国七大行政片区实施了四次大规模随机抽样的问卷调研（2018—2021），在豫、云、贵、沪等地开展了六次深入的田野调查及深度访谈的质化研究（2018—2023），并同期执行了两次媒介效果实验。此外，在调研对象（包括儿童和青少年、家长、教师、相关机构等）的选择和素材资料的获取上，研究针对不同问题也进行了精心设计和伦理考量。这不仅开创了我国智能媒体与儿童领域系列实证研究的先河，而且书中收集分析的翔实量化/质化/实验研究数据和相关素材，也为该领域的后续研究人员提供了参考资料和方法论价值。

四、实践应用价值

本书内容具有较强的现实性、导向性和应用性，注重研究发现对社会实践的借鉴价值。一是针对我国不同地区的儿童、家长、教师等，提供了科学的指导建议，帮助儿童青少年科学、健康地使用智能媒体，提升其数字素养、缩小城乡儿童数字鸿沟。二是针对我国的智媒公司和互联网企业等，提供了如何根据儿童的认知心理和社会发展特点来合理设计智媒内容/形式的参考方案。三是针对我国教育和政府部门等，提供了如何应对智媒和儿童青少年关系、提升儿童数字素养与技能的合理依据，帮助其制定相关政策纲要和工作方案（如设计儿童视觉媒体和图文/听觉媒体的比例、培育儿童数字安全技能、制定儿童媒介保护政策等）。

全书得以付梓，离不开书稿背后所有默默支持、启发与帮助我的良师益友们！

感谢我的导师张国良教授。有幸加入张门，不断接受导师的感染、关怀、指引和培养，我也在此过程中逐渐明确了自己从事传播实证研究的学术志趣。更重要的是，导师对于子女和学生的教育态度，一直都充满包容、鼓励、远见和智慧。这种亲身示范，也在无形中影响了我对孩子的教育态度，也成就了我们充满温情的母子关系，成全了我作为母亲写作此书的初心。老师于言传身教中授予的一切美好，我相信也会借此书传承，并继续发扬光大。

感谢与本书相关的国内外同行。包括但不限于书中引用的诸多著者，还有香港城市大学祝建华教授、中国社科院卜卫教授及胡正荣教授、北京大学陈刚教授及胡泳教授、中国传媒大学隋岩教授、中国人民大学彭兰教授及周勇教授、浙江大学韦路教授、复旦大学朱春阳教授及廖圣清教授、宾夕法尼亚州立大学希亚姆·森达尔（Shyam Sundar）教授、南加州大学迈克尔·科迪（Michael Cody）教授、伦敦大学丹·梅西亚（Dan Mercea）教授……这些同仁为本书提供了宝贵洞见、方法指导、书稿写作及展现等方面的无私帮助和支持。

感谢中央网信办、中国科普所、共青团中央、上海市委网信办、上海市教委、上海市妇儿工委会及云、贵、甘、藏、鄂、豫、桂、浙等多地各级政府部门的领导和工作人员，他们对本书的研究工作给予了大力帮助，并提供了宝贵资源。

感谢本书在全国七大行政区域，持续七年开展系列实证调研的各地中小学的领导、老师和数万名学生及家长。没有这些中小学校的配合及众多被访儿童青少年的参与，本研究将无法开展，书稿的写作也会沦为无米之炊。

感谢我的工作单位——上海交通大学。交大一直贯彻的文工交叉办学理念，促成本书获得了最初的研究基金；交叉团队同事李卫东教授、秦裕林教授、吕宝粮教授、赵海教授等，为本研究提供了先进的思路、设备和技术支持；老领导蒋宏教授、李本乾教授及学院同事葛岩教授、单世联教授、姚君喜教授、魏武挥研究员、甘雨梅副教授等,都为本书的思路及出版贡献了智慧和力量。

感谢参与我此书研究项目的学生们。奕民、柔嘉、郑琳、思琪、付强、智强、潘颜、刘畅、一鸣等,都以自己的勤勉和才智,为本书贡献了重要的研究资料。在我师门里,还有不少和我一样已为母亲的学生,如余梦、金鞾、徐婷、陈姝、凌彬、沐阳、慧君、祎宁等,都是十分了不起的育儿榜样。我相信未来的妈妈学者们,一定能更好地结合亲身经历,拓展本书所探讨的智媒与儿童的研究议题。

感谢上海交通大学出版社的陈华栋社长和刘佳琼编辑,因为他们的幕后帮助与耐心负责,才促使本书能在我的拖拉散漫中走向精细与完美。

最后,要深深感谢我的家人。含泪感激我已病故的父亲,他是我人生中最重要的精神引路人和榜样,在本书研究和成文中亦给了我巨大的后盾力量,很可惜还没等到著作出版,他却永远离开了我,每念及此,都令我肝肠寸断……尤其感谢我的儿子乖,他是此书最为关键的灵感来源和研究缘起,若没有他,我不可能走进该学术领域并持续十多年。皮亚杰曾通过多年观察自己的三个孩子,提出了伟大的认知发展四阶段理论,而我书中的很多思考与假设,同样来自我和孩子十多年的亲密相处。父亲的辞世,与眼前即将告别童年的乖,让我在目光放远、万物皆悲中找到了些许慰藉。那便是,此书或可作为我去世时,留给孩子的精神陪伴和媒介礼物……若那时这礼物能减轻一点他的伤悲与孤单,也不负母子一场,就算回馈这些年他给予我的深爱与激励吧!

致谢总是难免挂一漏万。唯愿这本小书,能真正帮助我国儿童青少年、家长、教师、学校、企业、教育及政府部门等全面提升数字素养,引导儿童在未来合理地使用智能媒体,裨益身心,助力缩小数字鸿沟。

言不尽意,就此搁笔。衷心祝福每个孩子,在 AI 时代都能获得积极的身心发展,健康向上地成长!

李晓静

2024 年春